中国
学术通史

《隋唐卷》

张立文 主编　张怀承 著

人民出版社

总　　序

　　学无确解。无论是中国哲学、中国思想，还是中国学术，真所谓"仁者见之谓之仁，知者见之谓之知，百姓日用而不知，故君子之道鲜矣"①。因对其学的理解，往往基于诠释者的主体论域、时序结构和价值取向，所以莫衷一是。

一、中国学术史的界说

　　在中国近现代人文社会科学研究中，哲学、思想、学术及其史的论述，往往出现不需"难得糊涂"而糊涂的情境，如什么是哲学、思想、学术？什么是中国哲学史、思想史、学术史等？若连此都模糊不清，则研究对象、范围何以明？研究对象、范围之不确定，则何以进行研究或诠释？

　　中国学人之所以面临这种尴尬，一是汉语方块字的一字多义性，而造成词义的不确定、浑沌性；二是像哲学、思想作为学科，中国本来没有，是近现代从西方引进的。西方外来的与中国本土的往往互不契合而有冲突，而成为"哲学在中国"，而不是"中国底哲学"；或"思想在中国"，而不是"中国底思想"。即使说将中国各种学问中"可以西洋所谓

---

①　《系辞传上》，《周易本义》卷3，世界书局1936年版。

哲学名之者,选出而叙述之"①,也可能由于"照着讲"者理解的毫厘之差,而谬以千里,而造成中国哲学合法性危机。中国思想、中国学术何尝不会出现像中国哲学那样的危机?

基于此,我们最近提出走出中国哲学的危机,超越合法性问题。我们主张中国哲学、思想、宗教、学术决不能照猫画虎式地"照着"西方讲,也不能秉承衣钵式地"接着"西方讲,而应该是智能创新式地"自己讲"②。讲述中国哲学、思想、宗教、学术自己对"话题本身"的重新发现,讲述中国哲学、思想、宗教、学术自己对时代冲突问题的艺术化解、讲述中国哲学、思想、宗教、学术自己对时代危机的义理解决,讲述中国哲学、思想、宗教、学术自己对道的赤诚追求等。只有如此,才能真正建构中国底哲学、思想、宗教、学术等学科。

在中西学者没有就中国哲学、思想、宗教、学术是不是、有没有的评价内涵、标准获得共识或取得最低限度的认同的情境下,为了更好地探索中国哲学、思想、宗教、学术"话题本身",直面中国哲学、思想、宗教、学术生命本真,讲述中国哲学、思想、宗教、学术灵魂(精神)的价值,同时也为了探讨中国哲学、思想、宗教、学术的方便和开发中国哲学、思想、宗教、学术的创新能力,必须"自己讲"、"讲自己";又考虑到中西哲学、思想、宗教、学术各有其发生、发育、延续的文化背景、社会环境、价值观念、思维方式、风俗习惯、语言文字的分殊,其哲学、思想、宗教、学术讲述的"话题本身"以及讲述的"话语方式"都大相径庭,而必须自我定义,自立标准。我想这样做有其外内依据的合理性和合法性。

---

① 冯友兰:《中国哲学史》(上册),中华书局 1961 年版,第 1 页。

② 参见拙作:《中国哲学从"照着讲"、"接着讲"到"自己讲"》,载《中国人民大学学报》2000 年第 2 期;《关于"儒家与宗教"的讨论》,载《中国哲学史》2002 年第 2 期;《朱陆之辩序》彭永捷著,人民出版社 2002 年版;《中国哲学的创新与和合学使命》,载《中国人民大学学报》2003 年第 1 期;《中国哲学的"自己讲"、"讲自己"——论走出中国哲学的危机和合法性问题》,载《中国人民大学学报》2003 年第 2 期。

　　我根据自己长期对中国哲学的研究，借鉴前辈学者的研究成果，曾把中国哲学规定为："哲学是指人对宇宙（可能世界）、社会（生存世界）、人生（意义世界）之道的道的体贴和名字体系"①。把中国宗教规定为：宗教是给出人的精神的理想家园②。至于思想和学术也应依据中国的实际，做出自我定义，自立标准。尽管中国学人、思想家、问学家的各自家庭渊源、学校教育、承传学统、文化素质、学术品格、个人性情及兴趣爱好的差分，对于中国思想、中国学术的体认亦不相同，但可以殊途同归，百虑一致，获得一个大致认同的共识。

　　从史的视阈来观照哲学史（History of Philosophy）、观念史（History of Ideas）、思想史（Intellectual History），前两者英语中是独立名词，可以作为史学研究的对象，而后者是一个形容词，是作为规范、描述某种史学的研究，不能作为独立的史学研究的对象。但在汉语中思想可以作名词使用。思，汉许慎《说文解字》："思，睿也，从心从囟。"段玉裁注："睿也，各本作容也。……谷部曰睿者深通川也。引睿畎浍距川。引申之，凡深通皆曰睿，思与睿双声……谓之思者，以其能深通也。"思之上半部作囟，《说文》："囟，头会脑盖也。"段玉裁注："上象小儿头脑未合也"。古人以心为思之官，意谓头脑会思虑、思念，所以《集韵·志韵》："思，虑也"，《广韵·之韵》："思，思念也"。想，《说文》："觊思也，从心相声。"段玉裁注："觊各本作冀……觊思者，觊望之思也。"思想两字义近，《玉篇·心部》："想，思也。"思想，意为思念、思虑、思考。曹植说："仰天长太息，思想怀故乡。"③ 三国时王朗与文休书云："托旧情于思想，眇眇异处，

<hr>

　　① 见拙文：《朱陆之辩序》彭永捷著，人民出版社 2002 年版。关于这个哲学定义和"体贴"，"名字"等概念，在此序中已有解释，不赘述。

　　② 见《关于儒家与宗教的讨论》，载《中国哲学史》2002 年第 2 期。《关于儒学是"学"还是"教"的思考》，载《文史哲》1998 年第 3 期。《生死学与终极关怀》，载《东方论坛》2000 年第 2，3 期。

　　③ 《盘石篇》，《曹子建集》卷 6。

与异世无以异也。"①《尚书·尧典》："钦明文思安安。"马注："道德纯备谓之思。"《周书·谥法》："道德纯一曰思。"以道德高尚纯善为思。《周礼·视祲》："十曰想。"郑司农注："想者,辉光也。"这里讲思想便意蕴着道德纯一的辉光之义。

思想是指人对于宇宙(可能世界)、社会(生存世界)、人生(意义世界)的事件、生活、行为所思所想的描述和解释体系。如果说,中国哲学史是中国哲学的历史地展示,中国思想史也可以说是中国思想的历史地呈现,那么,中国哲学史是指把人对宇宙、社会、人生之道的道的体贴,以名字的形式,大化流行地展示出来,并力图把形而上之道和形而下之器统摄到体用一源、理一分殊之中的智慧历程。中国思想史是指人对宇宙、社会、人生的事件、生活、行为的所思所想,以描述和解释的形式,历史地呈现出来的历程②。这些规定,都是为了探讨问题的方便,而不一定妥帖、准确。

既明哲学、思想和宗教的定义及中国哲学史和中国思想史的分别,便可以探讨学术和学术史的问题。学,《说文》："斆,觉悟也,从教门,门,尚矇也。臼声。学,篆文斆省。"段玉裁注："斆觉叠韵。《学记》曰:'学然后知不足',知不足然后能自反也。按知不足所谓觉悟也。"《说文》认为,学从教,古学、教为一字。《国语·晋语九》："顺德以学子,择言

---

① 《许靖传》,《三国志·蜀书》卷38,注引《魏略》,中华书局1959年版,第968页。

② 侯外庐等著的《中国思想通史序》中说:"这部《中国思想通史》是综合了哲学思想、逻辑思想和社会思想在一起编著的。"(人民出版社1957年版,第1页)。葛兆光说其《中国思想史》是"一般知识、思想与信仰的历史"。汪祖荣说:"思想史研究之目标与方向,其任务不局限于所谓'思想之历史'(history of ideas),故其视野超越哲学史与学术史之外。思想史亦与文化史(cultural history)有别,后者包罗万象,诸如宗教、艺术、文学、科技等,靡有所遗,而前者以整个文化做背景,注重'历史架构'上之思想与思想间之关系"。(《思想与时代——思想史研究之范畴与方法》,百花文艺出版社1998年版。)

以教子,择师保以相子。"韦昭注:"学,教也。"学为学习,引申为讲学、学识、学问、学说、学科① 等。如果说"学"字有见于甲骨金文,则"术"字不见,而见于简帛。《说文》:"术,邑中道也,从行术声。"段玉裁注:"邑,国也,引申为技术。"术为道路,为人所由的道路,人由道路而达到一定目标,而引申为技术、技艺、办法、方法等,如《孟子·尽心上》:"观水有术,必观其澜。"《广雅·释诂一》:"术,法也。"又可以引申为学说,《正字通·行部》:"术,道术。"《晏子春秋》:"言有文章,术有条理。"② 道术与学术近。"学术"并称或一词,见《礼记》:"德也者,得于身也。故曰:古之学术道者,将以得身也。"郑玄注:"术,犹艺也。"孔颖达疏:"术者,艺也,言古之人学此才艺之道也。将以得身也,谓使身得成也。"③ 这里是指学习与才艺,南朝梁何逊《何水部集·赠族人秫陵兄弟诗》:"小子无学术,丁宁因负薪。"指学问和道术。引申为学说与方法、道理与技艺、学识与办法等。

基于此体认,学术在传统意义上是指学说和方法,在现代意义上一般是指人文社会科学领域内诸多知识系统和方法系统,以及自然科学领域中科学学说和方法论。中国学术史面对的不是人对宇宙、社会、人生之道的道的体贴和名字体系或人对宇宙、社会、人生的事件、生活、行为所思所想的解释体系,而是直面已有(已存在)的哲学家、思想家、学问家、科学家、宗教家、文学家、史学家、经学家等的已有的学说和方法系统,并藉其文本和成果,通过考镜源流、分源别派,历史地呈现其学术

---

① 孔子时有六艺之学,公元二世纪汉代设立太学,一直延续,隋立国子监,协调国子学与太学,另有专门学校如算学、书学、医学等。唐国子监的构成如:国子学、太学、四门学、律学、书学、算学、广文学等。宋代国子监的分科为:太学、国子学、小学、医学、武学、律学、算学、书学、画学、道学等。这里除太学、国子学、小学外,其他都属学科。

② 《泯子午见晏子·晏子恨不尽其意第二十六》,《晏子春秋集释》卷5,中华书局1962年版,第360页。

③ 《乡饮酒义》,《礼记正义》卷61,中华书局1980年版,第1683页上。

延续的血脉和趋势。这便是中国学术史。

辨哲学、思想、宗教、学术之名,析中国哲学史、中国思想史、中国宗教史、中国学术史之义,这是我 1960 年从事中国哲学教学研究以来一直想辨析清楚的,但这一辨名析义是否妥帖,可通过切磋,而使其完善一些。

二、中国学术史演变的阶段

学术和哲学、思想一样,依据社会生活的演替而演替,随时代的变化而变化。因而,各个时代有其所面临的各种问题,特别是主导性问题。人们在化解时代所面临的问题中,有限度地形成了一些共识和相近的进路,而造就了时代的学风、学说。这些学风、学说便体现了这个时代的需要,也展示了这个时代的学术面相。

如果说哲学是哲学史的母亲,哲学史便是哲学的女儿;那么,学术是学术史的父亲,学术史即是学术的儿子。这就是说,学术史是学术的衍生,所以,有怎样的学术,就有怎样的学术史。这可以从两方面看:一是史的学术和学术史。在某个时代中,由于学者面临共同的宇宙、社会、人生等问题,在化解这些问题中取得了一些共识和趋向,形成了大致认同的学风、学说及学术成果,但由于各个学者的师传学脉、价值观念、思维方式、学术思想、学者视阈的不同而不同。换言之,有多少不同的学术观点,就有多少种不同的学术史,因此,在同一个时代的学风、学说及学术成果中有不同的学派门派,而呈现五彩缤纷的多样性、多元性,这是本有的学术和学术史;二是写的学术和学术史。既有当时人对时代学风、学说及学术成果的记录、描述、解释和评价,也有后来学者对前时代的学风、学说及学术成果的再现。这种再现是重新描述、评价、解释的过程,由于解释对象和解释者的时间差和空间差,解释者的解释必须超越时空的局限,才能贴近先前学术文本的意思和原作者的意蕴。但解释者置身于后代社会或现代社会,由于社会的变迁和学术的变化,解释者所处的环境与被解释对象之所在的情境已大不相同,解释者带着他所处的那个时代的学术思想、价值观念、思维方式的潜意识,不免"误读"、"误解"被解释对象,不能再现其本真或本相,而带有解释者所处时代的痕迹,从这个意义上说,一切学术史"都是现代史"。

一切历史都处于"为道屡迁,变动不居"之中,学术史也不例外。梁启超曾"接着"佛说一切流转相为生、住、异、灭四期讲,认为中国学术思潮,"则汉之经学,隋唐之佛学,宋及明之理学,清之考证学,四者而已"①。我们则认为,中国学术思潮可分为六期,即先秦学术、两汉经学、魏晋玄学、隋唐儒释道之学、宋明理学、清代学术。我们之所以分为六期,不是任何人的臆断,而是依据社会的变迁、学术的转换等外缘内因划分的。

先秦是中国学术的原创期。这时,诸侯国林立,他们既统一受周王朝的制约,又互相竞争、兼并,为自己国家的生存和富强而斗争。为此,各国都孜孜以求生存和富强的谋略、理念和方法。因此,呈现出学术多元,百家争鸣的盛况。先秦学术是在夏、商、周三代礼乐文化及其典章制度的人文语境中萌生和创发出来的。按照《汉书·艺文志》的追溯,先秦诸子百家都是从"学在官府"的西周礼乐文化中衍生出来的学术义理形态,其学说是对"古之道术"的创新和发明。比如以孔孟为代表的儒家,出于司徒之官,助人君顺阴阳明教化者也,游文于六经之中,留意于仁义之际,于道最为高。以老庄为代表的道家,出于史官,历记成败存亡祸福古今之道,知秉要执本,清虚以自守,卑弱以自持,此君人南面之术。又如阴阳家出于羲和之官,敬顺昊天,历象日月星辰,敬授民时;法

---

① 梁启超:《清代学术概论》,重庆,商务印书馆 1943 年版,第 1 页。梁氏该书写于 1920 年。

家出于理官,信赏必罚,以辅礼制;墨家出于清庙之守,其长贵俭、兼爱、上贤、右鬼、非命、上同等;名家出于礼官,名位不同,礼亦异数;纵横家出于行人之官,杂家出于议官等①。先秦学术在百家争鸣激荡下,民族意识日益觉醒,道德精神不断独立,形成了以"道德之意"为主导的学术思潮,各家围绕着天道、地道、人道的"三才"之道,而讲阴阳、柔刚、仁义之德,展开思潮言说和交流,使先秦学术呈现百花齐放、绚丽多姿的状态。

秦汉是中国学术的奠基期。秦统一六国,建立了统一的中央集权的郡县制,实现了一次巨大的社会转型,传统学术亦随之转向。先秦那种"百家殊方,指意不同"的"道术将为天下裂"的态势,转变为法、道、儒依次意识形态化的"大一统"语境。汉初为了避免强秦速亡的重演和医治战争创伤的需要,"黄老之术"得以推行,经休养生息,出现了"文景之治"。汉武帝为使刘汉政权"传之无穷",举贤良文学之士以对策的方法,"垂问天人之应"。据董仲舒的理解,汉武帝所追问的"大道之要,至论之极",实际上是"《春秋》大一统"。他所建构的"天人感应"学说是把先秦天、地、人三才之道的分离贯通起来,使其转变为"王"字,即"王道通三",确立帝王的至尊地位。汉武帝"罢黜百家,独尊儒术",并立儒学《五经》博士,开弟子员,设科射策,劝以官禄,使经学思潮成为学术主潮。两汉学术虽是先秦百家之学的转向,但也是先秦百家之学的继承、吸收和融合。据司马谈的《论六家要旨》的研究和凝练,汉初"黄老之术"是以道家老子为依托,"其为术也,因阴阳之大顺,采儒墨之善,撮名法之要"的和合体;董仲舒虽"独尊儒术",但亦援各家入儒,其《深察名号》是名家手笔,《天地阴阳》是阴阳家的理路,《郊义》和《郊语》② 是儒家章法,因而创新深度薄弱。总体而言,两汉是中华民族富有创造性的

① 见班固:《艺文志》,《汉书》卷30,中华书局1962年版,第1728—1742页。
② 见董仲舒:《春秋繁露》。

学术繁荣的时代,无论是典章制度、文学艺术、理论思维,还是经学、史学,天文、历算、农学、医药等,其辉煌已处世界领先地位,为中华民族学术奠定了基本规模和范式。

魏晋南北朝是中国学术的会通期。这时,国家长期分裂,政权频繁更迭,战争时起时伏,社会充满杀机,生命朝不保夕。在这种社会制度结构危机中,个体价值独立,主体意识觉醒,学术思想活跃,哲学创新涌现,佛道两教兴盛,被边缘化了的名士"清谈",转变为主流的玄学思潮。何晏注《论语》,援引老庄诠释孔孟,开启玄冥之风。王弼注《老子》、《周易》,横扫两汉象数感应方法,主张"以无为本",回归自然。然后向秀、郭象注解《庄子》,发挥"逍遥之义",辨名析理以达忘言、忘象的"玄冥之境",展露出儒道会通的趋势。竹林七贤的叛逆和任诞,虽对名教富有批判精神,但对生命智慧亦有消解作用。名教束缚的解脱给学术思想带来了清新的自然气息,文学创作与义理运思的巧妙结合,成为这时人文语境中最引人注目的故事情节。陶潜的田园诗篇和《桃花源记》属极富义理内涵的文学精品,郭象的《逍遥游注》和"玄冥之境"是最有文学韵味的哲理佳作,都给玄学思潮增光添彩。然而,生命智慧的刻意消解给玄学思潮的义理学术抹上了幽暗的哀伤色彩,孤独感与虚无感的并置是魏晋人文语境最令人感慨的叙述风格。曹操的《短歌行》:"对酒当歌,人生几何?"[①] 让人忧思难忘。阮籍的《咏怀诗》:"终身覆薄冰,谁知我心焦"[②]! 叫人痛心疾首。干宝的《搜神记》和葛洪的《抱朴子》,"张皇鬼神,称道灵异",为新的神道设教积累着资料。玄学学术思潮,从学术学风到学术内涵,意蕴着与两汉经学学术思潮反其道而行之的追求。

---

① 曹操:《短歌行》,《曹操集》,中华书局 1959 年版,第 5 页。

② 阮籍:《咏怀诗·其六十三》,《阮籍集》,上海古籍出版社 1978 年版,第 122 页。

隋唐是中国学术的融突期。盛唐之际,经济繁荣,社会开放,儒、释、道三教兼容并蓄,冲突融合。儒教自汉"独尊儒术"以来,守成有余,开拓不足,虽在典章制度、明经科举、朝纲吏治、百姓日用等方面维持伦理教化职能,中间曾有韩愈、柳宗元等"古文运动"的儒学复兴,但在学术思想层面仍陈陈相因,缺乏新意。道教因与李唐王朝的姓氏因缘,独得皇室青睐,《道德真经》几乎成了朝野必读经典。可是王权的推崇并不是学术创新的充分条件。从学术义理形态上讲,隋唐道教不仅无法与佛教分庭抗礼,而且总是暗渡陈仓,在概念范畴和思维方法上吸取佛教。因此,隋唐时代学术思潮的主潮体现为佛教的中国化创新上,别具特色的"中国佛性论",是佛教般若智慧的民族结晶。儒道两教推本"性情之原",成为隋唐学术思潮的基本话题。

天台、华严、禅宗三宗,都主"一切众生悉有佛性",仔细分殊,又有差异。天台宗倡性具说,认为一切诸法悉具佛性;华严宗主性起说,认为众生本来就是佛,佛性不离众生心;禅宗重即心即佛,佛性平等,不分南北;人性本净,无须坐禅,自性若悟,众生是佛。湛然又提出"无情有性",墙壁瓦石亦有佛性。与佛教不同,儒家以善恶品位统论性情体用。孔颖达奉诏编撰《五经正义》,以水体波用、金体印用比喻性体情用。韩愈以"仁义礼智信"等儒教伦理规范为性,以"喜怒哀乐爱恶欲"等社会心理表现为情,依上、中、下等级分三品,经李翱的综合,成为"性善情恶"论,要复性,必须"教人忘嗜欲而归性命之道"。

在学术领域值得称道的还有"西天取经",主动吸收外来学术文化,使佛教经典沿着艰难曲折的丝绸之路在东土大唐安家;"古文运动"使儒教义理从烦琐的章句训诂中复活,仁义道德在主体精神的"性情之原"扎下了新的根系。面对应接不暇的异域风情、博大精深的般若智慧和微妙难解的涅槃实相,中华民族的一流人才几乎都致力于佛学的中国化创新。在"玄冥独化"的心智上树立起通向"极乐世界"的思想路标。中国化的佛学超越其发源地印度佛学,而成为世界佛学的中心。

　　宋明是中国学术的造极期。唐末藩镇割据，五代十国混战，社会再次陷入大分裂、大动乱局面，针对纲常失序、道德沦丧、理想失落、精神迷茫的价值颠覆与意义危机，学者在"佑文"的文化氛围中，"先天下之忧而忧，后天下之乐而乐"，着手重建伦理道德、价值理想和精神家园。宋明新儒学完成了儒、释、道三教长期冲突融合而和合转生，把三教的兼容并蓄的学术整合落实到"天理"上。程颢"自家体贴"出的"天理"二字，开创了理学学术新思潮、新时代。理学学术思潮所关注的是理、气、心、性问题的义理探究，这一理学学术的转向，使"道德之意"成为道德形上学；让"天人感应"转换为天人本无二的"天人合一"；使"玄冥之理"成了"净洁空阔底世界"；让"性情之原"转变为"心统性情"。体现了宋明学术的"致广大，尽精微，综罗百代"的恢弘态势，映射出激荡融摄、心智精进、实现理想、生机勃勃的精神气象。或以性即理，或以心即理，或以气即理，理学各派争奇斗妍、相得益彰；濂、洛、关、涑、新、蜀以及道南、闽、湖湘、象山、金华、永嘉、永康等学派，各呈异彩、绚丽多姿。这是中国学术史上学派最盛、学术水准最高时期。

　　北宋在重文的学术环境中，在尊师重道的激荡下，民族精神和生命智慧释放出来，打破了汉唐以来"疏不破注"的"家法"、"师法"的网罗，破除了《五经》为圣人之言的迷信，揭起了"疑经改经"的大纛，以义理解经的宋学取代以训诂考据解经的汉学，换来了经学的新时代。在文学艺术上，既有与唐代并称的唐宋八大家，又有堪与唐诗媲美的宋词、元曲、明小说。宋明兴建学校，培养士子；广开书院，讲学授徒，成为尊师重道和各学派立言、研究和传播学说的基地。学者们以深沉的忧患意识和崇高的历史使命，激发出"为天地立心，为生民立命，为往圣继绝学，为万世开太平"的豪迈气概，把宋明学术推向造极的境域。

　　清是中国学术的延续期。清人主中原，被一些学者认为是"天崩地裂"的时代，黄宗羲、陈确的老师刘宗周绝粮殉明，不食夷族。清为稳定其统治，继承元明，仍然以程朱道学为国家意识形态。程朱道学进一步被权威化、教条化。就维护纲常伦理的垄断地位而论,存理灭欲成为其学术的话语霸权,程朱道学沦为"以理杀人"的工具。清统治者为了泯灭汉族知识分子的民族正统感和文化优越感,以及对清统治的不满或反抗意识,便大造文字狱,实行文化恐怖主义,可谓文网密密,丝毫不漏。康熙初年的庄氏《明史》案,戴名世《南山集》案,株连之广,杀戮之惨,恐怖气氛,笼罩朝野;雍正短短13年,有案可查的文字狱就有20多次;乾隆时文字狱更是层出不穷,如伪造孙嘉淦奏稿案,他们捕风捉影,罗织罪名,把许多作品扣上"悖逆"、"肆行狂吠"等帽子,株连所及,老师学生,亲朋好友,都在所难免。文人学子在文字狱的血雨腥风中,只得躲入训诂、考据的古纸堆中,逃避敏感的学术追求。正如龚自珍所说:"避席畏闻文字狱,著书都为稻粱谋。"① 因而乾嘉汉学兴盛;另从学术内在演替的理路而言,清初学者在检讨、反思明亡原因时,往往归咎于陆王心学的空疏不实,"由蹈空而变为敷实",这也是为什么讲求实证的考证之学独盛的原因之一。由于宋时"佑文"的宽松的学术环境已失,学术创新的生命智慧便枯萎了。由于知识精英们都投身于考证之学,所以清代经学和考证之学亦取得空前的成果,为学术的承传和繁荣做出特殊贡献。

然而从清到民国,内忧外患接连不断,民族精神备受蹂躏,生命智慧浑浑噩噩。洋务派、早期改革派、戊戌变法派虽满腔热情,救国救民,但回天无力,依然王朝。惟价值准则的生离死别,精神世界的人去楼空,却无法弥补。"孔家店"一经打倒,中国学术创新既无得心的言说话语,又无应手的书写符号,一大批志士仁人,只好背井离乡,远渡重洋,寄人篱下,拾人牙慧,以"寻找救国救民的真理"聊以自慰。因而,近现代中国学术奉行"拿来主义"。虽标榜"新学",实是一种"中西会通"的新学,或曰新瓶装旧酒的新学,即"中体西用"之学。

---

① 《咏史》,《龚自珍全集》第九辑,中华书局1959年版,第471页。

中国学术经此原创期、奠基期、会通期、融突期、造极期、延续期而至现代20世纪。20世纪中国学术风云多变,前半个世纪,继续着鸦片战争后的中西、古今、新旧之辩,因而有中学派、西学派、古学派、今学派、新学派、旧学派,其间有分有合,分分合合。有接着古代儒道佛墨讲,或接着宋明理学讲;有接西学各派讲,或接着原苏联讲,各讲其是,各是其是。后半个世纪又可大致分为前25年与后25年,因为学术仍处在延续之中,故现代学术史待后再撰。

三、中国学术史的"自己讲"

学术文本和学术事件、成果的记载,是学术言说的符号踪迹,是智慧觉解的文字面相,是主体精神超越自我的信息桥梁。"学而不思则罔,思而不学则殆。"学术家必须凭借对一定文本和历史记载的学习、思索和诠释,才能准确把握时代精神的学术思潮的主流话题,全面融入民族精神及其生命智慧的学术语境,为学术思想的不断创新打上属于自己的名字烙印。

从表现形式上看,学术的创新总是由一系列具有智能创造性的学问家、经学家、思想家、哲学家、科学家、宗教家、文学家、史学家等来完成的,创新的学说和方法也总是以他们的姓氏命名的。从生成结构上看,学术创新不是无中生有的面壁虚构和凭空杜撰,而是依据生生之道"化腐朽为神奇",通过对历史学术文本的智慧阅读,尤其是对元典文本的创造性的诠释及其诠释方法的推陈出新而获得的。诠释文本(hermeneutical text)的转换,是中国学术创新的特征之一,是学术流派创立的文献标志。

海德格尔讲过,西方哲学是柏拉图的注脚。这一说法未免笼统,却道出了人文学科历史变迁的解释学机缘。其实,柏拉图的对话是用苏格拉底的名义写成的,就此而言,柏拉图倒是苏格拉底的注脚。问题的关键在于注脚的学术水平是不是超越于文本。如果远远超越于文本,那么,以注脚的书写方式进行学术思想的创新,有何不可! 诚如陆九渊所说:"学苟知本,《六经》皆我注脚。"① 在"我注《六经》,《六经》注我"的解释学循环中,有时很难说清究竟谁是谁的注脚。"人说郭象注庄子,我说庄子注郭象。"只要有学术的创新,眉批、脚注和夹注、插入语,仅是书写格式的分殊,是无关宏旨的技术细节。朱熹的《四书章句集注》,谁都不否认他是借注解《四书》来阐述自己理学思想的专著,被后世推为科举考试的教本。

这就是说,各个时期具有学术创新性的学问家、经学家、思想家、哲学家、科学家、宗教家、文学家、史学家等的学术宗旨,治学思路、方法、范围、成就,学术源流、派别,以及各个时期有代表性专门学术、学术事件、活动的记录,汇聚成的各个时期的学术思潮及其演变的总和,构成了学术史研究的对象。郑樵《校雠略》认为,"类例既分,学术自明"。黄宗羲在《明儒学案·自序》中说:"于是为之分源别派,使其宗旨历然。"他们把学术史定位在学术宗旨和分源别派上,因而以"目录体"或"学案体"为其表现形式。黄宗羲借陶石篑与焦弱侯书批评周汝登的《圣学宗传》从伏羲、神农、黄帝、文、武、周公、孔、孟至王栋、罗汝芳共 84 人,是"扰金银铜铁为一器,是海门一人之宗旨,非各家之宗旨也"②。但是陶望龄在《圣学宗传·序》中说:"宗也者,对教之称也,教滥而讹,绪分而闰。宗也者,防其教之讹且闰而名焉"③。是讲分源别派的宗旨的。他又批评孙奇逢的《理学宗传》:"锺元杂收,不复甄别,其批注所及,未必得其要领,而其闻见亦犹之海门也。"④ 孙氏共列 161 人,较周氏多列

---

① 陆九渊:《语录上》,《陆九渊集》卷 34,中华书局 1980 年版,第 395 页。
② 黄宗羲:《凡例》,《明儒学案》卷首,《国学基本丛书》本。
③ 周汝登:《圣学宗传》,刘承干集资依明刻原本影印本。
④ 黄宗羲:《凡例》,《明儒学案》卷首,《国学基本丛书》本。

77人。他把中国学术史的演变按《周易·乾卦·卦辞》："元亨利贞"分为四个阶段："先正曰:'道之大原出于天'。神圣继之,尧舜之上,乾之元;尧舜而下,其亨也;洙泗邹鲁,其利也;濂洛关闽,其贞也。"①《理学宗传》眉端批注,揭示宗旨,指明脉络。虽以程朱、陆王为大宗,无分轩轾,但其总注仍有扬朱抑陆意味,因而,有黄宗羲的"其批注所及,未必得其要领"之评。这两部《宗传》,是"祖述尧舜,宪章文武"的儒学学术史,也是理学道统学术史。梁启超认为:"大抵清代经学之祖推炎武,其史学之祖当推宗羲,所著《明儒学案》,中国之有学术史,自此始也。"② 尽管梁氏在《中国近三百年学术史》中认为"《理学宗传》二十六卷,记述宋明学术流派"③,但不以其为中国有学术史之始。

　　这是与梁启超对于学术史应具的条件的体认有关。他说:"著学术史有四个必要的条件:第一,叙一个时代的学术,须把那时代重要各学派全数网罗,不可以爱憎为取;第二,叙某家学说须将其特点提擎出来,令读者有很明晰的观念;第三,要忠实传写各家真相,勿以主观上下其手;第四,要把各人的时代和他一生经历大概叙述,看出那人的全人格。"④ 梁氏认为,《明儒学案》具备了这四个条件,所以其为中国学术史之始。梁氏此四条件有其合理性。

　　今吾人著中国学术史,不能依傍西方的,西方也无"学术史"的概念,而只能"自己讲",讲述中国学术自己的"话题本身"。如何"自己讲"? 怎样"自己讲","讲自己"? 即如何、怎样讲中国底学术史。

　　一是整体性。要整体地而不是局部地、全面地而不是片面地呈现中国学术各个时期的历史面相及其演变的内在理路。既要把每个时期

　　① 孙奇逢:《理学宗传·叙》卷首。
　　② 梁启超:《清代学术概论》,重庆,商务印书馆 1943 年版,第 11 页。
　　③ 梁启超:《中国近三百年学术史》,重庆,中华书局 1943 年版,第 41 页。
　　④ 梁启超:《中国近三百年学术史》,重庆,中华书局 1943 年版,第 48—49 页。

的学术各派各宗尽数地分源别派，而又探赜索隐其殊途同归、百虑一致之理。就整个中国学术通史而言，不是各个时期的学术各不相关的凑合，犹如传统中药铺中一屉一屉的中药材，而是整体相对相关的融合，要凸显其"一以贯之"的内在逻辑的联系性。宋明理学学术思潮是以义理之学直接孔孟"性与天道"之道，批判汉唐名物训诂之学的陈陈相因，乾嘉汉学批判理学"性与天道"心传的空谈心性，以考证之学求"经世致用"之道。其终极的目标，都是求道或明道，这便是殊途同归之理，体现了中国学术变迁史的整体性、贯通性。

二是时代性。每个时代的学术思潮都是由每个特定时期的外缘内因促成的，都有其发生、存在的合理性。这是因为每个时代的学术思潮都是对于这个时代所面临的冲突、问题、危机提出的化解理念和救治方法，并有相当程度地获得各学者的认同，而汇聚成时代的学术思潮。从这个意义上说，时代的学术思潮是表现这个时代现实需要或诉求的，是这个时代精神的体现。基于此，本书倡导思潮史与学问史的融合。之所以这样，是鉴于"学案体"的中国学术史长于人物与资料的结合，其弊在以人、派为主，难以打通；"思潮体"的中国断代学术史，如对汉代的阴阳五行说、封禅学、神仙说与方士，以及经学问题、古史系统的整理，长于阔大，弊在与思想史（特别是广义思想史）分不清楚；以问题为纲的中国学术史，如以"求是与致用"、"官学与私学"、"学术与政治"等问题为线索，长于对某一时代学术主要问题说得较清楚，弊在学术发展大势及各家观点不系统。凡此种种，各有其长，亦各有其弊，本书取以学术思潮为纲，以学问为条贯，分源别派，大化流行。既不是"目录体"、"学案体"的现代版，也不是与哲学史、思想史混一不二，而是依据我们自己对于中国学术史的体贴，及其与哲学史、思想史的差别而撰写的。梁启超说："凡'思'非皆能成'潮'，能成'潮'者，则其'思'必有相当之价值；而又适合于其时代之要求者也。凡'时代'非皆有'思潮'，有思潮之时代，必文化昂进之时代也。"① 凡时代思潮,必因"环境之变迁,与夫心理之感召,不期而思想之进路,同趋于一方向,于是相与呼应汹涌,如潮然"②。时代思潮,必是时代精神的显示。

每个时期的学术各宗各派,以及构成各宗各派的学者的学说,是这个时期时代思潮和时代精神的展开。所以,只有将他们放顿于时代思潮中,在时代精神的观照下,才能贴近于各个时期各宗各派学术的本来面目,以及其学者学说的本意。对于经典文本的解释,以及各个时代对解释者的解释的本义和本意,亦应做如是观。

三是超越性。中国学术史的"自己讲"、"讲自己"中国学术"话题本身",讲的主体无疑是自己。讲述的主体自己面对错综复杂的各宗各派的学说和方法论,以及各种学术事件的记录及成果,讲述的主体自己应如何定位? 是"入"于其中,抑还"出"于其外。若讲述主体"入于其中",讲述主体便带着现代性的"前见"或"前识",以自己的感受性或同情心而作出陈述,有可能产生"不识庐山真面目,只缘身在此山中"之弊。所以,中国古人认为"旁观者清",只有超越一些,讲述主体不仅自己头脑清醒,而且对讲述对象也看得清;若"出"于其外,不入其垒,而不能见其短长。譬如韩愈不入佛,并批评柳宗元入佛。"儒者韩退之与余善,尝病余嗜浮图言,訾余与浮图游"③。柳宗元指出,韩愈排佛而不知佛,"退之忿其外而遗其中,是知石而不知韫玉也"④。正由于如此,所以韩愈提出"人其人,火其书,庐其居"⑤ 的简单粗暴的应对方法。朱熹由此亦批评韩愈说:"盖韩公之学见于《原道》者,虽有以识夫大用之流行,而于本然之全体则疑其有所未睹,且于日用之间,亦未见其有以存养省

① 梁启超:《清代学术概论》,重庆,商务印书馆1943年版,第1页。
② 梁启超:《清代学术概论》,重庆,商务印书馆1943年版,第1页。
③ 柳宗元:《送僧浩初序》,《柳宗元集》卷25,中华书局1979年版,第673页。
④ 同上书,第674页。
⑤ 韩愈:《原道》,《韩昌黎集》卷11,《国学基本丛书》本。

察而体之于身也"①。既未睹"本然之全体"的形而上之体,又未见"存养省察"形而下工夫之用,即于体于用都没有本真的体认。

讲述主体只有既入又出,出入相合,才能发挥两者之长,而免两者之短,而转生为新的学术思潮。宋明理学家无论是周、张、二程,还是朱、陆、王守仁,都是出入佛老,才能超越佛老,摆脱对佛老情感的冲动,在儒、佛、道三教的冲突融合中,转生为新的和合体——宋明理学。讲述主体亦要随之出入中国学术史对象,然后超越对象,才能比较贴近体识"庐山真面目"。

四是真实性。凡史学著作,都要求真,即符合历史的真实,而不可伪造或任意解释、演义、戏说,以免偏离历史的真实。中国学术史作为史,亦不例外。因此黄宗羲说:"学问之道,以各人自用得著者为真。"②梁启超认为黄氏的《明儒学案》"虽有许多地方自下批评,但他仅在批评里头表示梨洲自己意见,至于正文的叙述却极忠实,从不肯拿别人的话作自己注脚。"③ 这符合梁启超提出的著学术史的第三个条件,即"要忠实传写各家真相,勿以主观上下其手"。要撰写、研究中国学术史,就要进入中国学术史研究对象,与研究对象直接对话,而且要全面对话,才能见其学术精神。黄宗羲批评那些只抄几条语录便以为掌握其学术精神的做法:"每见抄先儒语录者,荟撮数条,不知去取之意谓何,其人一生之精神未尝透露,如何见其学术"④? 黄氏纠此偏颇,而与学术研究对象全面对话,"从《全集》纂要钩元"。只有如此,才能把握"各家真相",否则犹如瞎子摸象,不明真相、全相。

研究者、解释者在与学术研究对象对话中,既要"无我",又要"有

---

① 朱熹:《与孟尚书书》,《昌黎先生集考异》卷 5,上海古籍出版社 1985 年影印本,第 199 页。

② 黄宗羲:《凡例》,《明儒学案》卷首,《国学基本丛书》本。

③ 梁启超:《中国近三百年学术史》,重庆,中华书局 1943 年版,第 49 页。

④ 黄宗羲:《凡例》,《明儒学案》卷首,《国学基本丛书》本。

我",是无我与有我的和合。"无我"就是在与学术研究对象对话中,不抱成见、囿见,不带"前识"、"前见",不杂情绪、情感,恭听研究对象的倾诉和心声,聆听研究对象的不满和牢骚,倾听研究对象的诅咒和谩骂。将其放在时代环境和具体学术氛围中,多角度、多层面来观察,而探赜其学术宗旨要领,掌握其学术精神实质,揭示其学术意蕴内涵,这样才能贴近学术研究对象的真相、真实,做到如梁启超所说"正文的叙述却极忠实"。毕竟,学术史是现代人写的学术史,研究者、解释者与学术研究对象的对话是现代的研究者和解释者,他们有自己的体认、宗旨和价值评价,而与前人、别人不同,而显现其"有我"的独特性,这便是梁启超所讲《明儒学案》中"有许多地方自下批评,但他仅在批评里头表示梨洲自己意见"。这就是说,把"有我"的自下批评的意见与对学术研究对象的叙述的"无我"分开。这样既体现了学术研究对象的真实性,又显示了研究者、解释者对研究对象的尊重和评价,这是时代变迁所构成的真实性。"有我"与"无我"的和合,构成了中国学术史生生不息的长河。

五是和合性。每一种学术思维形态,都有与其相适应的方法。从某种意义上说,一切学说的探索,归根到底都涉及方法的探索;一定研究、解释方法的完善程度在一定意义上体现着该学说的成熟程度,一种学说的创新亦往往以方法的创新作为它的先导。学术就是学说、学问与方法的融突而和合,因而,方法是学说、学问内涵的应有之义。

"和实生物,同则不继"。或事物、或学说,都是多元、多样的元素、因素冲突、融合,并在冲突、融合的动态过程中和合为新事物、新生命,为此而生生不息,永葆生命智慧的活力。如何"和实生物"?《国语·郑语》、《周易·系辞传》都有深刻的阐述。"天地絪缊,万物化醇,男女构精,万物化生"①。天地、男女,即为阴阳、乾坤,是两极,是冲突;絪缊、构精是结合,是融合。絪缊、构精是不断选择的过程,冲突融合的和合

① 《系辞传下》,《周易本义》卷3,世界书局1936年版。

而创造了新和合体，即万物的化生，或新生命的诞生。《左传》曾记载晏婴与齐景公一段关于和同的对话，譬如"和羹"，济以五味，是"和"。"同"犹"以水济水，谁能食之？若琴瑟之专一，谁能听之？同之不可也如是"①。和是不同的味料、声音的融突而和合成美味、美声；"同"犹以水济水，就不能食，不能听。学术也一样，是不同学术在对话、冲突、吸收、融合中和合生生不息，若"以水济水"，学术的生命智慧就枯竭了；学术史的撰写也应遵照和合的方法。梁启超讲著学术史有四个必要条件，第一个条件就据引黄宗羲《明儒学案·凡例》第八条来说明。黄宗羲说："此编所列，有一偏之见，有相反之论，学者于其不同处，正宜著眼理会，所谓一本而万殊也，以水济水，岂是学问。"② "以水济水，岂是学问"？与"以水济水，谁能食之"一样，讲出了学问融突"和合"的必要和重要。

和合方法是"生生法"，它是"逝者如斯夫"的"流"，而不是"止于"某一界域或止于"一"。换言之，和合生生法犹如"土与金、木、水、火杂，以生百物"的"杂"，汉韦昭注："杂，合也"③。是讲多样、多元的融突协调法、和谐法，故"和实生物"。它标示着新事物、新生命、新学术的不断化生，这便否定着中西传统思辨方法的理论性前提"一"。和合生生法的价值目标、终极标的，并不追求一个惟一的、绝对的、至极的形而上本体，也不追求一个否定多样、多极的"中心"或实体的统一性。

和合方法又是创新法，它不是一方消灭一方，一方打倒一方的单一法、惟一法，而是"万物并育而不相害，道并行而不相悖"④ 的互补法、双赢法。各种不同的学说、学问及其方法，都可并行不悖，共同发育，共

---

①《左传·昭公二十年》，《春秋左传注》，杨伯峻著，中华书局1981年版，第1420页。

②《凡例》，《明儒学案》卷首，《国学基本丛书》本。

③《郑语》，《国语》卷16，《四部丛刊初编》本。

④《中庸章句》第30章，上海，世界书局1936年版，第15页。

同流行,互动互补,相得益彰。相害、相悖地不断斗争,只能两败俱伤,百害而无一利,最终要导致衰落和毁灭。和合创新法在并育、并行、不害、不悖中圆融无碍,互补、双赢地创造学术完美境界①。

"自己讲"、"讲自己"中国学术史"话题本身",讲述中国学术史自己对"话题本身"的重新"解读"。自己讲自己的学术史,立中国学术主体之道,走中国学术自己之路,建构中国学术自己的理论体系和范式,把中国学术推向世界,让更多世人了解、理解中国学术,这确实还有很多的路要走,"路曼曼其修远兮,吾将上下而求索"。在这个求索中,我们撰写了这部《中国学术通史》,它若能在这个求索中起一点微薄的作用,这对于我们来说就非常幸运了。

2001 年年初,人民出版社编审方国根征求我的意见,能否承担《中国学术通史》的主编,并说明这是中国新闻出版总署的重点课题,但我不敢马上答应。一是我对中国学术史究竟是什么? 它与中国哲学史、中国思想史有什么区别? 这些问题未搞清楚前,担任主编,便是一种对学术不负责任的态度。因此,我自己需要研究思考,对中国学术史需有一个基本体认,即对我所主编的对象的性质、特点、范围、内容、方法、范式有一自己初步的想法,才敢答应;二是我当时工作紧张,科研任务繁重,没有时间顾及其他,不愿做挂名的主编。后方先生和人民出版社陈鹏鸣博士到陋舍,又谈及此事,我亦谈了我对中国学术的一些看法,陈鹏鸣博士同意我的一些设想和规划,这样我才答应下来,并根据中国学术发展的特点,分为六个阶段,即先秦、秦汉、魏晋南北朝、隋唐、宋元明、清,聘请对每一阶段学有专长、造诣高深的学者担任撰稿。几年来在人民出版社领导的大力支持、帮助下,在各卷教授、博导的精诚合作、刻苦研究下,特别是陈鹏鸣、乔还田二编审,严格把关,反复斟酌,精心

---

①　参见拙作:《和合方法的诠释》,《中国人民大学学报》2002 年第 3 期,《新华文摘》2002 年第 8 期转载。

编审后对各卷均提出诸多宝贵意见,各卷又做了修改,我对于诸位教授、编审的对学术认真负责的态度,谨表谢忱。

张立文

2003 年 8 月 19 日于中国人民大学孔子研究院

目　录

第一章 绪 论

隋唐时期是中国古代社会和学术发展的一个重要时期。中世纪的中国,在唐代创造了历史上第二个辉煌时期,盛唐的成就,促进了中国社会的发展进步,推动了思想文化的发展,也极大地扩大了中国文化特别是儒学在世界上的影响。中国学术的发展,与历史的发展相适应,显示出明显的阶段性。先秦时期是从学术的萌芽到春秋战国的百家争鸣,诸子学渐次发达。秦汉时期,随着大一统的建立,学术的发展也出现了统一的趋向,从秦代和汉初的综合百家到汉武帝独尊儒术,奠定了儒学在中国历史上的主导地位,儒学成为中世纪学术的主流。魏晋以降,社会陷入分裂,学术思想也不再是儒学的一统天下,玄学、道教、佛教逐渐兴起,与儒学一争短长。到了隋唐,国家重新获得了统一,统治者为了政治的需要,在维护社会生活秩序的时候又抬高儒学的地位,但是,经历了魏晋之后的冲击,儒学的缺陷与弊端也逐渐暴露出来,无法以绝对的优势压倒其他学说,于是就形成了儒、释、道三教鼎立的局面。在某种意义上,我们可以说,中国传统学术的这三大主流学派的构成和鼎立,就是在隋唐时期确定的。

一、隋唐学术发展的社会历史条件

1. 隋朝的建立与国家的统一

经过汉末到南北朝长达 400 余年的分裂与战乱,除了西晋短暂的统一时期之外,中华民族饱受战争之苦,无数百姓流离失所,大量土地荒芜,社会生产和经济发展受到严重的破坏。特别是中国经历了秦汉大一统之后,那种统一的中央帝国的赫赫声威已经成为中国人的骄傲。汉代罢黜百家独尊儒术的文化政策,确立的与中央集权专制社会相一致的统治思想和社会意识形态,也已经成为中国人根深蒂固的思想观念。因此,即使在分裂与动乱中,中华民族也始终没有放弃对国家统一的追求,而是将它作为实现统一的手段。实际上,国家的分裂与动乱在没有放弃追求统一的情况下,是社会政治力量的分化瓦解和重组。正是在这一过程中,旧的腐朽势力被淘汰,而具有活力的新生力量则迅速崛起。在几百年的纷纭斗争中,各个民族、各种政治势力都在争夺统一国家的领导权,这一地位最终被隋朝的杨氏获得。

580 年,北周宣帝死,其子宇文阐年方 8 岁,继为静帝,由丞相杨坚辅政。

杨坚的父亲是北周的开国功臣,十二大将军之一,赐姓普六茹,封随国公。杨坚袭父爵职,历任大司马、大后丞等,他的女儿是周宣帝之后,所以,杨坚不仅位高权重,而且是皇亲国戚,是宣帝之国丈、静帝之外祖。同时,他又出身于世族之家,这两种条件使得他不仅得到了北周鲜卑贵族的信赖,而且也受到中原汉族政治势力的大力支持,故很快掌握了北周的最高权力。他重用高颎、刘昉、郑译等人帮助他策划篡周。北周旧臣和鲜卑贵族势力风闻杨坚准备篡周,纷纷起兵勤王,尉迟迥、王谦、司马消难等先后而起,但均被杨坚平息。他还将北周诸王召集到长安予以监控,并先后伺机杀害。580 年底,杨坚被封为随王,夺取政权的一切障碍都已全部扫除。次年(581 年)二月,周静帝下诏禅位于杨坚,杨坚受册即皇帝位,建国号为"隋",是为隋文帝。①

---

① 杨坚父子均封随国公,杨坚更被封为随王,故建国时就以自己的封号为国号。但以"随"字中有带"走"的偏旁,以"走"为不吉,便去"走"而变为"隋"。

　　杨坚从北周手中夺取了中原政权，就着手准备统一中国。当时，与隋朝并存的还有江南的陈朝和后梁。杨坚建国之初，并没有马上从事南征，而是把精力放在稳定政权、消灭异己和对付突厥等问题上。如他即位不久，就杀尽北周诸王和静帝。同时，也为灭陈和梁做了积极的准备，派遣隋军名将贺若弼任吴州总管镇广陵(今江苏扬州)、韩擒虎任庐州总管镇庐江(今安徽合肥)，形成夹击陈朝京城建康(今江苏南京)之势。

　　后梁本来是投靠北周建立的一个弱小政权，一直臣服于周。隋代周后，梁仍然对隋纳贡称臣。开皇七年(587年)，隋文帝命梁帝萧琮入觐，萧琮率臣下200余人来长安，隋文帝宣布废除后梁。留驻江陵的梁臣萧岩等携百官民众10余万人降陈，后梁灭亡。

　　开皇八年(588年)三月，隋文帝下诏宣布陈后主22条罪状，声称将发兵征讨，并将这份诏书传写30万份，在陈朝境内广为散发，进行强大的舆论攻势。同年八月，隋设淮南行省作为征陈的基地，命晋王杨广、秦王杨俊和大臣杨素等为行军元帅，以高颎为晋王元帅长史，分兵八路，出动水陆大军50多万，准备在数千里的战线上向陈发起总攻。面对严峻的形势，陈国君臣却自恃长江天险，依旧饮酒作乐，毫无戒备之心。次年正月初一日，陈国欢庆新春之时，隋军发动全面攻击，陈后主仓皇对阵，经过多次战斗，隋军终于攻克建康，陈后主被俘投降。至此，从西晋之后长达400年的分裂结束，中国重新获得了统一。

　　隋文帝统一全国之后，大力进行政治整顿和改革，采取了一系列的措施巩固中央集权制。他所创立的许多制度，对后世都有重要影响。范文澜先生曾经这样评价过隋文帝的改革："隋文帝主要的功绩，在于统一全国后，实行各种巩固统一的措施，使持续三百年的战事得以停止，全国安宁，南北民众获得休息，社会呈现出空前的繁荣。秦始皇创秦制，为汉以后各朝所遵循，隋文帝创隋制，为唐以后各朝所遵循，秦、隋两朝都有巨大贡献，不能因为历年短促，忽略它们在历史上的作用。"① 范先生的这种评价，是十分中肯的。

经过十六国南北朝的长期分裂，汉代建立的一些制度遭到严重破坏，各个政权都建立了自己的制度，有些还带有少数民族的一些习惯。国家统一之后，亟需一个与统一相适应的健全的政治制度，隋文帝为了巩固自己的政权，励精图治，建立了对后世影响极大的政治制度，对中世纪后期国家的统一和社会的安定有着积极的作用。这些措施主要有如下几方面的内容。

第一，重新确定官制。隋朝统一全国之后，原各地方政权的官职五花八门，隋初，朝廷对以往各朝各代的官制进行了综合改造，确定了新的官制。在中央政府，废除北周仿《周礼》设置的六官，恢复汉魏的三师三公，置尚书、门下、内史、秘书和内侍五省，以尚书省主理政务，下设吏部、礼部、兵部、都官(后改刑部)、度支(后改民部)和工部六曹。门下省掌管政事的审议，内史省专司出纳王言、草拟圣旨，秘书省负责图书著作，内侍省主管宫廷事务，以前三省为辅助皇帝处理国家军政大事的机构，并互相牵制，以防止内侍和外戚擅权弑夺。在地方官制方面，废除郡一级行政机构，只设州、县两级，并省河县，裁减冗员，禁止州县首长自行任命僚属的制度，规定凡九品以上的地方官吏，一律由中央朝廷直接任免，并实行三年任期制，县佐回避本郡等制度。

第二，废除九品中正制，兴科举考试制度。汉代官吏的铨选是根据人的德才由地方荐举，到魏以后就演变成了九品中正制，即根据人的出身门第的不同，将人分为九个等级，按照门第等级授予相应的官职，从而形成了"上品无寒门，下品无世族"的门阀制度。开皇七年(587年)，隋朝采取新的铨选政策，规定各州每年选3人参加朝廷秀才、明经等科的考试。开皇十八年(598年)增设举人，炀帝时又设进士科，科举制度

① 范文澜：《中国通史简编》第三编第一册，人民出版社1965年版，第3—4页。

基本形成,后来经过唐代进一步完善,科举制度就成为中国中世纪后期官吏铨选的根本制度。

科举制的设立,在中国历史上有着十分重要的意义。它打破了血缘家庭的门第等级,让所有的学子都有了通过自己的刻苦学习进入社会上层、加入统治集体的可能性。因而,在平民与社会上流之间,就没有形成不可逾越的鸿沟。特别是,中国的知识分子自古以来就把入仕作为学习的根本目的,科举制度就给它们提供了一个相对比较公平的机会,激励知识分子努力学习,主动关心社会的发展和国家的大事,学而优则仕,格物致知最终是为了治国平天下。这种选官制度,客观上促进了治国的知识分子对国家和社会的关心,培养了他们高远的志向和高雅的情怀。

第三,修改刑律。汉代废除秦朝的严刑酷法,以简约治天下。魏晋以后,各国蜂起,刑律渐乱。特别是一些少数民族政权,将其部落中的一些残酷刑法移植到中原,名目繁多,轻重失衡。隋朝建立之后,综合历朝旧律,重新制定法律条文,废除了枭首、宫刑、车裂等残酷野蛮的刑罚,定死刑、流刑、徒刑、杖刑和笞刑,死刑仅留斩、绞二法,定"十恶不赦"之罪,删繁去冗,形成了《开皇律》。为了防止错判、误判,苍天还规定,诸州县对于死刑一律不得独断,必须上报大理寺复核。《开皇律》的立法精神和简约的法律结构,后来成为唐、宋、明、清诸朝法律的蓝本。

第四,均田减赋。在长期的战乱中,社会的经济生活秩序遭到严重的破坏,不少百姓流离失所。国家统一之后,政权的巩固,社会的安宁,都需要重建和平稳定的秩序,而这里有一个前提,那就是百姓的安居乐业。所以,隋朝统一全国之后,于开皇二年(582年)即颁布均田令,计口授田。均田制的贯彻有利于限制豪强趁社会动乱之机强占民众土地,并保证了百姓最基本的生产资料。在实行均田制的同时,隋朝还进行了减轻赋税的工作。从隋朝规定的赋税来看,比南北朝时期轻了许多,而且随着社会的逐步复苏和发展,隋朝还不断地减免百姓的赋税。

这种政策,不仅保持了社会生活的安定,而且为百姓的生活提供了最基本的保障,从而极大地提高了广大民众生产劳动的积极性,促进了社会生产的发展。

隋朝初年的这些改革,是国家统一的积极成果,它对于中央政权的巩固、社会的复苏和生产的发展有着积极的促进作用。当时,国家的府库充盈,国力强盛,到了唐代仍然被唐太宗李世民君臣称道。可以说,没有隋朝的国家统一与社会复苏,就没有中国唐代的盛世。

2. 贞观之治与社会的发展

仁寿四年(604年)隋文帝逝世,炀帝杨广即皇帝位,他是中国历史上典型的荒淫残暴的君主,在他统治期间,不仅生活骄奢淫逸,而且好大喜功,对百姓极尽剥削之能事,对外炫耀武功,民不聊生,怨声载道。他游幸江都,奢侈已极,仅拉船的民夫就达8万余人。[①] 修运河、建东都,动辄征夫上百万,又发兵征高丽,"秋七月,发江、淮以南民夫及船,运黎阳及洛口诸仓米至涿郡,舳舻相次千余里,载兵甲及攻取之具。往还在道,常数十万人,填咽于道,昼夜不息,死者相枕,臭秽盈路,天下骚动。"[②] 民怨沸腾,终酿隋末社会暴动。大业十二年至十四年(616—618年),承十六国南北朝之余绪,各地武装势力建立国号者达数十个,中国在经历了极短暂的统一之后又陷入一片混乱之中。唐朝的创立者在这种动乱之中收拾残局,建立了大唐帝国。

唐朝统一中国之后,面临的一个最严峻的问题,就是如何恢复社会的秩序和生活的安定、促进国家的复苏与繁荣。李氏建唐之后,经过残酷的政权斗争,终于由一代人雄李世民登上皇帝宝座,他在位期间,采取开明的政策,促进经济的发展,注意处理好与各民族的关系,励精图

---

① 参见《资治通鉴》卷180《隋纪》四。
② 《资治通鉴》卷181《隋纪》五。

治,勤政爱民,致力于社会的安定与发展,终于开创了中国历史上的一代盛世。吴兢曾经写过一段话,记载了唐太宗李世民治国安邦的大致情况:

"太宗自即位之始,霜旱为灾,米谷踊贵,突厥侵扰,州县骚然。帝志在忧人锐精为政,崇尚节俭,大布恩德。是时,自京师及河东、河南、陇右。饥馑尤甚,一匹绢才得一斗米。百姓虽东西逐食,未尝嗟怨,莫不自安。至贞观三年,关中丰熟,咸自归乡,竟无一人逃散。其得人心如此。加以从谏如流,雅好儒术,孜孜求士,务在择官,改革旧弊,兴复制度,每因一事,触类为善。初,息隐、海陵之党,同谋害太宗者数百千人。事宁,复引左右近侍,心术豁然,不有疑阻,时论以为能决大事,得帝王之体。深恶官吏贪浊,有枉法受财者,必无赦免。在京流外有犯赃者,皆遣执奏,随其所犯,置以重法。由是官吏多自清谨。制驭王公妃主之家、大姓毫猾之伍,皆畏威屏迹,无敢侵欺细民。商旅野次,无复盗贼,囹圄常空,马牛布野,外户不闭。又频致丰稔,米斗三四钱,行旅自京师至于岭表,自山东在于沧海,皆不赍粮,取给于路。入山东村落,行客经过者,必厚加供待,或发时有馈赠。此皆古昔所未有也。"①

可见,唐太宗是在满目疮痍的社会状况下接管国家的统治的。从隋炀帝大业十二年(616年)到唐武德八年(625年),中国社会继汉末以来400年动乱之后仅历30年的短暂安定,又陷入动乱之中。唐太宗面对这样的社会状况,以振兴经济、安定国家、促进社会发展为己任,兢兢业业,采取了一系列的举措,进行了大量的改革,开创了唐代的辉煌。

唐太宗特别注意吸取隋朝覆亡的经验教训,居安思危,深知"战胜易,守成难",无论什么事情,朝臣们进谏时只要提到隋朝的覆亡,就会

① 吴兢:《贞观政要》卷1《政体第一》。

引起他的高度重视，并立即改正自己的错误。正因为这种以隋为鉴的高度自我警觉，唐太宗才能够励精图治，从善如流。

唐朝建立之后，社会亟需从战乱中复苏，统治者面临的首要问题就是如何医治战争给民众带来的创伤，招徕和安置流民，使百姓安居乐业。为了解决这一问题，唐朝统治者继承北魏以来的均田制和租庸调制度，并做了进一步的改革与完善。"唐之始时，授人以口分、世业田，而取之以租庸调之法，其用之也有节。盖其蓄兵以府卫之制，故兵虽多而无所损；设官有常员之数，故官不滥而易禄。虽不及三代之盛时，然亦可以为经常之法也。"①

均田制是北魏以来按人口平均分配土地的一种制度。社会动乱之后，不仅会有大量的人员伤亡，而且会有不少人流离失所，从而造成土地占有情况的不平均，出现有田而无人耕，有人而无田可耕的现象。政府实行均田制就是要使土地与人各尽其力，从而把民众与土地紧密联系在一起，"乐岁终身饱，凶年免于死亡"，然后生死无徙于乡，促进社会的安定与生产的发展。当然，所谓均田是对百姓而言的，他们不可能在土地占有上与统治阶层相"均"，唐朝规定亲王永业田 100 顷，一品官 60顷，此外还有职分田。不过，均田制的实行，毕竟解决了百姓基本的生产资料问题，使他们的生活有了基本的保障。一个成年男丁授田 1 顷相当于今制 16 亩，以之养家糊口，足以度日，而且朝廷采取"贫及有课税者"先授，优先照顾贫困户，足见这一政策确有扶弱抑强的意向。

所谓租庸调是一种赋税制度。据《新唐书·食货志》记载，"租"为每丁（21—59 岁的男人）每年向国家交粟 2 斛或稻 3 斛，而每年交丝绢 2丈、绵 3 两、布 2 丈 5 尺、麻 3 斤为"调"，每丁每年服徭役 20 天或每日徭役折绢 3 尺为"庸"，若加役 25 日免调，加 30 日租调全免，且总数不许超过 50 日。这种负担在当时的情况下还能够被百姓接受。"太宗方锐

---

① 《新唐书》卷 51《食货志》。

意于治,官吏考课,以鳏寡少者进考,如增户法……异物、滋味、口马、鹰犬,非有诏不献。如加配,则以代租赋。其凶荒则有社仓赈给,不足则徙民就食诸州。"[①] 举凡一切措施都是为了安民利民。

在政治上实行并省裁冗,撤销、合并行政区划,严格控制由中央直接任命的官员的数量,消灭民少吏多的现象,建立正常的道州府县制,减轻民众的负担。此外,唐太宗还实行府兵制,在和平时期军队从事农业生产,自己供养自己,以减轻民众的负担。

这些改革措施被他的后代奉为定式,经过几百年的努力,唐代社会的发展取得了辉煌的成就。

首先,农业生产得到长足的恢复与发展。均田制的实行提高了农民的生产积极性,他们大力开垦荒地,扩大耕种面积。政府为了农业增产丰收,多次大规模兴修水利。如武德七年(624年)白龙门引黄河水,灌溉韩城农田六千多顷;贞观年间在朔方开延化渠、江都引雷陂水、开河中龙门渠,后来又多次开渠引水,使许多干旱的农田得到了充足的水源。唐朝历届政府都注重水利工程的兴建,据不完全统计,唐高祖时期9起,太宗时期28起,高宗时期45起,武周时期17起,中宗时期6起,睿宗时期2起,玄宗时期58起,肃宗时期1起,代宗时期13起,德宗时期32起,宪宗时期24起,穆宗时期14起,敬宗时期4起,宣宗时期3起,懿宗时期12起,僖宗时期1起,其他无考10起。以上仅见于史载者共291起。同时,又积极改进农业生产工具,极大地提高了生产的效率。经过百余年的努力,农业生产发展到了一个新的历史高度,到唐玄宗开元、天宝年间,出现了"耕者益力,四海之内,高山绝岭,耒耜亦满,人家粮储,皆及数岁,太仓委积,陈腐不可较量"[②] 的局面。由于农业生产的发展与繁荣,粮食价格逐步下降,比隋代降低了80%左右。隋

① 《新唐书》卷51《食货志》。
② 《元次山集》卷7《问进士第三》。

时斗米值百钱甚至数百钱,到唐开元间,斗米十五钱,最低的地方只卖五钱。民众的温饱已经不成问题。

在唐代,人口的数量也在持续地快速增长。唐初时,全国仅有户200余万,高宗时已有380万,20年间增长1/4。[①]唐朝鼎盛时有户约1400万,人口近7000万。这种人口的快速增长,也是唐代经济繁荣的一个重要标志。

其次,手工业的迅速发展。在农业繁荣的基础之上,唐朝的手工业也有了长足的进步。当时的温州、寿州、洪州、越州、鼎州、婺州、岳州等地已经成为著名的陶瓷生产基地。唐三彩至今仍然具有很高的工艺价值。日常生活用具的手工艺品种类繁多,制作精良,如纺织品有布、绢、绫、罗、绸、锦等种类,而每类之中又有许多不同的品种,如绫的品种就多达数十种。当时定州(今河北定县)何明远家有绫机500张,规模甚为庞大。在采矿业方面,当时政府与私人共同开采。据《新唐书·地理志》记载,仅平陆县就有"银穴三十四,铜穴四十八",《新唐书·食货志》载:"凡银、铜、铁、锡之冶一百六十八。陕、宣、润、衢、信五州,银冶五十八,铜冶九十六,铁山五,锡山二,铅山四……麟德二年,废陕州铜冶四十八。"上述五州,分处今河南、安徽、江苏、浙江、江西等五省,全国各地都在大力开采矿产资源。与此相适应,冶炼与铸造业的生产技术也有了很大的提高。无论是大型铸造还是精雕细作,其艺术水平之高,令人叹为观止。如武则天时以铜铸天枢,高105尺,经12尺,八面各长5尺,下为铁山,其围170尺。上面饰以铜制蟠龙、麒麟,设腾云承露盘,直径3丈;四龙立柱火球,高1丈。近年来不断发掘出来的唐代金银玉器,其技术与艺术都堪称一流,已经运用了铸、切削、抛光、焊、铆、镀等

---

①　唐初的人口数量比隋时低许多,这一方面有战争的伤亡,另一方面也有流民迁离原籍。高宗时的人户统计,当包含有流民变为编户的数字,不能简单地看做是人口的净增长。但是,尽管如此,这种统计数字的增长仍然是社会安定发展的一个重要指征。

工艺。这种手工业的发展与发达,充分反映了唐代的经济发展与社会的繁荣。

再次,商业的兴旺。农业和手工业的发达,使整个社会有了丰富的剩余产品,人们把这些产品拿到市场上去交易,促进了商业的繁荣兴旺。唐玄宗天宝年间,长安建立了东西南北四大市场,每市方600步,四面各开二门,以墙围之,市内东西南北各有二条街道纵横交错,街宽18—30米。每市内有店面数百至数千不等。这个规模即使在今天看来,也是颇为壮观的。除长安外,全国各地都有类似的专门交易的市场,如东南名城杭州,"开肆三万"。政府不仅设立市场,而且还对市场进行规范化管理,什么时候入市、闭市,商品的等级、价格,交易的程序和税收等等,都有明确的规定。市场的发达产生了一个必然的结果,那就是货币的流通加速。唐代以前虽然有货币的存在,但流通不广,商业活动中主要是以物易物。唐代虽然也保留着以实物为货币(如布帛、绢等)的现象,但金属货币(铜币和铁币)也开始大量流行,并随着交易范围和区域的扩大而产生了专门从事信贷业务的店庄和类似于汇票的"飞钱"、"便换",它实际上是可以兑换的银票的雏形。

此外,随着国内市场的繁荣,中外之间的国际贸易也有了迅速的扩大。不仅传统的西域市场得到进一步的拓展,而且阿拉伯人、波斯人也从海路进入中国东南部一带进行贸易,促进了古代中国与外国的物质文化与精神文化的交流。

3. 文化繁荣与学术的兴盛

在中国历史上,唐代是一个值得中国人骄傲的朝代,当时的经济繁荣盛况空前,在世界历史的发展上,也走在其他国家的前面。政治的稳定,经济的繁荣,也促进了文化的发展。唐代在文化方面所取得的成就,像其经济的繁荣一样,也为世界上其他国家所瞩目。盛唐的繁荣促进了中国与世界上其他国家和民族之间的交往,正是在这种交往中,中国传统文化积极吸收世界上其他民族的文化,进一步丰富和发展了自己,并通过这种文化的交往,扩大了中华民族在世界上的影响,树立了中国文化的声威。

盛唐政治的稳定为文化的发展创造了良好的条件,经济的繁荣为文化的发展提供了坚实的物质基础,民族的融合为文化的发展提供了丰富的素材,在这种形势下,唐代的文化取得了巨大的成就,永为世人景仰。

在思想方面,唐代的成就主要表现在两个方面:一是对儒家经典的整理与注释即经学的发展。以孔颖达和陆德明为代表,他们在汉儒高祖的基础上对儒学的主要经典做了详细的注释和校正,为后世理解和进一步发挥儒家的思想打下了良好的基础。孔颖达的《五经正义》、陆德明的《经典释文》,至今仍然是治儒学史、经学史者重要的参考资料。二是儒、释、道三教鼎立。唐朝建国后,因为皇帝姓李,便着力扶持道教,高宗时,敕封老子为"太上玄元皇帝",玄宗画老子像颁行天下,尊《老子》为《道德真经》、《庄子》为《南华真经》,并在科举考试中专门设立了老庄道家、道教的考试科目。在朝廷的大力提倡下,道教作为中国本土的宗教得到了很大的发展,一时间,两京和天下各州府皆立玄元皇帝庙,观场遍于全国。黄巾羽士充塞道路,佛教自两汉之际传入中国,经魏晋南北朝的发展,到隋唐时期达到了它的顶点。从教理上说,隋唐佛教改变了南北朝时期北专禅定,南重慧观的分歧,提倡"止观并重,定慧双修",从理论上实现了南北的统一。唐代时,组织大规模佛教经典的翻译工作,专门设置译场,分工负责,翻译了大量的佛典。这些佛教经籍的翻译为佛教在中国的发展和演变打下了比较坚实的理论基础。正是在这些经典的研究之中,深化了中国佛教徒对印度佛教教义的理解,也由于各自对佛教经典义理上的差异,佛教在唐代就形成了诸多的宗派,并具有明显的中国本土文化的特点。其著者如天台宗、华严宗、法相宗、禅宗等。特别是禅宗这一完全中国化佛教的产生,说明中国佛教已经形成自己独立的理论体系。唐朝在提倡佛道的同时,也推重儒学。唐太宗尊孔子为"先圣",广增国子学生员,有通一经者,即可参见贡举,特别是科举考试制度的完善,更引导知识分子"抱负典籍,云会京师"。史称"儒学之盛,古昔未之有也。"① 儒学的发展除了经学的成就之外,刘禹锡、柳宗元、韩愈、李翱等人,对儒学的思想发展也做出了积极的贡献。儒、释、道三家并行于唐,三教鼎立,相互诘难、相互吸收、相互促进、相互融合,共同创造了唐代的思想成就。

在文学方面,唐代的诗歌是中国文学史上最具有代表性的成就。唐初的宋之问等人在前人音韵成就的基础之上,完善了律诗的音韵格式,古诗乐府、近体诗、五言律诗、七言律诗、绝句、排律等多种形式的诗歌同时流行,特别是一批著名的诗人,一扫六朝粉黛之气,以文学的形式反映当时的社会生活,表达了对百姓疾苦的关心和对国家的热爱。如李白、杜甫、王维、孟浩然、李贺、岑参、高适、白居易、杜牧、李商隐等人的诗作,都是中国古代文学的瑰宝。唐朝诗歌之盛,在中国历史上绝无仅有。唐诗流传至今的还有近 5 万首,作者 2000 余人。文学方面的第二个成就是古文复兴运动。南北朝时期,骈文流行,以辞藻的华丽、意境的缠绵悱恻为尚,所述者多为春花秋月。到了唐代,学者们开始反对这种绮丽轻浮的文体,提倡恢复秦汉时期的古文体,到了韩愈,就把这一运动推向了高潮。"愈所为之文,务反近体,抒意立言,自成一家新语。后学之士,取为师法。"② 这种朴实的文体对后世文学的发展产生了良好的影响。在文学方面还值得一提的是唐代的传奇小说也十分发达,像《古镜记》、《海山记》、《红线记》、《霍小玉传》、《柳毅传》、《南柯记》、《莺莺传》等,都在文学发展史上有着重要的地位。如元稹的《莺莺传》后来经过多次演绎,最终形成了王实甫的《西厢记》。

---

① 《旧唐书》卷 189《儒学上》。
② 《旧唐书》卷 160《韩愈传》。

　　这一时期的史学成就也十分突出。由朝廷监修的就有《晋书》、《梁书》、《陈书》、《北齐书》、《周书》和《隋书》，还有《南史》和《北史》的编修也获得朝廷的钦准。汉以后四百年的历史，都在唐代进行了整理和记载。历代编修的二十四史，在唐代就编了八部，史学成就的辉煌，是中国历史上任何一个朝代都无法比拟的。受唐代编修历史的影响，此后历代的正史都由朝廷监修，保证了中国数千年的历史有了完整的规范记载。中华民族奋斗、发展、前进的历史脚印得以清晰呈现，此例实开自唐。

　　唐代的艺术也有令人瞩目的成就。由于南北朝的民族融合，大量塞外民族的民族文化和艺术流入中原，加上唐朝对外交往的频繁，外国的一些文化艺术也传入中国。如唐朝综合各种乐曲，定十部乐，分别为燕乐、清商、天竺、西凉、高丽、龟兹、安国、疏勒、康国和高昌。舞蹈的形式也和声乐一样丰富多彩。其著者如剑舞、胡旋舞、霓裳羽衣舞等，都流行于当时。唐朝的书画艺术也有相当大的成就，虞世南、张旭、颜真卿、怀素、柳公权等人，不仅是一代名家，而且至今仍然是书法的宗师。张彦远作《历代名画记》，收唐代画家达206人。特别是敦煌石窟，更是集绘画与雕塑于一体，展现了唐代艺术的辉煌成就，是我们的祖先留给我们的宝贵遗产。

　　总之，唐代的文化是中国历史上文化发展最为辉煌的时期之一。这些成就的取得，既与盛唐社会的稳定、经济的繁荣密切相关，也是中华民族大家庭中的各个民族的文化相互吸收、相互融合的结果，是全中华民族的共同创造。同时，它也是中外文化相互交流、相互吸收的产物。当时传入中国的外来文化，不仅有对中国社会影响极大的印度佛教文化，而且还有西方文化，如景教(基督教的一个教派)、波斯的摩尼教和祆教、阿拉伯的伊斯兰教等，它们在唐代都对当时的社会生活产生过程度不同的影响。

二、隋唐学术发展状况

学术的发展植根于现实的生活,孕育于思想和文化的发展。隋唐学术的发展,也是当时社会生活现实的反映,并服务于现实政治的需要。国家的统一、社会的兴衰、君王的爱好等等,都对学术的发展有着重要的影响。

1. 国家的统一对学术发展的影响

在国家分裂时期,社会生活处于一个多元发展状况,政治、经济、文化的发展都存在着多个中心,因此,在学术上就不可能维持一元的发展。两汉所确立的儒学独尊的发展局面必定会被打破,社会的意识形态出现多元化。在这种形势下,学术的发展也就随着时代的变化而呈现出多元化的状况。最初是从汉末的清谈中衍生出玄学,玄学是对汉代经学的背离,是对经学僵化的反动,它在学术发展史上具有思想解放的意义。它以道家的精神诠释儒学,以儒学的观念理解道家,是儒家与道家相互结合的结果。这种玄风影响了当时传入不久的佛教,般若学的讨论就带有明显的玄学的色彩。佛教以其高远、玄妙而胜玄学一筹,故逐渐取而代之。但是,政治上的分立也影响了学术的发展。西晋南迁之后,士子们随晋室南下,南朝成为文化的中心,学术的发展南方就带有更多的思辨性,更加关注学理性的问题。而北方由于是少数民族政权,文化底蕴不如南方深厚,学术的发展就更多的强调实践性、直观性。

国家的统一消灭了政治上的多元化,有利于学术思想的统一。它对隋唐学术的发展有着重要的影响。

一是对儒学的复兴。儒学强调纲常名教,以维护既定的社会生活秩序、实现社会完善为己任,在社会动乱的时候,既定的社会生活秩序被打破,无序的状况中才可能有新秩序的建立,所谓乱世出英雄,就是要从无序的状况中建立有序,但英雄的出世必须以社会的无序为前提,所以,强调秩序的儒学就必然被忽略,被束之高阁。但是,一旦新的社会秩序建立起来,在中国故有的各种学术思想中,维护社会秩序的功能要数儒学最强,于是就会有对儒学的复兴。隋唐是如此,宋代也是如此。正是在这种情况下,在将近 400 年被高搁的儒学在隋唐时期就有了一定的复兴与发展。隋唐两代的统治者,对儒学都持积极支持的态度。不管他们对佛教与道教持什么态度,但都没有抛弃儒学,而始终将儒学作为自己统治的重要思想基础和工具。隋唐时期科举制的确立和完善,虽然是为了选拔人才,是出于政治的目的,但考试科目的设置,却表明统治者对儒学的重视,反映他们认为只有儒学才是经邦济世的学说,客观上对儒学的发展起到了极大的推进作用。

二是学术的融合。国家的分裂导致了学术倾向上的分歧,在政治多元化的社会中,这并不是一个严重的问题,相反,它反映了某个独立区域思想文化的独特性。但在统一的社会中,这种倾向就不利于学术的发展,因而,统一之后的学术融合就是一种必然趋势。这一趋势最明显的表现就是佛教的学术发展。如上所述,由于南北在文化上的差异,佛教在南朝和北朝的学术状况也有明显的不同。南方佛教学者受玄学影响,比较注重佛教义理的思辨,慧观称最。而北方受少数民族统治者文化底蕴的影响,不了繁冗、高深的义理,而喜好简单明快的修持方法,禅定就得到大力提倡。其实,按照佛教义理,戒、定、慧三学不可偏废,过执一端,都非佛教真谛。所以,随着国家的统一,这种南北学术上的分歧就成为佛教发展的一种障碍,不少学者就致力于融合南北,最先确立宗派的天台宗人,就是从事这一工作的重要代表。

除佛教之外,儒学的情况也是如此。《北史·儒林传》说:"江左,《周易》则王辅嗣,《尚书》则孔安国,《左传》则杜元凯;河洛,《左传》则服子慎,《尚书》、《周易》则郑康成;《诗》则并主于毛公,《礼》则同遵于郑氏。"南北儒学有同有不同,不同的地方就在于南方儒学受玄学的影响,比较注重思辨性,而北方则固守汉儒的传统。隋代的二刘(刘焯、刘炫)学通南北,开融合南北之风。唐代李世民命孔颖达注疏五经,就是有感于义出多门,学者莫衷一是,所以才专门疏理五经,详加注说,并颁行天下,以为儒学的定本。其用意就是统一南北儒学,使学者有所依从。

2. 社会的兴衰对学术发展的重要影响

意识是存在的反映,学术思想作为一种社会意识,是对社会存在的反映。尽管学术思想形成之后,有其自身的发展规律,但其关心、探讨的问题,追求的理想、提倡的观念等等,都离不开现实的社会生活。甚至学术思想发展的特点,都受社会兴衰的影响。譬如,在长期的战乱中,人们处于紧张与危机之中,对生活和前途丧失信心,学术思想也会反映出一种悲观的情绪。而在社会兴旺发达的时期,人们生活幸福,安居乐业,对前途充满信心,在学术思想上就会反映出一种积极的态度。魏晋时期的玄风,南北朝佛教的兴起,道教的昌盛,都与当时的社会动荡有着密切的关系。儒学在隋唐的复兴,佛教宗派的确立,也与隋唐社会的统一兴盛息息相关。而文学的发展,更是直接反映出社会发展的脉搏。

如上所述,复兴儒学是统一的社会维护社会秩序稳定的需要,以儒学教育为例,隋唐两代官学都有一定规模的建设。隋朝立国之初,文帝就下诏曰:"古人之学,且耕且养。今者民丁非役之日,农亩时候之余,若敦以学业,劝以经礼,自可家慕大道,人希至德,岂止知礼节、识廉耻、父慈子孝、兄恭弟顺者乎? 始自京师,爰及州郡,宜祗朕意,劝学行礼。"[①] 隋初国家设五学:国子学、太学、四门学、书学、算学,隶

---

① 《隋书》卷 47《柳机传》。

太常寺。但文帝晚年任刑名，不喜儒术，到炀帝时，社会衰败，官学徒有虚名。唐初，太宗李世民大兴学校，增置生员达3600人，国学之内，学生有8000余人。唐设六学，于隋五学之外增律学，后又于东都设国子监，从此两都同时教授，至开元、天宝年间至于鼎盛。"安史之乱"后，唐朝社会由盛转衰，儒学的发展也逐渐走下坡路，经历战乱的破坏，国学也从此凋敝，虽经后来历届皇帝的整顿，却再也无法恢复到当初的盛况。

3. 统治者的喜好对学术发展的重要影响

在高度集权的君主专制体制中，君主个人的好恶直接影响其政策的制定，一言以兴邦，一言以丧邦，兴废之间，有时候就系于君王的一念。如隋朝时，学校之兴，起于文帝对治国的需要的认识，但后来他重刑名吏治，轻儒学，又对学校进行了强制性限制。唐兴，从高祖皇帝到玄宗，学校教育一直受到高度重视，但在武周时期，却成为了例外。因为国学的生员多为皇族、显贵子弟。武则天要篡唐并巩固自己的政权，就要抑制李氏旧势力，所以她仍然坚持科举，并不拘一格选拔人才，但却排斥、轻视国学。道教就其理论思维水平和学术价值而言，都很难与儒学和佛教相抗衡，但是，它在唐代却受到高度重视，能够与儒学和佛教三足鼎立，这在中国历史上也是很少见的。其中重要的原因就是李唐皇帝的推崇。

李唐立国时，魏晋以来的九品中正制的遗风对社会生活仍然发生着重要作用。唐太宗对此甚为不满，故命高士廉等人编定《氏族志》，以山东崔姓为第一。太宗见后极不满意，对他说："我与山东崔、卢、李、郑，旧既无嫌，为其世代衰微，全无冠盖。犹自云士大夫，婚姻之间，则多邀钱币。才识凡下，而偃仰自高……我不解人间何为重之？只缘齐家惟据河北，梁、陈僻在江南，当时虽有人物，偏僻小国，不足可贵，至今犹以崔、卢、王、谢为重。我平定四海，天下一家。凡在朝士，皆功效显著,或忠孝可称,或学艺通博,所以擢用。见居三品以上,欲共衰代旧门为亲,纵多输钱帛,犹被偃仰。我今特定族姓者,欲崇重今朝冠冕,何因崔干犹为第一等? 昔汉高祖止是山东一匹夫,以其平定天下,主尊臣贵,卿等读书,见其行迹,至今以为美谈,心怀敬重。卿等不贵我官爵耶? 不须论数世以前,止取今日官爵高下作等级。"[①] 按照李世民的意旨改动的结果,以皇族李氏为第一,崔干仍为第三,可见旧族势力的强大。为了贬抑旧族,抬高自己的出身,李氏唐朝就自认为是老聃后嗣,所以大力提倡以自己的老祖宗为教主的道教。道教也因此而能够与儒学和佛教相鼎立。

佛教的兴衰也有这种现象。武后、代宗、德宗等崇信佛教,玄宗、武宗重道教。实际上,佛教各大宗派的确立和兴盛,都与宗室有着密切的关系,如天台宗智顗与隋帝、唯识宗玄奘与唐太宗、华严宗法藏与武则天等,没有君主们的大力扶持,这些宗派的创立和发展就不会这样顺利。而武宗重道教,不喜佛教,所以就有灭佛的行动。

三、隋唐学术发展的特点

隋唐学术是中国学术发展的一个重要阶段。在中国历史上,隋唐时期是中世纪社会发展至巅峰并开始由盛转衰的时期,这是一个波澜壮阔的时期,是成就辉煌的时期,也是一个文化灿烂的时期。在这一特定历史时期中产生和发展的学术思想,必然会反映这一历史时期的时代特征,而且表现出自己鲜明的特点。在此,我们对隋唐学术发展的特点不做详细的描述,只进行概括性的分析,从总体上进行把握,将它归纳为传承性、开创性与开放性。

---

① 《旧唐书》卷65《高士廉传》,参见《新唐书》卷92《高俭传》。

1. 传承性

任何一个时代都是前一时代和后一时代的中介和转承，一种学术思想往往是前此观念与后此观念的连接，换句话说，它的产生和发展，既有其思想的基础和根源，又有其继承和演变。隋唐学术作为中国学术发展史的一个历史的环节，也具有这种特点。分析这一特点是为了勾勒出传统学术思想发展的一般进程与固有规律，以期对传统学术思想有更加深刻的认识和理解。

就承前而言，隋唐学术是对秦汉以来学术思想的继承和发展。

佛教在两汉之际传入中国，其发展经历了曲折漫长的过程。最初，中国人将它看做是方术类，它自己也在寻找同调的过程中利用神仙方术，反映了在传播初期就有一个文化认同的问题，也就是说，佛教作为外来文化，它在本土上生存和发展，就有一个与本土文化的认同问题，这个认同过程，就是佛教的中国化过程。也正因为如此，在魏晋南北朝时期的般若学，就深受当时玄学的影响，谈无论有，形成了所谓的"六家七宗"。这种"家"和"宗"尽管不是隋唐时期宗派意义上的"宗"，但也反映了中国僧伽在佛教义理理解上的分歧，由于佛教典籍浩如烟海，一般人根本不可能穷尽，所以就有了专攻专擅某一类经或某一经的论师出现，如瑜伽师、涅槃师、摄论师、三论师等等。这种义有己见，学有专攻的现象，就是隋唐佛教宗派建立的基础，没有这种前期的理论准备，隋唐佛教就不可能建立起来。

儒学的发展更是如此。魏晋之后，儒学衰微，玄佛相继兴起。隋唐建立，需要儒学来维护基本的社会生活秩序，于是就有了儒学的复兴。这种复兴就是一种继承。无论是王通还是韩愈，都力图提出一个儒学发展的"道统"，将自己明确地定位为儒学的继承者。但值得注意的是，王通与韩愈都没有将自己看做是汉儒的继承者，而是直接孔孟。后来宋明理学也是如此，这就表明他们对汉儒的经学、神学目的论、谶纬之学有着严重的不满,不以它们为儒学的正宗。经学的发展,其承接性就更加明显。隋唐经学基本上走的是汉儒的路数,注不破经,疏不破注。经学家门的主要工作不是深挖经典文本的内在意蕴,而是对汉儒对经典所做的注释进行再注释。这种形式本身就决定了隋唐的经学是以继承性为根本特征的。

就启后而言,隋唐学术对后世学术的发展也有积极的影响。

隋唐佛教宗派经历了百余年的发展之后,逐渐走向衰落,而禅宗则表现出一枝独秀的现象,它不仅没有随着其余宗派而衰落,而且愈演愈盛,形成五家七宗,几乎成为后世佛教的代名词。后世佛教虽然也有其他各宗的发展,但再也不见隋唐盛景。这种状况,预示了佛教在后世发展的基本走向,那就是越来越接近生活、接近世俗,所以才有了近代以来人间佛教的兴起。隋唐的佛教对周边国家如朝鲜和日本影响之巨,也是历史上各个朝代都无法比拟的。

儒学在隋唐的发展对后世的影响也是很大的。韩愈、李翱注重心性问题,被宋儒予以发展,他们重视原典中的《大学》与《中庸》,也在宋代与《论语》、《孟子》一道被确定为《四书》,王通、韩愈、柳宗元等人对儒学之道和道统的追求,在宋明理学被正式确立,并由朱熹提出了尧、舜、文、武、周公、孔、孟一脉相传的道统,虽然这个思路是对隋唐儒者的继承,但却在道统的传承上宋儒将他们排斥在外。隋唐的经学对宋明特别是对清代的经学更是有重大影响。

宋明理学的产生,对隋唐学术的继承是十分明显的。它是儒释道三教融合的产物,换句话说,宋明理学既继承了隋唐儒学的基本精神,又吸收了佛教和道家的一些理论命题和思辨方法,从而提高了儒学的理论性和抽象思辨的层次。没有隋唐学术的发展,就没有宋明理学。

2. 开创性

任何一个时代的学术在整个学术发展史上都有其特点和历史地

位,这种特点特别是历史地位就是由其在学术上的创造性确定的,在思想内容、表现形式和传承发展上,它们总是或多或少地在学术发展史上添加了自己时代的内容,做出了各个时代的历史贡献。没有这种创造性,就没有学术发展的历史。隋唐学术的开创性是其显著的特点。

隋唐佛教的发展在开创性上可以说是无可争辩地独占鳌头。隋唐之前,佛教在中国的传播与发展经历了数百年的曲折过程。最初,佛教是作为一种方术被中国人接受的,到了魏晋,它又感染了当时盛行的玄风,南北朝时期,佛教的发展虽然有了良好的社会条件,但是,这一时期仍然是佛教在中国兴盛的准备时期。从教理上来说,隋唐之前佛教在中国传播的任务主要是义理和经典的介绍与消化。当然,这种介绍和消化的过程同时也就是佛教中国化的过程,是中国信众在本土文化的基础上对佛教的理解与宣传。尽管其中不乏理解上的独创性,但从总体上说,介绍和理解仍然是最主要的。

隋唐佛教则不同。隋唐佛教对印度佛教教义理解上的独创性,就是宗派的创立。这一事件,标志着中国佛教已经脱离甚至超越印度佛教而有了自己的独立发展,其开创性的意义是不言而喻的。

首先是佛教的本土化过程基本完成。前此佛教的发展,基本上属于印度佛教在中国的传播阶段,因而,在学术上主要是照着讲。当然,这种"照着讲"也不能不带着本土文化的特点,但也是依傍着本土文化而行,缺乏自己的独立性。汤用彤先生说:"汉代看佛教,不过是九十六种道术之一;佛学在当时所以能够流行,正因为它的性质近于道术。到了魏晋,佛学则倚傍着玄学传播流行;虽则它给玄学不少的影响,可是它在当时能够存在是靠着玄学,它只不过是玄学的附庸。"[1] 到隋唐时期,佛教僧侣对印度佛教教义的理解已经成熟,就能够在自己理解的基础之上独立地进行发展,而不再为自己寻找一个依靠。"它已能自立门

---

① 汤用彤:《汤用彤学术论文集》,中华书局 1983 年版,第 8 页。

户,不再仰仗他力"。换句话说,它不再是道术的一种,不再是玄学的变异,而是一门完全独立的学术。特别是,这种不再依傍,不仅仅是脱离了中国本土文化附庸的地位,而且还脱离了印度佛教发展的轨迹。这就是隋唐佛教的开创性。

其次是佛教伦理化过程的完成。佛教的本土化有一个重要的内容就是伦理化。中国文化属于以伦理为核心的文化类型,或者说,是伦理型的文化。任何在中国历史上存在发展的学术思想,都必须符合这一基本特点。佛教是关于人生的宗教,它本身就包含着极浓厚的伦理色彩,它在中国传播、发展,又积极吸收中国本土固有的伦理文化,使其带上了鲜明的中国特点。如对世法的强调,对佛教维护社会生活秩序的作用的宣传,对三纲五常的吸纳等等,都是这种表现。

再次是对佛教教义的突破。实际上,本土化、伦理化就是在某种意义上对印度佛教教义的突破,但是,这种突破是有限的,是佛教作为一种外来文化要在传播地存在发展必须要做的工作。隋唐佛教对印度佛教教义的突破更重要的是表现在中国佛教宗派的创立。这方面,又尤以禅宗为最。在隋唐佛教的主要宗派中,除了法相宗、密宗源自印度之外,其他都是中国僧侣的创造。而禅宗更以其不立文字、教外别传而背离印度佛教的教义,它不提倡读经念佛,呵佛骂祖,甚至连坐禅都一并轻视,惟重明心见性。印度佛教所尊奉的一切,包括三宝,都成为无关紧要的东西,甚至连戒定慧三学的修持也不是必需的手段,放下屠刀就可以立地成佛。这种简单明快的理论比印度佛教更加接近生活,接近民众,因而在中国佛教的后期发展中成为无可替代的主流。正如学者所云,佛教的发展,"凡是印度性质多了,佛教终必衰落,而中国性质多的佛教渐趋兴旺"。[①] 印度佛教在印度不久就走向没落,如果中国佛教沿着印度佛教的路数走,也必然免不了遭遇同样的命运。中国佛教之

---

① 汤用彤:《汤用彤学术论文集》,中华书局 1983 年版,第 10 页。

所以能够在隋唐之后成为世界佛教的中心，能够在印度佛教消亡之后继续兴旺发展，其中一个重要的原因，就是中国佛教有自己的独创性，走出了一条自己独立发展的道路。

隋唐儒学的开创性主要表现在两个方面。一是人性问题上对性情关系的探讨。人性问题是儒学讨论的一个重要理论问题，孔子只讲了性近习远，孟子以为近于善，而倡人性善，认为人性就是人的仁义礼智之心，是善的本始，为人人所固有，故人性本善，而恶是后天环境的影响（习）；荀子则以为近于恶，认为人性就是人天生的本能，即与生俱来的自然欲望，是恶的根源，自然的东西是不完善的，只有经过改造的东西才是美好的，故人性本恶，其善伪也（习、教）。这是以善和恶一为内在，一为外在。善恶的矛盾是内外的矛盾。汉儒为了解释现实生活中人性有善有恶，就提出了性三品论，以有的人性善，有的人性有善有恶，而有的人性恶，但这种思想又背离了孔子说的性相近，以善和恶为人类社会不同人之间的矛盾。韩愈、李翱提出性善情恶，以人性本善，但情则有善有恶，情是恶的根源，这就将善恶的矛盾归结为人本身内在的性与情之间的矛盾。这种理论比前此的人性论有更多的理论上的完整性，其解释能力明显地优于先儒，后来宋明理学的人性二元论，就是沿着这一思路发展而提出的。二是关于道统的观念。先儒没有提出过道统的概念，但有着法先王的传统，隋唐儒者在佛教法统观念的启发下，提出道统的观念，其意义不只是勾勒出儒学发展传递的统续，更是力图总结出儒学的基本精神，如柳宗元的"大中之道"，尽管对儒学的基本精神概括还不够精当，没有被后世认可，但这种努力毫无疑问是具有开创意义的。

隋唐文学的开创性也同样值得称道。唐诗的创造在中国文学发展史上是一颗璀璨的明珠，永远放射着其夺目的光辉。唐代的律诗、绝句，是这个时代文学的象征，也是这个时代文学最灿烂的成就。无数诗人将自己的情怀寄托于社会、寄托于生活、寄托于山水，用自己的激情表达对生命的关怀和对美好的向往。诗人们的豪放、柔情、激动、想望、追求、悲悯、忧愁、苦闷，都在诗歌中得到了洋溢的表达。后世在诗歌上的成就，再也没有超过唐代。同样，唐代的传奇也成就斐然，这种文学形式在唐代得到充分的发展，对后世有很大的影响，并且成为后来文学创造永不枯竭的资源。

总而言之，隋唐学术的开创性，既表现在学术思想上，也表现在学术表达的形式中，正因为学术上的这种开创性，才能够有隋唐学术辉煌的成就。

3. 开放性

隋唐是一个开放的社会，这种开放的精神对学术的发展产生了积极的影响，并且直接表现在学术发展上。

秦汉之后，中国建立了大一统的中央集权制，这是一种专制制度。经历了春秋战国的动乱之后，秦汉都致力于国家各个方面的统一，包括政治、经济和文化，所以，从秦朝开始，就出现了综合百家的趋向，到汉代就有了定儒学于一尊的重要举措。汉代数百年的江山，在思想文化上可以说是儒学的一统天下。这种思想文化上的一统性，随着汉以后的社会动乱而被打破，中国的学术又出现了一个比较自由的发展阶段，所以就有了玄学、道教和佛教的兴起。隋唐统一国家之后，乘此余风，虽然在政治上仍然建立了中央集权制，但在思想文化上却采取了比较开明的政策，没有哪一家的学说能够独霸天下。当然，导致这种现象的还有一个重要原因，那就是儒学的权威在经历了 400 年的动乱之后已经不复存在，佛教和道家的思想已经具备了与儒学抗衡的力量，所以，儒学首要的任务不是再现汉代时的独尊地位，而是复兴。

正是在这种历史条件下，隋唐统治者没有提倡儒学独尊，而是儒、释、道三教并立。这种学术格局造成了兼容并蓄的学术风格，使得各家在相互的辩难中能够相互吸取、博采众长，从而促进了学术的整体发展。隋代重儒学，兴学校，开科举，同时又崇信佛教和道教。唐代建国之后，更是提倡三教并存，皇室以李氏而自认为老聃后嗣，故崇尚道教。高祖武德八年（625年）曾经排定三教秩序，以老氏道教为第一，孔氏儒学为第二，释氏佛教为第三。尊崇道教，是为了抬高自己的宗姓；治国的根本，则仍然以儒学的纲常名教为上；对于佛教，亦尊崇有加。当然，终唐一代，三教的先后高下顺序也有起落变化。如太宗以儒学为最，武周、代宗、宪宗等最尚佛教；而玄宗和武宗则以道教为最高，武宗甚至演出了灭佛的惨剧。但在一般情况下，三教是并存的，也没有出现由哪一种学说消灭或者取代其他学说的现象，任何一教都没有也无法一统天下。

隋唐学术的开放性，在三教的相互关系中得到很好的说明，其突出的表现就是儒、释、道三教之间经常性的辩论。三教之间的辩论由来已久，但是，以前的辩论多半是儒学和道教对佛教进行排斥，而隋唐的辩论则与之不同，主要是对三教高下的争论，三教都标榜自己为最高，力图占据学术的主导地位。隋代时一个地方官员杨宏就曾经召集道士和儒者到寺庙与沙门僧侣共同议论三教。唐高祖武德七年（624年）下诏兴学，声言三教虽异，善归一揆。他还亲临国子监，令三教学者共同讲学，儒士徐文远讲《孝经》、释徒惠乘讲《波若经》、黄冠刘进喜讲《老子》，三教并存齐盛，"高祖已释奠，召博士徐文远、浮屠慧乘、道士刘进喜各讲经，德明随方立义，遍析其要。帝大喜曰：三人者诚辩，然德明一举辄蔽，可谓贤矣！"[1] 三人虽均被陆德明所屈，但值得注意的是，被屈者是儒释道三家的学者，而不只是释道两家。可见，陆德明对释道的辩驳，并不是一种门户之见，而表现出当时三家相互辩难、相互并存并且相互依赖、吸取的关系。贞观年间，又有儒士孔颖达、沙门慧净与道士蔡晃之间的讲论。此后，几乎各朝都经常开展三教同筵共讲的讨论，并发展

---

① 《新唐书》卷195《陆德明传》。

成为一种定势。"贞元十二年四月,德宗诞日,御麟德殿,召给事中徐
岱、兵部郎中赵需、礼部郎中许孟容与渠牟及道士万参成、沙门潭延等
十二人,讲论儒释道三教。"① 像这种声势较大的讨论,在唐朝还有许
多次。仅在高宗显庆三年(658 年)到龙朔三年(663 年)的 5 年间,见于
史载的讨论就有 7 次。这种三教间共同讨论的盛况,仅见于唐朝,说明
了这一时期学术指导思想上的开放性。

隋唐时期不是以某一种思想去努力限制社会的思想和人们的观
念,而是三教并立共存,相互争辩、相互讨论,给学术思想的发展带来良
好的风气,更有利于三教之间的相互交流与融合,为宋明理学的建立做
了重要的铺垫。宋明之后的学术统一与繁荣,就是隋唐学术发展的
结果。

① 《旧唐书》卷 135《韦渠牟传》。

第二章 隋唐佛学(上)

在中国思想文化发展史上,人们长期以来已经形成了一个共识性的传统,那就是用一个能够代表当时的时代精神的概念来概括一个时代的学说,或者换句话说,用一个具有时代特点的学说来指称当时的学术精神。于是就有了学术界公认的先秦诸子学、两汉经学、魏晋玄学、隋唐佛学、宋明理学、清代朴学、近代新学等学术性的概括。以佛学总括隋唐的学术,当然不是说隋唐的学术是以佛学为主,或者说佛学在隋唐占据了学术界的统治地位,而是说,佛学在隋唐的发展是当时学术发展的一个重要时代特点,也是佛学发展最重要、最辉煌的发展阶段,并且,在某种意义上,也从一个侧面反映了隋唐时期的学术特点和时代精神。

佛教从两汉之际传入中国,那时人们只是将它作为当时在中国流行的方术的一种,不仅佛被神化、佛教被神化,而且其学说也被神化。《理惑论》的出现,在一定意义上就是为了替佛教正名,并开始从学术上比较严肃地介绍佛教的思想,从而有了严肃意义上的佛教的学术发展。魏晋时期,学者们有感于经学的空疏与烦琐,抛弃了经学的咬文嚼字、寻章摘句和固守师承等陋习,主张寻根究本、发挥经典中的微言大义、重义理而不重文字,从而出现了与汉代僵化的经学相对立的新的学说——玄学。玄学宗主三玄(《周易》、《老子》、《庄子》),追求玄静、玄奥和玄远,从本末、体用的角度展开有无之辨,将中国传统的本体之学推向了一个新的高度。这种学术思潮与佛教的学术旨趣有相近之处,从而为佛教在中国的发展营造了一个比较好的学术氛围和环境,促进了佛教的发展,并且影响了佛教的发展。当时佛教的六家七宗,就深受玄学的影响。但是,就谈玄而言,中国任何一种本土学说都远不及佛教。所以,玄学的发展就最终让位于佛教。

从严格意义上说,佛教在中国真正的独立发展是在隋唐。两汉时期,它在中国的传播依附于方术;魏晋时期,它的发展又依附于玄学。到隋唐特别是唐代,佛教才有了具有自己独特品性的学术发展。然而,这种独立的发展并不意味着佛教于别的学说没有任何关系的发展,而是在此前对本土文化的依附中逐渐完成了本土化,形成了既不同于印度佛教、又不同于中国本土学说,而是两者融合的新的学说体系,形成了具有中国学说特点佛教学说,形成了对后世产生重要影响的佛教宗派,从而在中国思想界、学术界占据了重要的位置,甚至与儒学、道学相互鼎立,共同构建了中国传统文化的基本精神,也使得佛教的发展成为唐代思想和学术发展的一大显著特点。

一、南北教义的殊异与融合

秦汉大一统之后,中国的政治经济和思想文化都实现了统一。汉武帝接受董仲舒的建议,实行"罢黜百家,独尊儒术"的政策,儒家学说从此定为一尊,成为中国中世纪社会占据统治地位的统治思想,也成为中国学术发展的主流学说。汉末,中国又陷入分裂动乱的局面,儒家学说不足以成为社会的指导思想,玄学兴起。外来的佛教也趁此玄风发展起来。东晋以后,中国形成了南北对峙的局面。北方少数民族趁晋室内乱突入中原,产生了许多少数民族的政权。中原的士人为躲避战乱,和晋室一道南迁,文人学者大多归于南朝,文化的重心随之发生了一次迁移。南北政治上的对峙,导致了学术交流上的障碍与不便,佛教在中国的发展,也就出现了南北殊异的发展格局。

1. 南北朝佛教发展的概况

南朝各代对于佛教的态度,受玄学的影响,大略与东晋相同,统治阶级及一般文人学士也大都崇信佛教。刘宋孝武帝(454—464年)崇信佛教,尝造药王、新安两寺。先后令道猷、法瑶住新安,"使顿渐二悟义各有宗",并往新安听讲。他还宠信僧人慧琳,命他参与政事,咨以朝政,世人称为"黑衣宰相"。肖齐武帝(483—493年)子竟陵王肖子良(460—494年),不仅崇信佛教,而且亲自从事佛教讲论,著有《维摩义略》等佛学朱述,其平生所著宣扬佛教的文字多达116卷。

南朝佛教到梁武帝(502—549年)时达到全盛。武帝起初崇奉道教,后信奉佛教,在他即位的第三年(504年)四月八日,率僧俗二万人,在重云殿,亲自制文发愿,舍道归佛,表示皈依佛教。他还大造佛像,如光宅寺的丈八弥陀铜像,爱敬寺的丈八旃檀像、铜像,同泰寺的十方佛银像等。更有甚者,他还四次舍身同泰寺为寺奴,命群臣以亿万钱奉赎回宫,以这种形式对寺庙的经济予以支持。

武帝还很重视佛典的翻译,天监二年(503年)命扶南沙门曼陀罗(仙)、僧伽婆罗共同译经。著名的翻译家真谛就是他从扶南邀请而来。他又以律部繁杂无序信众莫可遵从,于是命僧侣撰《出要律仪》十四卷,分发于全国,让所有佛教信众遵行。还有一事值得一提的是,梁武帝极力倡导《涅槃》等大乘经的断禁肉食,著《断酒肉文》,严令僧徒遵守。此事对中国佛教的影响极大,改变了汉代以来僧徒食三净肉的习惯。梁武帝在中国佛教发展的历史上是一个极为重要的人物。

受武帝笃佛的影响,其子昭明太子、简文帝(550—551年)、元帝(552—554年)等均好佛。所以,在肖梁各代寺院和出家僧尼人数都有极大的增长,从宋代的寺院1913所、僧尼36000人发展到梁代的寺院2846所、僧尼82700余人,寺院增加二分之一,僧尼增加一倍有余。

北朝佛教的发展也很兴盛。北魏拓跋氏道武帝(396—409 年)既好黄老,又重佛教,并利用佛教以收揽人心。他设立僧官,任法果为沙门统,令其统管境内僧尼。明元帝(409—423 年)也在都城的四方建立佛像,并令沙门开导民俗。其嗣子太武帝(423—452 年),"锐志武功",听从道士寇谦之、司徒崔翯浩的意见禁绝佛教,这就是中国佛教史上三武一宗灭法之始。至文成帝(452—465 年)即位,一改武帝的政策,下令重兴佛教,准许诸州城郡县于众居处各建寺一所,并许平民出家,佛教又有复兴。后孝文帝(471—499 年)时,朝廷提倡佛教,将所掠得的青齐地方的人民等,每年输谷六十斛入僧曹以为僧祇户,其谷即称僧祇粟,作为赈饥及佛事之用。他又以一些犯了重罪的人和官奴为佛图户,以充寺院的杂役和耕作等事。这些措施,改变了佛教僧侣游方的生活方式,促进了寺院经济的发展。其后宣武帝(499—515 年)也大兴佛教,其影响远播域外,有不少外国僧人慕名来到洛阳,当时佛教的发展出现了少有的繁盛。由于受到北魏诸帝奉佛的影响,朝野竞相效法,百姓出家为僧侣的人日盛一日,当然,这其中也包含着因为战乱的缘故,不少民众借出家以逃避兵役。据《释老志》记载,孝文帝太和元年(477 年),仅平城一地就有僧尼 2 千余人,各地僧尼 77258 人。到了魏末,各地僧尼多到二百余万人。人数之众,为前所未有。

此后的北齐、西魏、北周,各朝帝王均信仰佛教,直到周武帝灭佛,令沙门、道士还俗,没收其财物庙产。武帝灭北齐后,又下令毁灭齐境的佛教,所有八州的寺庙四万余所,全部改作宅第,僧徒将近三百万人,也全令还俗,焚毁经像,没收财物。第二年,武帝死后宣帝(578—579 年)继位,还俗僧人道林等力请恢复佛教,得到许可。静帝(579—581 年)继位后,左丞相杨坚辅政,命全国恢复佛、道二教,佛教又有了恢复。

2. 南北佛教学术的差异与融合

南北佛教的发展呈现出不同的学术特色,与当时的社会生活状况密切相关。晋室南迁之后，北方许多士子纷纷随朝廷南下，文化的重心又一次发生转移。而与南朝相对峙的北朝，大多为少数民族政权，统治者的文化素养有限，比南方具有更多质朴的风格。在政治隔离状况下佛教的发展，也就不能不受到社会生活的影响，尽管在许多方面有共同的认知，对佛教义理、教义的关注有着共同性，但仍然表现出各自鲜明的特点。

从总体上说，佛教当时的发展状况是南朝佛教偏重于对义理的阐释、发挥，而北朝佛教则更加注重禅定的修持。

南朝的佛教学术，最早是承两晋之余风，注重《般若》学的阐发，到宋齐时代，《涅槃》学逐渐取代《般若》学而日益受到学者的关注，至梁而极盛。同时，三论学并起，《成实》论方兴，与《般若》、《涅槃》相并行，各立门户。而隋唐盛行的《华严》，梁代以前几乎无人关注，后来才逐渐受到僧侣们的重视，许多学者兼习《华严》，佛教义理的研究，成为南朝僧侣们的重要工作。

南朝佛教学术的发展还有一个重要的特点，即随着对佛教义理理解的深入，学者们开始从理论上与本土的儒家和道家思想进行比较，开始了儒释道三教的辩难与融合。这一过程，实际上也就是佛教学说本土化的过程。在这种三教的大辩论、大讨论中，各家都力证自己学说的真理性而排斥和贬低其他学说。也正是在这种大辩论、大讨论中，各家为了证明自己学说的真理性，着力发掘了自身学说的精髓，在辩论中发现并尽量弥补了自己学说的不足，吸收了其他学说的相关内容，从而促进了自身并进而促进了这个传统文化的发展。

这些辩论最著者有如下几次。

一是形神论，为佛儒之间关于精神与形体之间关系的争论。宋初的慧琳为了辩说儒佛之异同而作《黑白论》(又名《均善论》)，极力宣扬佛教的优长，但其精神主旨有乖于佛教教义。所以，文章受到众僧的非议，宗炳看后表示不满，为了系统地阐述自己的观点，作《明佛论》(又名《神不灭论》），直言"精神不灭，人可成佛，心作万有，诸法皆空"。何承天不以为然，作《达性论》答辩，认为有生必有死，形体死亡了，精神也随之消散，"犹春荣秋落，四时代换。"颜延之不赞同何承天的观点，并著《释达性论》予以反驳，并进一步阐述神不灭的观点。后来，齐梁之际的范缜作《神灭论》，主张神形相即，对神灭论进行了深刻的批驳。他将形神比喻为刃和利，指出"形存则神存，形谢则神灭"，"形之于质，犹利之于刃"，"舍利无刃，舍刃无利，未闻刃没而利存，岂容形亡而神在"，认为刃为利之质，利为刃之用，质用相即，以质为本，离质无用。反驳因果报应论，他用偶然性来解释人的寿夭贫富，指责佛教虚无之说为空谈，出家修行为败俗。范文一出，许多佛教信徒纷纷应答，但未能屈。梁武帝即位后，组织朝贵硕士60余人围攻范缜，但皆力有未逮，最终还是以权势进行打压。神灭或者不灭的问题是关系到佛教根本教义的重要理论问题。按照佛教的理论，无论是成佛还是轮回，都需要有一个实际的受体，能够在不同生命体或者不同的生命形式之间延续，佛教将这一实体就称之为神，认为神可以脱离肉体独立存在，肉体只是神寄寓的客体。如果不承认神不灭，那么轮回就失去了实际的意义。所以，何承天、范缜等人力证形死神灭，抓住了佛教致命的要害，佛教不得不尽全力予以反驳。

二是有无论，为佛教与道家的争论。佛教作为外来宗教，在其传播过程中受到本土道教的抵制，二者时常互相攻毁。随着佛教影响逐渐增大，道家调整了自己的策略，开始容受佛教的存在，并力图在二者间进行调和。宋末道士顾欢作《夷夏论》会通二教，但有以夷夏之辨抑佛扬道之意。佛教学者纷纷起而反驳，作《正二教论》、《折夷夏论》、《难夷夏论》、《谪夷夏论》、《驳夷夏论》、《戎华论》等加以驳斥。宋齐间张融复作《门论》，以《孝经》、《老子》和《法华》调和三教，以为道家与佛家并无二致，说"道之与佛，逗极无二。寂然不动，至本则同。感而遂通，达迹成异。"汝南周颙作《三宗论》驳斥张融《门论》，认为般若讲法性，老子说虚无,从表面上看,其为寂然不动虽同,而其义旨却大有差别。道家置无于有之外,是将有无分裂了;而佛教般若学坚持"色即是空,空即是色",以非有非无为宇宙之真实,为道家所不及。这就从本体论上将佛教与道家的学说区分开来。

北朝佛教的特点在于侧重实践,特别是禅观,从而形成了与南方佛教不同的特点。这一时期有不少著名的禅师,如玄高(402—444年)、僧稠(480—560年),后来天台宗所祖述的慧文、慧思也提倡定慧,为南北禅家所尊重。

慧思往来于南北,致力于会通南北佛教。他认为,南方佛教过于偏重于慧观,走上了抽象的谈玄;北方僧侣又只强调定止,忽略了对佛教义理的把握,它们都表现出明显的缺陷,不利于佛教的发展,所以,他提倡定慧双修,止观并重。随着南北政治的统一,佛教的南北差异也就逐渐融合,并在这一过程中产生了中国佛教的宗派。

二、经典的传译与翻译理论

隋唐佛教宗派的形成,固然是在此前佛教发展的结果。同时,它还有另外一个重要前提,那就是佛教经典的传译。各个宗派都依持某一经典为主要教义,而判别家宗派所尊奉的经典为次要的、低级的典籍。这就需要对佛教典籍深入地理解,需要对佛教典籍全面地把握。经典的传译在其中起到了极为重要的作用。隋唐时期,佛教典籍的传译也是历代所不及的,这一时期不仅翻译(包括重新翻译)了大量的佛教典籍,保留的佛教许多宝贵的资料。(有很多佛教典籍在印度已经遗失了,梵文经典不复存在,而以汉文典籍和藏文典籍保存最完整)而且,由于翻译的兴盛,学者们对翻译进行了理论的探讨,形成了有关翻译的理论,从而又进一步促进了佛教典籍翻译的规范化,提高了翻译的质量,有利于中国的佛教信众对佛教义理的准确理解。

1. 佛教典籍的翻译

佛教典籍的翻译是佛教学术发展的根本。作为一种外来宗教,佛教在中国的传播首先就遇到话语系统殊异的问题。无论梵文还是巴利文或者其他西域文字,都为绝大部分中国学者所不识,没有可供中国信众阅读的佛教典籍,佛教在中国就无法传播,更谈不上学术的研究与发展。因此,佛教典籍的翻译就成为佛教在中国传播发展的首要任务。

据《出三藏记集》记载,汉传佛教在汉代译介为中文的佛教典籍有54部,主要译者是西域学僧,如安世高(安息国人)、支娄迦谶(月支国人),他们从西域进入中国,久居中原,习会了中文和汉语,为了更好地让中国人了解佛教,他们就翻译了自己所推崇的一些佛教典籍。主要有《安般守意经》、《阴持入经》、《道行般若经》、《首楞严三昧经》和《般若三昧经》等。

魏晋南北朝时期,佛教典籍的翻译出现了一个历史上少有的高潮。从姚秦的鸠摩罗什开始到陈亡止,仅《开元录》有记载者就有译著750部,1750卷,知名译者近70人。翻译的范围也远较以前为广。影响最大的是大乘的《大般涅槃经》、《华严经》、《楞迦经》等,与前此注重般若的译经倾向有很大的不同。此外,净土、戒律也有大量的译作。值得注意的是,这一时期的译著除了经之外,还有大量的论被译介到中国,如《十地经论》、《摄大乘论》、《俱舍论》等,说明佛教在中国的发展进入了对义理进行研究的阶段。为隋唐宗派的创立准备了条件。这一时期的主要译者也是西域学僧,如鸠摩罗什(天竺人)、昙无谶(天竺人)、佛驮跋陀罗(觉贤,天竺人)、求那跋陀罗(天竺人)、波罗末陀(真谛,优禅尼国人)等人,当时几乎所有的译事都是由他们主持,而中国僧人只是做助手。

到隋唐时期,佛教典籍的翻译已经完成了规模性的建设,不仅翻译的典籍最多、范围最广,而且对翻译的理论、组织、程序等都有了基本的研究,后来佛教典籍的翻译,基本上就是沿袭隋唐的路子。

隋文帝一反周代毁佛的政策,大力提倡佛教,并积极组织佛教典籍的翻译。隋代译经仍以西域学僧为主,如北天竺乌场国的那连提耶舍(490—589年)。他原在北齐译经,曾因齐亡佛教被毁,而改著俗装。隋兴,应文帝之请,住长安大兴善寺,从开皇二年到五年(582—585年),更译出《大庄严法门经》等八部二十三卷。同时又有他的同乡沙门毗尼多流支来长安,于开皇二年译出《大乘方广总持经》、《象头精舍经》。又有中天竺婆罗痆斯优婆塞达磨阇那(法智)于开皇二年译出《业报差别经》一卷。

阇那崛多(527—604年)原在北周译经,周武帝毁灭佛教时,被迫回国,中途为突厥所留,开皇四年,文帝应昙延等三十余人之请,遣使延请他东来,住在大兴善寺,从事传译。开皇五年到仁寿末年(604年),更译出《佛本行集经》、《大方等大集护经》、《大威德陀罗尼经》,并补译《法华经》、《金光明经》的缺品等共三十九部、一百九十二卷。在他所翻译的经典中,重新翻译原来已有译本的记20部,新译19部,占一半以上。

达摩笈多(?—619年)于开皇十年住长安大兴善寺和洛阳上林园的翻经馆,共译出《药师如来本愿经》、《起世因本经》、《金刚般若经》、《菩提资粮论》、《摄大乘论释论》等9部46卷。

中国沙门在隋唐译经称最者,有玄奘、义净和不空。

玄奘西行回国之后,先后在弘福寺、大慈恩寺和玉华宫等地专事翻译,前后共翻译(包括重译)出佛教经典76部,1347卷。[①]他所翻译的经典,占到目前已知的隋唐所有译经的一半以上,堪称隋唐第一大翻译家。

---

① 见《开元录》。《续高僧传》记为73部,1330卷。

隋唐佛教典籍翻译有如下特点：

一是重译者多。如阇那崛多在他所翻译的经典中，重新翻译原来已有译本的记 20 部，新译 19 部，占一半以上。典籍的翻译也是一个不断完善的过程。由于每个译者的文化素质的不同、佛教理论基础的不同以及翻译目的的不同等等，都可能使各自对典籍的翻译产生区别。特别是对佛教义理理解上的差异，更容易导致其所翻译的典籍存在各种差异。重译就是力图使译本不断接近于原典的工作。经典的重译、新译，有助于中国佛教信众更加准确、更加全面地理解佛教的义理。

二是密教典籍多。佛教典籍浩如烟海，各宗各派的典籍都是汗牛充栋。但前此所译，多以大乘经典为主。到了唐代，密教在印度佛教中发展到了巅峰，取代小乘、大乘而成为佛教的主流。中国隋唐佛教也必然受到印度佛教发展的影响，当时佛教典籍的翻译，就介绍了许多密宗的典籍。如玄奘介绍密教典籍 12 部，不空翻译密教经典达 111 部，143 卷。

这里有一个现象值得注意。尽管印度佛教在唐时演变成了密教，并且中国信众也知晓这一情况，加上当时大量密教典籍也翻译过来，却并没有对中国佛教的发展产生根本影响，而只是促进了密宗的形成。其中根本的原因就是文化的本根和传统的价值观念不容许密教的教义流行(藏传佛教接受了印度佛教最后的发展阶段而形成了"藏密")。

笔者在此提出一个假设：中国佛教之所以在隋唐时期超越印度佛教而产生了宗派，与印度佛教的密教化有着重要的关系。自从佛教传入中国之后，中国的信众只是对印度佛教进行接受和移植，或者确切地说，中国佛教一直是在追随印度佛教。所以，印度被中国信众视为西方净土，印度佛教也被视为"祖庭"，从而就有了一波高于一波的西行拜佛求法的运动。在这一过程中(当然，还有另一个重要的方面，即西域僧侣的东来传教)，中国佛教几乎接受了它所能够接触到的全部佛教典籍和思想，从印度佛教那里学习了几乎所有的一切。然而，当印度佛教密教化之后,其思想发展已经枯竭,佛教的义理发展也走上了歧途,除了一些神秘的真言密咒和追求欲乐的修行密术,再也没有什么东西可以传授给中国佛教。于是,就给中国佛教僧侣提出了一个严肃的问题:印度佛教已经无可追随,中国佛教的发展向何处去? 这一现实,使得中国佛教不得不离开原先的表率而谋求自己独立的发展,其结果,就是在隋唐形成了中国佛教的宗派。

2. 隋唐的求法取经

佛教作为外来宗教,在中国的传播、发展到了一定程度之后,不少信众发愿溯本寻根,于是就有了西行求法礼佛的行为。西行求法,不仅是一种信仰的驱使,朝拜佛祖的故里和遗迹,更是一种学理和教义上的探求,希望能够寻得更能够说明佛教本义的"真经",更加深刻地理解佛教的义理。

最早见于记载的是魏末(260年)朱士行西行求法,从雍州出发,至于阗求得大品《般若经》梵本90章,凡60万余言,由弟子于晋初送回洛阳,译为《放光般若经》20卷。到南北朝,西行求法掀起了一个高潮,其著者如法显、智猛、道泰、法勇、法显、智严、惠生。其中影响最大的要数南朝的法显。他西行求法前后历时15年,经29国,带回《长阿含》、《杂阿含》、《大般泥洹经》等。智猛、惠生、宋云等人随其后,遂成一代时尚。

唐代最著名的取经僧人是玄奘。玄奘(602—664年)俗姓陈,河南洛阳人。10岁时父母双亡,11岁在净土寺出家。勤奋修习佛教经典特别是《摄大乘论》、《俱舍论》。当时,他感兴趣的瑜珈学典籍,大多为南北朝时真谛所译,存在许多翻译和理论上的错失。玄奘为了探寻佛教真谛,认为非去印度求学不可。武德九年(626年)十二月,印度名僧波颇来长安兴善寺译经,玄奘向他求教,并从他那里得知了那烂陀寺佛教的盛况,更加坚定了他西行取经的信念。

贞观三年(629年,一说贞观元年),玄奘奏请西行,因边事紧张,有

诏不准。适逢饥馑,朝廷准许民众自愿迁移到丰裕之地就食,玄奘混在
人群中出城,开始了他的西方之行,数月之后,抵达高昌(今新疆吐鲁
番)。高昌王对玄奘极为礼遇,盛情挽留,但玄奘西行之意已决,于是便
为玄奘提供了长途旅行必备的物质,并给沿途各国写了通告文牒。在
高昌王的援助下,玄奘顺利到达了西亚,会见了西突厥叶护可汗,并受
到后者的大力支持和援助。经历了将近一年的跋涉,走过二十余国,玄
奘终于在第二年夏末进入了北印度。在印度,玄奘礼拜了毕钵罗树(佛
祖悟道处的菩提树)、祇洹精舍等佛教的圣地、圣迹,沿途在各寺院参证
佛学,讲习研讨佛理,于贞观八年(634年)到达王舍城,进入了他向往
已久也是他取经的最后目的地——那烂陀寺。在这里,他受到了极高
的礼遇,印度著名的法师戒贤和尚亲收玄奘为徒,为之亲讲《瑜伽师地
论》,并被尊为那烂陀寺的十大德之一。

贞观十六年(642年)五印度举行论师大会,与会者有十八位国王、
各地大小乘僧侣3000余众、那烂陀寺1000余僧侣,玄奘被推举为大会
主讲人,他将自己的观点读示大众,并另写一本悬于会场门外,规定如
被驳倒,"当截舌以谢之"①,结果,凡18日无人问难。由是,玄奘声震
五印度,被大乘誉为"大乘天"、小乘誉为"解脱天"。

据记载,就是在这次会上,玄奘提出了著名的"真唯识量":"真故极
成色,定不离眼识;自许初三摄,眼所不摄故;如眼识。"② 这个命题是
根据因明逻辑对万法唯识思想的论证,所谓"量"就相当于现在说的推
理、论证,其中第一句是"宗"(命题、观点),第二句是"因"(论据),第三
句是"喻"(类比、论例)。其意是:大乘真理讲的万物(色)离不开人的眼
识(感觉)。因为万物(色)属于六根、六尘、六识(根、尘、识即为初三)之
一的色尘,而不是眼根,就像人的视觉也不是眼根一样。这就是说,万

① 《大正藏》卷55。
② 见窥基:《因明入正理论疏》卷中,《大正藏》卷44。

物只不过是人的一种感觉,而不是独立存在的实体,因而依赖于人的感觉。但是,万物又不等于是人的感觉,而是人的感觉对象。色非识而依于识,究其实质,色乃是识的变现,故唯心,故唯识。

不久,玄奘又参加了印度五年一度的无遮大会,到会僧俗50余万众,历时75天,他在印度声誉愈隆。此后,他告别印度的师友,启程回国。贞观十九年(645年)初,玄奘回到了阔别17年的长安,受到隆重的欢迎。回国之后,撰写了《大唐西域记》,述其所见所闻,成为现在研究古印度和中亚史的宝贵资料。

西行求法在当时十分艰难,西行者们要克服许多常人意想不到的困难。不少僧侣凭着宗教的执著与献身精神,虔诚地走向印度,去礼圣求经。

中国僧人西行取经的意义不仅仅是宗教性的,在学术发展史上,也具有极为重要的意义。首先,西行印度带回来的经典,有助于中国僧侣对佛教义理更准确、更深刻地理解。回顾佛教在中国的发展,不难发现,它在中国的传播经历了一个本土化的过程,中国僧侣对佛教教义的理解,受当时中国本土文化的影响。从最初佛教向方术、道教的诣媚,到魏晋对玄学的比附,走过了一条取中国时代文化之所需的道路,这就导致了佛教教义的不完整性,或者说,在系统上的缺陷,它们严重地影响了对佛教义理系统的理解。法显、玄奘等人西行求法,就带着这种解惑的冲动。因此,西行求法,带回了佛教的"真经",能够帮助佛教信徒准确、深刻地理解佛教教义,反映了中国僧侣对佛教真义的追求。

其次,西行求法带回的大量典籍,丰富了佛教的经典文献资料。譬如,玄奘当时就从印度带回佛经657部,其中包含了瑜伽行学派、说一切有部、般若经类、上座、大众、法密等各宗各派的典籍。任何一种宗教的传播,都需要有某种媒介表达其基本的教义,最初可能都是口耳相传,发展到一定阶段之后,为了统一教义、稳定基本内容,就需要对其基本学说进行理论上的总结和书面的整理,于是就形成了大量的基本的典籍。佛教作为一种外来宗教,它在中国的传播更需要有能够准确表达其基本教义的典籍,没有这些基本典籍,佛教就难以被人接受,更不用说理解了。中国佛教的典籍,最初是由外来僧侣带进来的,各人根据自己的所闻或所有的典籍在中国传播佛教,数量极为有限。西行求法,求来的就是佛教的典籍。这些典籍极大地促进了中国的佛教信众对于佛教义理的理解,为创造性地发展佛教提供了基本的依据。

再次,西行求法推动了佛教在隋唐的鼎盛。这一点主要表现在两个方面。一是西行求法激发了佛教信众的宗教热情,僧侣们以对佛教的坚定信仰,克服常人难以克服的困难,用自己的生命和热情追求心中的理想,这是一种信仰的力量,也是一种人格的力量,它对其他的佛教信众产生了榜样的作用,激发了民众的宗教热情。二是赢得了统治者的敬仰和支持。如唐太宗得知玄奘启程回国的消息之后,亲自回复说:"闻师访道殊域,今得归还,欢笑无量。可即速来与朕相见。其国僧解梵语及经义者,亦任将来。朕已敕于阗等道,使诸国送师,人力鞍乘,应不少乏。令敦煌官司,于流沙迎接;鄯善于沮沫迎接。"[1] 玄奘到了洛阳,受到隆重的迎接和礼遇。

3. 翻译理论

佛典翻译的大致情形,已如上述,隋唐时期的佛典翻译,在许多方面都比前朝有长足的发展。汤用彤先生在其《隋唐佛教史稿》中,总结了隋唐翻译情形较前朝佳胜的四点。"一人材之优美;二原本之完备;三译场组织之精密;四翻译律例之进步。"[2] 所谓人材优于前代,主要是指此前的著名佛教家,大多是外来僧人,语言上难免有障碍,翻译的准确性,特别是与中国本土文化的融合性就存在不足。而隋唐时期的

---

①　李世民:《答玄奘还至于阗国进表诏》,《全唐文》卷7。

②　汤用彤:《隋唐佛教史稿》,中华书局1982年版,第74页。

翻译者则多是华僧,这些僧人有着深厚的本土文化根底,华语、梵文俱精,所翻译的经典就较前朝为优。所谓原本之完备,就是指翻译所依据的原本质量较前为高。以往翻译的原本,多是外来僧人从西域带来,并非全是印度原文,这些经典在辗转流传、翻译的过程中难免有失原貌。隋唐时期,僧人西行求法,直接从印度挑选了一些质量很高、并且与印度佛教基本精神和发展源流相一致的原本。在这种情形下,翻译出来的经典质量就比原来要高得多。所谓译场组织之精密,是指隋唐时期,朝廷设置了专门的翻译机构,而以前的翻译,大都是个人的行为,和集体合作的翻译相比较,其缺陷当然是不言而喻的,唐朝译场的组织,使得翻译成了许多人的分工合作,各方面的工作做得更细,翻译的程序有了规范化的管理。所谓翻译律例之进步,则是讲隋唐时期,佛教翻译方面的理论有了一定的基础,在方法上也有了统一的规范。

南北朝之后,佛教成为显学,佛典的翻译就成为佛教发展的重要工作。朝廷对此相当重视,翻译工作经常是奉敕进行。隋朝时期,政府就设置了专门的经院,如长安的大兴善寺、洛阳的上林园,唐朝也设置了弘福寺、慈恩寺、玉华宫、荐福寺等专门的译场。译场的翻译,和以前简单的口颂笔录不同,建立了比较完善的翻译机构,不同的工作由不同的人负责,大家在统一的组织之下分工合作,这就使得翻译的工作更加规范化,促进了佛教典籍翻译的进步。据史料记载,当时的译场,由下述人员构成。

译主。这是整个翻译的首脑和组织者,总负责人。译主一般由名僧担任,并且于梵华语言都能够通晓,有较高的理论造诣,是大家公认的大德高僧。如唐代的玄奘和义净等,都做过译主。

笔受。其职责是将译主所宣读(转译)的经义录为华文,又称之为"缀文"或"缀辑"。

度语。其职责是将译主所宣读的经文转译为华语,一般是在译主为外来僧人时设立。实际上就是口译。译主为华僧的无此职。

证梵,又称证梵本。其职责是在译主宣读时对照所宣读经文的梵本,看译主的宣读是否有误,担任这一职位的人都通梵语。

润文。即对笔受所录写的华语经文进行文字上的润色和刊定。

证义。检查所翻译的华文经典于佛教义理是否一致。因为在翻译中,逐字逐句的翻译并不一定就能够完全表达原文的思想,所以就特设了这一职员,专门核对译文的义理。

梵呗。开译的时候举行一种仪式,宣唱梵呗,以营造一种庄严肃穆的气氛。

校勘。又称总勘,即对完成了的译文做最后的校勘整理。

监护大使。一般是由朝廷所派的钦命大臣,作为政府的代表负责整个翻译工作,最后的译本就由监护大使奉呈。

以上就是隋唐译场的一般设置,此外,玄奘时还设了正字一职。译场的设置特别是组织的完善,不仅说明了朝廷对于佛典翻译的高度重视,更有意义的是,它促进了佛教典籍翻译质量的大幅度提高。从某种意义上说,佛教典籍的翻译,是中国自古以来最好的文字翻译之一。翻译者以一种宗教的虔诚与热情全身心地投入翻译之中,对他们而言,这种工作绝不仅仅是一种文字的转换,而是与佛的对话,是接受佛的教诲,是对佛的信仰,是对超越的追求。

佛教作为一种外来文化,要在中国传播,首先必须解决的问题就是原典的翻译。原典是佛教义理的载体,也是佛教三宝之一。但是,它与中国本土文化存在诸多差异,不仅话语系统、文字形式有根本的不同,而且在思想观念上也有许多难以通约的隔阂。因此,佛教典籍的翻译,不仅仅是一种文字语言的转换工作,同时也是一种思想和观念的转换,是一种再创造。中国佛教在翻译印度佛教典籍的长期过程中,积累了不少的经验,形成了许多重要的理论,它们对佛教的学术发展也产生了不可忽视的影响。

隋唐佛教典籍的翻译,有不少人对此提出了许多富有价值的见解。

其著者即隋代的彦琮。

彦琮(557—610年),河北赵郡(今隆尧西)人,俗姓李。幼拜信都僧边为师,10岁剃度,改名道江。北周武帝灭佛,被迫还俗,改名彦琮,参与朝政,宣帝时曾辞官礼部。隋文帝时,大兴佛法,遂复缁衣,受召入京掌管翻译,有《众经目录》、《西域志》等行世。他曾著《辩正论》讨论佛典翻译的有关问题,主张翻译必须最大可能地追求符合经典原义,而不是对文字进行修饰,他说:"若令梵师独断,则微言罕革;笔人参制,则余辞必混。意者宁贵朴而近理,不用巧而背原。"① 在他看来,翻译不是创造,而是忠实地进行语言的转换,只有这样,才能准确地理解经典的原意。依此认识,他提倡学习梵文,直接阅读原典,避免在语言的转换过程中曲解原典的本义。"直餐梵响,何待译言;本尚亏圆,译岂纯实?"

但是,梵文作为外来语言,并不是每个信众都能够学会的,为了使佛教的义理能够更加广泛地传播,被更多的人接受,翻译就是必要的工作。为了使翻译能够忠实地反映原典的思想,他提出了"八备"理论:

(1)诚心爱法,自愿益人,不惮久时。即译者首先必须热爱佛法,翻译的目的是助益信众,不急功近利,而能恒久用功。

(2)将践觉场,先牢戒足,不染讥恶。即翻译者在翻译之前,要牢守戒律,品行端正,没有不好的名声。

(3)筌晓三藏,义贯两乘,不苦暗滞。即译者应该对佛教义理有深刻的理解,学通经、律、论,义贯大、小乘,在义理上没有滞碍不通的地方。

(4)旁涉坟史,工缀典词,不过鲁拙。即翻译者要有良好的文化修养,对于中国的典籍和语言有高深的造诣,不能有本土文化和语言方面的障碍。

(5)襟抱平恕,器量虚融,不好专执。即译者必须有博大、宽广的

---

① 《续高僧传》卷2。

胸怀,不固执己见,不偏执,能够容纳不同于己的意见。

(6) 耽于道术,淡于名利,不欲高炫。即译者志在追求佛教的义理所揭示的境界,既不是为了名利,也不是自我标榜,而是一心弘道。

(7) 要识梵言,乃闲正译,不坠彼学。即译者要精通梵文,能够准确地理解原典的义理,能够忠实地翻译原文,不曲解经典。

(8) 薄阅苍雅,粗谙篆隶,不昧此文。即译者要有深厚的中文功底,中文的表达准确无误,不使译文错误不通。

八备之说,主要是对译者自身修养的要求。值得注意的是,彦琮在此不仅提出了文化上的要求,更注重译者思想品德和学术素质的修养。

对于翻译理论的探讨,始于晋时道安(312—385 年),道安不识梵文,但作为高僧大德主持当时翻译,并对翻译提出了许多要求和评论。他提出了翻译上的"五失本"和"三不易",云:

"译胡为秦有五失本也:一者胡语尽倒而使从秦,一失本也;二者胡经尚质秦人好文,传可众心非文不合,斯二失本也;三者胡经委悉至于叹咏,叮咛反复,或三或四,不嫌其烦,而今裁斥,三失本也;四者胡有义说,正似乱辞,寻说向语,文无以异,或千五百刈而不存,四失本也;五者事已全成,将更旁及,反腾前辞,已乃后说,而悉除此,五失本也。"[1]

其意略为:第一,梵文和中文有不同的语言习惯,如果擅改经典的倒装句以就中文,就失去了经典的本来风格,这是一失本;第二,经典崇尚的是简朴,如果用华丽的辞藻翻译朴实的原文,使读者的注意力被译文的文采吸引,从而淡化了经典的义理,这是二失本;第三,有的翻译为了文字的简单,不明经典的义旨,擅自删除反复咏叹之语,这就失去了经典的强调之意,这是三失本;第四,有的译者擅自删除经典中解释的词语,以为与原经有出入,反而不利于对经典的理解,这是四失本;第五,有的译者擅自删除经典中反复强调之语,以为重复无用,这是五失

---

① 道安:《摩诃钵罗若波罗密经抄序》,见《出三藏记集经序》卷 8。

本。"五失本"指出了经典翻译中的常见错误,反映了道安强调反映应该忠于原文的主张。

所谓"三不易"是指:"三达之心,覆面所演,圣必因时,时俗有异,而删雅古以适今时,一不易也;愚智天隔,圣人叵阶,乃欲以千岁之上微言,传使合百王之下末俗,二不易也;阿难出经去佛未久,尊者大迦叶令五百六通迭察迭书,今离千年而以近意量裁……斯三不易也。"[①] 意为翻译有三个最大的困难,一是经典所述,皆因于当时之俗,但俗因时而变,今时之俗与昔时之俗相去甚远,要令合于当时之俗的经典翻译成合于现时之俗的文本,难度很大;二是圣贤与凡愚的智慧相差太远,翻译既要符合千古圣贤的原意,又应合于现在凡愚之习俗,要两全其美,相当困难;三是阿难、迦叶等人传经,时近佛祖,因此,他们比较能够理解佛旨,其所传所言,都很符合释迦的原意,今人去佛祖已经十分遥远,以现在人的观念去深刻理解和准确解释佛祖的观念,也是翻译工作中的主要困难。

道安的"五失本"、"三不易",是最早对佛教典籍翻译工作所进行的理论分析,对后世影响很大。在翻译经典上,他主张直译,忠于原典的义理,而反对在文辞修饰上下功夫。这些思想,都被后人继承。彦琮关于佛教典籍翻译的理论,就受到其深刻的影响。如上文所引述的"宁贵朴而近理,不用巧而背原",就是说的这个道理。

其实,任何翻译都经过了文字话语系统的转换,只能尽可能地接近原意,而无法完全再现经典的原意。要准确无误地理解经典的原意,最好的方法就是直接阅读原典,而不经过话语系统的转换。因此,彦琮主张学习梵语:"直餐梵响,何待译言;本尚亏圆,译岂纯实。"[②] 当然,彦

---

① 道安:《摩诃钵罗若波罗密经抄序》,见《出三藏记集经序》卷8。以上道安论"五失本"、"三不易"之语,梁启超误为《大品般若经序》,见梁启超:《佛学研究十八篇》,上海古籍出版社 2001 年版。

② 彦琮:《辩正论》,见《续高僧传》卷2。

琮的本意并不是要取消翻译,而是说直接阅读原典更能够准确地把握其本来的意义。他的翻译理论,就是为了促进经典的翻译如何能够更好地忠实于原典。

玄奘作为翻译大师,不仅翻译了大量的佛教典籍,在数量特别是在质量上超过了前人,而且根据自己在翻译中的体会,提出了"五不翻"的观点。一是具有神秘意味的概念不翻译,如陀罗尼①;二是含义众多的概念不翻译,如薄伽②;三是中国没有的事物名词不翻译,如阎浮树③,此树印度有而中国无;四是顺古,即古代有翻译且已被众人接受的概念不翻译,如阿耨菩提④,本来可以意译,但音译已广为流传且被大众接受,所以不再另译;五是更能启发人们向善,更具有佛教意味的概念不翻译,如般若。⑤

纵观上述诸说,玄奘认为,有些概念意译的效果不如音译,无法意译、不好意译或译意表达难以准确的概念,强译还不如音译。这些观点对于今天我们从事翻译也具有重要的参考价值。如 Logic 翻译为理则学、论理学实不如翻译为逻辑,Mcdonald's 译为快餐店不如直译麦当劳,hamburger 译为牛肉饼不如译为汉堡包。

因为诸多翻译学者的努力,中国佛教的发展才有了后来的兴盛。这些翻译保存了大量的佛教典籍,使得佛教在印度衰落之后,其发展的中心就转移到了中国。

---

① 陀罗尼,梵文 dhārani 的音译。意译为总持,指一种能总摄意持无量佛法而不忘失的念慧力,即一种神秘的记忆术,后演化为具有神效的颂咒。

② 薄伽,又作婆伽,梵文 bhañga 的音译,有破、灭等义。

③ 阎浮树,阎浮,梵文 jambu 的音译。又作赡部树等,落叶乔木,原产印度,佛经有"阎浮大树王"之说,是古印度人的理想树。

④ 阿耨菩提,阿耨多罗三藐三菩提的略语,梵文 anuttara-samyak-sambodi 的音译,意译为无上正等正觉、无上正遍知。

⑤ 般若,梵文 prajāñ 的音译,意为慧、智慧。

三、经义的研究

翻译只是对原典所做的话语转换工作。尽管其中包含了译者对原典的理解,有时候甚至包含了对原典的解释,但是,这种理解和解释毕竟是属于个人的和隐性的。佛教典籍以其深奥、玄妙著称于世,对一般信众和读者而言,即使是翻译过来的中文典籍,仍然存在着理解上的困难。因此,佛教在中国的传播与发展,翻译原典只是做了最基础性的工作。作为一种外来文化,佛教要在中国扎根和发展,实现创造性转换,必须与本土的文化结合得更加紧密,要使本土的信众实现文化、观念乃至行为方式上对佛教的认同。这就需要对佛教的典籍进行研究。

对佛教典籍的研究,从汉代就已经开始。这一研究的发展过程,有着浓厚的本土化的学术特点。譬如,在汉人眼中,佛教最初与方术相类;魏晋时期,佛教的教义又带有浓厚的玄学的色彩。正是在对佛教典籍的疏释、发挥的过程中,佛教完成了它在中国传播发展的本土化过程。隋唐时期就是佛教典籍研究的鼎盛阶段,学术上的成就最高。隋唐佛教典籍的研究,汤用彤先生将其概括为注疏、论著、纂集、史地编著和目录等五个方面。① 从学术史的角度看,佛教典籍的研究主要可以归为注疏、论著和典籍整理三大类。

1. 注疏

佛教的教义充满着高深的哲理,一般的信众要理解它存在着较大的困难。因此,佛教学者首要的任务就是帮助人们正确地理解佛教义理,对佛教典籍进行全面的疏释。由于隋唐时期佛教典籍的翻译数量

---

① 参见汤用彤:《隋唐佛教史稿》,中华书局 1982 年版。

骤增,质量提高,这一时期的注疏成果也较以前有极大的丰收。

隋唐佛教典籍注释的第一个特点是对前人的成果进行了大量的整理。佛教许多重要经典在流传的过程中陆续有不少人对它们进行了注释,由于每个人对原典理解的差异以及依据的立场不同、看问题的角度不同,所以其注释也就各不相同。佛教学者受到唐代儒家经学的影响,为了使人们对原典的理解更加透彻,对这些注释进行了综合,从而就有了《集注》类注释,如道世的《金刚般若经集注》。

隋唐佛教典籍注释的第二个特点是分类细致,名目繁多。佛经的传写,文式与中国本土典籍相类,有的是字句相连,一统到底,不利于解读,于是有专门对原典进行分段分章的,称为"科文";在佛教典籍的翻译中,语言的转换无法完全对应,因而出现许多生僻字、专有词、音译词,不熟悉佛教典籍者,多难理解,于是有对原典的字音做注释的,称为"音义"或者"音训";有的注释按照原典的内容进行逐句的疏释,从文义上帮助人们理解原典,称之为"文句";文字的梳理,不等于对佛教义理的把握。一部典籍除了字面的意义之外,还有其内涵的意义,后者难以通过对文字的理解来把握。这就需要进行进一步的解释,这种不对原典的文字进行解释,而按文句帮助人们理解原典表达的义理的注释,称之为"义疏";经典由章句构成,章句由文字构成,理解了文字不等于理解了章句,而理解了章句也不等于就理解了整部经典,因而就有了不从文句上做注,不做逐字逐句的解释,而专门解释一部经典的基本精神要义,提纲挈领的注释,则称之为"玄义";由于话语具有时代性的殊异,解释也有其深浅的差别,佛教典籍很难理解,有些注释也不是通俗易懂,于是就有了对前人的注释进行的再注释,往往称为"疏"或者"疏抄",如此这般,不一而足。

隋唐佛教典籍注释的第三个特点是注重师说。中国儒家经学在汉代就十分注重师说,形成了不同的门派传统。但是,由于经典的数量有限,各派的分歧主要在对同一经典义理的解释上,或者表现的解释的方法和风格上,故除了今文经学和古文经学两大派别之外,没有形成其他重要派别。然而,隋唐佛教对经典的注释则不同。佛教经典繁多,绝大多数人无法全部通晓,穷其一生也很难真正深入理解三藏之典。一般佛教僧侣,读什么经、怎么读都是师徒口耳相传,这种现象表现在佛教典籍的翻译上,就围绕某一经典而形成了不同的流派。南北朝时期就出现了专通一典的所谓"论师",隋唐佛教在对典籍注释的过程中,更依据某一经典所做的翻译、注释、阐发等工作而产生了不同的宗派。不仅如此,同一宗派内部也常常因为对同一经典的阐释不同而产生了宗派内部的教派。这是隋唐佛教典籍注释最具学术意义的事件。

佛教经典的注释不仅仅是一种文字或文义的梳理,更是中国僧人对佛教典籍的解读,它一方面为学习佛教典籍的人提供了有益的参考,使得深奥的佛教原典能够易于理解;另一方面,注释也是研究的基础,是对佛教义理深入理解的第一步工作,没有对原典的注释,就很难有对佛教典籍的深入研究。因此,经典的注释又反映了中国僧侣研究佛教原典的心得,表现了中国僧侣的佛教思想,在印度佛教本土化的过程中产生十分重要的作用。隋唐佛教经典的翻译,就促进了佛教宗派的形成。

2. 论著

如果说,注释是对佛教经典的基本理解,那么,论著就是对佛教义理的深入研究和阐发。一种学说的形成和发展,必须有其基本的典籍作为其根本,这些典籍代表着该学说的基本要义,在发展过程中保持着学说的本色。没有这些基本的典籍,或者这些典籍不被后来者信奉,就很难有学说的强盛,就会逐渐走向衰亡。但是,仅仅有这些基本典籍也不够,基本的典籍只是一种历史,只是一种传统,学说的发展不能停留在历史的回顾和总结,它更是信奉这一学说的人世代的承继与创造。因为有后继者的创造,一种学说才不会成为历史的陈迹,才会随着历史的发展而发展,才会适应时代的进步,才会逐渐丰富,不断扩大其影响。中国佛教学者的理论论著,就是对佛教义理的创造性发挥,这种创造不仅深化和丰富了佛教的理论,而且完成了印度佛教的本土化,实现了文化和观念的转换。从历史和现实的角度来看,我们都可以这样说,在文化的交流、碰撞、冲突与融合中,中国佛教学者所做出的这种努力,是文化融合中最有成效的工作。

隋唐佛教的论著主要有如下四类。

一是总论。这里说的总论并不全指对佛教义理的整体理解,而是对某一经典或者教义的总体阐释,它标明某一宗派的根本宗旨,并成为该宗派的主要理论基础。如,天台宗智𫖮的《法界次第观门》和《摩诃止观》,湛然的《金刚锦》和《止观义例》;法相宗玄奘的《成唯识论》和窥基的《成唯识论述记》;华严宗杜顺的《华严一乘十玄门》和法藏的《华严经探玄记》、《法界缘起章》以及宗密的《原人论》;禅宗的《坛经》等等。这些著作阐释了各个宗派学说的根本宗旨,属于开宗立派之作,在隋唐佛教发展史上产生了极其广泛的影响,具有十分重要的学说价值。其具体内容我们将在下章详细进行分析,这里就不再赘言。

二是专论,即就佛教义理的某一问题或重要理论所进行的专门研究。佛教学说博大精深,其论证邃密、意蕴玄奥。但是,由于佛教经典过于庞杂,不同的典籍对于同一个问题往往会有不同的解释和说法,譬如,关于一禅提迦人是否能够成佛、是否有佛性,经典中就有相左的说法。因此,为了使佛教的教义更加明晰,更能够被人正确理解,仅仅有注释是不够的,还需要对其进行深入的研究,这些研究,不是简单地表达对佛教经典的理解,而往往从某个角度和方面对佛教义理进行了发挥、创造和发展。隋唐佛教在这方面也取得了很大的成就。如论佛性有隋代的法上、唐代的恒景、灵一和湛然等人的著作,论因果报应有隋代灵裕、唐代杨上善和道世等人的著作。

三是论辩,即对那些怀疑和否定佛教的著作和观念所进行的辩护,属于护教论。隋唐时期，中国传统文化形成了三教鼎立的局面。儒家自从西汉武皇帝采纳董仲舒的建议"罢黜百家，独尊儒术"之后，便从先秦各家之中脱颖而出，成为在中国学术思想领域占据统治地位的学派，并构成了以后中国传统文化发展的核心。魏晋时期，社会出现动乱，儒家的学说无法规范现实生活，于是就有了玄学的产生。玄学是儒学和道学的融合，它的产生表明了道家（包括后来的道教）的兴盛。佛教是印度宗教，属于外来文化，自两汉之际传入中国之后，便开始了与中国本土文化的摩擦、冲突和结合。它在自己的传播与发展过程中，始终受到本土的儒学和道教的诘难与抵制。三教之间相互批判、相互借鉴、相互吸收又相互融合，至唐代达于鼎盛，演出了中国传统文化发展的波澜壮阔。唐代社会生活中的实际主流意识形态仍然是儒学。但是，由于皇族姓李，在反对门阀世族的斗争中为了提高自己族姓的地位，就推道家创始人李耳为始祖，于是就推崇道教。同时，唐代有不少皇帝信佛，利用佛教作为政治斗争的工具，于是佛教在朝廷的支持之下又有了长足的发展。这就促进了三教鼎立局面的形成。三家为了争取自己的发展优势，各自对对方进行了攻讦，尤其是佛教，它要抵御来自两家的非议，所以就有不少佛教学者撰写了许多护教的论著，力证佛教比较儒、道两家在指导政治生活、社会生活和人生中有更多的真理性，更加高明。其著者如慧净的《析疑论》、普应的《破邪论》、法琳的《辩正论》、李师政的《内德论》、法云的《辨量三教论》、道世的《辩伪显真论》、道氲的《定三教论衡》、杨上善的《三教诠衡》、宗密的《华严原人论》等等。

　　四是杂著，主要有史记、传记和杂记。这类著述虽然不是对经典的直接研究，但是，它们是从一个特定的角度反映了佛教的发展和佛教信徒对义理的理解和实践，所以也具有学术的意义。

　　史记方面又可以分为两类：一是佛教史，这类著作是记载或者追溯佛教发展的历史，如唐代道宣的《释迦氏谱》根据佛教典籍记载而整理了释迦牟尼的家世，隋代费长房的《历代三宝记》等；二是宗派史。隋唐时期,佛教在中国的发展到了鼎盛,完成了它的中国化过程,其突出表现就是形成了具有中国本土特色的宗派,如天台宗、华严宗、三论宗、净土宗、禅宗等。宗派的形成在佛教发展史上具有十分重要的意义,因而也相应产生了记述这些宗派传承、活动的著作。如天台宗的《佛祖统纪》、《天台山小录》,华严宗的《清凉山传略》,禅宗的《楞伽师资记》、《历代法宝记》等等。

传记是对中国僧伽事迹的记载,前此,《魏书》即列《释老志》,述佛教与道教事迹,此后的官史多沿此例,隋唐修史者亦然。除官史传记外,不少僧人也写了许多的传记。继梁慧皎《高僧传》之后,唐代道宣著《续高僧传》(又称《唐高僧传》,与《梁高僧传》、《宋高僧传》、《明高僧传》合称为"四朝高僧传"),《梁高僧传》记载的主要是江南僧侣事迹,《续高僧传》作于南北统一之后,故多补录了北方佛教的发展状况,对于全面了解南北朝和隋唐佛教有重要的学术价值。[1] 此外,尚有大量的个别传记,记载的主要是当时僧伽的事迹。如冥详的《玄奘法师行状》、如净的《道宣传》等等。

杂记。杂记是关于佛教史地的记载,这些著作虽然并不直接是学术著作,但在学术史上也具有其重要意义,它记载了许多重要的学术活动、学术渊源、史地资料,是进行学术研究重要的参考资料。如记载当时寺庙总况的有彦悰的《大唐京寺录传》、清彻的《金陵塔寺记》;记载名山的《清凉山略传》(慧祥)、《五台灵记》(慧祥)、《南岳记》(李扈)等;记载寺塔的有圆照的《大庄严寺佛牙宝塔记》和《无忧王寺舍利塔记》等。此外,尚有随着西行求法而出现的记载中印佛教及民间文化交流的著作,如彦琮的《大隋西国传》、玄奘的《大唐西域记》、道宣的《释迦方志》、官修的《西域志》、圆照的《悟空入竺记》和常愍的《游天竺记》等,这些著作记载了中印之间的学术交流,今天仍然是我们研究中外文化交流史

---

[1]　参见陈垣:《中国佛教史籍概论》。

的重要资料。

3. 典籍整理

佛陀在世的时候没有典籍,其思想、教义主要是师徒口耳相传。佛灭后先后进行了多次结集,从而形成了最初的经典。在佛教的发展过程中,经典越来越丰富,为佛教的传播打下了坚实的基础。作为外来宗教,佛教在中国的传播依靠的是汉译和藏译经典。这些经典是各个时代的僧侣陆续翻译介绍过来的,经过长期的积累和发展,佛教的典籍越来越多,越来越庞杂,从而就有了对佛教典籍的整理工作。这种整理,主要有目录、纂集两种形式。

目录是对典籍存在状况所做的概括,它为研究和学习者对典籍的搜寻提供了最直接的线索。从文献学的意义而言,目录对于学术研究具有重要的意义,并且也是对一个时期有关学术发展状况的简明记载。因此,中国传统学术史十分重视目录,它为辨别典籍的源流、真伪提供了重要的依据。隋唐佛教典籍的目录之作也十分丰富。其著者如法经等撰《众经目录》七卷、费长房撰《历代三宝记》十五卷、道宣撰《大唐内典录》十卷、靖迈撰《古今译经图记》四卷、智升撰《开元释教录》二十卷等。目录之作不仅仅是对书目的简单记载,而包含了对典籍的归类整理、内容的介绍、对作者的介绍,有的目录之作还载有版本的源流、辨伪等等,是进行学术研究的重要资料。

纂集是对经典的集结,即集中编纂。佛灭之后,印度佛教曾经对佛教经典(严格说来第一次集结应该是对佛教义理即佛陀口授要义的集结)进行过多次集结,幸有这些集结,才为后来佛教的发展提供了基本的理论依据。由此可见经典的集结对于学术发展的重要意义。它一则可以将佛教典籍按照一定的分类编纂在一起,有利于对某一教义的全面理解;二则可以将相关典籍汇编在一起,可以避免这些典籍在分散流传过程中遗失。隋唐佛教对典籍的纂集也做了大量的工作。其著者如隋代智果等纂《香城甘露》五百卷、唐代道世编《诸经集要》十卷、道宣撰《广弘明集》三十卷、会隐等撰《禅林要钞》三十卷等。

典籍整理虽然不是一种创造性工作,但其学术价值是不言而喻的。它们对于典籍的分类、清理、保存做出了重大的贡献。这些文献方面的工作,为后来者研究佛教提供了重要的资料,对于我们研究佛教的学术源流、发展变化有着重要的意义。

四、佛教的判教与宗派的形成

佛教在中国的发展,经历几百年的时间之后,就从被动的接受转变为主动的理论研究,在这一过程中,就加速了佛教的本土化过程。中国佛教在印度佛教基本教义的基础上,开始了自己的探索,从而就形成了自己的理论特点。实际上,早在魏晋时期,中国佛教就产生了不同的宗派,有所谓"六家"、"七宗"之说。但是,这一时期的佛教宗派主要还是对佛教义理解释上的不同,还没有形成后来意义上的宗派。南北朝时期,出现了各种论师,一些大德们专攻一经一论,并以此名家。隋唐的宗派就是在此基础之上建立起来的。

对隋唐佛教宗派形成产生重大影响的因素,主要有如下几点:

1. 寺院经济的发展

自佛祖创教之后,就已经出现了专供僧侣集聚、修持的场所,如祇园精舍和竹林精舍,后来就成为了寺院。佛教传入中国后,也建立了一些寺院。但在隋唐之前,寺院还没有独立的经济力量,其经济来源主要是依靠信众的布施和僧侣的化缘,尚处于不稳定状况,这就使得大部分僧侣要花很多的时间通过各种途径维持自己基本的生计。据《弘明集》记述,早期僧侣维持生计的主要手段有:"或垦殖田圃,与农夫齐流;或商旅博易,与众人竞利;或矜持医道,轻作寒暑;或机巧异端,以济生产;或占相孤虚,妄论吉凶;或诡道假权,要射时意;或聚蓄委积,颐养有余;或指掌空谈,坐食百姓。"僧侣中,有的经商、有的做工、有的为医为巫,有的捧钵乞讨,贫富不均,生活极不稳定。

至南北朝,北魏设立浮图户和僧祇户供养僧侣,正式承认其为社会生活的一个单位,承认其经济实体的社会地位。而在南朝,媚佛皇帝梁武帝动辄舍身布施,害得朝廷多次以巨万重金赎回,为寺院飞速地募集资金,极大地增强了寺院的经济实力,扩大了佛教的影响。

隋唐时期,佛教的寺院经济正式形成,有了相当的规模。寺院的经济来源主要有三种,一是朝廷的赐与,二是信众的施舍供奉,三是产业经营的增长。

隋文帝于开皇年间颁诏,命于诸州名山之下各置僧寺一所,并赐庄田。唐代实行均田制,国家正式给僧侣分配一定的土地。据《大唐六典·户部》记载,当时对僧侣的土地分配政策是:"凡道士给田三十亩,女冠二十亩,僧尼如之。"于是,寺院经济正式形成,僧侣有了最基本的生活资料。除了一般分配的土地之外,朝廷还经常对一些著名的寺院进行特殊的赐与,"国家大寺,如长安西明、慈恩等寺,除口分地外,别有敕赐田庄,所有供给,并是国家供养。"① 仅西明寺,唐高宗时就赐给田地百顷之多。他如玄宗赐大圣慈寺田一千亩,代宗时赐诸寺田地达千余顷。②

由于佛教宣扬广种福田,供奉三宝,广大信众经常以各种形式对寺院和僧侣进行施舍,捐钱粮者、捐物品者、捐田地者甚众。如唐代著名诗人王维就曾将自己的别墅捐给寺院以建清源寺。特别要提及的是隋唐时期三阶教的"无尽藏",它是一种鼓动信众捐赠施舍以搜集财物的

---

① 《法苑珠林·祭记篇》。
② 《唐会要》卷65《闲厩使》。

方法。

三阶教，又称三阶宗、第三阶宗、普法宗，为隋代信行（540—594 年）所创，至中唐而止。① 该教认为，世界的发展按照佛法有三个阶段，一是正法时期，是佛国的世界，所有人均为佛菩萨，修持大乘一乘佛法；二是像法时期，是五浊诸恶世界，所有人是圣凡混杂，修持三乘佛法（即大小乘）；三是末法时期，也是五浊诸恶的世界，但凡人皆邪行邪解，以第一阶的一乘、第二阶的三乘修持，都极为困难，所以，必须依第三阶之普法修行，皈依一切三宝，断除一切恶，修持一切善方能有成。信行著《三阶佛法》，阐述当时已经是末法时期，故提倡第三阶佛教，主张废具足戒（他自己舍弃比丘的身份而甘做沙弥，就是为了在实践上不守具足戒），强调苦行忍辱，反对偶像崇拜而只拜佛塔，又认为一切众生皆是真佛，故路见男女，一概礼拜。

三阶实为佛教之旧说。佛教诸经对三阶的解释不尽相同，但大体一致，即是说，佛教要经历正法、像法和末法三个阶段，正法时期是佛诞后五百年，此期之人隔佛不远，依照佛法修行者都能证得正果，故称“正法”。像法时期是正法时期之后的一千年，修持者似有所证，而实无所证，故称“像法”。而此后的一万年则称末法时期，佛法日衰，修持极为困难，故称“末法”。信行则将正法时期规定为佛在时，而将像法时期规定为佛灭后的 1500 年，认为只有佛陀亲传弟子才能够证得正果，故将传统的正法时期和像法时期合并为像法时期。他指出，第一阶人纯正无邪位，第二阶人邪正不定位，第三阶人则是纯邪无正位。三阶教大肆渲染末法思想，当然既得不到统治者的支持，也得不到佛教同行的认可。但是，它所倡导的“无尽藏”却做得有声有色。所谓无尽藏，就是将无尽的财物藏于寺院，一以供奉三宝，一以施舍贫穷。“以无尽藏物，施贫下众生，由数得施故，劝发善心，即易可

---

① 　因后文论述隋唐佛教宗派不再言及三阶教，故在此对三阶教略做分析。

得"，"教贫穷人，以少财物同他菩萨无尽藏施，令其发渐发菩提之心。"① 无尽藏的实行，一方面使得三阶教在下层民众中产生了很大的影响，另一方面，又极大地增加了佛教僧团的经济实力。由于其过分渲染"末法"和聚敛财物，三阶教受到佛教别派的攻讦和朝廷的打压。隋文帝、武则天、唐玄宗先后发布诏令，禁止三阶教，到唐中叶，这一教派就湮灭不闻了。

隋唐寺院的经济在历代僧侣的经营之下，其势力发展得越来越雄厚，寺院庄园遍布全国，规模宏大。如南华寺有地 50 多顷，洛阳昭成寺仅在代宗时期就增地 1790 余亩，醴泉寺有庄园 15 所。更有甚者，浙江天童寺有地 13000 亩，"跨三都、五县，有庄三十六所"② 其所收租，动辄上万斛。会昌五年，唐武宗下令禁佛，其诏略云："今天下僧尼不可胜数，皆待农而食，待蚕而衣。寺宇招提，莫知纪极，皆云构藻饰，僭拟宫殿。晋、宋、齐、梁，物力凋瘵，风俗浇诈，莫不由是而致也。……其天下所拆寺四千六百余所，还俗僧尼二十六万余人，收充两税户；拆招提兰若四万余所，收丰腴上田数千万顷，收奴婢为两税户十五万人。"③ 这份诏书，从一个侧面反映了唐代佛教寺院经济的发展状况。

寺院特别是大寺院经济的形成，给原来过着游方生活的僧侣过上稳定的生活以坚实的保障，它为以寺院为中心的宗派的形成提供了强大的经济基础。在这种情况下，僧侣们才能够专心地从事专门的、深入的研究，促进佛教学术的发达，并使这种学术研究能够继续保持和发展。所以，隋唐的各个大寺院，是佛教宗派的中心，也是佛教学术研究和发展的中心。

---

① 《无尽藏法释》，见矢吹庆辉：《三阶教之研究》，《别篇》，岩波书店 1927 年版，第 165 页。

② 《天童志》卷 9，转引自郭朋：《隋唐佛教》，齐鲁书社 1980 年版，第 383 页。

③ 《唐会要》卷 47《议释教上》，中华书局 1955 年版，第 840—841 页。

2. 判教

所谓判教就是对佛教的经典、理论、学说进行归类和等级划分。由于判教者所持的标准的不同,所以,他们做出的判教也就有了种种的差异,这些差异实际上反映了判教者对佛教义理的不同理解。而他们往往认为只有自己主张的这一派才是佛教的正宗,因此,对佛教的经典和学说持相同观点的人就会围绕着自己的判教而形成特定的学术派别。应该说,判教的行为是与佛教的发展相伴随的,原始佛教之后,佛教发展的第二个阶段就是判教的产物。当时,佛教形成了许多的部派,后人称之为"部派佛教",部派的形成就是判教的结果。后来的大小乘区分也是如此。

中土的判教始于魏晋。当是时,受中土玄学的影响,佛教也谈无论有,般若学流行。不同的僧人对有无之论见解有所不同,刘宋时的昙济就曾经作《六家七宗论》,惜乎该文已佚,但唐时元康著《肇论疏》,引梁宝唱《续法轮》述其大旨,云六家七宗为:第一本无宗、第二本无异宗、第三即色宗、第四含识宗、第五幻化宗、第六心无宗、第七缘会宗,第一、二宗本为一家,故称"六家七宗"。但严格说来,此处之"宗"并非宗派之意,而只是一种学术主张。汤用彤先生说:"佛法演至隋唐,宗派大兴。所谓宗派者,其质有三:一、教理阐明,独辟蹊径;二、门户见深,入主出奴;三、时味说教,自夸承继道统。用是相衡,南北朝时实无完全宗派之建立。盖北虽弘三论,大说空理,然门户之见不深,攻击之事不烈。南虽弘成实,而齐之柔、次,梁之旻、云,未尝闻以承继道统自诩。虽有慧导拘滞,疑惑大品;昙乐偏执,非拨法华;僧渊之谤涅槃,法度之创异议,然争执限于一时,立教仅行于一方,未为重要。"[①] 换句话说,隋唐之前虽然已经有了判教,但并未形成宗派,而只是对佛教学说的一种观点划

––––––––––

① 汤用彤:《隋唐佛教史稿》,中华书局 1982 年版,第 105 页。

分而已。隋唐时期的判教,和以前的判教有了重要的差别,那就是它不再说对时下学说的一般评价,而是从自己的立场出发对其他各宗思想所进行的批评。所以,隋唐的判教,标志着各宗派在理论上公开打出了自己的旗号,表明了自己的学说立场。几乎隋唐所有主要的宗派都有判教。以下我们只举几个例子揭示当时的学说发展。

天台宗的"五时八教说"。

所谓"五时八教"是从佛说法的时间(五时)、形式(化仪四教)和内容(化法四教)等方面对佛教经典和学说所进行的分判。"五时"就是佛陀说法的五个时期,一是华严时,指佛陀刚证道时所讲《华严经》;二是鹿苑时,指佛陀证道12年之后在鹿野讲诸部《阿含经》;三是等方时,指鹿苑讲经之后8年佛陀讲各种《方等》经;四是般若时,指方等时之后22年佛陀讲诸部《般若经》;五是法华涅槃时,指般若时之后佛陀讲《法华经》和《涅槃经》。显然,这里所说的佛陀说法的时间先后没有实际的史料根据,而完全是为了抬高天台宗所奉主要经典《法华经》的需要,是根据本宗的教义需要排列的。"八教"是指"化仪四教"和"化法四教"。"化仪四教"是从形式上来对佛教学说进行划分,分别为"顿教"(指《华严经》所讲的不经过修持的阶次而顿至佛果的教义)、"渐教"(指从诸部《阿含》到《般若》依次渐修的教义)、"秘密教"(指各人独自听闻与他人不同的教义)和"不定教"(指各人听闻的与他人不同的教义但彼此能够相互理解);"化法四教"是从内容上来对佛教学说进行划分,分别是"藏教"(指小乘三藏的教义)、"通教"(指诸部《般若》既讲深奥之理又讲浅显之理)、"别教"(指专为菩萨讲的其他方等诸经)和"圆教"(指《法华经》圆满、圆融的教义)。

天台宗人说:"一释三藏教名者,此教明因缘生灭四圣谛理,正教小乘,傍化菩萨……二释通教名,通者同也,三乘同禀,故名为通。此教明因缘即空,无生四真谛理,是摩诃衍之初门也……三释别教名者,别者不共之名也。此教不共二乘人说,故名别教。此教正明因缘假名,无量四圣谛理,的化菩萨不涉二乘……四释圆教名者,圆以不偏为义,此教不思议因缘,二谛中道,事理具足不别,但化最上利根之人,故名圆教也。"① 灌顶承其师说,对此有更明白的解释:"前佛后佛,自行化他,究其旨归,咸宗一妙。佛之知见,但机缘差品应物现形,为实施权故分为八:顿、渐、秘密、不定,化之仪式,譬如药方;藏、通、别、圆,所化之法,譬如药味。"② 这就说得很清楚,顿、渐、秘密、不定四教,是佛陀度化他人的形式,而藏、通、别、圆四教则是度化他人的内容。他更指出,就修持的次第而言,有顿、渐二教,而就对经典的理解而言,则有秘密与不定二教。"同听异闻互不相知名秘密教,同听异闻彼彼相知名不定教。秘密不定名下之法,只是藏、通、别、圆佛世逗机,一音异解从化仪大判且受二名。"③ 这就是说,秘密与不定二教遍通于藏、通、别、圆四教,反映着修持者对佛教经典的不同理解。就化法四教而言,灌顶的解释与智顗的解释没有什么区别,藏教是"仍于《法华》及《大智度》论,对斥小乘得此名也",通教是"通者同也,此教三乘因果大同故名通教",别教是"此约界外度菩萨法。教理智断,行位因果别前二教,别后圆教,故名为别",圆教是"圆名圆妙,《华严》法界广大,《净名》入不二法门,《般若》最上之乘,《涅槃》一心五行等,并圆妙法也。"④ 总而言之,《法华经》所述义理,是诸经之精华,佛理之妙奥,般若之胜义。通过这种判教,天台宗就获得了佛教正统的地位(当然,是在天台宗人自己眼中)。

华严宗的"五教十宗说"。

华严宗的判教又与天台宗不同。它提出的是"五教十宗"。五教

---

① 智顗:《四教义》卷2,见《中国佛教思想资料选编》第二卷第一册,中华书局1983年版,第128—130页。

② 灌顶:《天台八教大意》,见《中国佛教思想资料选编》第二卷第一册,中华书局1983年版,第184页。

③ 同上书,第184—185页。

④ 同上书,第185、188、189、190页。

是：小乘教（也称愚法二乘教，是给小乘声闻、缘觉所讲教义，其内容有四谛和十二因缘等）、大乘始教（也称权教，指大乘佛教初级阶段的教义，其主要典籍有《般若经》、《中论》、《唯识论》等）、大乘终教（也称终教，是大乘的终极教义，其主要典籍有《涅槃经》、《大乘起信论》等）、顿教（指讲不依语言、不设阶位而顿悟的教义）和圆教（即圆满无碍的教义，包括同教一乘的《法华经》和别教一乘的《华严经》，同教一乘指《法华》的经义同于诸教，别教一乘指《华严》的教义超越诸教，为诸教之本）。十宗则与五教相联系，有小乘六宗、大乘四宗：一、我法俱有宗，主张人我、法我俱是实在，指犊子部、法上部等的教义；二、法有我无宗，主张诸法三世皆有实体，而人我则由五蕴构成，故无实体，指一切有部等的教义；三、法无去来宗，主张诸法现有实体，而过去未来无实体，指大众部等的教义；四、现通假实宗，主张诸法过去、未来均无实体，现在也只有五蕴的实体，其他均非真实存在，指说假部等的教义；五、俗妄真实宗，主张只有出世法是真实的，世俗现象均不真实，指出世部等的教义；六、诸法但名宗，主张一切现象均只是"假名"，并无实体，指一说部等的教义；七、一切皆空宗，主张一切现象和事物皆虚幻不实，属于大乘始教；八、真德不空宗，主张一切法都是真如的显现，属于大乘终教；九、相想俱绝宗，主张真理乃是绝言之理，非语言文字所能表达，属于大乘顿教；十、圆明具德宗，属于一乘圆教，一切圆融无碍，指华严宗教义。

杜顺首先提出五教说："行人修道，简邪入正，止观法门有五：一法有我无门（小乘教），二生即无生门（大乘始教），三事理圆融门（大乘终教），四语观双绝门（大乘顿教），五华严三昧门（一乘圆教）。"① 法藏后来对华严宗的判教理论进行了系统的论述，他在很多著作中都多次阐述了自己的观点。其论五教云："一、师子虽是因缘之法，念念生灭，实

---

① 杜顺：《华严五教止观》，见《中国佛教思想资料选编》第二卷第二册，中华书局1983年版，第2页。

无师子相可得,名愚法声闻教。二、即此缘生之法,各无自性,彻底唯空,名大乘始教。三、虽复彻底空,不碍幻有宛然,缘生假有,二相双存,名大乘终教。四、即此二相,互夺双亡,情伪不存,空有双泯,名言绝路,栖心无寄,名大乘顿教。五、即此情尽体露之法,混成一块,繁兴大用,起必全真;万象纷然,参而不杂。一切即一,皆同无性;一即一切,因果历然。力用相收,卷舒自在,名一乘圆教。"① 他在各处论五教时,解释略有不同,但其精神实质始终是如一的,那就是通过判教,将华严宗的教义视为佛教最高、最圆满的学说。

十宗是法藏在杜顺判教理论基础之上的发展,是对五教学说更加深入细致的阐述。他说:"以理开宗,宗乃有十:一、我法俱有宗。此有二,一人天乘,二小乘。小乘中犊子部等,彼立三聚法:一有为聚法,二无为聚法,三非二聚法……二、法有我无宗。谓萨婆多等。彼说诸法,二种所摄:一名,二色。或四所摄,谓三世及无为。或五,谓一心,二心所,三色,四不相应,五无为。故一切法皆悉实有也。三、法无去来宗。谓大众部等,说有现在及无为法,以过、未体用无故。四、现通假实宗。谓法假部等。彼说无去来现在世中诸法,在蕴可实,在界虚假,随应诸法,假实不定。……五、俗妄真实宗。谓说出世部等。世俗皆假,以虚妄故,出世法皆实,非虚妄故。六、诸法但名部。谓说一部等。一切我法,惟有假名,都无体故。此通初教之始准知。七、一切法皆空宗。谓大乘始教,说一切诸法悉皆真空,然出情外,无分别故。如《般若》等。八、真德不空宗。谓如终教诸经,说一切法惟是真如,如来藏实德故,有自体故,具性德故。九、相想俱绝宗。如顿教中,显绝言之理等。如《净名》嘿显等准知。十、圆明具德宗。如别教一乘,主伴俱足,无尽自在,所显法门是也。"② 灌顶认为,在五教十宗中,圆教华严宗为最高,"一

---

① 法藏:《金师子章·论五教第六》卷1,同上书,第201页。

② 法藏:《华严一乘教义分齐章》卷1,同上书,第141—142页。

本教,谓别教一乘,为诸教本故",它与其他各教的关系是"以本收末","以末归本"。① 华严宗法界缘起,圆融无碍的学说是佛教的根本大义,它涵括、统摄着其他一切学说,别的佛教宗派学说最终只有归于华严,才是回复到佛教正统。

其他各派的判教理论,因为篇幅的原因,这里不再详述。隋唐佛教宗派的判教,是根据自己崇尚的经典和教义,确立一个评价的标准,然后对佛教各家各派的学说进行归类、评价,区分其差别,确定其阶位、等次。尽管他们各自依据的经典、标准有所不同,但都无一例外地将自己的宗派说成是"圆教",是佛教的正宗、正统,是佛祖亲传的最高最精之义,其他各派,不是旁门左道,就是初级、低级学说。因此,判教的出现,我们可以将它视为宗派形成的重要标准,在某种意义上,它就是一种宗派宣言,是开宗明义的纲领。

汤用彤先生指出:"中国佛教史料中,有所谓'十宗'、'十三宗'之说,本出于传闻,而非真相。盖与中国佛教宗派有关,于汉文资料中称为'宗派'者,有二含义:一指宗旨之宗,即指学说或学派。如中国僧人对印度般若佛学之各种不同解释,遂有所谓'六家七宗'此所谓'宗'者,即家也,如'儒家'、'道家'之'家'。'本无宗'者,即'本无家';'心无宗'者,即'心无家'。又如讲说各种经论之经师、论师之学说,遂有'成宗论宗'之名,此论宗者,盖以所崇所尊所主名为宗。上此均是学说派别之义也。一指教派,即指有创始人、有传授者,有教规之宗教团体,如隋唐时之天台宗、禅宗、三阶教等。此皆宗教之派别,盖所谓'宗'者指此。隋唐以前中国佛教主要表现为学派之分歧,隋唐以后,各派争道统之风渐盛,乃有各种教派之竞起。"② 准此,隋唐佛教宗派研究的关键和意义主要不是弄清楚究竟有几个宗派(这个问题当然也很重要,特别是佛

---

① 法藏:《华严一乘教义分齐章》卷1,同上书,第142、143页。
② 汤用彤:《隋唐佛教史稿》,中华书局1982年版,第200—201页。

教史的研究必须要认真对待），而是隋唐佛教宗派的形成本身，它标志着佛教在中国的发展走上了自己独立的道路，从追随、照搬印度佛教进入了自己的独立发展，形成了真正意义上的"中国佛教"。同时，也反映了佛教发展已经走向了鼎盛的阶段，与佛教在本土印度的衰竭形成鲜明的对比，表明了佛教发展中心的转移。

第三章　隋唐佛学（下）

关于隋唐佛教的宗派，目前国内外有各种说法，意见很不一致，我们在此也不做详细的辩证，而只是选取为大家所公认、在隋唐产生过重要影响并且直到今天仍然发挥着影响的几个主要宗派进行评说。

一、天台宗

天台宗，因其实际创始人智顗栖止天台山而得名，又因其依《法华经》判教，最尊《法华经》，故又称法华宗。此外还有天台法华宗、台宗、圆宗等名。是以《法华经》为主要经典，立五时八教，提倡三谛圆融之理的大乘宗教。从缘起来看，隋唐佛教的宗派较早出现的应该是三论宗和三阶教。但是，这两个宗派传世都很短，对佛教的发展和后世影响都不很大，在佛教的专门史中，这两派不能不述，但从整个中国学术发展史而言，它们的地位就不甚重要了，所以，我们在本书中就不对它们做详细的论述，而以天台宗作为隋唐佛教宗派之首。

1. 天台宗的缘起和传承

天台宗创始于陈隋之际。其缘起，乃是融合当时南北佛教的产物。南北朝时，佛教在中国得到长足的发展，但是，它也因为政治的对峙而形成了南北显著不同的风格。北方少数民族趁中原内乱而长驱直入，士子多随晋室南迁,故文化的中心也发生南移。在这种背景下,佛教的发展受当时南方玄学的影响,比较注重义理上的探讨,般若学盛行,以义学名世者俨然成宗。而北方是少数民族统治区,各国的帝王多信佛,由于他们缺乏中原文化深厚的底蕴,对佛教玄奥的义理难以把握,故推崇一种简单、快捷的修炼方法,于是,禅学大行于世,形成了南重慧观,北重定止的学术特征。

随着南北政治上统一趋势的形成,佛教也在实现南北的融合。一些学者认识到,只讲义理而忽视禅定,缺乏对佛教的信仰力量,容易走入歧途;而只重禅定却忽视义理,则将对佛教义理理解肤浅,也无法达于胜境。于是,就综合南北的学术,提倡定慧并重、止观双修,经过几代人的努力,加上朝廷的支持,终于蔚然成为当时大宗,天台宗由是而成。

就天台宗的传承而言,有所谓"九祖"之说,南宋士衡曾撰有《天台救祖传》一册,述其事迹承传。这九祖分别是:

初祖印度龙树。

二祖北齐慧文。

三祖南岳慧思。

四祖天台智顗。

五祖章安灌顶。

六祖法华智威。

七祖天宫慧威。

八祖左溪玄朗。

九祖荆溪湛然。

龙树　印度僧人,生卒年不详,各种说法相差很远,活动时间最迟在公元4世纪,为印度佛教大乘中观学派的创始人,其著述甚丰,主要有《中论颂》、《十二门论》、《大智度论》、《大乘二十颂论》等等,号称"千部论主",对佛教理论特别是大乘中观理论的发展做出了巨大的贡献。究其实际,龙树与中国的天台宗并无直接的关系。但天台宗人以慧文读其著作而证得一心三观之妙,故被推为始祖。

慧文　又作慧闻,生卒年不详,北齐渤海(今在山东)人,俗姓高,活动时代约在东魏孝静帝天平二年(535年)至北齐文宣帝天保八年(557年)。现在流传下来的关于回文的史料极其简略,其事迹已无法详考。至于他与天台宗的关系主要有二,一是他曾经在读龙树的《大智度论》时悟得一心三观之妙,二是慧思曾拜在他的门下。宋代志磐著《佛祖统纪》,载其事迹云:"师以心观,口受南岳。岳盛弘南方,而师之门人在北者皆无闻焉。"按,此心观的获得及其内容,就是"师又因读《中论》至《四谛品》偈云:因缘所生法,我说即是空,亦名为假名,亦名中道义。恍然大悟,顿了诸法无法因缘所生,而此因缘,有不定有,空不定空,空有不二,名为中道。师既依释论,是知远承龙树也。"[1]这就阐明了他与天台宗的渊源关系。但是,他在当时并非闻人,故道宣作《续高僧传》不传其事,只是在慧思传中提及。所以,今人有怀疑其与天台宗的渊源者。[2]

慧思(515—577年)　武津(今河南上蔡)人,俗姓李。世称南岳尊者,思大和尚,思禅师。15岁出家,曾参谒河南慧文禅师,得授观心之法。北齐天保五年(554年)入光州声闻日盛,陈光大二年(568年)入湖南衡阳,居南岳十年而卒。其著作多由门人笔记整理而成,主要有《法华经安乐行义》、《诸法无诤三昧法门》、《大乘止观法门》等,其弟子最著者即天台智顗。慧思往来南北,既弘禅定,又深义理,他综合南北,主张定慧双修,"自江东佛法弘重义门,至于禅法盖蔑如也。而思慨斯南服,

---

① 志磐:《佛祖统纪》卷6《二祖北齐尊者慧文》。

② 郭朋说:"唐以后的天台宗人之所以硬把慧文也拉进他们的宗谱里,只是因为,据说慧文曾向慧思'口授'过'心观'——按照道宣的说法,则是慧思'归依'慧文,'从受正法'.'师以资贵'。慧思做过智顗的老师,而智顗又成了天台宗的创始人。所以,曾经做过慧思老师的慧文,也就跟着沾了点光,成了天台宗的'二祖'。"见郭著:《隋唐佛教》,齐鲁书社1980年版,第99页。

定慧双开,昼谈义理,夜便思择,故所发言,无非致远。便验因定发慧,此旨不虚。南北禅宗,罕不承绪。"① 这就说明,慧思是当时沟通南北,融合定慧的重要人物,他既继承了北方佛学注重禅定的风格,又吸收了南方佛学推崇义理的特点,而力图将二者结合起来。这种学术倾向,对天台宗的止观学说产生了重要影响。

智顗(538—597 年) 祖籍颍川(今河南许昌),后迁荆州华容(今属湖南岳阳),俗姓陈,18 岁出家,师从法绪、慧旷,陈天嘉元年(560 年)入光州大苏山,谒慧思禅师,遂受其业。陈太建七年(575 年)入浙江天台山,研习《法华经》,判教立宗,开一代之风气,成一代之宗师。智顗深受陈、隋统治者眷顾,与陈后、隋晋王杨广过从甚密,先后多次往金陵宣法。隋开皇十七年(597 年)坐化。后世称智者大师、天台大师。传业弟子三十有二,其著者有智越、灌顶等。平生不好著述,其著作多为弟子灌顶根据讲义笔记整理而成。传世者有:《法华玄义》、《摩诃止观》、《法华文句》,这三部著作被称为"天台三大部",是天台宗的主要代表著作,此外,还有《观音玄义》、《观音义疏》、《金光明经玄义》、《金光明经文句》和《观无量寿佛经疏》等称为"天台五小部"(后人疑《观无量寿佛经》为后人伪作)。智顗创宗之精神主要是将《法华经》的要旨与龙树中观学说相结合,形成了独特的佛学理论,以禅观而修止观法门,标宗明义。②

灌顶(561—632 年) 临海章安(今浙江台州)人,俗姓吴。世称章安大师、章安尊者。7 岁出家,20 岁受具足戒,陈至德元年(583 年)至天台山拜在智顗门下,此后一直追随智大师,承习天台教义。智大师许多著述,都是经过他的手而成,大师入灭后,灌顶继承师说,研习《法华》、

---

① 道宣:《续高僧传》卷 17《慧思传》。

② 汤用彤先生:《隋唐佛经史稿》第四章,根据各种史料编有智大师的传道活动的编年,可参阅。

《涅槃》，于天台教义的弘扬，与有功焉。其著述有《大般涅槃经玄义》、《大般涅槃经疏》、《观心论疏》、《天台八教大意》等。其传法弟子为智威。灌顶对天台宗的贡献，除理论的建树与发展之外，更有为思大师、智大师做传，并推龙树为高祖，述慧文、慧思和智顗之传承，显示出自觉的宗派意识。

智威（？—680年）　处州缙云（今属浙江）人，俗姓蒋，曾任本郡之堂长，后于天台山国清寺出家，受戒于章安大师。史云智威于章安处证得法华三昧，受止观心要，定慧俱发。后于轩辕炼丹山受徒，昼讲夜禅，传天台教义。与其弟子慧威并称为"二威"，世人有称法华尊者。他于天台宗没有什么实际的贡献，系于法统，实在是传统的需要。

慧威（634—713年）又称惠威　婺州东阳（今属浙江）人，俗姓刘。幼年出家，后从师缙云智威，研习天台教义，顿悟三观之法，时人称以"小威"，曾居京师天宫寺，世人尊以"天宫尊者"。其嗣法弟子为玄朗。慧威之于天台宗，也只是维系传统的作用。

玄朗（673—754年）　婺州乌伤（今浙江义乌）人，一说东阳人，俗姓傅。9岁出家，后闻天台宗可解众惑，于是，赴东阳天宫寺谒慧威，从慧威研习《法华经》，同时，也修习止观学说。玄朗阅读极广，好读儒书，兼涉道家，其佛学宗旨，则以止观为入道安心之要。后来隐居山林，筑寺婺州浦阳左溪岩，简衣素行达30年。故后世又称左溪尊者。门下弟子于天台宗有贡献的是湛然，玄朗也因此被列为天台八祖。

湛然（711—782年）　常州荆溪（今江苏宜兴）人，俗姓戚。他出生于一个世代以儒为业的家庭，但从小好佛，17岁从金华方岩学天台止观，20岁从左溪玄朗学天台宗教义。38岁于宜兴净乐寺正式出家，玄朗死后，他接受其教席，以中兴天台宗自任。一生著述颇丰，主要有《法华玄义释签》、《止观辅行传弘诀》、《法华文句记》、《维摩经疏记》、《止观义例》、《金刚錍》等。宋僧志磐说："自唐以来，传衣钵者起于庾岭，谈法界、阐名相者盛于长安。是三者……自名一家。然而宗经弘论，判释无归。讲华严者唯尊我佛,谈唯识者不许他经。至于教外别传,但任胸臆而已。师追援其(按,指智颛)说,辨而论之,曰《金铖》,曰《义例》,皆孟子尊孔道、辟杨墨之辞。"[1]

湛然之后,天台宗法统不明,道术中衰,直到五代时,才又有复兴。

以上所述天台宗的法统传承,本于天台宗人自己的记载。究其实质,在天台宗的创立和发展过程中,真正起了重要作用的只有智颛、灌顶和湛然三人。龙树为印度僧人,于天台宗的创立了无干系,尊其为初祖,只是在印度佛教中找一个根据而已。慧文与慧思,在整合南北佛教的过程中有一定贡献,但于天台宗的创立,也无直接的关系。只有智颛才是天台宗的实际创始人,灌顶不仅承其学说,而且其著述因有灌顶才得以流传。此后六七八祖,智威、慧威和玄朗,对于天台宗的发展也没有什么贡献,九祖湛然,与其说是继承了八祖玄朗的衣钵,不如说是直承四祖(应该说是初祖)智颛,他的思想就是对智颛学说的继承和发展。

2. 天台宗的基本教义

天台宗的思想以《法华经》为基础,结合了《中论》的三谛理论,将南北止观学说融为一体。

(1)止观学说

南北朝时期,政治上的分立也影响了佛教,当时北方佛教重禅定,而南方佛教重义理(观)慧思由北方转到南方,继承、综合了南北方的传统,提出定慧双修,其弟子智颛也曾来往于南北之间,并依师说是建立了天台宗的止观学说。

第一,止观并重,定慧双修,止观即三学中的定、慧二学,当时玄学盛于南方,佛教受玄学影响,重视义理和思辨;北方大都是少数民族统治,故不重义理而倡禅定。智颛认为,应当把二者结合起来,不然,只偏

---

① 志磐:《佛祖统纪》卷 7《湛然本纪》。

重一个方面,便可能走火入魔,他说:"当知此二法,如车之双轮,鸟之两翼。若偏修习,即堕邪倒。"① 只定不慧,哪怕做到心如死灰,也不能明心见性,不能洞观佛教真谛,证悟成佛;只慧不定,则真谛亦不可明,因为本心不寂静,不能断除一切妄念。因此,定慧、止观二者相辅相成,不可偏废。

第二,止观互为条件,并各有不同的作用。进一步说,要证悟真谛,禅定是必要的前提;要明心见性,观慧是不可或缺的基础,智颛说:"若夫泥恒之法,入乃多途,论其急要,不出止观二法。所以然者,止乃伏结之初门,观是断惑之正要;止则爱养心识之善资,观则策发神解之妙术;止是禅定之胜因,观是智慧之由藉。"② 止观是涅槃成佛的根本要法,它们各有不同的作用,止是静心养心,观是正心,悟心,伏结即集中意念,爱养心识之善资即以善养心,断惑即正心,策发神解即悟心。另一方面,二者又互为条件,心不静则不正,不把心念集中观想在佛教真谛上便不能悟心,同样,心不正则不静,不断除心中的妄见惑念,便不可能使心寂静,专意观想佛相。

第三,止观说的实质是一种心法,通过止观而复归于心源,智颛认为,宇宙万物,一切色相皆是心的产物,所谓万法皆起一心,物为心所生,又能为心所识。他说:"心对一切法,即有能知法之用,名之为意,意者心之王也。"③ 心对物的认识,实际上是心对自己的认识,若实现了自己对自己的认识,便可洞见佛性,一句话心生万有,心即万有,心无万有,"一切诸法,虽复无量,然穷其本源,莫不皆从心意造。"④。他在《修习止观坐禅法要》中论述了具缘、诃欲、弃盖、调和、方便、正修、善法、觉

---

① 智颛:《修习止观坐禅法要》卷上,见《中国佛教思想资料选编》第二卷第一册,中华书局 1983 年版,第 85 页。

② 同上。

③ 智颛:《法界次第观门》。

④ 智颛:《释摩诃衍般若波罗密经觉意三昧》。

魔、治病、证果十种修行止观的方法,最终都是落实到修心。具缘的修行就是息缘,不使"心乱难摄";诃欲的修行就是令心不为欲动,做到无欲,"智者应观身,不贪染世乐,无累无所欲,是名真涅槃";弃盖的修行就是要抛弃贪欲盖、瞋恚盖、睡眠盖、掉悔盖、疑盖,"除此五盖,其心安隐,清凉快乐";调和的修行则无非是"调身息心方法";方便的修行是坚定心志,"应当一心决定修行止观,心如金刚";正修行的行中修、住中修、坐中修、卧中修、作中修和语言中修,也是要达到"种种诸法中,皆以等观入,解慧心寂然,三界无伦匹"的目的;而善根发、觉知魔事、治病和证果的修行,更直接就是修心。综合以上十法,他引经典偈语总结说:"诸佛从心得解脱,心者清净名无垢,五道鲜洁不受色,有学此者成大道。"[①]　止观的修习,就是要以心法起灭万有,"若行者如是修止观时,能了知一切诸法皆由心生,因缘虚假不实故空。以知空故,即不得一切诸法名字相,则体真止也。"[②]　名色是心之相,心是名色的本原,本体,把握本心的方法在天台宗的教义中便是"止观"。天台宗的止观学说,一方面是修养"心识",注重禅定修练,另一方面又凭借智慧,神解达到对本体心源,真心的贯通,止是心的自我纯化,观是心的自我认识。

第四,智颉还将自己的止观学说与三谛学说融合在一起。他说:"若观一念禅定,而边寂无,名体真止;照法性净,无障无碍,名即空观。又观禅心,即空、即假、即中,双照二谛而不动真际,名随缘止;通达药病,称适当会,名即假观。又深观禅心,禅心即空、即假、即中,无二无别,名无分别止;达于实相、如来藏、第一义谛,无二无别,名即中观。三止三观,在一念心,不前不后,非一非异。"[③]　这种做法,极大地抬高了止观的理论意义,使得止观学说成为天台宗最具特点的教义。所以,宋

---

①　以上均见智颉:《修习止观坐禅法要》卷上、下,见《中国佛教思想资料选编》第二卷第一册,中华书局1983年版,第85—111页。

②　同上书,第109页。

③　智颉:《摩诃止观》卷9下。

僧元照说:"台教(按,即天台宗)宗部虽繁,要归不出止观。舍止观不足以明天台道,不足以议天台教。"[1]

(2)三谛圆融

三谛即《中论》所说的空、假、中。《中论》说:"因缘所生法,我说即是空,亦名为假名,亦名为中道。"后二名又作"亦为是假名,亦是中道义。"即是说,万事万物也就是所谓法,皆是由因缘和合而成,因而是不存在的,因其不存在,那么它们便只是一个假名,而没有与之相对应的真实的内容,这种对事物空、假真谛的认识便是佛教的真谛。

天台宗认为,空假中三谛圆融,相互贯通,一而三,三而一,"若谓即空、即假、即中者,虽三而一,不相妨碍。三种皆空者,言思道断故;三种皆假者,但有名字故;三种皆中者,即是实相故……当知一念即空,即假,即中,并毕竟空,并如来藏,并实相。非三而三,三而不三。"[2] 即是说,三谛无碍自在,实即一体。一切事物不具有客观存在的物质性基础,事物只是因缘和合(即各种条件的凑合)而成。既然是因缘的和合,那么事物就只是要素的聚合,而不是实体,故由因缘和合而成的万物都没有自性,不能独立存在,因而是不存在的,是空的。万物既然是空的,那么,呈现在人们面前的一切便是不真实的,人们感受到种种色相,不过是虚幻的假象而已,故称为假。认识到万物既空又假、既假又空,便认识到佛教的真理,这就叫做中道,假不离空,空不离假,不著于空,不执于假即曰中道。中道亦不离空假,亦即空假,三者本为一体,故称三谛圆融。

智𫖮还指出,假中三谛圆融贯通于一心。他将止观学说运用于三谛圆融,提出一心贯穿三谛,他说:"止观大乘亦如是。观念念心,无非

①　元照:《修习止观坐禅法要》序。
②　智𫖮:《摩诃止观》卷 1 下。

法性,实相,……于一一心,即空、即假、即中。"① 即是说,万物及其本原,本体都是心的不同表现,诸法由心生,故空。因缘由心生,故假。又说:"禅心即空,即假、即中、无二无别、名无分别止。"② 心是三谛圆融的基础,空、假、中都不过是心的显现,是心的不同的表现形式。

(3)一念三千

一念三千,即一念心具三千诸法。天台宗不论三性的有漏还是无漏,只要有一念心,就具足三千迷悟诸法。智顗说:"夫一心具十法界,一法界又具十法界,百法界。一界具三十种世间,百法界即具三千世间,此三千在一念心。若无心而已,介尔有心,即具三千。"③ 十法界指地狱、饿鬼、畜生、修罗、人间、天上、闻声、缘觉、菩萨、佛,又称六凡四圣。世间有三种,即众生世间,国土世间和五阴世间,一法界各具十法界,故共有三千种世间。他认为,世界的多样性、复杂性都只是一念之心,心是宇宙间最广大的存在,物都在心中。所以说:"亦不言一心在前,一切法在后;亦不言一切法在前,一心在后……若从一心生一切法,此则是纵;若心一时含一切法,此则是横;纵亦不可,横亦不可,只心是一切法,一切法是心故。"④

在此,智顗实际上是将心规定为宇宙万物的本体。但是,在他的思想中,万物存在于心中不是实体存在,换句话说,心不是一个框架或形式把万物盛于心中,而是指万物就是心,是心的显现。他说:"心全体惟作一个小毛孔,复全体作大城,心既是一,无大小故:毛孔与城俱全用一心为体。当知毛孔与城,体融平等也。"⑤ 任何事物都不是心的某一个

① 智顗:《摩诃止观》卷7下。

② 智顗:《摩诃止观》卷9下。

③ 智顗:《摩诃止观》卷5上,见《中国佛教思想资料选编》第二卷第一册,第36页。

④ 同上。

⑤ 智顗:《大乘止观法门》。

部分的变现,它们都是心的全体的显现,因而,既然毛孔与大城都是全体之心的变现,那么在本质上它们就是等同的,不存在任何差别。

智颛还说:"心与缘合,则三种世间三千性相皆从心起。一性虽少而不无,无明虽多而不有。何者? 指一为多,多非多;指多为一,多非少;故名此心为不可思议境也。若解一心一切心,一切心一心,非一非一切……乃至一究竟一切究竟,一切究竟一究竟,非一非一切,便历一切,皆是不可思议境。若法性无明,合有一切法,阴界人等即是俗谛;一切界人是一法界,即是真谛;非一非一切,即是中道第一义谛;如是便历一切法,无非不可思议三谛云云。若一法一切法,即是因缘所生法,是为假名假观也;若一切法即一法,我说即是空,空观也;若非一非一切者,即是中道观。一空一切空,无假中而不空,总空观也;一假一切假,无空中而不假,总假观也;一中一切中,无空假而不中,总中观也。"①通过这些论述,他将一念三千的学说与三谛圆融的观点紧密结合起来,形成了天台宗独特的理论。

(4)无情有性论

湛然中兴天台宗,除了弘扬智颛的学说之外,还提出了无情有性的学说。所谓佛性即众生成佛的本性,在生死轮回中此性不改,是成佛的根据或可能性问题。印度佛教有两种观点,一是一阐提人无佛性,一阐提是梵文 I cchantika 的音译,又作一阐提迦,即最下等的人,不具信心,断了成佛善根的人,这种人没有佛性,不可能成佛。二是人皆有佛性,一阐提也有佛性,也能成佛。佛性问题反映了人们对彼岸世界的期望。人有不有佛性,是一个理论的假设,但它反映的社会现实问题却是非常实际的,一方面,在现实社会中,任何人都有想摆脱的烦恼和痛苦,生活的苦难对于广大人民更是不堪忍受,支持人们在苦难中活下去的便是

---

① 智颛:《摩诃止观》卷 5 上,《中国佛教思想资料选编》第二卷第一册,第 38—39 页。

对未来的希望,佛性问题即为苦海中的众生提供了这一希望;另一方面,佛性问题反映了人们对人的完善的一种期待,它不仅仅是对现实苦难的超越,同时也是对人的现实存在的不完善的超越。

关于佛性的有无,在东晋时期就有过争论。当时传入的《涅槃经》上说一阐提人没有佛性,不能成佛。道生以为与中国传统的性善论不类,故提出一阐提人也有佛性,也能够成佛。此论一出,舆论哗然,遭到众僧的攻讦。直到昙无谶译出《大般涅槃经》,言一阐提人有佛性,也能成佛,这一观点才被中国僧人接受。湛然在此基础之上,进一步提出无情有性,即是说,宇宙间的一切存在,包括无生命的存在都具有佛性,都有可以成佛。他指出,佛性就是真如,"故《佛性论》第一云:佛性者,即人法二空所显真如。当知真如即佛性异名。"[1] 作为真如,佛性是永恒的精神实体,是宇宙万物的本体、基础,宇宙万物都只不过是佛性的表现。他说:"故知经以正因诘难,一切世间何所不摄,岂隔烦恼及二乘乎? 虚空之言何所不该,安弃墙壁瓦石等耶?"[2]

印度佛教认为,成佛是众生(有情)的事,无情之物没有意识思维,不存在有没有佛性的问题,湛然不同意这种观点,他指出,既然万物都是真如本体的变现,一毛孔与一城都全具一心,那么心性真如就应存在于一切事物之中,而不仅仅限于有情的众生:"故知一尘一心,即一切生佛之心性。"若佛性只具于有情,就等于说无情的万物没有真如本体。"子信无情无佛性者,岂非万法无真如耶? 故万法之称宁隔于纤尘,真如之体何专于彼我?"[3] 如果无情无佛性,那么真如佛性的本体性便未得到全面的贯彻。

无情有性论加深了佛性的普遍性与超越性的矛盾,所以就有人对

---

① 湛然:《金刚錍》,《中国佛教思想资料选编》第二卷第一册,中华书局1983年版,第237页。

② 同上书,第233页。

③ 同上书,第235—236页。

此表示怀疑:"仁(按指湛然)所立义灼然异仆于昔所闻,仆初闻之,乃谓一草一木,一砾一尘,各一佛性各一因果具足缘了。若其然者仆实不忍。何者? 草木有生有灭,尘砾随劫有无,岂惟不能修因得果? 乃佛性有灭有生,世皆谓此以为无情,故曰无情不应有性。"① 有情之物有生灭,故有生死轮回,也才能够修因得果。无情之物无生死轮回,无非修因得果,所以不应有佛性。这就尖锐地暴露了无情有性论的内在矛盾。真如佛性作为万物的本体、根据必须具有普遍性,它存在于一切事物之中,如果无情无性,则真如的存在不周延;而它作为成佛的根据、本性,彼岸世界又必须具有超越性,如果无情也有性,也能够成佛,那么成佛的期待就失去了它的吸引力。这是佛教宗教理论不可克服的内在矛盾,无情有性说把这一矛盾彻底揭示出来。

二、法相宗

法相宗因以三法相解释万有性相,故名,又因主张万法唯识而称唯识宗,因窥基住慈恩寺又称慈恩宗,此外还称瑜伽宗、有相宗、相宗、五性宗、应理圆实宗等等。广义而言,它泛指俱舍宗、唯识宗等以分别判教诸法实相为教义要旨的宗派,在狭义上,则多指唯识宗,并成为唯识宗的代称。它属于印度大乘有宗,在中国为玄奘所创立,是依五位百法,判别有为无为之诸法,主张万法唯识的教义的佛教宗派。法相宗是唐代产生的第一个佛教宗派。在隋唐佛教宗派中,其他各大宗派都是中国僧人根据自己对于佛教教义的理解,结合本土文化进行改造之后创立的,与印度佛教没有直接的渊源。而法相宗则是一个印度佛教

---

① 湛然:《金刚錍》,《中国佛教思想资料选编》第二卷第一册,中华书局 1983年版,第 239 页。

宗派。

1. 法相宗的缘起和传承

法相宗缘起印度。佛教经历了原始时期、部派时期之后，就进入了大乘时期。小乘空人我，与之相对的空法我的佛教就将之称为"小乘"，而以自己为"大乘"。义为小乘只追求自我解脱，最终只证得罗汉果，而大乘则主张自度度人，人人都可成佛。最初的大乘学说是中观说，坚持一切皆虚幻不实，宇宙的本质就是假有。但是，这一学说有一个漏洞，那就是：如果一切都是不真实的，那么，作为果报的受体是否也是虚幻的呢？有没有一个相对真实的存在，在轮回流转中承受业报，在修持中证得正果？按照大乘空宗的理论，没有这样一个真实的实体。于是，在大乘内部就有了另外一种理论探讨，提出了外境空的理论。这种学说认为外境是不真实的，是心的显现，但作为本体的心，特别是阿赖耶识则是真实的，它在轮回流转中随缘不变，不变随缘。这就是瑜伽学派，又称为大乘有宗。在印度，该宗为无著、世亲所创，在中国，是由玄奘自印度取经回国后创立的。所以，它的传承由两个部分组成，一是印度部分，二是中国部分。其统系如下：弥勒——无著——世亲——陈那——护法——戒贤——玄奘——窥基等。

弥勒梵名 Maitreya，又称末怛唎耶，意译作慈氏，佛教菩萨，又称弥勒佛。佛陀弟子，出身于婆罗门家庭，先佛入灭。据佛典云，他入灭后住于兜率天，为天人说法，佛陀曾预言，弥勒四千岁(相当于人间57亿6千万年)将出世说法，广度众生。印度早期就有弥勒信仰，但他与大乘瑜伽行派没有任何关系。无著创派时为了扩大影响，利用了印度早期的弥勒信仰，将其尊为本宗始祖。

无著梵名 Asaṅga，音译为阿僧伽，生卒年不详，活动时期约在公元4—5世纪。北印度健驮逻国(今在巴基斯坦)人，是印度大乘佛教瑜伽行派的创始人之一。他初于小乘出家，但对于小乘的空观理论不满意，于是便提出了大乘有宗的理论。① 此后，他陆续撰写了许多著作，宣扬自己的理论，于是，大乘有宗遂行于世。他的主要著作有：《瑜伽师地论》（托名弥勒）、《摄大乘论》、《金刚般若论》、《顺中论》等。

世亲又作天亲，梵文名 Vasubandhu，音译为婆薮槃豆、筏苏槃豆等，无著之弟。初于小乘有部出家，研究《大毗婆沙论》，反对大乘佛教，认为大乘"非佛所说"。后来在其兄无著的开化下接受了大乘有宗的思想，转而专门发扬这一学说，与无著共同成为印度佛教大乘有宗的创始人。其主要著作有：《俱舍论》②、《摄大乘论释》、《十地经论》、《唯识二十论》、《三十唯识论颂》③ 和《大乘百法明门论》等。

陈那　生卒年不详，约公元5—6世纪人，梵文名 Diṅnāga，又称域龙、大域龙等，南印度香至国（一说南印度案达罗国）人。初入小乘犊子部，后从世亲学习大乘，学成之后，在那烂陀寺讲《俱舍论》、《唯识》和因明学。他就心、心所而立见分、相分、自证分的"三分"学说，集因明学之大成，将其发展到一个新的阶段，被称为新因明之祖。他一生著述很多，其著者有《观总相论颂》、《取因假设论》、《观所缘缘论》、《因明正理门论》等。其实，大约与陈那同时的瑜伽师还有难陀，后者的学说也很有特点。但由于中国法相宗传自陈那一系，故在传统的谱系中其地位就没有那么重要了。

护法生卒年不详　活动年代在公元6世纪中期，梵文名 Dharmapāla，印度唯识十大论师之一，南印度达罗毗荼国人。承陈那之学说，精通小、大乘，在摩揭陀国那烂陀寺传布大乘有宗的唯识说和因明理论，学徒数千人（戒贤就是他的弟子），29岁退隐，专门进行理论的研究，一时名盛。32岁入灭。他提出"四分"说，发展陈那的"三分"说，另述"证自证分"，与陈那的"三

---

①　佛教将这一历史事件神话，说无著以神通往兜率天，从弥勒受大乘空观，又数往兜率天学瑜伽师地论等。

②　世有疑《俱舍论》非此世亲作者，而认为作《俱舍论》的世亲是后此100年的另一个世亲。

③　此书又作《难识三十论颂》、《唯识三十颂》、《高建法幢论》。

分"说和难陀的"二分"说同为唯识论的重要理论。他虽然享寿不高,但著述却不少,其著者有《大乘广百论释论》、《成唯识宝生论》、《观所缘论释》等。

戒贤梵文名Silabhadra 音译为尸罗跋陀罗,活动于公元6—7世纪,东印度三摩咀吒国人,于那烂陀寺护法处出家,长期主持那烂陀寺,弘扬唯识教义,其思想主要源自《解密深经》、《瑜伽师地论》等,玄奘西游时师事之。当时,戒贤寿已百余,仍亲为玄奘说法,法相宗经玄奘而在中国建立,戒贤功不可没。

以上所述为与中国的法相宗相关的传法统系。实际上,印度法相宗(大乘有宗)的传法统系要比这复杂得多,但由中国始祖上溯,则玄奘受教于戒贤,戒贤师事护法,护法学于陈那,陈那得道于世亲,世亲开启于无著,而无著托名于弥勒,这一传法统系,由是而成。

中国的法相宗由玄奘创立。他的生平上章已述,其主要的宗教活动就是西行求法、译经和传法,自己独立的著作并不多,传世者仅《大唐西域记》。但是,他所翻译的经典,主要是印度佛教大乘有宗的著述,其中对法相宗建立意义最大的就是他主要根据护法的著作编译的《成唯识论》。他的弟子中对法相宗的义理研传有贡献的主要是窥基和圆测,而作为其法嗣弟子的则是窥基。

圆测(613—696年) 新罗(朝鲜)人,王族出身,俗姓金。15岁游学中华,历事法常、僧辩等,通俱舍、成实等学。唐贞观年间,住长安西明寺,世称"西明圆测"。玄奘归国后开译场于西明,圆测奉旨预其事,与窥基等同学于玄奘,同发扬法相教义。主要著作有《成唯识论疏》、《解密深经疏》、《心经疏》和《因明正理门论疏》等。他的弟子多是新罗学僧,其学传于新罗,被朝鲜法相宗推为始祖。[①]

---

① 由于圆测与窥基同学于玄奘,二人对瑜伽行派的理论理解有深浅、迟速的不同。后人有讽圆测贿赂看门人偷听玄奘讲法,抢在窥基之前阐述之事。此盖中国法相宗人"正统"门户之攻讦。参见赞宁:《宋高僧传》卷4,中华书局1987年版,第64,69页。

窥基（632—682 年）　唐长安（今陕西西安）人，俗姓尉迟。其先为北方部族，进入中原后以部为姓，祖、父皆隋唐重将。十七岁出家，"奉敕为奘师弟子，始住广福寺。寻奉别寺选聪慧颖脱者入大慈恩寺，躬事奘师"。[①] 25 岁参与译经，并协助玄奘参揉印度十大论师的释论编义为《成唯识论》这本法相宗纲领性经典。住慈恩寺弘道，故其宗又因称慈恩宗。一生著述极丰，号称"百本疏主"，其最主要的有《成唯识论述记》、《俱舍论疏》、《因明入正理论疏》等。传有讥其为"三车和尚"者，当好事者为之。后人称慈恩大师，评之曰："性相义门，至唐方见大备也。奘师为《瑜伽》、《唯识》开创之祖，基乃守文述作之宗。唯祖与宗，百世不除之祀也。盖功德被物，广矣大矣。奘苟无基，则何祖张其学乎？开天下人眼目乎？二师立功与言，俱不朽也。"[②]

慧沼（651—714 年）　淄州（今属山东）人，又称淄州大师。15 岁出家，初从玄奘学佛，后转师窥基研习唯识学。窥基入灭后，圆测一系大盛，著《唯识论疏》反驳窥基之学，慧沼乃著《成唯识论了义灯》斥其说，以显窥基法相之真实义，将法相宗推向高峰。其主要著作有《能显中边慧日论》、《因明入正理论义纂要》、《法玄赞义决》等。

智周（668—723 年）　泗州（今属江苏）人，俗姓徐。19 岁出家，4 年之后投慧沼门下，受法相宗学，对因明学也有所补充。其弟子多新罗、日本留学僧。著作有《成唯识论演祕》、《因明入正理论疏前记》、《成唯识论了义灯记》等。智周之后，法相宗传承不明，禅宗、华严宗蜂起，玄奘、窥基所传法相逐渐衰寂。

2. 法相宗的基本教义

所谓"法相"，指诸法所具有的本质相状，称之为"体相"，又指其意

---

① 赞宁：《宋高僧传》卷 4《唐京兆大慈恩寺窥基传》，第 64 页。
② 赞宁：《宋高僧传》卷 4《唐京兆大慈恩寺窥基传》，第 66 页。

义,称之为"义相"。唯识宗的教义在于分析说明法相,故称之为"法相宗"。其依据的经典有所谓"六经十一论",即:《华严经》、《解深密经》、《如来出现功德经》、《大乘阿毗达磨经》、《入楞伽经》、《厚岩经》,和《瑜伽师地论》、《显扬圣教论》、《大乘庄严经论》、《集量论》、《摄大乘论》、《十地经论》、《分别瑜伽论》、《观所缘缘论》、《唯识二十论》、《辩中边论》、《大乘阿毗达磨杂集论》等。中国的法相宗,则主要依据《解深密经》和《成唯识论》。它依《解深密经·无自性品》立三时教作为自己的判教理论,认为第一时为有教(指小乘教),第二时为空教(指大乘空宗),第三时为中道教。前二时的教义是佛陀为方便未了教义,或偏于有,或偏于空,第三时教义则超越诸法最深远不可思议中道真实意,是最圆满的教义,也就是法相宗教义。其最根本的理论就是以万法唯识来解释事物的性相。

(1)唯识说

法相宗最根本的观点是万法唯识,即宇宙间一切存在及其现象都是唯识所变,"由此应知,实无外境,唯有内识,似外境生。"[①] 真如就是"唯识实性"。这就是它的八识论。八识即眼、耳、鼻、舌、身、意、末那、阿赖耶。

第一,眼耳鼻舌身以外境为对象,具有了别,认识的作用,相当于感觉,法相宗认为,感觉的发生是片断的、不连续的,其认识和了别能力也是肤浅的,同时,它的对象是有转移的不确定的,即是说,五识的认识作用的发生要具备一定的条件,必须待缘而起,而感觉之缘本身又是无自性,不真实,外境一有转移,感觉便不能继续。所以,五识的认识不是诸法的真实义相。

第二,第六识意识,相当于知觉,是在感觉基础上所产生的表象。法相宗认为,意识也以外境为对象,随着外境的流转而时时间断,因而

---

① 玄奘编译:《成唯识论》卷2。

同样是不连续的,但五识对外境的了别,各具特殊对象,如眼识与色,耳识与声等,而意识则以全部外境即"一切法"为对象,即从总体上把握外境。它促使五识生起,但对外境有比五识更深的了解,前五识只向外追求,"唯外门转",而意识能"内外门转",能认识外境,也能向内思考,进行思维活动,因此,第六识的活动已形成了一个自我,不过叫做分别我执,它是以外境为条件的。

第三,第七识末那识(Manas)是我执的最后根源,主体即依此而建立,第六识我执依此而起。末那识不以外境为对象,而是以第八识为它的境,其作用是思量,即执著第八识,思量为自我,换句话说,从本体上把握自我,以本体为自我。如果说,第六识所建立的是一个随境而迁、依条件而转移的自我,那么,第七识便是一个内在的、不为境迁的自我。前者相当于与万物联系区别的自我,而后者相当于自我,即觉悟的我,末那识必须依赖于第八识才能起作用,作用便是把第六识与第八识联系起来,故以第八识为依据。

第四,第八识阿赖耶识(Alaya),意译为藏识,是前七识最根本的共同依据,主宰,所以又叫做心。唯识论认为识有两种状态,一是没有显现时的潜在状态,称为种子。表示它能够生长,成熟,有使自身显现的趋势,故含有潜能和势力之意。二是由潜在状态直接显现时,称为现行,第八识称藏识,是因为它能藏种子,有能藏、所藏和执藏三重涵义,它能把种子贮藏,种子藏在第八识中,故又是种子的所藏。而执藏则指第七识执著第八识为自我,因此,第八识既是绝对的自我意识,又是绝对的客观存在,它是前七识的根据,也是宇宙万物的本体,可称为本我。

第五,八识相互依存相互流转,共以第八识为依止,成唯识论说:"依,谓一切有生灭法,仗因托缘而得生住,诸所仗托,皆说为依。"[①] 依就是根据,前五识由第六识引发,第六识依第七识而起,第七识依第八

---

① 玄奘编译:《成唯识论》卷4。

识而起。故归根到底,前七识皆以第八识为依止。另外,从前七识的种子都藏于第八识来说,则前七识皆直接以第八识为根据。

八识说的目的即在于突出阿赖耶识是最高的精神本体,宇宙的最后根源。

(2)三性说

三性说是法相宗对诸法实相即世界一切现象的本质的看法,即一切事物本质及其形式的看法。它包括"三自性"和"三无性"。

第一,三自性。

遍计所执性。什么是遍计所执性?《成唯识论》解释说:"周遍计度,故名遍计;品类众多,说为彼彼。谓能遍计,虚妄分别,即由彼彼妄生分别,遍计种种所遍计物,谓所妄执蕴、界、处等若法、若我自性差别。此所妄执自性差别,总名遍计所执性。如是自性,都无所有。"① 这就是说,所谓遍计所执性是众生内心对各种现象加以分别计度,依据事物间的区别而把它们执著为真实的存在,而实际上意识对外境的认识和分别并不反映事物的真实法性。换句话说,它是一种根本不存在的虚妄之性。"遍计所执自性者,谓依名言,假立自性。为欲随顺世间言来说故。"② 依事物之名而立事物之自性,是不真实的,只是为了通俗而假立。

依他起性,即事物是依各种因缘而起。"众缘所生心心所,体及相、见分,有漏无漏,皆依他起,依他从缘而得起故。"③ 法相宗认为诸法本非自有,而是依种种因缘条件而有。"心心所之所变现,众缘生故,如幻事等,非有似有,诳惑愚夫。一切皆名依他起性。"④ 从根本上说,事物均依赖于人的心识,万法都是人心的变现,这种变现是依赖于一定的原因和条件的,对此现象的解释就是"依他起性"。

---

① 玄奘编译:《成唯识论》卷8。
② 无著:《显扬圣教论》卷6。
③ 玄奘编译:《成唯识论》卷8。
④ 同上。

圆成实性,即真如佛性,也是事物的真实体性。唯识宗认为,认识道事物的依他起性,按照此性去反观遍计所执性,便知一切事物之性都是不真实的,这就把握了诸法的本性。"二空所显圆满成就诸法实性,名圆成实。……此即于彼依他起上,常远离遍计所执,二空所显真如为性。"① 由依他起性把握事物的实性,便可功德圆满,"云何圆成实自性?谓诸法真如,圣智境界,圣智所缘。"② 这是一种最高的智慧。

第二,三无性。

一切事物都无自性,也不是一无所有,而是虚幻不实,故三自性又归结为相无、生无和胜义无三无性。

相无性,依遍计所执性而立,对后者的纠正,指事物相状是非有,空无,认为世俗遍计所执以事物之相为实有,乃是一种虚妄的分别相。

生无性,依依他起性而立,指事物既然依他而起,待缘而成,便是没有自性的,故称为生无。

胜义无性。依圆成实性而立,指事物之无不是全无,一无所有,圆成实性所说的无是一种胜义无,不是非有,它说的有是最真实的有,不是非无,即是说,佛教的真如佛性乃是真空妙有。

三自性和三无性把一切事物的相状即人们对它的认识分为三性,其中对事物的认识分别是一种虚妄的幻想,认识到事物因缘而起,这是相对真实,由此进而认识到事物的实性,才是绝对真实,故三自性必须归结于三无性。

(3)种子与现行

唯识宗认为,万法唯识。宇宙的森罗万相都是由心识变现出来的。识有三类八种,所以,识之变也有三种,即阿赖耶识之变(第一能变)、末那识之变(第二能变)和六识之变(第三能变)。而前七识都以第八识阿

---

① 玄奘编译:《成唯识论》卷8。
② 《瑜伽师地论》卷73。

赖耶识为依止,故阿赖耶识深藏一切能变的种子,又称为藏识、种子识。它将世界上一切现象归纳为两类:种子和现行。对象世界是现行,但它只是心识的变现;主体意识(应该说阿赖耶识)是种子,它们都是心识的不同表现形式。这就在自己的理论假设的基础上论证了世界的统一性。因此,种子和现行在法相宗的学说中就是本体和现象、物质和精神之间的关系,是理解诸法真实性相的重要理论。

第一,种子生现行,种子是因,现行是果,种子是识的潜在状态,现行是识的潜在状态的显现;但现行虽由种子生起,既生之后却又能反过来“熏习”种子,如以香花熏油,油即成香油,受熏后的种子即成为新种即新的潜在之识,在这一转变过程中,乃是现行生种子,现行是因,种子是果,现行与种子相互更生,互为因果,唯识论把这种因果关系概括为因果同时,异类相生。

第二,种子生成现行,现行熏成种子,种子又生成现行,旧种是因,新种是果,旧的现行为因,新的现行为果,唯识论把这一过程概括为因果异时,自类相生。概而言之,种子与现行之间的因果关系可以概括为两类,一是种子现行相互之间异类俱时而生,二是种子与现行各自自类异时而生,种子生现行,现行生种子,种子生种子,现行生现行,相互错综流转,便演化成八识的流转依止。

(4)内识转化为外境

关于内识与外境的关系,法相宗除了用种子和现行来说明之外,更从内识转化为外境的角度阐明了自己的观点。这就是它的“二分”(见分、相分,难陀提出)、“三分”(见分、相分、自证分,陈那提出)、“四分”(见分、相分、自证分、证自证分,护法提出)的理论。

第一,识变现为见分和相分,成唯识论说:“由假说我法,有种相转,依彼识所变,……变谓识体转似二分。”[①] 这二分即是见分和相分,见

————————————

① 玄奘编译:《成唯识论》卷1。

分是识的了别能力,是与相分相对待的心能够认识的能力部分,相分是人们认识过程中被认识的形相的部分。见分和相分都是一个心的两个部分,那么识是如何化为见分与相分的呢? 法相宗指出:"故识行相,即是了别,了别即是识之见分。"① 识便具有了别的作用,当识的自体呈现其作用时,即由种子外化为现行时,便产生出自己的对象,即相分,必须具有能了别者与所了别者,才能具有了别的作用,故现行之识要体现识的本质,便必然要化分为心与境,即能与所。"虽观事理,皆不离识,然此内识,有境有心,心起必内境生故。"外境内识,所了别与能了别,都是识的变现,万物是由识产生的。

第二,自证分与证自证分,法相宗认为,具有认识能力的见分与作为认识对象的相分都要有一个根源,一个共同依靠者,即自证分。自证分是对见分与相分的自觉并为它们所依的自体。《成唯识论述记》说:"相分,见分,自体三种,即所量,能量,量果别也,如次配之。如以尺丈量于物时,物是所量,尺为能量,解数之智名为量果,心等量境,类亦应然,故立三种。若无自证分,相见二分无所依事故。"② 有尺子和物体还不足以实际地量物,它们还有一个根据,即它们共同依据的标准,法相宗以自证分为见分与相分的共同根据,离开自证分,见分与相分便不能成立。而证自证分又是对自证分的自觉和根据,它即是识的本质,也是最高的精神本体,如是,世界万物的最后根源、最高根据不是物质,而是精神。

第三,能知生所知,认识主体产生认识对象,自己认识自己,法相宗认为,识具有了别作用,即具有认识的功能,故称为能,但仅有能还不能进行认识,于是便在现行中设立了境即认识的对象所知,所谓认识,便是能知自己变现为自己的对象,自己认识自己,离开能知便无所知。同

---

① 玄奘编译:《成唯识论》卷 2。
② 窥基:《成唯识论述记》卷 15。

样,无所知亦无能知,二者是识本身的自我同一。

法相宗的教义中还有所谓"五位百法",所谓五位是对百法的归类,分为"心法"、"心所法"、"色法"、"心不相应法"、"无为法",其中心法八、心所法五十一、色法十一、心不相应法二十四、无为法六,合计为"百法"。主要是讲如何了别外境、把握心识的认识和修持的方法,由于其极为繁琐,这里就不再详述。

法相宗的最终的结论是:三界唯心,万法唯识。

三、华严宗

华严宗,又称贤首宗、法界宗、圆明具德宗。它以《华严经》为立宗的根本经典,故名。唐代杜顺是其创始人,因其讲法界缘起,故称法界宗,又因其主要代表人物法藏号称贤首大师,故称贤首宗。它以五教十宗判教,以华严为圆教,在理论上具有很强的思辨性,对中国佛教、宋明理学乃至中国文化都产生了重大的影响。

1. 华严宗的缘起和传承

据佛典记载,《华严经》是佛陀成佛后最先讲的经,是在释迦牟尼成道后十四日为文殊、普贤所讲之经。所以,天台宗判教,将华严时判为第一时。七百年后,龙树大倡华严义,并著《大不思议论》十万偈以释之,《华严经》遂行于印度。东晋时期,佛驮跋陀罗译出第一本华语《华严经》六十卷,不久,法业撰《华严旨归》二卷,是中土僧伽讲华严第一人,从此,《华严经》行于中国。此后,又不少人研习《华严经》,北魏的僧统慧光法师著《华严经疏》、《华严经略疏》,立渐、顿、圆三教,而以华严为圆教。到唐代,杜顺大力倡扬华严教义,经智俨、法藏而创立了华严宗。

华严宗以毗卢遮那为开法教主,上溯普贤、文殊、马鸣、龙树、世亲,称为印度五祖,而中国五祖则是杜顺、智俨、法藏、澄观、宗密。而一般是在中国五祖之上,接续马鸣与龙树。本书所述,即采后说。

马鸣(约 100—160 年)　梵文名 Aśvaghosa,古印度舍卫国人,出身婆罗门家族,初习外道,后皈依佛门,受菩萨称号,学通三藏。他还是佛教诗人,曾将佛陀的事迹写成诗歌传播。其主要著作有:《大乘庄严经论》、《金刚针论》等。他与华严宗实无任何关系,华严宗人在自己的谱系中加上他,纯粹是为了上溯印度祖庭的需要。

龙树的事迹已如前述,他是印度佛教大乘空宗的创始人,与华严宗也没有什么直接的关系。华严宗是中国的佛教宗派,其创立完全是中国僧伽对印度佛教的改造和发展。只是在宣扬自己的法统时,为了标榜"正宗"而不得不上接印度名僧。当时各宗无不是如此。

杜顺(557—640 年)　雍州(今陕西临潼)人,俗姓杜。18 岁出家,法号法顺。他初学禅学,后来研习《华严经》,深受唐朝皇帝眷顾,赐号帝心,故又称为"帝心尊者"。他的著作不多,主要有《华严五教止观》、《华严法界观门》、《十门实相观》和《会诸宗别见颂》等。他对华严宗的建立并无特殊贡献,主要是后来的创立者的师承关系而被尊为初祖。

智俨(602—668 年)　甘肃天水人,俗姓赵。因其曾住至相寺、云华寺,故又称至相法师、云华尊者。12 岁随杜顺至终南山,从杜顺弟子受学,20 岁受具足戒,从智正研习《华严经》,27 岁作《华严经搜玄记》,略有开宗之义,其著作还有《华严五十要问答》、《华严一乘十玄门》和《无性摄论疏》等。智俨并非杜顺弟子,但在华严宗的传承上,他在某种意义上继承了杜顺的衣钵,加上法藏的原因,故被尊为华严宗二祖。

法藏(643—712 年)　先祖康居国(古西域国名,在今乌兹别克一带,后唐在此设羁縻都督府)人,祖父时举族迁居长安。俗姓康,字贤首[①](故华严宗又称贤首宗),又称国一大师、香象大师、贤首法师。早年师

---

① 　一说贤首为武则天所赐名号。

事智俨,听讲《华严经》,深受感悟,智俨入灭后依薄尘剃度,参与义净译场,译出新《华严经》等十部,曾为武则天讲《华严经》,指殿中金狮子为喻而有《华严金狮子章》,一生宣讲《华严经》数十遍,依杜顺《华严五教章》对当时佛教进行判教,以华严为最高圆教,致力于华严宗的创立,虽被奉为华严三祖,而却是华严宗的实际创始人。主要著作有:《华严探玄记》、《华严科简》、《华严五教章》、《华严纲目》和《华严玄义章》等。

澄观(738—839年)　越州山阴(今浙江绍兴)人,俗姓夏侯,字大休,华严宗第四祖,号清凉国师、华严菩萨等。11岁出家,广求佛理,其师承极其复杂。先后从宝林寺霈禅师学禅、从栖霞寺醴律师等学律、从金陵玄璧学三论、从淮南法藏(按,非华严三祖,澄观出生时,法藏已经去世)等学《大乘起信论》、从天竺法诜学《华严经》、从天台宗湛然学《法华经》、从牛头山惟忠慧云等学南北禅法。正是由于他广泛的追求佛理,所以就能够融通各家而成一说,大历十一年(776年)38岁之后住五台山大华严寺,专讲《华严经》,名声大振。他一生经历唐朝九帝,先后为七帝讲经,深受朝廷奖掖,几代帝王都封他为“国师”,华严宗的兴盛,与他本人的际遇有很大的关系。他的著作也有很多,主要有《大方广佛华严经疏》、《华严经纲要》、《五蕴观》等。

宗密(780—841年)　果州(今四川西充)人,俗姓何,华严宗第五祖,世称圭峰禅师、圭山大师,卒谥定慧禅师。28岁出家,先从益州南印、洛阳神照学禅,元和五年(810年)入澄观门下,研习华严教义,华严宗实得澄观、宗密而大倡。主要著作有《华严经纶贯》、《注华严经观门》、《起信论注疏》和《原人论》等。其中,《原人论》从佛教的立场评述儒家和道家的学说,阐述三教同归而异途之理,但以佛教为最高,是佛教力图融合三教的著作,对后世影响极大。

华严宗的传承和别的宗派不同,它缺乏一个直接的法统,如智俨与杜顺、澄观与法藏,都没有直接的师承关系,他们之间主要不是衣钵的传承,而是思想的继承。但是,在华严宗的创立和发展过程中,上述五人的确是核心的人物。

2. 华严宗的基本教义

华严宗是隋唐佛教宗派中最富思辨性和理论创造性的宗派。它的核心思想宗旨就是法界缘起论,认为宇宙间一切事物都是相即相入,每一个事物都是其他一切事物之缘,其他一切事物也同时是此一事物之缘,自他相待相资,圆融无碍。为阐明这一思想,它提出了"四法界"、"六相圆融"和"十玄门"等一系列观点。

(1)四法界

华严宗的宇宙观是法界缘起论。法界即是指宇宙间的各种现象及其本质,它们是相互缘起的,而最终归于一真法界,即宇宙的本体。它把宇宙分为四法界和一真法界。澄观说:"法界之相,要唯有三,然总具四种:一事法界,二理法界,三理事无碍法界,四事事无碍法界。"① 他还对法界做出了解释:"然事法名界,界则分义,无尽差别之分齐故。理法界名,界即性义,无尽事法同一性故。无碍法界,具性分义,不碍事理而无碍故。第四法界,亦具二义,性融于事,一一事法不坏其相,如性融通重重无尽故。"② 这就是说,法界具有两重含义,在事指其区分,即其体相;在理指其性,即其义相。

第一,事法界。按照上面的定义,事法界就是事物的体相,指千差万别的事物。宇宙间万事万物森罗万象,各具差别,山自山、水自水、花自花、草自草,各有自体,分界不同。但是,这种体相并非事物的真相,而是一种假相。因为根据缘起论,事物只是因缘和合而生,待缘而起,随缘而灭,无常无我,所以是不真实的存在,可以称之为"假有"。华严

---

① 澄观:《华严法界玄镜》卷1,《中国佛教思想资料选编》第二卷第二册,中华书局1983年版,第325页。

② 同上。

宗认为,每一事物都包含有教义、理事、境智、行位、因果、依正、体用、人法、逆顺、感应等十对内容。这些内容共同存在于事物之中,同时相应相依,圆融无碍。

第二,理法界,指诸法的体性、本体。澄观讲理法界是性相,但是指事物的性相,"无尽事法同一性故"。同一性即事物的共同本质。理不是指事物的规律,而是指事物的本性、本体,故理法界是指事物的共同本质。华严宗认为,事物无穷无尽,但同一体性,天地同根,万物一体,没有任何本质差别。由于事物是不真实的存在,是一种假有,所以,事法界属于"俗谛",理法界属于"真谛",其义相就是"真空":"言真空者,非断灭空,非离色空,即有明空,亦无空相,故名真空。"① 这就是说,佛教讲的空不是世俗理解的绝对空无,不是什么都没有,更不是简单地否定事物的存在。而是就事物的存在来看其空的本质,它的究竟意义是指出事物的存在既非"不有",又非"真有",而是"假有",所以,事物之空是在真实意义上的空,是究竟空、毕竟空。

第三,理事无碍法界,即事物的现象和本体圆融无碍。华严宗认为,事物的现象和本体无二无别,如水即波,波即水,一体相依。二者具有如下的关系:①相遍。理完整、普遍的存在于每一个事物之中。"能遍之理,性无分限;所遍之事,分位差别。一一事中,理皆全遍,非是分遍。何以故? 以彼真理,不可分故。是故一一纤尘皆摄无边真理,无不圆足。"② 真理、本体不可分割,寓于每一事物之中,任何一个事物都具有无边的真理,完整的本体。这是理遍于事。法藏又说:"能遍之事,是有分限,所遍之理,要无分限。此有分限之事于无分限之理,全同非分同,何以故,以事无体,还如理故。是故一尘不坏而遍法界也。"③ 事物

---

① 澄观:《华严法界玄镜》卷1,《中国佛教思想资料选编》第二卷第二册,中华书局1983年版,第325页。

② 法藏:《华严法菩提心章》。

③ 同上。

是各有差别的,但本体理却没有差别,所以,这一事物和那一事物在本质上是没有差别的,理只有一个,事物的本质已经完整地包含在理之中。这就是事遍于理。以下相成、相夺、相即、相非的论述,极其烦复,这里就只简单地概括一下,不再详述。②相成,即事物与其本体相互依存,不可分割。无理不成事,无事不成理,犹如由水而成波,由波而成水。理必显现为事,事必依存于理。③相夺,即事物是理的表现,是虚幻的,应当归属于理。万事万物唯有一个理体,事灭则理显,这是由理以夺事。同时,理也不离事而存在,离事无理,理寓于事中,事成而理隐,这是由事以夺理。④相即,由上述三点推知事理相即,事即理,理即事。无差别的理体即有差别的事相,有差别的事相即无差别的理本体。如水即波,波即水。⑤相非,一切事物本身各具特质,理事各有差别,理不是事,事不是理,犹如水非波,波非水。理事无碍的实质,是说明现象世界是虚幻的,本体的理世界才是真实的,但二者既有差别又相互统一,没有矛盾,众生与佛也圆融无碍,世俗生活与宗教生活并不矛盾。

第四,事事无碍法界。宇宙万物都由理本体缘起,由于事与理圆融无碍,从理本体缘起的此事与彼事之间也圆融无碍。如水与波无碍,波与波也无碍。法藏对此做了详细的论证。他说:"事无别事,全理为事。……谓诸事法,与理非异,故事随理而圆遍,遂令一尘普遍法界;法界全体遍诸法时,此一尘亦如理性,全在一切法。"① 事只是一种相,现象,它的本质就是理。事物待缘而起,故存在与差别都是相对的;万物都是心的显现,本质上是同一的;万物都是幻象,虚假不实,它们的差别也是虚幻的。所以,现象和本体之间有着高度的同一性,此事物与彼事物之间,也因为本体的连接而有了本质的同一。事事无碍,不是指两个事物在时空存在方式上没有阻隔,而是指在本体的意义上它们是相通的、相同的,彼此之间圆融无碍。

---

① 法藏:《华严法菩提心章》。

最后,华严宗认为所有上述四法界,归根结底不过是一真法界,即真如、真心法界。四法界是一真法界圆融无碍的义相,即是一真法界的显现,表现形式。一真法界是融摄一切方法,一切现象的本体,一切万有的"本源真心"。真心清净不坏,平等无差别,它随缘不变,不变随缘,是宇宙万物因缘和合的根据,是万物流转过程中永恒不变的本质。因此,法藏说:"尘是自心现,由自心现,即与自心为缘。由缘现前,心法方起,故名尘为缘起法也。……尘是心缘,心为尘因,因缘和合,幻象方生。由从缘生,必无自性。何以故? 今尘不自缘,必待于心;心不自心,亦待于缘。"① 心是客观世界形成的基础,产生的根据,万物都是心的幻象。尘不自缘,是讲万物并非自己存在的原因和根据,而待于心,是心的显现;心不自心,则是说心之显现为相也不是无缘无故的,而有其原因,在此意义上,心缘称为万物的所缘。归根到底,心起则有万相,心灭则万相俱净。

(2)六相圆融

六相即一切事物所包含的六个方面:总、别、同、异、成、坏。华严宗认为,一切事物无不具此六相,六相之间圆融相即无碍。法藏说:"列名者,谓总相、别相、同相、异相、成相、坏相。总相者,一含多德故;别相者,多德非一故,别依止总,满彼总故。同相者,多义不相违,同成一总故;异相者,多义相望,各各异故。成相者,由此诸缘起成故;坏相者,诸义各住自法不移动故。"② 事物的全体是总相,事物的各部分是别相。事物各部分形相虽别,而和合成一总体,是同相。事物各部分虽同成一总体,但各部分依然不同,是异相。事物各部分合和成为一体,是成相。各部分不相和合,各有其不变之质,是坏相。

以房屋为例,梁柱砖瓦总成一舍是总相;同一房舍的梁柱砖瓦是房

---

① 法藏:《华严经义海百门·缘生会寂门第一》,《中国佛教思想资料选编》第二卷第二册,中华书局 1983 年版,第 108 页。

② 法藏:《华严一乘教义分齐章》卷 4,同上书,第 197 页。

屋的不同部分是别相;梁柱砖瓦形相有别而和同成一舍,是同相;梁柱砖瓦虽同成一舍,但又各各相异,是异相;梁柱砖瓦彼此相依相成,合成一舍,是成相;梁柱砖瓦各自独立,不成一舍,是坏相。总、同、成三相是从事物无差别方面立论,指全体、整体;别异坏三相从事物差别方面立论,指部分、片断。

六相圆融无碍。事物的总与别、同与异、成与坏三对范畴是相依相成,相互联系,密不可分的。华严宗认为整体与部分,无差别与差别,成与坏相即相入,圆融无碍,具体地说,离总无别,离同无异,离成无坏;离别无总,离异无同,离坏无成。总即是别,别即是总;同即是异,异即是同;成即坏,坏即成。房舍由砖瓦梁柱构成,没有梁柱砖瓦即无房舍;但砖瓦梁柱所以是它们自身,就是因为在构成房舍中各自有其作用,无房舍梁柱砖瓦亦无意义。房子就是梁柱砖瓦,梁柱砖瓦即是房子。二者不是相互渗透,相互包含,而是相即相入,即是事物不同的表现形式,事物可以表现为总别、同异、成坏,不管哪两个方面,都是事物自己的表现,故圆融无碍。法藏在进行了一番详细的论证之后总结说:"总即一舍,别即诸缘,同即互不相违,异即诸缘各别,成即诸缘办果,坏即各住自法。别为颂曰:一即具多名总相,多非即一是别相;多类自同成于德,各体别异现于同;一多缘起理妙成,坏住自法常不作;唯智境界非事识,以此方便会一乘。"① 六相圆融,无碍无别。

(3)十玄门与一多相容

十玄门是以十门来进一步展开法界缘起的相状,说明万物同体、相即相入、圆融无碍之理。华严宗法藏和智俨都提出过十玄门,二者略有不同,分别称为"新十玄"和"古十玄":

法藏的新十玄	智俨的古十玄
一、同时俱足相应门	一、同时俱足相应门

①　法藏:《华严一乘教义分齐章》卷4,第199页。

二、诸藏纯杂具德门　　　　　二、因陀罗网境界门

三、一多相容不同门　　　　　三、秘密隐显俱成门

四、诸法相即自在门　　　　　四、微细相容安立门

五、秘密隐显不同门　　　　　五、十世隔法异成门

六、微细相容安立门　　　　　六、诸藏纯杂具德门

七、因陀罗网境界门　　　　　七、一多相容不同门

八、托事显法生解门　　　　　八、诸法相即自在门

九、十世隔法异成门　　　　　九、唯心回转善成门

十、唯心回转善成门①　　　　十、托事显法生解门②

可见,古新十玄实际上基本相同,除了排列顺序稍有差别之外,内容完全相同,法藏自己在论述十玄的时候顺序也不是完全一致。③ 但是,他们在立论和义理的阐发上表现出一些差异。

智俨和法藏都以每一门中复具十义,分别是教义、理事、解行、因果、人法、分齐境位、法智师弟、主伴依正、逆顺体用和随生根欲性,各各相摄,圆融无碍。"如上诸义,一即一切,一切即一,圆融自在,无碍成耳"。④ 一具十,十具百,即成一切。在这里,一指本体或整体,多指一切现象。多能容一,一能容多。一中有多,多中有一。这是进一步展开整体与部分的关系,也是华严宗基本的方法之一。

第一,一含多,多是一中之多。法藏以一与十的关系论证这一点,

---

① 法藏:《华严金狮子章·勒十玄第七》,《中国佛教思想资料选编》第二卷第二册,中华书局1983年版,第201—202页。

② 智俨:《华严一乘十玄门》,同上书,第22页。

③ 法藏对十玄的表述很不一致。他在《华严经探玄记》中将十玄门说成是:"一同时具足相应门,二广狭自在无碍门,三一多相容不同门,四诸法相即自在门,五隐密显了俱成门,六微细相容安立门,七因陀罗网法界门,八托事显法生解门,九十世隔法异成门,十主伴圆明具德门。"与旧说有二门之异,或"新十玄"即指此?

④ 法藏:《华严一乘教义分齐章》卷4,《中国佛教思想资料选编》第二卷第二册,第192页。

他说:"一即十,何以故？若无一,即无十故;由一有体,余皆空故,是故此一即是十矣。"①没有一就没有十,十包含在一之中,十不是十个一相加,而一本身包含十,即是十。"若一不即十者,多一亦不成十,何以故？一一皆非十故。今既得十,明知一即十也。"如果一不是十,那么许多一的总和也不可能是十,多一所以为十,乃因为一本身即含十。他又说,"以于一缘应多缘故,各与彼多全为其一,是故此一具多个一,然此多一虽由本一,应多缘故有此多一,然与本一体无差别。"② 一具多,多为多一,并且根据于本一,离开本一即无多一,亦无多。

第二,多含一,一是多中之一。法藏说:"十即一,何以故？若无十,即无一故;由一无体,余皆有故,是故此十即一矣。"③ 没有十也就没有一,一只能存在于多之中,孤零零的,不可分的一是没有的。

第三,一与多相容相入,一即多,多即一。一多不仅相容相含,而且相即相入,法藏说:"如一全是多,方名为一;又多全是一,方名为多。多外无别一,明知是多中一;一外无别多,明知是一中多。良以非多然能成一;非一然能为多一。"④ 这段话里面包含一些辩证法的因素。一由多组成,是多的统一,同样,多由一组成,是一的组合。一是多中之一,多是一中之多。一非多,但却是一多,即以统一形式表现的多;多非一,但却是多一,它不仅由一组成,而且多个一共成一整体。一与多是同一事物的不同方面。他又说:"依持容入者,谓此本一有力,能持彼多个一,故本一中容彼多一;多一无力,依本一故,是故多一入本一中。是既无不容多一之本一,亦无不入本一之多一。如本一有力为持,多一无力为依,容入既尔;多一有力为持,本一无力为依,容入亦尔。是即无不

---

① 法藏:同上书,第189页。又见《华严五教章》。

② 法藏:《华严三宝章》。

③ 法藏:《华严一乘教义分齐章》卷四,《中国佛教思想资料选编》第二卷第二册,第189页。

④ 法藏:《华严经义海百门·镕融任意门第四》,见上书,第116页。

容本一之多一,无不入多一之本一。"① 所谓多即是多个一,因此,他把一分成本一与多一,本一是本体,多一是现象;本一是体,多一是用;本一是本,多一是末,多一以本一为根据,并存在于本一之中,一与多的关系是一容多,多入一,即一是多的最终根据。

华严宗讲一多关系最终是要证明千变万化的大千世界无非是心之一念的产物。天台宗有所谓一念三千,华严宗也有类似的观点。法藏说:"此一念心现时,全是百千大劫。何以故? 以百千大劫,由本一念方成大劫。既相成立,俱无体性。由一念无体,即通大劫;大劫无体,即该一念。由念劫无体,长短之相自融,乃至远近世界,佛及众生,三世一切事物,莫不皆于一念中现。何以故? 一切事法,依心而现,念既无碍,法亦随融。是故,一念即见三世一切事物显然。"② 从时间上说,百千大劫都是一念心中,或说一刹那包容无量世;从空间来说,三世的一切事物都在一念心中,心是宇宙万物的本体。而一念心所以能够成为宇宙万物的本体,其哲学根据便是一多相即相入。一即多,多即一,多以一为本,宇宙万物以心为本。"一即一切,一切即一"。

华严宗的理论具有高度的思辨性,它通过理事、体用、性相、一多、相即相入等范畴的阐发,揭示了本质与现象,一般与个别,同一与差别,相对与绝对等等事物的本质联系,丰富了古代哲学范畴和哲学理论,尤其是它的理事无碍的理论,对宋明理学哲学体系的建立有着重要影响。在某种意义上,可以说,华严宗的理论是中国佛教哲学思辨水平的最高峰,是佛教哲学的历史总结,此后,佛教哲学便开始衰落。

3. 华严宗的学说对宋明理学的影响

华严宗对宋明理学的影响主要有学术倾向的影响、思辨方法的影

---

① 法藏:《法界缘起章》,《中国佛教思想资料选编》第二卷第二册,中华书局1983 年版,第 223 页。

② 法藏:《华严经义海百门·镕融任意门第四》,见上书,第 116 页。

响和思想观点的影响。这种影响在程朱一派表现尤为突出。

就学术倾向的影响而言,我们不得不提及宗密的《原人论》(《华严原人论》)。中国的学术发展,经历了先秦的百家争鸣时期之后,适应国家大一统的现实,思想上也在朝廷的支持下出现了统一的倾向,儒学独尊的地位就是这样确定起来的。迨至汉末,社会又陷入动乱之中,儒家学说被束之高阁,与门阀世族的生活方式相适应的玄学兴起,学术的发展,从治国安邦的情操转向对形而上的关怀。玄学的谈无论有,既促进了道家学说特别是道教的发展,也深刻地影响了传入不久的佛教,后者借助谈玄之风而大行于世,于是又有了隋唐佛教的鼎盛。但是,当社会处于稳定时,统治者总是要将儒家学说搬出来作为正统的指导思想,由于唐代统治者因为姓氏的原因在推崇佛教的同时也抬高道教,就形成了儒、释、道三教鼎立的局面。

在某种意义上,三教的鼎立同时就是三教的相互吸收、相互借鉴并相互融合的过程。隋唐佛教宗派的建立,就是这一文化融合的结果。宗密的《华严原人论》就是在坚持佛教基本立场的同时,表现了对儒家和道家的兼容。他说:"今习儒道者,只知近则乃父乃祖,传体相续,受得此牛;远则混沌一气,剖为阴阳之二,二生天地人三,三生万物,万物与人,皆气为本。习佛法者,但云近则前生造业,随业受报,得此人身;远则业又从惑,辗转乃至阿赖耶识,为身根本。皆谓已穷,而实未也。然孔、老、释迦皆是至圣,随时应物,设教殊途,内外相资,共利群庶。策勤万行,明因果始终;推究万法,彰生起本末,虽皆圣意,而有实有权。二教唯权,佛兼权实。策万行,惩恶劝善,同归于治,则三教皆可遵行;推万法,穷理尽性,至于本源,则佛方为了决。"[①] 他认为,在劝善惩恶、教化民众、安定社会方面,儒、释、道三家具有同样的功能,能够互用互

---

　　① 宗密:《华严原人论·序》,《中国佛教思想资料选编》第二卷第二册,中华书局1983年版,第386—387页。

补,共同发生作用。然而,在寻根究底,探讨宇宙和人生的真实、完善自己的本性等方面,则只有佛教才能够给出根本的解答。所以,儒、道二家只是治心身、济世利民的权宜之策、方便说法,唯有佛教才兼具方便与本实。用佛教的语言说,儒、道二家只是世间法,而佛教则兼具世间法和出世间法。三教虽然同善,但佛教兼蓄儒、道之善,并以其超越的追求,高居于儒、道之上。宗密的这些观点,虽然是以佛教的立场来评判三教的高低,但却反映了三教相互融合的趋势。这一趋势发展的结果就是宋明理学的产生。

理学是以评判佛教的面目出现的,但是,它不同于早期本土文化对佛教带有排斥性的批判,而是在理解、消化和吸收的基础之上对佛教进行的积极批判和扬弃。因此,无论是在思辨方法还是在思想观念上,它都吸取了佛教特别是华严宗(程朱一派)和禅宗(陆王一派)的许多思想因素。

首先,宋明理学吸收了佛教的思辨方法。传统儒学主要注重的是经世致用,是对生活经验的总结,体现的是一种人生的智慧,而忽略了形而上的探讨,尽管它也提出了自己的天道观,但缺乏细密的论证。理学家建立了天理本体,就是对佛教批评的结果。他们认为,佛教讲一切皆空,不符合世界的实际,使本体流于空寂。故朱熹说:"佛氏偏处只是虚其理,理是实理,他却虚了,故于大本不立。"① 理学只是以"实理"否定佛教的"虚理",换句话说,只是将佛教的"虚理"改变为"实理"。由于佛教之虚,所以将人生、社会、伦常等等最终都视为幻象、视为空。由此,理学就吸收佛教的思辨方法,建立了一套本体学说,改变了传统儒学重存在不重本体的理论特点,而使之成为了新儒学。

其次,理学的"理",带有明显的华严宗理论的痕迹。后者提出的"法界缘起"和"理事无碍"学说,都以几乎完整的形式被理学吸收。二

---

① 朱熹:《朱子语类》卷126。

程曾经宣称:"吾学虽有所受,天理二字却是自家体贴出来。"① 从他们建立了天理本体论而言,此话不虚,但从以理为本体而言,则应该说是直接受道华严宗的影响。据《二程集》载:"问:某尝读《华严经》,第一真空绝相观,第二理事无碍观,第三,事事无碍观,譬如镜灯之类,包含万象,无有穷尽。此理如何? 曰:只为释氏要周遮。一言以蔽之,不过曰万理归于一理也。又问:未知所以破它处。曰:亦未得道他不是。"② 这就差不多说清楚了,华严宗的"理"是二程的"理"的重要思想来源。朱熹讲万物各有一理,而总天地万物又只是一理,本体之理和万物之理的关系,他将其概括为"理一分殊",就受到华严宗一即一切,一切即一的思想的影响(当然,也包括禅宗的思想影响)。所以,他们对天理的论证,明显地带着华严宗理论的痕迹。

在中国传统文化的各种学说中,应该说佛教是最重形而上学的,它的一切思想都是为了探讨宇宙和人生的究竟。而华严宗则是在中国化的佛教中这方面成就最为突出的学说。因此,它就成了宋明理学在改造传统儒学时的重要思想资源。

四、净土宗

净土宗又称莲宗,是以往生极乐净土世界为目的的佛教宗派。净土是指清净国土、庄严刹土,就是清净功德所庄严的处所。它依据的主要经典是《无量寿经》、《观无量寿经》、《阿弥陀经》和《往生净土论》。这一宗派以念佛名(阿弥陀佛)为主要修持方法,认为可以借助他力而往生西方净土。它相信,阿弥陀佛的前生法藏比丘曾经发下"四十八愿",

---

① 程颢:《二程集》,《河南程氏外书》卷 12。
② 程颐:《二程集》,《河南程氏遗书》卷 18。

立世要建立一个无有众苦,充满诸乐的极乐世界。凡是听闻和口念他的佛号的人,他都会将他们接引到这一佛国净土。

1. 净土宗的缘起和传承

净土的思想由来已久,但成为一个正式的宗派却是在唐代。

从西方思想渊源来看,佛灭后九百年,天亲著《往生净土论》首标净土宗旨,后马鸣、龙树等人先后为净土三经做疏论,形成了净土的思想体系。中国的净土宗分为两派,一派是弥勒净土,一派是弥陀净土。弥勒净土以西晋道安为首倡者,他著有《净土论》,希望能够往生兜率弥勒净土,后来的玄奘等人也以弥勒净土为往生之地,此后继者寥寥。弥陀净土以东晋的慧远为首倡者,他曾经在庐山结白莲社,依《般舟三昧经》率众修持念佛三昧,以期往生见佛。

关于净土的经典传译,从支娄迦谶翻译《般舟三昧经》,经支谦译《大阿弥陀经》、鸠摩罗什译《阿弥陀经》、宝云等译《无量寿经》等,净土的经典已经基本完备。北魏时,菩提流支译出《观无量寿经》并授昙鸾,昙鸾依此修持,阐扬净土教义,后来,道绰继此学说,大讲弥陀净土,经善导、怀感、少康而大盛。昙鸾、道绰、善导、怀感、少康因被称为中国净土五祖。

昙鸾出生于公元 476 年,卒年不详,有多说。雁门(今山西太原)人,姓氏不详。中国净土宗初祖。少时出家,曾向道士陶弘景求得仙书十卷,后在洛阳遇菩提流支,受《观无量寿经》,从此专心修持净土。他兼通内外之学,对《中论》、《百论》、《十二门论》和《大智度论》也有研究,被后世尊为四论宗之祖。他对净土典籍有很深的理解,主要著作有《往生论注》、《略论安乐净土义》、《赞阿弥陀佛偈》等。他将大乘空宗的思想融入到净土学说中,为净土创立宗教打下了坚实的基础。

道绰(562—645 年)　并州汶水(今山西太原)人,俗姓卫,又称西河禅师,净土宗第二祖。14 岁出家,广习经论,尤精《大涅槃经》。后住县鸾所创建的玄中寺,因读寺内昙鸾碑文,遂感而转习净土,从48岁到83岁去世,每天念佛七万遍。其著作主要有《净土论》、《安乐集》等。主张信众无论出家在家,均以念佛为主要修持手段,他在念佛时,以豆粒记数,称为"小豆念佛",这是中国念佛数珠之滥觞。其弟子有善导、道无、僧衍等。

善导(613—681年)　山东临淄人,俗姓朱,又称终南大师。净土宗第三祖也是净土昙鸾、道绰系的集大成者。少依密州明胜出家,学《法华》等经,后读到《观无量寿经》后,专心修习,并赴西河玄中寺,谒见道绰,受《观无量寿经》,此后专心念佛。后来,他四处宣讲净土教义,大力提倡念佛。主要著作有《观无量寿经疏》、《净土法事赞》、《观念法门》、《往生礼偈》等,均是净土宗的重要典籍。弟子有怀感、怀恽、净业等。

怀感生卒、籍贯均不详。早年住长安千福寺,学习唯识宗义和戒律,对于净土宗的教义则有很多的疑问。后访问善导,请释其疑,善导为之开示,遂从善导学净土。一生宣扬净土,虔心念佛。他著有《释净土群疑论》一书,但书没有写完就去世了,后由其同门怀恽完成。这本书对一般信众对净土宗教义的质疑进行了解释,在净土宗的发展史上十分重要,他也因此被后人尊为四祖。

少康(? —805年)　缙云(今属浙江)仙都山人,俗姓周。7岁出家,后因在洛阳白马寺读到善导的《西方化导文》,遂决心专修念佛。为了弘扬净土教义,扩大净土信众,他用自己化缘所得换取孩童念佛,每念一声即给钱一文,一年之后,凡男女老少见少康莫不念佛。净土影响由是大增。著作有《二十四赞》、《瑞应删传》。

以上五人称为净土五祖。其实,在净土宗的发展过程中,还有一位僧侣发生过重要作用,那就是慧日。

慧日(680—748年)　东莱(今属山东)人,俗姓辛。幼见从印度归来的义净,受其影响,誓游印度。前后18年、经70余国,遍访印度名师,玄宗赐号"慈愍三藏",他勤修净土,专修念佛法门。见当时禅宗将净土宗看做是引导愚昧的"方便说",便起而反驳,力倡念佛往生,主张戒净双行,禅净双修,以一切修行都回向往生净土。其学说后继者有承远、法照、飞锡等。

此外,净土宗还有所谓莲宗七祖、九祖之说,即为:慧远、善导、承远、法照、少康(以上为唐代僧)、延寿、省常(以上为宋代僧,是为"七祖")、莲池、省庵(以上为明代僧,是为"九祖")。

综上,中国的净土宗有三个流派,一是慧远派(即提倡常识性理论的派别),二是善导派(即主张体验信仰之佛愿的派别),三是慈愍派(即提倡不舍万行之妙有的派别)。其中的差异更多的是对净土修持的理解,而不是基本理论的区别,故这里不再详论。

2. 净土宗的基本教义

净土宗的理论上并没有多少创造,基本上是阐释印度佛教的净土思想。其主要理论有极乐世界、念佛往生等。

(1) 极乐世界

净土是指净化的国土,是佛、菩萨和佛弟子居住的地方,也是众生所向往的理想世界。净土学说是涅槃思想发展的必然结果。涅是佛教追求的最高人生理想,是对人生一切苦难的解脱包括对生命的解脱。净土就是为解脱的众生提供了一个享受永恒安乐的地方,因而被称为"极乐世界"。印度佛教对于净土有多种说法。

一是极乐净土。据说所谓净土有很多,极乐净土是其中最重要、最安乐的一个,也称西方净土。它是阿弥陀佛根据其前生发愿建立的。《阿弥陀经》和《无量寿经》对此进行了极度的渲染。"其佛国土,自然七宝,金、银、琉璃、珊瑚、琥珀、车璩、玛瑙,合成为地","七宝诸树,周满世界:金树银树、琉璃树、颇梨树、珊瑚树……枝枝相准,叶叶相向","讲堂、精舍、宫殿、楼观,皆七宝庄严,自然化成"。一切都由七宝建成,天上有阿弥陀佛化做的百鸟欢唱,地上有发出各种华光的七色流水,佛及其弟子们在此享受着永恒的福乐。

二是弥勒净土。这是《弥勒上生经》和《弥勒下生经》宣扬的弥勒信仰中的净土,是弥勒菩萨的住处。据经记载,弥勒皈依佛陀,先佛陀而逝,住兜率天,以菩萨身份为世人说法。他受佛陀之命,将于四千岁寿(相当于人世间的57亿6千万年)尽时降生人间,并在龙华树下成佛,代佛陀说法。兜率天是欲界六天中的第四天,此天有内外两院,外院属欲界天,为天众所居;内院就是即将成佛的菩萨居住的地方,这里就是弥勒净土。

三是净琉璃净土。相对于西方极乐世界,还有一个东方净土,那就是《药师如来本愿功德经》所说的净琉璃净土,它是药师佛居住的地方,那里所有的地面都是由琉璃铺就,一切建筑都由七宝构成,药师本人的身体也像琉璃一样通明透彻,光大光明。药师佛为菩萨时,曾发十二大愿,愿为众生解除疾苦,引导他们获得解脱,依这个誓愿而成佛,往生琉璃世界。如果众生平常在生活中能够经常持颂《药师如来本愿功德经》,不断宣念药师佛的佛号,并且广修善行,死后就可以往生净琉璃净土。

除了上述三种净土之外,佛教教义中还有所谓的"华藏世界"等说法,它们都是佛教所设立的解脱之所,是佛教信众的理想归属。在中国,最先流行的是弥勒净土,后来弥陀净土与弥勒信仰发生争议,弥勒净土的倡导者为东晋的道安,隋唐时期,智𫖮、灌顶、玄奘、窥基等人,都信仰弥勒净土,誓愿往生兜率天。而净土宗昙鸾、道绰、善导一系,则批评弥勒净土,倡导弥陀净土。道绰说:"一、弥勒世尊为其天众转不退法轮,闻法生信者获益,名为信同;著乐无信者,其数非一。又,来虽生兜率,位是退位,是故经云:三界无安,犹如火宅。二、往生兜率,正得寿命四千岁,命终之后,不免退落。三、兜率天上虽有水鸟树林和鸣哀雅,但与诸天生乐为缘,顺于五欲,不资圣道。若向弥陀净国,一得生者,悉是阿毗跋致,更无退人与其杂居。又,复位是无漏,出过三界,不复轮回。

论其寿命,即与佛齐,非算数能知。其有水鸟树林,皆能说法,令人解悟,证会无生。"① 他认为,弥乐净土虽然也很美妙,但毕竟属于欲界天,尽管有四千岁,可仍旧逃避不了死亡,没有超脱生死轮回,还会发生退转,所以不是佛教信众追求的终极解脱和极乐世界。只有弥陀净土,才是终极解脱的归属,它超脱了生死轮回,不再退转,实现了生命的永恒和恒久的安乐。显而易见,弥陀净土和弥勒净土相比,有其明显的优势,加上统治者的打压,弥陀净土就取代弥勒净土而成为净土宗的根本教义。

再后来,弥陀净土与禅宗思想相结合,演化出唯心净土。所谓唯心净土,是指本心就是净土,心为万法之源,净土也是心的显现,它就存在于众生的心中。如道信说:"若知心本来不生不灭,究竟清净,即是佛国净土,更不须向西方。"② 慧能也说:"迷人念佛生彼(按指西方极乐世界),悟者自净其心,所以言佛,随其心净则佛土净。"③ 他们批评说,东方人念佛愿生西方,以西方为极乐世界;但是,西方人念佛要往生何处?其实,净土不是一个实地,而是一种观念,是心的显现。故慧海说:"经云,欲得净土,当净其心,随其心净,即佛土净。若心清净,所在之处,皆为净土。譬如生国王家,决定绍王业,发心向佛道,是生净佛国。其心若不净,在所生处,皆是秽土。净秽在心,不在国土。"④ 禅宗点出了净土的实质,它告诉人们,所谓净土并非是一个实际存在的实土,而是一种观念,悟得即心是佛,就已归净土,不必往生西方东方。这一思想,后来被佛教各宗广泛认同。

(2)念佛往生

① 道绰:《安乐集》。
② 道信:《入道安心要方便法门》。
③ 慧能:《坛经》。
④ 慧海:《大珠禅师语录》卷下《与诸方门人参问》,《中国佛教思想资料选编》第二卷第四册,中华书局1983年版,第200—201页。

其实，净土的观念并非净土宗的专有，而是各宗都要讨论的问题。因为佛教追求人生的终极解脱，这就存在一个解脱之后身归何处的问题，换句话说，有一个人的生命的最终归属的问题，净土就是这个问题的答案。而净土成为"宗"，则是源自它的修持方法，那就是念佛往生。

念佛也是佛教修持的基本方法。它的具体方法是，在心中称念法身佛，观想具体存在的佛相、佛陀之功德，口念佛的名号。其中，由心想念佛称为法身念佛；由思想佛之功德和佛相念佛称为观想念佛，而口宣佛号则为称名念佛。《般舟三昧经》、《大阿弥陀经》等，都立有念佛三昧，即一心系念一佛的名号，同时观想佛的三十二种相，如果念念相续不绝，就可以于定中见佛，往生佛国。净土宗就是以此为根本的修持方法。

大乘佛教主张自度度人，普度众生。净土宗据此认为，要求得解脱，不仅需要依靠自己的力量，而且还要借助他人的力量，这就是所谓的"自力"、"他力"。自力者，是修持者个人的功德、修炼；而外力则是菩萨的救助、提拔。内外相应，就能够往生净土。它所信仰的《无量寿经》阐述了弥陀所发四十八愿，其中有四十三愿是说将来成佛时，要摄取一切有缘众生，如摄众生愿中的念佛往生愿（十八愿）说："设我得佛，十方众生至心信乐，欲生我国，乃至十念；若不生者，不取正觉。"阿弥陀佛的这些誓愿所产生的接引之力就是外力。净土宗人相信，只要虔诚念佛，就能够得到佛的接引，借助他力往生国土。善导说："问曰：彼佛及土既言报者，报法高妙，小圣难阶，垢障凡夫云何得入？答曰：若论众生垢障，实难欣趣，正由托佛愿以作强缘，致使五乘齐入。"① 说明念佛借助外力，是修持往生净土的必要条件。

当然，念佛只是借助外力，要往生净土，更需要修持者本人的内力，

---

① 善导：《观无量寿佛经疏·玄义分》。

内因外缘俱足，才可往生。所以，道绰在《安乐集》中说，凡欲往生净土的人，首先必须发菩提心，菩提之心光大普备，周遍一切法界，等若虚空，远离二乘之障；其次要发厌离心、欣求心，要发誓厌离一切烦恼，欣求往生净土。此外，还要有三心，即至诚心、深心和回向发愿心。所谓，至诚心是之修持者一切身口意业，必须内外相应，真诚地求生净土，而不能有任何求名逐利之心；所谓深心就是深信心，指修持者要深信自己是烦恼俱足的凡夫，永在六道中轮回，深信阿弥陀佛所发的四十八愿摄取一切众生，只要专念他的佛号，就能够借助他的接引力往生净土；所谓回向发愿心，就是修持者以无始以来的一切修持和发愿回向众生，愿生净土。净土宗特别重视的是临终一念，认为这一念能够受到阿弥陀佛的接引往生。

　　净土宗虽然在理论上没有什么创造，但在佛教学术发展史上仍然有重要的作用，它探讨了佛教修持的条件和归属问题，对其他各宗有深远的影响，特别是对一般信众更有着巨大的影响。

五、禅宗

　　禅宗又称心宗、达磨宗，指以菩提达磨为初祖，探寻心性本源，以求明心见性的大乘宗派。中国自古以专意坐禅修行者的系统为禅宗，兼含天台宗、三论宗、唐中叶以后，达磨宗兴盛，禅宗遂成独立的宗派。禅，全称为禅那，梵文 Dhyāna 的音译，意译作思维修或静虑，静虑有两层意义，一是静其思虑，二是静中思虑，前者属止，后者属观，一般称为禅定或禅观，即在静坐中保持思虑的高度集中，以观想佛相佛理，是佛教的基本修持方法之一。以禅名宗，是中国佛教的特产，换句话说，禅宗是完全中国化的佛教宗派。

1. 禅宗的缘起和传承

禅是佛教基本修持方法,"三学"之一,故历来的僧侣都十分重视禅定,并由此衍生了许多的修禅方法。就中土的禅法而言,主要有如下几种:第一,安般禅。即依《安般守意经》、《阴持入经》而修的数息禅,称为安般禅。安世高在东汉桓帝建和二年(148年)来华,译出上述经典,习其禅法的有康僧会、竺法护、支度愍、道安等人。第二,五门禅。依《五门禅法要略》而修的五停观之禅法。所谓五停观,即根据不同的执障进行不同的修持:多贪者修不净观、多瞋者修慈悲观、多痴者修因缘观、散乱者修数息观、多慢者修无我观。魏孝文帝为佛陀扇多造少林寺修此禅,其后继修此禅之著者,有玄高、僧稠等。第三,念佛禅。即以念佛为修持法门的禅法。最初,支娄迦谶译《般舟三昧经》,以不坐不卧长行念佛,称长行念佛三昧,慧远、昙鸾、道绰、善导等继其禅法。第四,实相禅,即依《般若经》、《法华经》修实相观(空观)的禅法。鸠摩罗什译《禅法要解经》(《禅要经》),阐释此禅的观法,慧文、慧思等张扬此禅。

以上四种禅法,都依据于某一经典而修习,故称为"依教修心禅",它们都离不开佛陀的经典,故又成为"如来禅"。它们与唐代建立的禅宗既有联系又有区别。它们的许多方法和理论都被禅宗继承,为禅宗的创立打下了坚实的基础。但是,禅宗提倡教外别传,不立文字,以心传心,故称为"祖师禅",它有自己的宗旨、特定的道场、道风和传承。

禅宗的传承以佛陀灵山会上拈花,迦叶会心微笑为启始,言其教外别传,心心相应。迦叶以至于菩提达磨,共传二十八人,称为西方二十八祖。他们是:迦叶、阿难、商那和修、优婆毱多、提多迦、弥遮迦、婆须蜜、佛陀难提、伏驮蜜多、婆栗湿婆、富那夜奢、阿那菩提、迦毗摩罗、那伽阅刺树那、伽那提婆、罗睺罗多、僧伽难提、伽耶舍多、鸠摩罗多、阇夜多、婆须槃头、摩拿罗、鹤勒那、师子菩提、婆舍斯多、不如蜜多、般若多罗和菩提达磨。在中国,则有东土六祖。他们分别是:菩提达磨、慧可、僧璨、道信、弘忍和慧能。菩提达磨既是西方第二十八祖，又是中土之初祖，而实际创始人则是慧能。这样，禅宗就将自己的法统直接佛陀。

菩提达磨（Bodhidharma，？—528 或 536 年）　又作菩提达摩、菩提达磨多罗，通称达磨。南天竺香至国人，从般若多罗学佛，梁武帝普通元年（520 年，一说宋末）来华，居少林寺面壁坐禅，一生随处诲人禅法，倡二入四行说。认为入道要法有二，即理入与行入。理入是坚定佛教信仰，借教悟宗；行入有四：一报怨行，无论爱憎都无怨怼；二随缘行，面对一切无喜无怒；三无所求行，即无所贪求；四称法行，指性净圆明之理。立以诸佛心为宗的思想，开中国祖师禅，故被尊为禅宗初祖。其著作据称有《少室六门论》、《达磨和尚绝观论》、《释菩提达磨和尚无心论》等。

慧可（487—593 年）　虎牢（今河南成皋县）人，俗姓姬。初名神光，从达磨后改慧可。幼年出家，早年周游听讲，北魏六年（520 年）至嵩山参谒达磨，听讲禅法，遂拜为师，从学 6 年。后专心弘扬禅法。

僧璨（约 495—606 年）　姓氏籍贯不详，东魏天平二年（535 年）以居士身份参谒慧可，受其禅法，于 40 岁时剃度。周武帝灭法，为避祸往来无常，隋兴，出而阐扬禅法，居皖公山，提倡“即妄了真，以证觉源”。因其为道信之师，后被尊为禅宗三祖。

道信（580—651 年）　蕲州广济（今属湖北）人，俗姓司马。自幼好空门，14 岁出家。隋开皇十二年（592 年）入皖公山谒僧璨，听讲大悟，奉师近十年。后四处弘法，唐武德七年（624 年）归蕲州，住破头山（后改名双峰山），故后人称“双峰道信”。认为佛性对于所以众生来说都一切具足，在佛不多，在俗不缺；境像的好丑美恶皆起于一心，其禅法依《入道安心要方便法门》，印顺法师概括其禅法的三个特点，一是戒禅合一，二是《楞迦》与《般若》合一，三是念佛于成佛合一。① 他的弟子称著

---

① 参见印顺：《中国禅宗史》，上海书店 1992 年版。

者有弘忍和法融,法融别立"牛头禅",而道信和弘忍则开东山法门。他的主要著作有《入道安心要方便法门》、《菩萨戒作法》等。

弘忍(602—675年)　蕲州黄梅(今湖北蕲春)人,俗姓周,又称"五祖黄梅"。七岁即从四祖道信出家,穷究顿、渐要旨,深得心传。他弘扬道信的禅法,开东山法门。中国禅宗自奉《楞伽经》改为《金刚般若经》就是从弘忍正式开始的,这就确定了禅宗的基本教义,他的禅法以彻悟心性之本源为旨归,以守心为参禅的要法,奠定了禅宗的思想基础。他的弟子中最著名的有六祖慧能和神秀,他们分别开创多少南顿、北渐的禅风。相传他的著作有《最上乘论》。

慧能(638—713年)　又作惠能,祖籍河北范阳,生于南海新兴(今属广东),俗姓卢。禅宗第六祖,号六祖大师、大鉴大师,是禅宗的实际创造者。幼年亡父,采薪贩樵以奉寡母,闻《金刚经》而悟,遂往黄梅投弘忍门下,充杂役。一日,弘忍命门下作偈述心得,以择其传人,上座神秀奉一偈,慧能读后以为未见本性,便请童子代书一偈。弘忍读后惊其彻悟,秘密传授衣钵,并命其速往南方藏匿,以免同门加害。于是隐居岭南凡十六年,才在仪凤元年(676年)赴广州法性寺谒印宗法师,在其门下正式出家。次年移住韶州曹溪宝林寺,正式开始创教弘法,南宗从此在岭南大兴,曹溪一脉风行天下,成为禅宗的正统。平生不识文字,不好读经,其弟子法海根据平时讲法记录,整理成文,是为《六祖法宝坛经》,此书后来成为禅宗的根本经典,且是中国僧伽的著述惟一称"经"者。慧能门下才人辈出,尤以荷泽神会、南阳慧忠、永嘉玄觉、青原行思、南岳怀让为最。

当时,慧能逃往南方之后,神秀继弘忍传法,北方禅宗大盛。南北禅宗最显著的区别是南顿北渐,慧能讲顿悟,神秀重渐修。慧能南禅兴起后,其弟子神会赴北方传法,与北禅辩论高下,神秀门下悟性不高,败于南禅。从此,曹溪禅宗一统天下,并几乎成了佛教的代名词。慧能之后,门下传法各成系统,产生了五家七宗之禅。即沩仰宗、临济宗、曹洞宗、云门宗和法眼宗五家,加上黄龙和杨岐就演为七宗。

2. 禅宗的基本教义

就中土六祖而言,达磨、慧可、僧璨均以《楞伽经》为正依经典,道信、弘忍又受《大乘起信论》的影响,提倡一行三昧,到六祖慧能才以《金刚般若经》为正宗。禅宗与其他宗派的重要区别在于,它不立正依的经典,其引经据典往往是随手拈来,为一时方便说法。它虽然号为"禅宗",也不以坐禅为不二法门。它不以奉读经典为要务,而直接依于佛性,不立文字,教外别传,以期明心见性。

(1)明心见性,顿悟成佛。

第一,佛性即人的本心,人人具有。佛性是成佛的根据,它即在人的心中。人人皆有佛性,在中国首先提出的是晋宋间的竺道生。慧能也明确坚持这种观点。他说:"菩提只向心觅,何劳向外求玄,所说依此修行,西方只在眼前。"佛性即是人心,人人具足,因此,修炼的途径不应是向外追求,而是自持本心,只要明心见性,西方极乐世界即在目前,不管什么人,若自悟本性都可立地成佛,"人即有南北,佛姓(性)即无南北,獦獠身与和尚不同,佛姓有何差别?"坚持佛性平等的基本教义,表明他不满社会等级和僧侣等级制度,他还说:"下下人有上上智,上上人有没意智。"①

第二,佛性恒常清净,极善不染。禅宗的法门在见性,即认识到性即真如。慧能取得弘忍衣钵,就是由于见性的偈子。当时,神秀上一偈,云:"身是菩提树,心如明镜台,时时勤拂拭,勿使惹尘埃。"意为身心都是自性清净,但有外物的蒙蔽和污染,所以,要勤加修持,不使受染。慧能听后不满意,别作一偈云:"菩提本无树,明镜亦无台,佛性常清净,

---

① 慧能:《六祖大师法宝坛经·行由品》,《中国佛教思想资料选编》第二卷第四册,中华书局1983年版,第32—34页。

何处有尘埃。"① 和神秀的偈相比,显而易见,慧能对于佛性的领悟要透彻得多。神秀尚对"菩提树"和"明镜台"有所执著,认为只有它们才是清净自在。而慧能则连这二者一并空了,认为它们都不过是自心。佛性就是自心,它极善不染。这里所谓善与儒家所谓善不同,它指人内在的不变的真实本质,不为尘凡污染,具有鲜明的宗教色彩,所谓"佛性常清净,何处有尘埃。"即是说,佛性清净不染,人人心中都具有这一极善的本质。

慧能认为,真如本性显现即为万事万物,佛性是一切现象的本体,即清净极善的精神实体。"菩提本无树,明镜亦无台,"菩提与明镜只不过是幻象,是真如佛性的变现,因而是虚幻不实的,神秀以身为菩提树,以心为明镜台便是对菩提与明镜有所执著,故慧能要对他的观点予以否定,从而得到了弘忍的赞赏。

第三,自性即是佛性,顿悟即可成佛,圣凡在迷悟一念之间。既然人人的本心即是佛性,那么一切向外的追求,如念经坐禅都是多余的,他说:"东方人造罪,念佛求生西方;西方人造罪,念佛求生何国? 凡愚不了自性,不识身中净土,愿东愿西。"② 西方净土极乐佛地不在梵天,不在佛典,而在人人心中,悟得本性便可以成佛。他又说:"自性迷,佛即众生,自性悟,众生即是佛。"佛之言觉,但佛教一直把成佛的境界看得很高,必须经过一系列复杂的修炼,如戒、定、慧,最后涅槃成佛。而禅宗以为成佛在一念之间,极大地方便了通往天国的手续。他还指出,对佛性的觉悟,不需要漫长的渐进过程,而是顿悟,"前念迷即凡,后念悟即佛"、"迷来经累劫,悟则刹那间。"③ 成佛不成佛,只在一刹那间,所谓放下屠刀,立地成佛。

---

① 慧能:《南宗顿教最上大乘摩诃般若波罗密经六祖慧能大师于韶州大梵寺施法坛经》,见上书,第6—7页。

② 慧能:《六祖大师法宝坛经·疑问品》,见上书,第42页。

③ 慧能:《六祖大师法宝坛经·疑问品》、《般若品》,见上书,第41、42页。

(2)后期禅宗的风格

慧能之后,神会统一南北禅宗,后来又演化为五个门派,即之为仰宗、临济宗、曹洞宗、云门宗和法眼宗。尽管他们的禅法各异,但都是慧能思想的进一步发展。概括起来,主要有如下一些特点和倾向。

第一,认识论上进一步神秘化,如临济宗提出四拣料,四宾主,四照用,其实质是根据不同人的情况采取不同的对策,宾主之间相互揣摸,完全否认事物的客观性,不仅佛性靠自悟,而且对万物也靠自悟。慧能曾在广州一次讲坛上听到过一次争论,"时有风吹中幡动,一僧曰风动,一僧曰中幡动,议论不已,惠能进曰,不是风动,不是幡动,仁者心动"①。万物只在心中,对万物的认识便只能自悟,而自悟,便是旁人无法帮助的,也是无法知晓的,所以,在认识论上不可避免地要去向神秘主义,所谓四拣料是夺境不夺人,夺人不夺境,人境俱夺和人境俱不夺。四宾主是主看宾,宾看主,主看主,宾看宾;四照用是先照后用,先用后照,照用同时和照用不同时,主客体作曰照,空主体曰用。

第二,棒喝与机锋,禅宗认为,认识只能心悟,当然便不能用语言来表达,相反,语言只能成为顿悟的阻碍,因此,他们主张不立文字,提倡棒喝与机锋。所谓机锋,就是对话中将要表达的意思暗含在说出的语言中,语言本身与所问的问题无关,需要对话者自己参悟。这里随手举一例说明:青原系有一个叫志瑞的禅师曾与人有一段对话。"僧问:'如何是西来意?'师曰:'木马走似烟,石人趁不及。'问:'如何是禅?'师曰:'今年旱去年。'曰:'如何是道? 冬田半折耗。'"② 当然,机锋不是对话者之间故弄虚玄,否则就是走火入魔,而是要表达这样一个意思,即万法之性相非语言能够表达,不能口耳相传,而需要每个人自己用心去体悟。

---

① 慧能:《六祖大师法宝坛经·行由品》,见上书,第35页。
② 普济:《五灯会元》卷8《瑞峰志瑞禅师》,中华书局1984年版,第490页。

　　所谓棒喝，就是在修持者迷悟之时，以拳棒的打击让其警醒。它本身不是悟道，但却是悟道的重要手段。《古尊宿语录》记载有这样一个故事，义玄当时在黄檗门下三年，未曾参悟佛性，有人便让义玄去向黄檗请教，"问声未绝，黄檗便打。师下来……如是三度发问，三度被打，师来自首座云……自恨障缘，不领深旨，今且辞去……师去辞黄檗，檗云：'不得住别处去，汝向高安滩头大愚外去，必为汝说？'师到大愚，大愚问：'什么处来？'师云'黄檗处来。'大愚问'黄檗有何言句？'师云，'某甲三度问佛法大意，三度被打。不知某甲有过无过？'大愚云：'黄檗与么老婆心切，为汝得彻困，更来这里问有过无过。'师于言下大悟，云：'原来黄檗佛法无多子！'大愚挡住云：'这尿床鬼子，适来道有过无过，如今却道黄檗佛法无多子，你见个什么道理？速道！'师于大愚胁下筑三拳。大愚托开云：'汝师黄檗非干我事。'师辞大愚，却回黄檗。黄檗见来便问：'这汉来来去去，有什么了期。'师云，'只为老婆心切'……黄檗云：'大愚有何言句？'……黄檗云：'作么生得这汉来，待痛与一顿！'师云：'说什么待来，即今便吃。'随后便掌，黄檗云：'这风颠汉，却来这里捋虎须！'师便喝，黄檗云：'侍者引这风颠汉参堂去！'"这里便典型的反映了禅宗的作风与方法，带有浓厚的神秘色彩。

　　第三，呵佛骂祖。佛教作为宗教，基本条件便是信仰佛经，崇拜佛祖。禅宗不立文字，非毁经典，并且对佛祖也极尽嬉笑怒骂之能事。当时有一个叫天然的和尚，把庙里的佛像劈来烤火，公然宣称："佛之一字，永不喜闻！"仰山慧寂说："《涅槃经》四十卷……总是魔说。"智闲发誓"此生不学佛法！"提倡逢佛杀佛，逢祖杀祖，要烹佛烹祖。曹洞宗的曹山曾与一个和尚有一段对话："曰：'拟杀何人？'师曰：'一切总杀！'曰：'忽逢本生父母则又作么生？'师曰：'拣什么？'曰：'争奈自己何？'师曰：'谁奈我何？'曰：'何不自杀？'师曰：'无下手处。'"① 禅宗教外别

──────────

① 普济：《五灯会元》卷 13《曹山本寂禅师》，中华书局 1984 年版，第 791 页。

传,对佛法僧一概否定,虽名禅宗,也反对坐禅,反映了佛教信仰要走向其反面了,是佛教中的自我否定因素。

3. 禅宗作风对佛教的影响

和其他佛教宗派不同,禅宗不是以印度佛教的某一经典为正依,而是教外别传,心心相应,这就有可能使它脱离印度佛教的发展轨道,开创出一个新的天地,成为完全中国化的佛教。但是,毫无疑义,这种偏离也有可能对佛教产生许多改变,使之有了一个全新的面貌。禅宗对佛教发展的影响,主要有如下几点。

第一,推翻了佛祖释迦牟尼的绝对权威。中国出家人自东晋道安以来都改姓释,释祖是佛教的教主和最高的权威。慧能主张明心见性,自性是佛,便把人抬到佛的地位,或者说把佛降低到人的地位。慧能以后的禅宗领袖大骂佛是杀人贼,骗了许多人入淫魔坑,义玄并以"逢佛杀佛,逢祖杀祖,逢罗汉杀罗汉"是解脱的必要性。实际上便破除了佛的偶像。

第二,否定了佛教经典的神圣性。佛经对佛教徒来说是绝对不可怀疑和违背的。但由于历代的佛教经典浩如烟海,文辞艰深,名相繁杂。使得一般人越学越难,越学越糊涂。各种理论相持不下,莫衷一是。禅宗便在这一背景下向佛教经典挑战。一字不识的慧能说法的记录稿居然被前所未有地尊为《坛经》,以简单明快的新学说取代了烦琐的佛教义理。甚至不主张学习研究佛教经典。把佛教僧侣从经典的桎梏下解放出来,从佛教内部沉重打击了经院神学哲学,使佛教思想发生巨大的演变。

第三,破坏了佛教出家僧侣的生活本色。慧能创立的禅宗摒弃烦琐的宗教仪式和外来的佛教戒律。甚至公开反对拜佛、坐禅,否认修行必须出家,认为任何人只要明心见性便可顿悟成佛,不分在家与出家,动摇了佛教整个宗教生活的基础。

当然,禅宗的所作所为并不是要推翻佛教,而是认为成佛的途径在自我的觉悟。因而必须摆脱一切束缚,包括佛、法、僧三宝的束缚,但它在客观上起到了破坏佛教的历史作用。

此外,禅宗明心见性的顿悟方法,对宋明理学陆王心学一系也产生了重大的影响。

六、儒释道三家在中国文化中的作用和相互影响

佛教是一种外来文化。但在中世纪中国,它既不是第一种外来文化,也不是最后一种外来文化。但是,除了佛教之外的所有外来文化,都没有在中世纪中国真正扎下根来。唯有佛教以其"不可思议之妙说"赢得了无数中国人的认同,对中国古代的思想、学术产生了巨大的影响,与中国本土的儒学、道家一道,成为中国文化不可分割的重要组成部分。可以这样说,离开了佛教,我们就很难完整地理解和深入认识中国传统文化。佛教在思想、学术史上的这种重要地位,有必要在隋唐这一佛教代表着一个时代主流思想之一的时期进行一些探讨。

1. 鼎立并存的学术格局

在中国历史上曾经出现过许多学说,它们都对中国传统文化做出过重要贡献,共同构成了中华民族辉煌灿烂的古老文明,其中影响最大的就是儒、释、道三家,它们在中国历史上被称为"三教"。在儒、释、道三家中,儒家和道家是中国本土固有的文化,而佛教则属于外来文化,它之所以能够与儒、道二家形成鼎立局面,一方面是无数佛教僧伽以其坚忍不拔的传道弘道誓愿努力奋斗的结果,另一方面,也是由于佛教学说固有的内容对现实社会和人生中的一些问题给出了自己独特的解答,加上佛教学者积极吸收中国本土文化,使佛教义理与中国传统文化

相契合,从而逐渐得到中国学者的认同并融入中国传统文化之中。

中国文化有着悠久的历史和深厚的根基,这种坚实、博大的传统使得中国人产生了浓烈的文化优越感和文化中心主义思想。古人把华夏称为"中国",意为中央之国,视所有外国、外族为"蛮夷",对任何外来文化有着天然的排斥情绪。当然,这种排斥绝不是简单的拒绝,而是贬抑、批判,并力图将外来文化兼容于传统文化之中,纳其同,斥其异,以"我已有之"、"古已有之"的心态对待外来文化。佛教作为一种外来文化,它在中国的传播与发展,总的来说是在统治者的支持下进行的,但也并不是一帆风顺的,它一直受到来自两个方面的阻力,一是统治者取舍态度的变化,一是中国本土文化的排斥。

自汉以降,在中国历史上就有过四起大规模的限佛排佛事件,即中国佛教发展史上的所谓"三武一宗"法难。三武指北魏太武帝、北周武帝、唐武宗,一宗指周世宗。三武一宗的限佛毁佛,是中国最高统治者亲自发动的严厉打击佛教的事件,前三次力图从根本上摧毁佛教,后一次则以敕令的手段将佛教的发展严格限制在政府的控制之下。这几次排佛当然是出自政治经济的考虑,但也有着深厚的学术背景。北周武帝等几位排佛君主或尊儒、或崇道,而视佛教为蛮夷之邪教。魏太武帝斥责佛教为"西戎虚诞,妄生妖孽",声称其毁佛是"承天之绪,欲除伪定真,复羲农之治",即根据天意铲除伪教,澄清真理,恢复光大伏羲、神农以来中华的文明之治。北周武帝曾经多次组织讨论儒、释、道三教的优劣异同,尽管有佛教徒佞言"我不事二家,唯事周祖",以周主为如来,"事帝不事佛道",但他仍然推重儒学,耻同胡夷之佛教。唐武宗更指斥佛教"遗君亲于师资之际,违配偶于戒律之间",淆乱伦常,导致"风俗浇诈"。周世宗继位之后"延儒学文章之士,改制度,修《通礼》,定《正乐》,议《刑统》",大力倡导儒家学说,废淫祠,整顿佛教,革除陋弊。他在禁止私自剃度的诏令中说:"僧尼俗士,自前多有舍身、烧臂、炼指、钉截手足、带铃挂灯、诸般毁坏身体,戏弄道具、符禁左道、妄称变现、还魂坐化、圣水圣灯妖幻之类,皆是聚众眩惑流俗,今后一切禁止。"① 明确地把文化的整顿、道德风俗的矫治作为禁佛的重要目的。

经过这几次打击,给佛教敲了几记警钟:它若想在中国获得生存和发展,就必须认同本土文化,使自己的学说适应中国人的生活和精神需要,尽量避免与传统的文化相对立;而应当设法证明佛教学说与中国本土的传统文化之间具有一致性,以期获得民众的认同,争取统治者的认可与支持。因此,"三武一宗"对佛教的打击并没有消灭佛教,而是加速了佛教本土化的过程。

佛教作为一种外来文化,它的思维方式、价值观念、理论格局乃至学术风格都与中国本土文化有很大的差异。在经过相互改造与认同之前,存在着许多方面的尖锐对立。因而,在佛教传入之初,即受到本土文化的排斥与批判。它在中国的传播发展,必须回应本土文化的批判与挑战,使其理论中国化,这一过程具体就表现为它与儒、道两家在理论上相互诘难、在思想内容上相互改造、在学术上相互吸收,而在社会影响上相互消长的过程。它的基本完成的标志就是隋唐佛教宗派的产生。

从其具体历史过程来看,佛教首先是与道家、道教相抗争,它在宗教形式上吸收了道教的一些"道术",在理论上也容纳了道家的许多观念。到魏晋玄学流行,儒道合流,玄学家们把道家的哲学思辨与儒家的纲常名教巧妙地结合在一起,探幽览玄,自标高迈。在这种学术背景下,佛教的玄思显露了它特有的深奥、缜密,它讨论的问题逐渐与玄学合流,般若空宗趁势流行,对玄学的有无之论做了深刻的阐述与总结,以其巨大的理论优势确立了自己的地位,并促进了中国学术本土思想的发展。

随着佛教日渐广泛的传播,它在社会上的影响也越来越大,于是便

---

① 《旧五代史》卷 115《周世宗纪》。

开始注意建立自己完整、独立的理论体系,以适应社会的需要。佛教一方面加速、加深了对佛经的传译与研究,并围绕一些重要经典形成了不同的派别;另一方面,中国佛教徒又致力于对印度佛教教义的改造,以适应中国现实社会,其中最重要的就是以中国传统儒家的伦理道德观念解释和理解佛教教义,从而为教化民众、维护社会安定、巩固封建皇权服务。

有唐一代,佛教的发展达到鼎盛时期,中国化的改造基本完成,各宗派的学说也趋于完善。李唐统治者虽然以儒家纲常伦理文化作为政治统治的根本思想,但又尊奉道教,借太上老君李耳来抬高李姓的身份,同时,又大力提倡、支持佛教,促使了三教鼎立的学说格局的正式形成。佛教上述地位的获得固然与统治者的扶助有关,但根本原因还是佛教自身理论的成熟与完善,它已经完成了由超越精神回向现实生活的过渡,提出了自己独特的济世利民的学说,从而才得到统治者的支持。

在此鼎盛时期,佛教不仅能与儒、道相抗衡,而且大有取代儒学占据主流思想地位之势。终唐之世,儒学基本上是汉代儒学的余绪,经疏成就比较突出,而理论上殊少建树,甚至连思想的大家也寥若晨星。少数几个儒家学者如刘禹锡、柳宗元、李翱等的思想都深受佛教影响,就连以反佛著称的韩愈,对佛教也怀有一定程度的尊崇。在某种意义上,唐代思想学术的繁荣和辉煌不是由儒学而是由佛教学说创造出来的,因此才有了宋朝的儒学复兴运动。

2. 天人合德的不同途径

中国传统文化有一个特点,就是强调天人合一,表现在社会生活中就是天人合德,它是对社会生活伦理秩序合理性的本体论证。儒、释、道都以维护现存的社会生活秩序为己任,都有自己一整套的规范体系和价值观念。但是,任何一种伦理学说都不只是对现存社会秩序的维护,还包括对现存社会秩序的论证和批判。现存社会秩序的合理性不在于存在这一事实,也无法由个人的感觉、认识所获得证明,而必须由个体上升到普遍,再抽绎出永恒,这种论证的过程同时也是批判的过程。也就是说,对社会生活秩序合理性的论证,必须找到一个总摄人类生活一切的最一般的观念。在中国传统文化中,这个最一般的观念就是"天",天人合德就是社会生活秩序合理性的根据之所在,也是其根本的伦理道德精神。

天的具体内涵,在儒、释、道三家又有不同的规定。作为伦理的本体,天不是一个客观实体性的存在,儒家以理释天,道家以道说天,而佛教则直认真如为天。严格说来,天、理、道、真如都不属于伦理学范畴,而是本体范畴。但作为本体,道德是它内在的属性,它们所表达的也并非一般的、普通的、个别的道德意蕴,而是根本的伦理精神。现存社会秩序之所以合理,就在于它体现了这一伦理精神。换句话说,只有当且仅当现存的社会秩序、社会生活符合根本的伦理精神时,它才具有必然性和合理性。当伦理精神被抽绎为普遍、绝对、永恒的存在之后,所谓"天人合德",就是强调对本体之天的认同、遵循和内化,而不是天对人的屈从、契合。

因此,天人合德的过程,既是对社会生活秩序合理性的论证,也是道德主体自我修养的过程。这个过程即是对伦理精神的把握与认同过程,也就是所谓"得道"的过程。得道是主体对道的认同,或者说是道在主体意识中的内化,"行道有得于心之谓德",得了道就有德,德是对道的获得,是道的内化。就此而言,儒、释、道三家没有根本区别,它们都强调天人合德,要求人们认同、复归于道德本体。因此,儒家提倡穷理尽性,存天理灭人欲;道家宣扬全真保性,同于大道;佛教追求明心见性,觉悟真如,都是要最终实现主体与本体的同一。

然而,在得什么道、如何得道等方面,儒、释、道三家却反映出明显的差别。就道的实质而言,我们可以在主要特征上区别三家之道：儒家以德为道，道家以心为道，佛教以性为道。儒家讲道，实际上是社会理想或理想社会的代名词。经典中说，"大道之行也，天下为公，选贤与能，讲信修睦，故人不独亲其亲，不独子其子……"① 古代儒家学者为天地立心，为生民立命，为往圣继绝学，为万世开太平所追求的道，就是《礼运》篇中所述三代先王之道，也是尧、舜、文武、周公、孔、孟一脉相传之道。后来理学以心解道，已失儒学本旨而融纳了佛教之道。

道家讲道则属于绝对的精神观念，惟一独立、真实的存在，不可说不可名，幽深玄远，是万物真实的自然本性。儒家对道的认同是在人类社会生活实现道的价值。道家对道的认识则与此不同，它并非追求道的现实价值的实现，而认为道虽然普遍地存在于一切事物之中，但现实事物和现实生活都是主体与本体同一的障碍。认同于道，即是以道为本性，反朴归真，等是非、齐物我，离行去知，实现绝对的精神自由。

佛教讲的道是宇宙万物的真实本性。儒家的得道是穷理尽性，即通过把握对象世界的本性而把握自己完善的本性，并扩充、外显、外推这种本性(自己的本性就是道在人身上的表现)，以在社会生活中实现道的价值。而佛教的得道则是为了了悟万有的真实表现，实现生命的超越与永恒。故唐僧法琳说："夫玄圣创典，以因果为宗；素王陈训，以名教为本。名教成乎治成，因果期乎道立。"② 所以，从根本上说，儒家的天人合德是在现实社会生活中实现生命的道德价值，道家天人合德是在超脱现实生活的基础之上实现生命的精神自由，而佛教的天人合德则是对生命本身的超越。三者从不同的角度反映了古代中国学术思

---

① 《礼记·礼运》。

② 法琳：《辨正论·九箴篇》，《中国佛教思想资料选编》第二卷第三册，中华书局 1983 年版，第 351 页。

想的主要追求。

3. 安身立命的三维结构

任何一种学术思想都不是为了满足个人的好奇心,而是有其现实的社会价值,否则就难以存在和发展。换句话说,儒、释、道三家作为中国传统文化中的的三大主干文化,它们必须也必然要将自己的学术追求落实到现实的社会、现实的人生:在中国传统文化中,就是告诉人们如何安身立命。儒、释、道三家就建立了中国传统文化安身立命学说的三维坐标。

儒家以社会为安身之所,致力于社会生活的完善。它从现实生活出发,通过修身、齐家、治国、平天下建功立业,从而立命于天人合德,实现人己、人物、天人乃至整个宇宙的和谐。所以,儒家的学术精神具有强烈的入世性,追求经邦治国、济世利民,以立德、立言、立功为不朽。因此,儒家的道德修养与道德实践并非仅仅致力于心性的完善,而是要"见诸设施,措诸事业",上以事君亲,下以利民众,安邦济世。在儒家看来,这种理想追求具有崇高的价值,它本身就是一种永恒与不朽,实现了这一理想的价值,也就实现了生命的辉煌,有志者生为此生,死为此死。"仁以为己任,死而后已"。这就是儒家高扬的人生价值目标。

道家则以高迈、超逸的态度直面社会和人生。在中国传统文化中的儒、释、道中的"道",包括着道家和道教。就对中国传统文化的影响和构成传统文化的主干而言,则应该是道家而非道教,可有时候人们将道视为道教。道教讲长生不老、尸解飞升、呼风唤雨、变化鬼神等等,多属无稽之谈,与佛教相比,有更多的粗鄙和浅陋。实际上,道教是歪曲了道家的思想,把道家追求与道合一、与道逍遥改变为得道成仙,肉身不死。道家并不认为肉身可以成仙,它以精神不死为人生目的。要实现这一理想,必须灰身灭智,即去掉一切带有个性特征的东西,留下一个纯粹的心性与道相融合。因而,道家要求人们的行为顺应自然,清净无为,无欲无争,以保持纯朴的本性。在此意义上,道家追求的是精神的不朽。生命的辉煌与永恒,不在于道德功名,不在于富贵荣华,而在于精神的独立与自由。这就是道家尊奉的人生价值目标。

佛教是出世的宗教,它以人生的解脱为目的,对现实生活给予了消极的评价,但它又以慈悲之心怜悯众生,故又关怀人们的世俗生活,特别是关怀人们行为的善恶价值,对人们进行谆谆教诲,积极地劝善惩恶。"故学佛者,识五蕴之皆空,澄六根之清净,远离十恶,修行十善……四无量心,六波罗蜜,常用熏修其间。为法忘躯,则如割皮刺血书经,断臂投身参请,而不怯不疑;为物忘己,则如忍苦割肉喂鹰,舍命将身饲虎,而不怖不畏。钱财珍宝,国城妻子,弃之如弊屣;支节手足,头目髓脑,舍之如遗脱……圆明十号之尊,超出三界之上,是为一切种智,是天中之天,是为无上法王,是为正等正觉,超诸方便成十力,是还度法界诸有情。佛之极功,如此而已。"[1] 佛教认为,宇宙万有无常无我,是虚幻不真的存在。外界一切事物,都只不过是人的主观幻象,因此,追求外在的东西是没有任何实际意义的。主体行为的惟一价值,就在于觉悟宇宙和人生的真实。要达到这一目的,首先必须摒除一切俗念,修善止恶,以慈悲喜舍之心修持六度,坚定对佛教的信仰,断绝我执,灭除一切妄见、烦恼,以无我之心待人待物,从而获得无上妙圆智慧,超越三界,还度有情,最终觉悟成佛。这就是佛教追求的人生价值目标。

在佛教学者看来,儒、释、道三家的价值取向以佛教为最完善,只有无边佛法才涵括了世间与超世间的一切善法,它既容纳着儒道二家所倡导的价值和追求,又把它们提升到一个更加高级的层次。唐代居士李师政说:"若夫尚仁为美,去欲称高,戒积恶之余殃,劝为善以邀福,百家之所同,七经无以易,但偏浅而未深至,龌龊而不周广。其恕己及物,

<hr/>

① 刘谧:《三教平心论》卷上,《中国佛教思想资料选编》第三卷第三册,中华书局 1989 年版,第 504—505 页。

孰与佛之弘乎？其睹末之本,孰与佛之远乎？其劝善惩恶,孰与佛之广乎？其明空析有,孰与佛之深乎?"[1] 他认为,佛教学术的思想价值不仅高于儒、道二家,而且涵括了二家的思想,从而比它们更加深刻、更加完善,且即使在低层次的价值观念上,也远比它们丰富、全面。在这种惟我独尊的心态作用之下,中国佛教徒杜撰《起世界经》,硬派孔子为儒童菩萨、老子为迦叶菩萨,说他们都是佛陀的弟子。

从儒、释、道三家倡导的价值目标所反映的精神实质来看,儒家追求的是现实的功名,以整体的利益作为价值目标;道家追求的是生命的永恒,以精神的独立自由为价值目标;佛教则追求生命的超越,以彻底的觉悟为价值目标。儒、释、道三家的价值观念,构成了中国传统文化价值目标的三维坐标,相互补充、相得益彰。儒家的价值目标指向现实生活,确定了中国古代社会基本的道德秩序与道德观念;道家的价值目标体现了对主体完善的关怀,支撑着个体的精神独立与心理平衡;佛教的价值目标则是对万有的本质的追求,揭示出一种终极完善的境界。

4.超越境界的递进层次

任何一种学术思想都表达着一种价值追求,是对自己所崇尚的理想的论证与追求。这种理想和追求最终都归结于人的完善。它不是对现实存在的简单地描述、概括,而是对它的抽象和超越。人是主体性存在,他的行为受自我意识支配,有着明确的目的性。所谓目的就是对未来的预设,它是当下不具有现实性的东西,也不是任意行为的自然结果。从目的的预设到其实现,需要人对现实进行不断的超越。从某种意义上说,人就是一种超越性的存在,他在不断的创造过程中日新月异,日渐趋向于特定的理想境界。

---

[1]　李师政:《内德论·辨惑一》,《中国佛教思想资料选编》第二卷第三册,中华书局1983年版,第369页。

中国传统文化也以人的完善作为生命的内在追求。这个完善不是在存在的层面上的生活的充实与幸福、肉体的无缺陷、寿命的长久,而是在超越层面上的德性的完美、本性的自足、生命价值的永存。一言以蔽之,是本质的完善。在这方面,儒、释、道三家的理论反映了这个传统文化超越精神的内在结构和逻辑层次。

儒家实现人的完善是"尽性"。它把道德作为人的本性、本质,从而把人的完善规定为德性的完美。它认为,完美的德性是对天道、天德的认同并把它内化为自己的本性,达到了天人合一的境界,以致"从心所欲,不逾矩"。由于儒家讲的德是社会整体利益、整体秩序的概括,因而,人的完善不是个体的完善,而是社会的完善,或者说,是使个体的完善寓于社会的完善之中。所谓"尽性",就是指成就至善的本性,并把这一本性外化为积极的道德行为,促进社会的完善,个体的道德价值在于对社会的贡献,只有把个体的生命融入社会的进步与完善之中,才能实现价值的永恒与不朽。所以,儒家讲的完善包括了两个方面,一是对道的认同、内化,二是对道的践履、外展,二者紧密相连,相依并进。德即是得道,内得于己外得于人,但它并非纯粹认知上的学习,而是实践中的内化,"行道有得于心之谓德"。知道是为了行道,行道才能更好地知道、得道。尽性,就是在此过程中实现个体与整体、人与天、心与道的统一。

道家实现人的完善是"保性"。它认为,宇宙万物都是自然的存在,自然的存在本身就是完善的存在,各自性足,虽泰山之大性不加多,虽秋毫之小而性不减少。世界上呈现出来的种种差别都是相对的、非本质性的,它们都是不可言说的自然之道的具体表现。在它看来,儒家的刚健进取,力图按照自己的意志重新安排社会和生活的秩序,正违背了自然之道,不符合事物自身的本性并且有损于这一本性。坚强者不得好死,物壮则老,老则死。因而,道家反对对自然过程的任何干预,鄙弃对功名利禄的追求,把儒家高扬的一切,如德、言、功等都看做是身外之物,过眼烟云。在道家看来,人的完善并非为社会牺牲个人,而是回避一切纷争,保持自己本性的纯真、个性的独立,在与大道的同一中获得精神的超越、独立和自由。

佛教实现人的完善是"见性"。它认为,宇宙万有均是有因缘和合而成,无常无我,只是一些现象之流变,没有任何实体,即使现象也都不过是假象。因此,人的完善并非对任何现存的性状(包括肉体和精神、个体和社会)的任何状态的追求,而是对它们的超越。在它看来,儒、道两家讲的人的完善都不是真实的完善,任何现实的存在包括人都是绝对不完善的,因而也就不可能有任何有意义的完善。只有觉悟到人的不完善,才能把握住人与万有的真实本性,也才能实现真正的完善。除了这种真实本性(佛性、真如),人什么也不是,生命的价值就在于对本性的觉悟,只有觉悟了这一本性,人才能也必然会实现生命的永恒与不朽。

任何现实的个体都是不完善的,对自身不完善的认识就包含着对完善的设定与追求。儒、释、道三家的思想就反映了这种追求的不同层次。"儒教教之以穷理尽性,释教教之以明心见性,道教教之以修真炼性。"① 在佛教学者看来,三教关于完善的理论,具有明显的高低优劣之分,儒家境界最低,佛教最高,而道家居中。依儒家学说行事,可以为"名教君子";循道家主张立身,可以为"清虚善人";而皈依于佛教,则可以正觉成佛。

完善是对现实存在的超越。但是,人的现实存在有着各种各样的制约和矛盾,其中主要有群己、灵肉、义利、德福、人物等等之间的矛盾。儒家以中庸之道对待这些问题,力图调和各种矛盾,以实现生活乃至整个宇宙秩序的和谐。它主张以统一消解对立,使一方统摄、融会另一方,如个人统一于群体,在群体的完善中实现个人的价值和生命的永

①　宗本:《归元直指集》卷上《毒峰善禅师三教一理述》。

恒;利统一于义,在义的指导下去获取利,当二者不协调时要毫不犹豫地遏制利、舍弃利,始终以义为行为的价值标准;肉体统一于精神,认为人在本质上是一种道德的存在,肉体只是德性寄寓的躯壳,精神才是本质,肉体有消亡,精神却能够获得完善与不朽,人的主体性、道德性在某种意义上就是以精神制约自己的肉体;福服从于德,精神的充实与完善高于物质生活的享受,道德就是幸福,所谓"孔颜乐处",就是道德完善的崇高幸福,它已经超越了物质的生活。在人与物的关系上,儒家强调人与自然的统一,即天人合一,以天为人的本根,而人则是天意的体现者和继承者。

儒家这些思想构成了整个传统文化的基本精神,它以中庸和谐为生命追求,把个人的完善统一于社会的完善之中,究其实质,则是对个体的超越和整体秩序的构建。任何个体都是整体秩序中的一个有机环节、一个构件,个体的价值即存在于这一特性之中,而不是在其个体性。因此,人的完善就是超越其个体性而复归于整体和谐的秩序。

然而,从理论上讲,整体和谐作为一种理想秩序应当是完善的,否则就不足以充当理想。而在一种理想的秩序之中,不应当存在群己、义利、灵肉、德福、人物等等的矛盾。可现实生活就是由这些矛盾构成,儒家的消解并不能解决这些矛盾。个人统一于整体实际上是为整体秩序而牺牲个体,它以整体秩序的理想、完善为前提,而在现实生活中,整体秩序、社会却是不完善的、非理想的。这里就自然引申出一个问题:人们究竟是否应该为一个不完善的社会牺牲个体?这样做是否有其合理性,是否有意义?道家的回答是否定的。它认为,既然任何社会都是不完善的,那么所谓对完善社会的追求就是一个虚假的目标,根本不可能实现。人们所能够做的并非完善社会,而是完善自我,即不要对任何事物进行干涉,顺应其自然,在其自然发展中发挥和完善其本质,从而保全自我本性的纯真,复归于自然。因此,道家以无为宁静为生命追求,把个人的完善统一于宇宙大化的过程之中。究其实质,它是对人的存在的社会性的超越和对自然的复归。

佛教追求的是空寂真实，它把人的完善归结为本质的完善。儒道二家都是在现实生命中追求人的完善，一个强调对个体存在的超越，一个强调对社会存在的超越，而佛教则强调对人本身的超越。在佛教看来，宇宙万有都是因缘和合而成，都是不真实的，对现实生活中的任何追求都具有虚幻性。换句话说，现实的人由于其存在的虚幻性而不可能实现完善。人的完善不在现实社会，而在佛的天国。它并非任何现实生活、现实存在的完满与充实，而是对宇宙与人生本质的最终觉悟。佛教对于人的完善所包含的各种矛盾既不像儒家那样着意消解，也不像道家那样超然地回避，而是超越，从根本上否定矛盾的真实性和实在意义。与此同时，它又使儒家的社会使命感、道家的精神自由都在自己的宗教理论中得以体现，并被规定为人生超越的必要途径和必经阶段。

总而言之，儒、释、道三家是整个传统文化的主要思想要素和基本骨架，三家的冲突、吸收的互动，推动了整个传统文化的繁荣与发展。儒、释、道三家合一，充分展现了整个传统文化的基本精神。三家的结合并非简单的并列，而是一种互补性的结合，其基本精神追求已经融贯为一体。在中国传统文化中，儒家思想始终是它的主干。自从西汉确定独尊儒术，儒家就以其根源于自然经济和宗法血缘的道德观念提出了中国传统文化最基本的价值观念和精神追求。道家有感于儒家过于强调整体利益至上，使得个体被整体吞没，丧失了个性的独立自主，从而提倡反朴归真、自然无为，以保持个体的自立，实现精神的自由。这一理论，成为儒家积极进取的生活态度的重要补充。佛教在其中国化过程中实现了伦理化，它一方面吸收了中国伦理特别是儒家伦理思想的基本内容，另一方面又影响了儒家学说的思维方式和价值观念。它的理论意义在于以宗教的特有形式对儒家的道德进行了强化和升华，使儒家的道德观念得到了更好的说明，增强了道德的感染力，补充了它所缺少的超越的环节。

从中国传统文化的发展进程来看,儒、释、道三教合一的理论结果,就是宋明理学的产生。宋明理学把儒家的伦常、道家的超脱与佛教的超越有机地结合在一起,建立起一个立足于现实生活,追求人的现实完善和内在超越、结构严谨的学术思想体系,从而结束了三教鼎立的局面。

第四章 隋唐儒学

　　隋唐时期,学术发展的重心又一次发生转移。在中国学术发展史上,先秦时期是诸子百家在学术上的争鸣,两汉时期则是儒学一统天下,进入魏晋以后玄学倡行,佛教也趁此玄风迅速崛起,到了唐代,学术的发展重心就转移到了佛教,演绎出佛教宗派的林立,各种学说纷纷出台,此起彼落,所以,在隋唐时期,是佛教发展最辉煌的黄金时期,几乎其他任何学说与佛教的成就相比较都黯然失色。由于佛教发展劲头的强势直接威胁着儒学的统治地位,所以,儒学才起而反抗,力图保住自己的地位。但是,三教鼎立的局势已经形成,儒学独尊已经不复存在,终唐之世,儒学只是在经学上对汉学有较大的发展,而在学术思想上却并没有取得令人瞩目的成就。尽管如此,儒学在隋唐的发展仍然具有重要的学术价值,因为它继承了儒学的传统,坚守了学术的阵地,特别是对佛教的反击与批判制约了它的泛滥,给后来的宋儒批判佛教、重新确立儒学的权威打下了坚实的基础。因此,隋唐儒学的成就虽然不甚突出,但却具有重要的承上启下的作用。

一、隋唐儒学的发展状况

　　现实的社会生活是学术思想的土壤,任何一种学说的产生、存在和发展都与现实的社会生活相联系,它能不能成为社会思想的主流,取决于时代的需要,特别是取决于统治者的需要。儒学以维护现存的社会生活秩序为己任,因此,它的流行也与社会生活的状况密切相关。在社会动乱的时候,原有的社会秩序被打破,各种政治势力在斗争中进行重新组合,强调纲常秩序的儒学就不被重视;而当某个政权已经稳定,要重新建立新的社会秩序的时候,统治者往往就将儒学重新祭起。隋唐时期在经历了大动乱之后的统一时代,和此前的魏晋南北朝相比,它也需要儒学来维护社会秩序,所以,儒学就有了一定的复兴。但是,由于特殊的历史原因,在隋唐时期形成了三教鼎立的局面,儒学无法一统天下,其发展就远不如汉代和以后的宋、明、清时期。

1. 隋唐儒学的复兴

儒学自从在西汉被定为一尊,就成为了中国传统文化中的核心主干,占据着中世纪社会意识形态的统治地位。因此,在数百年的历史时期之内,在学术方面,儒学也是发展得最有成就的学派。但是,这种辉煌并没有连续,在汉初,高祖皇帝就曾经声言他的天下是从马上征战夺得的,用不着儒生。但后来认识到马上得之不能马上治之的道理,才接受儒学。这件事说明一个道理:儒学是以维护社会秩序为根本目的的,而且,由于它的思想深深地植根于中国中世纪小农自然经济和血缘家庭的土壤,与中国历史的生活现实十分接近,因而是当时最有效的安邦济民的学说。但是,在社会动乱时期,这一学说就不符合现实生活的需要,特别是不符合争夺政权的政治势力的需要。所以,在这些时期,儒学往往就被束之高阁。汉以后,中国一直处于社会动乱时期,儒学的传统时常被打破,所以,才出现了魏晋时期的玄学和佛教的兴起。

隋唐对后世最有影响的学术思想派别是佛教,儒学虽然也得到隋唐统治者的支持,但其发展却充满坎坷。隋文帝统一全国之后,为了巩固自己的政权,建立新的伦常秩序,多次下诏提倡儒学。开皇九年,隋文帝下诏指出:"丧乱以来,缅将十载,君无君德,臣失臣道,父有不慈,子有不孝,兄弟之情或薄,夫妇之义或违,长幼失序,尊卑错乱。"① 说出了经历战乱之后,儒学的作用丧失殆尽,社会生活秩序的严重失范。针对这种情况,要重新建立社会生活的正常秩序,在当时的所有学说中,儒学具有明显的优势,于是,隋朝就开始整顿社会,提倡儒学。他又下诏说:"儒学之道,训教生人,识父子君臣之义,知尊卑长幼之序,升之于朝,任之以职,故能赞理时务,弘益风范。朕抚临天下,思弘德教,延集学徒,崇建庠序,开进仕之路,伫贤隽之人。"② 于是,他下令设立学校,开展儒学的教育,并在此基础之上进行科举考试,以为政府储备和选拔人才。为了更好地进行儒学的教育,促进儒学的复兴,隋文帝便令杨素等人重新整理和修定"五礼"。炀帝继位后,继续推行提倡儒学的政策,并扩大学校的规模,广征贤良。在政府的大力支持下,隋代儒学比较前朝有了一定程度的复兴。《隋书·儒林传》记载说:"自晋室分崩,中原丧乱,五胡交争,经籍道尽。魏氏发迹代阴,经营河朔,得之马上,慈道未弘。暨夫太和之后,盛修文教,搢绅硕学,济济盈朝;缝掖巨儒,往往杰出,其雅诰奥义,宋及齐、梁不能尚也。南北所治,章句好尚,互有不同……是知俗易风移,必由上之所好,非夫圣明御世,亦无以振斯颓俗矣。自正朔不一,将三百年,师说纷纶,无所取正。高祖膺期纂历,平一寰宇,顿天网以掩之,贲旌帛以礼之,设好爵以縻之,于是四海九州强学待问之士靡不毕集焉。天子乃整万乘,率百僚,尊问道之仪,观释奠之礼。博士罄悬河之辩,侍中竭重席之奥,考正亡逸,研核异同,积滞群疑,涣然冰释。于是超擢奇秀,厚赏诸儒,京邑达乎四方,皆启黉校。齐、鲁、赵、魏,学者尤多,负笈追师,不远千里,讲诵之声,道路不绝。中州儒雅之盛,自汉、魏以来,一时而已。"③ 这里未免有溢美之词,但也

---

① 《隋书》卷2《高祖纪》下。
② 同上。
③ 《隋书》卷75《儒林传序》。

从一个方面说明于当时儒学复兴的状况。隋代的学者中,牛弘著《五礼》一百卷,刘焯著《稽极》、《历书》和《五经述义》等书,刘炫著《五经正名》、《春秋述义》、《尚书述义》、《论语述义》等书,王通著《中说》,仿《论语》而倡导儒学。

但是,隋朝皇帝特别崇信佛教,对佛教的支持力度更大。而对儒学则有贬抑的态度,如隋文帝就曾经因为对学校儒学教育的不满而大力删废全国的学校。下令"国子学唯留学生七十人,太学、四门及州县学并废"。① 所以才有后来炀帝对学校的恢复之举。

到了唐朝,统治者对儒学的支持比隋朝更大。唐高祖李渊立国之初就注重复兴儒学,于国学立周公孔子庙。"自八卦初陈,九畴攸叙,徽章互垂,节文不备。爰始姬旦,匡翊周邦,创设礼经,尤明典宪。……粤若宣父,天资睿哲,经纶齐、鲁之内,揖让洙、泗之间,综理遗文,弘宣旧制。四科之教,历代不刊;三千之文,风流无歇。惟兹二圣,道著群生,守祀不修,明褒尚阙。朕君临区宇,兴化崇儒,永言先达,情深绍嗣。宣令有司于国子学立周公、孔子庙各一所,四时致祭。仍博求其后,具以闻名,详考所宜,当加爵土。是以学者慕向,儒学聿兴。"② 唐太宗李世民特别注意吸收隋朝覆亡的教训,居安思危,他认识到得天下易,守天下难,强调社会生活秩序的稳定。所以,他对儒学情有独钟,还在他继位之前,就刻意倡扬儒学,"于秦府开文学馆,广引文学之士,下诏以府属杜如晦等十八人为学士……及即位,又于正殿之左,置弘文学馆,精选天下文儒之士虞世南、褚亮、姚思廉等,各以本官兼署学士,令更日宿值。听朝之暇,引入内殿,讲经论义,商略政事,或至夜分乃罢。"③ 李世民是依靠武力夺取天下的,能够这样注重儒学,并且还如饥似渴地学

① 《隋书》卷 2《高祖纪下》。
② 《旧唐书》卷 189《儒学上》。
③ 《旧唐书》卷 189《儒学上》。

习儒学,在开国的君主中实属难得。正是在朝廷的大力提倡之下,儒学在唐代就有了比较兴旺的发展。史书又载:"贞观二年,停以周公为先圣,始立孔子庙堂于国学,稽式旧典,以仲尼为先圣,颜子为先师,两边俎豆干戚之容,始备于兹矣。是岁大收天下儒士,赐帛给传,令诣京师,优以吏职,布廊庙者甚众。学生通一经已上,咸得署吏。于国学造舍四百间,国子、大学、四门、俊士亦增置生员,其书、算各置博士、学生,以备众艺。自玄武门屯营飞骑亦给博士,授以经业,有能通经者听预贡举。而吐蕃及高昌、高丽、新罗等诸夷酋长,亦遣子弟请入学以百数。国学之内,鼓箧而升讲筵者,几至万人。儒学之兴,前古未之闻也。"① 唐太宗复兴儒学的规模是相当大的,不仅以学而优则仕鼓励学子读儒学的著作,而且大力扩大学校的规模,仅国学就建了四百间房屋,不仅要求一般子弟读经,而且还给武士兵将讲儒学。相比隋朝的颓废,唐朝的儒学的确有更大的复兴。

唐代儒学的复兴主要表现在两个方面,一个是经学的兴盛,二是儒学起而与佛教争斗鼎立。唐太宗在开国之初就令颜师古考定五经,统一版本,以颁行天下。然后又命孔颖达撰《五经正义》,以师天下学子更好地理解经典。同时,陆德明著《经典释文》,与《五经正义》一起通行于世。当然,这两部书只是沿着汉儒的路数对经典特别是对经典的注释进行再注释。其学术内容和价值,我们将在后面的"唐代的经学"章中详述,这里就不再赘言。而关于儒学与佛教的斗争,我们也将在下面加以详述。

2. 科举考试对儒学的促进

中国传统的知识分子在儒家文化的熏陶之下,一直以立身扬名作为最大的孝道和人生的追求。儒学宣扬"学而优则仕",无论是耕读寒

---

① 《贞观政要》卷7《崇儒学第二十七》。

族还是诗书世家,都把为官为吏视为"正途"。然而,中国古代的官吏选拔制度经历了一系列的演变,最初是封建,然后是军功,汉代主要是荐举,到了魏晋时期,则实行九品中正制度。后者的实行,导致了社会上出现"上品无寒门,下品无世族"的局面,门阀世族把持着朝廷的政权。这种只看出身的官吏选拔制度,不利于举贤良,并且形成了大家世族强大的势力,尾大不掉,与后来的中央朝廷抗衡。隋朝建立之后,采取了一个重大的举措,就是废除九品中正制,初步建立科举制①,到唐代进一步完善,就确立了中国中世纪后期的官吏铨选制度。

这一制度的确立具有重要的历史意义。它改变了魏晋以来门阀世族把持朝政,形成严格的社会等级的局面,任何人,无论他的出身是什么,都可以通过特定考试跻身于社会上层。于是,官吏的铨选有了相对公平的标准,有利于人才的选拔。正是因为有这种制度,中国古代社会才没有形成西方中世纪社会的那种等级制度。

无论什么考试,都是对参加考试的人的某种能力和水平的检查。科举考试就是对预备的官吏的某种能力和水平的考核,学而优则仕至此才真正成为现实。由于受中国传统儒学的价值取向的影响,科举考试对知识分子是一种极大的鼓励,是一身的功名之所在。因此,科举考试的内容就对一般学子学习的内容产生了巨大的导向作用。从隋唐开始,中国的科举考试就是以儒家学说特别是儒家经典为主要内容的。

《隋书》记载,高祖文皇帝就想废除九品中正制,命诸州岁贡三人,开皇十八年(598 年),又命"京官五品以上、总管、刺史以志行修谨、清平干济二科举人"。② 这就是科举考试的滥觞。炀帝更设进士科,专以

---

① 参见王浦:"炀帝嗣兴,又变前法,置进士等科。"《唐会要》卷 76《制科举》,中华书局 1955 年版,第 1391 页。

② 《隋书》卷 2《高祖纪》下。

文章取士,标志着科举考试制度的正式建立。隋朝建立的科举制度到唐朝得到完善。"唐制,取士之科,多因隋旧,然其大要有三。由学馆者曰生徒,由州县者曰乡贡,皆升于有司而进退之。其科之目,有秀才,有明经,有俊士,有进士,有明法,有明字,有明算,有一史,有三史,有《开元礼》,有道举,有童子,而明经之别有五经,有三经,有学究一经,有三《礼》,有三《传》,有史科。此岁举之常选也。其天子自诏者曰制举,所以待非常之才焉。"①取士开科的名目虽然繁多,但主要的却是明经和进士二科。特别是进士科,成为众多知识分子渴望跻身上流社会的主要途径。

科举考试对儒学的促进不在于考试的制度,而在于考试的内容和方法。在上述重要的科目中,考试的内容就是儒学的学说和经典。"凡秀才,试方略策五道,以文理通粗为上上、上中、上下、中上,凡四等为及第。凡明经,先帖文,然后口试,经问大义十条,答时务策三道,亦为四等。凡《开元礼》,通大义百条,策三道者,超资与官;义通七十、策通二者,及第;散试官能通者,依正员。凡三传科,《左氏传》问大义五十条,《公羊》、《穀梁传》三十条,策皆三道,义通七以上、策通二以上为第;白身视五经,有出身及前资官视学究一经。凡史科,每史问大义百条、策三道,义通七、策通二以上为第。能通一史者,白身视五经、三传,有出身及前资官视学究一经;三史皆通者,奖擢之。凡童子科,十岁以下能通一经及《孝经》、《论语》,卷诵文十通者予官,通七予出身。凡进士,试时务策五道,帖一大经,经策全通为甲第;策通四、帖过四以上为乙第……"②在各经中,《礼记》、《春秋左氏传》为大经;《毛诗》、《周礼》、《仪礼》为中经;《周易》、《尚书》、《春秋公羊传》、《谷梁传》为小经。所谓"通四经"就是要通两部大经、中小各一经,"通三经"就是要在大、中、小经

---

① 《新唐书》卷44《选举志》上。
② 同上书。

中各通一经,"通二经"就是要大小经各通一经或者通两部中经。考试中的贴经就是遮住经书只留一行,并且在这一行中用纸贴住中间三个字,然后让考生说出被贴住的这三个字。显然,这种考试方法,就是要求考生熟读经典甚至是背诵经典。

正是这种科举考试制度,对儒学的复兴起了积极的促进作用。一方面,政府为了统一标准答案,积极组织对经典的整理,统一经典的版本,颁行新刊五经,并组织编纂《五经正义》,从而使得经典的考试有了统一的标准。另一方面,士子们为了应试科举,成天刻苦读经,钻研儒学的经典。于是,儒学的讲习在社会上蔚然成风,儒学也就在这种条件下得到了恢复和发展。

3. 儒学对佛教的批判

但是,从总体上说,隋唐时期最具学术影响的不是儒学,而是佛教。科举考试只是促进了儒学的讲习,后者的目的性十分明确,就是应试科举,它所做的工作主要就是解释和记诵,除了经学尚在汉学的基础之上有所发展之外,殊少学术的创造性。一种学说的学术生命不在于对它的简单解释和记诵,如果它仅仅被当做是某种考试的标准,那么它非但不能由此获得学术生命的勃发,相反,还会被扼杀其学术的创造力。所以,这一时期的儒学从总体上说是比较沉寂的,而佛教的发展却显得红红火火,大有取儒学而代其主流文化地位的趋势。因此,儒学在这一时期的发展,就必然面临一个重要的学术任务,那就是抗衡和批判佛教。

如上所述,佛教在中国的发展始终是与本土文化的矛盾、冲突相伴的。隋唐统治者出于政治的目的提倡佛教,同样也可能因为政治的原因反对佛教。不管佛教怎样宣称自己的学说如何高明,如何涵括了儒学和道家的思想,但有一个不争的事实,那就是佛教主张出世修行,超越现实生活,于经邦济世无干。因而,它始终无法成为一个社会的统治思想。维护社会生活秩序,还得用中国本土的儒学。①而隋唐佛教的兴盛,对儒学的这种主导地位产生了威胁,就不可避免地引起了儒学为维护自己的主导地位而展开的对佛教的斗争,这种斗争有时候还得到统治者的支持甚至是由统治者直接发起的。

隋唐之际,由于战乱的原因,许多人都投身佛门以避祸。唐朝统一天下之后,全国的编户仅二百万,而天下的僧尼却有几十万人之巨。这种状况显然不利于唐初的社会发展。李唐立国后不久,高祖武德七年(624年)太史令傅奕有感于佛教对社会的危害,向高祖皇帝上疏,请除佛法。他说:"佛在西域,言妖路远,汉译胡书,恣其假托。故使不忠不孝,削发而揖君亲;游手游食,易服以逃租赋。演其妖书,述其邪法,伪启三途,谬张六道,恐吓愚夫,诈欺庸品。凡百黎庶,通识者稀,不察根源,信其矫诈。乃追既往之罪,虚规将来之福。布施一钱,希万倍之报;持斋一日,冀百日之粮。遂使愚迷,妄求功德,不惮科禁,轻犯宪章……且生死寿夭,出于自然;刑德威福,关之人主。乃谓富贵贫贱,功业所招,而愚僧矫诈,皆云由佛。窃人主之权,擅造化之力,其为害政,良可悲矣。"②傅奕认为,佛教作为外来的蛮夷之教不适合于中国,对中国的社会生活有不良影响甚至是危害。首先,它在理论上进行欺诈,用恐怖的东西去吓唬民众,以虚假的幸福进行诱惑。其次,它造成了对社会生活正常秩序的破坏,特别是对纲常伦理的破坏。第三,它对社会政治经济也造成了不良的影响。所以,他奏请废除佛教。高祖李渊付群臣议决,有人支持,也有人反对。不久,李渊发布《沙汰僧道诏》。

后来仍然有不少的人继续反佛。其著者如武则天时的狄仁杰、中宗时的韦嗣立和辛替否等、玄宗时的姚崇、德宗时的张镐等等,兹不详

---

①　当然,还有法家等学派的思想,但由于传统儒学有着极大的包容性,它已经将本土其他各学派的思想容摄到自己的体系当中。所以,学界普遍认为,中国传统的主流文化,实际上是阳儒阴法。

②　《旧唐书》卷79《傅奕传》。

述。但在唐朝所有的反佛斗争中，最有影响、最有学术价值并且最能够代表儒佛之争的就是韩愈的反佛。

元和十四年，唐宪宗敕从凤翔法门寺迎奉佛指骨舍利，先在宫中供养三天，然后送京城各寺礼敬。这一事件，再次掀起了全国的宗教狂热。"凤翔法门寺有护国真身塔，塔内有释迦文佛指骨一节，其书本传法，三十年一开，开则岁丰人泰。十四年正月，上令杜英奇押宫人三十人，持香花，赴临皋驿迎佛骨。自光顺门入大内，留禁中三日，乃送诸寺。王公士庶，奔走舍施，唯恐在后。百姓有废业破产、烧顶灼臂而求供养者。"①

韩愈素不喜佛，对宪宗此举甚为不满，于是便上《谏迎佛骨表》，云：

"伏以佛者，夷狄之一法耳。自后汉始流入中国，上古未尝有也。……汉明帝始有佛法，明帝在位，才十八年耳。其后乱亡相继，运祚不长。宋、齐、梁、陈、元魏已下，事佛渐谨，年代尤促。惟梁武帝在位四十八年，前后三度舍身施佛，宗庙之祭，不用牲牢，昼日一食，止于菜果。其后竟为侯景所逼，饿死台城，国亦寻灭。事佛求福，乃更得祸。由此观之，佛不足信，亦可知矣。

高祖始受隋禅，则议除之。当时群臣识见不远，不能深究先王之道、古今之宜，推阐圣明，以救斯弊，其事遂止。臣尝恨焉！伏惟皇帝陛下神圣英武，数千百年以来未有伦比。即位之初，既不许度人为僧尼、道士，又不许别立寺观。臣当时以为高祖之志，行于陛下之手。今纵未能即行，岂可恣之转令盛也！

今闻陛下令群僧迎佛骨于凤翔，御楼以观，舁入大内，令诸寺递迎供养。臣虽至愚，必知陛下不惑于佛，作此崇奉以祈

---

① 《旧唐书》卷160《韩愈传》。

福祥也。直以年丰人乐,徇人之心,为京都士庶设诡异之观、戏玩之具耳。安有圣明若此而肯信此等事哉?然百姓愚冥,易惑难晓,苟见陛下如此,将谓真心信佛。皆云天子大圣,犹一心敬信;百姓微贱,于佛岂合惜身命。所以灼顶燔指,百十为群,解衣散钱,自朝至暮。转相仿效,唯恐后时,老幼奔波,弃其生业。若不即加禁遏,更历诸寺,必有断臂脔身以为供养者。伤风败俗,传笑四方,非细事也。

佛本夷狄之人,与中国言语不通,衣服殊制。口不道先王之法言,身不服先王之法行,不知君臣之义、父子之情。假如其身尚在,奉其国命,来朝京师,陛下容而接之,不过宣政一见,礼宾一设,赐衣一袭,卫而出之于境,不令惑于众也。况其身已死久,枯朽之骨,凶秽之余,岂宜以入宫禁?孔子曰:敬鬼神而远之。古之诸侯,行吊于国,尚令巫祝先以桃茢,祓除不祥,然后进吊。今无故取朽秽之物,亲临观之,巫祝不先,桃茢不用,群臣不言其非,御史不举其失,臣实耻之。乞以此骨付之水火,永绝根本。断天下之疑,绝后代之惑。使天下之人,知大圣人之所为出于寻常万万也,岂不盛哉!岂不快哉!佛如有灵,能作祸祟,凡有殃咎宜加臣身。上天鉴临,臣不怨悔。"①

在此,韩愈首先从正反两个方面用历史的事实证明,企图依靠佛教来乞求国泰民安,是绝对没有依据的。其次,他指出,佛教愚民,危害邦国。第三,他强调儒家"敬鬼神而远之"的思想,认为佛骨只是一个腐朽之物,不仅没有灵验,而且会污秽宫廷。最后主张将这个伤风败俗的污秽之物付诸水火,永绝后患。在此表中,他表现出了大无畏的精神,敢于承担由此引起的一切后果。

---

① 韩愈:《昌黎先生集》卷39《谏迎佛骨表》。

与前此的反佛者不同,他不再是仅仅从佛教的社会危害上批判佛教,而是坚定地站在儒学的立场上反对佛教,提出坚持禹、汤、文、武、周公、孔、孟一脉相传的道统,以孔孟之道批判佛教:"不塞不流,不止不行。人其人,火其书,庐其居。明先王之道以道之,鳏寡孤独废疾者有养也,其亦庶乎其可也。"①

遗憾的是,唐宪宗迎佛骨不仅仅是出于对佛教的尊崇,而且还有其政治的目的,因此,他不但没有听从韩愈的劝谏,相反,还对他进行打击,将韩愈由刑部侍郎贬为潮州刺史。

二、王通对儒学的张扬

隋代的儒学发展状况已如上述,终隋之世,除了经学方面还有点成就之外,在儒学的发展史上,值得一书的就只有王通。

王通(580—617年) 字仲淹,河东郡龙门通化(今属山西万荣县)人。出生于诗书世家,自幼习儒学。曾经上书隋文帝,陈太平策十二道,以为"尊王道,推霸略,稽进验古,恢恢乎运天下于指掌矣"。② 但没有得道采纳,故退而居于乡里,续诗书、正礼乐、修元经,以授徒为业。朝廷累次征召,都坚辞不受。逝世后,门人私谥"文中子"。著有《十二策》、《续六经》、《中说》等,现存的唯有《中说》,又称《文中子》或《文中子中说》。

1. 弘儒重道

王通年轻时就"慨然有济苍生之心",一生以弘扬儒学,追求孔孟之

---

① 韩愈:《昌黎先生集》卷 11《原道》。
② 《文中子》序。

道为己任。"夫子生当天下乱,莫予宗之,故续诗书、正礼乐、修元经、赞易道,圣人之大旨、天下之能事毕矣。仲尼既没,文不在兹乎!"① 他著《中说》,就是模仿《论语》的体裁,记载着他与弟子们的对话和讨论。他死后,其弟子们因此私谥为"文中子"。

王通对儒学的尊崇是受其家学渊源的影响。《文中子》载:"盖先生之述曰《时变论》六篇,其言化俗推移之理竭矣。江州府君之述曰《五经决录》五篇,其言圣贤制述之意备矣。晋阳穆公之述曰《政大论》八篇,言帝王之道著矣。同州府君之述曰《政小论》八篇,其言王霸之业尽矣。安康公之述曰《皇极谠义》九篇,其言三才之去就深矣。铜川府君之述曰《兴衰要论》七篇,其言六代之得失明矣。余小子获睹成训,勤九载矣。服先人之义,稽仲尼之心,天人之事,帝王之道,昭昭乎!"② 这里所涉及的人物都是王通的先祖,从他们的著述来看,都不是经师塾儒之作,而是对儒学精神的阐扬。正是在这种家学渊源的影响之下,王通才以追求孔孟之道为自己的终身目的。

王通对孔子极为尊崇,特别是对推行三纲五常不遗余力。"子游孔子庙,出而歌曰:大哉乎! 君君臣臣、父父子子、兄兄弟弟、夫夫妇妇,夫子之力也,其与太极合德、神道并行乎!"③ 在经过长时期的动乱之后,君臣父子纲常经常被人淡忘,"仲尼之述,广大悉备,历千载而不用,悲夫!"王通在这个时候大力鼓吹,就是希望能够复兴儒学,让儒学重新成为社会生活的指导思想。"先师之职也不敢废,焉知后之不能用也。"④

和传统儒学一样,他也以三代圣王之治为理想的政治。"唐虞之道直以大,故以揖让终焉,必也有圣人承之,何必定法? 其道甚阔,不可格于后。夏商之道直以简,故以放弑终焉,必也有圣人扶之,何必在我?

---

① 《文中子》序。

② 王通:《文中子·王道》。

③ 同上。

④ 王通:《文中子·关朗》。

其道亦旷,不可制于下。如有用我者,吾其为周公之所为乎!"① 但是,他的思想和前儒甚至后儒都有明显的不同。传统儒学以唐虞三代为理想社会,强调效法先王。而王通则认为,唐虞三代之法不可效。因为唐虞之道必须要有"圣人承之",所以不能作为后世的范式;夏商之道必须有"圣人扶之",也不能为后世的定制。他所尊奉的是周公、孔子所确定的社会制度,并且认为汉代就是它的典型实践。"二帝三王,吾不得而见也,舍两汉将安之乎? 大哉七制之主,以其仁义公恕统天下乎? 其役简,其刑清,君子乐其道,小人怀其生,四百年间天下无二志,其有以结人心乎? 终之以礼乐,三王之举也。"②

按照后儒的观点看来,两汉并非是理想的社会,只有三代才是王道理想,而到了汉代,则已经是霸道的天下了。为什么王通会以汉代为理想社会呢? 这就是因为历史的原因。中国自秦统一之后,汉代是享国最久的统一朝代。此后,国家就一直陷入分裂战乱之中,乱哄哄你方唱罢我登场,帝王像走马灯似地换,社会经济和秩序受到极大的破坏。民众饱受分裂战争之苦,期盼着国家的统一。正是在这种情况之下,王通才以汉代作为理想的朝代。他的标准不是后来的王霸之争,而是社会的安定与繁荣。他认为,汉代将儒学定于一尊,确立了三纲五常的基本社会秩序,就是对周孔之道的最好继承。"吾于天下,无去也,无就也,惟道之从。"③ 这个道就是周公创立而由孔子述作的儒学之道,三纲五常之道。

王通就是以继承这一大道为己任,并以这一大道的继承者自居。他说:"吾视千载已上,圣人在上者,未有若周公焉,其道则一,而经制大备,后之为政,有所持循;吾视千载而下,未有若仲尼者,其道则一,而述

---

① 王通:《文中子·天地》。
② 同上。
③ 同上。

作大明,后之修文者,有所折中矣。千载而下,有申周公之事者,吾不得而见也;千载而下,有绍宣尼之业者,吾不得而让也。"① 在此,王通显示出了和孟子一样的气概。当孟子面对战国的纷争,天下大乱的时候,立志以仁义之道统一天下,四处游说诸侯,并且根据他假设的"五百年必有王者兴"的规律,认为已经到了出一个平治天下的王者了,于是就满怀豪情的宣称:"如欲平治天下,当今之世,舍我其谁也!"② 如果说,孟子说这番话表达了他对挽救社会危机的忧患,那么,王通的"吾不得而让"则反映了他复兴儒学的历史使命感。

王通所复兴的儒学不是经学,不是复古读经,而是复兴儒学的思想,复兴儒学精神。所以,他反对对儒学经典寻章摘句的解释,鄙视对儒学典籍做形式上的理解,而追求它的精神实质。"李伯药见子而论《诗》,子不答。伯药退,谓薛收曰:'吾上陈应、刘,下述沈、谢,分四声八病,刚柔清浊,各有端绪,音若埙篪,而夫子不应。我其未达欤?'薛收曰:'吾尝闻夫子之论《诗》矣,上明三刚,下达五常,于是征存亡、辨得失。故小人歌之以贡其俗,君子赋之以见其志,圣人采之以观其变。今子营营驰骋于末流,是夫子之所痛也,不答则有由矣。'"③ 孔子说,诗言志。儒者论诗,不是玩味于它的韵律,而是表达或者领会其中的要义,学者要把握的绝不是经典形式上的东西,而是它的精神实质。

隋代著名经学家刘炫曾著《五经正名》,极其考辨之能。他与王通讨论经典的时候,也受到王通的指责。"刘炫见子谈六经,倡其端终日不竭。子曰:'何其多也。'炫曰:'先儒异同,不可不述也。'子曰:'一以贯之可矣。尔以尼父为多学而识之耶?'炫退,子谓门人曰:'荣华其言,小成其道,难以哉!'"④ 不可否认,要正确深刻地理解经典,离不开对

---

① 王通:《文中子·天地》。
② 孟轲:《孟子·公孙丑下》。
③ 王通:《文中子·天地》。
④ 王通:《文中子·周公》。

经典的文句解释和考定,但是,如果将主要精力放在对经典文句的解释与考证,那么就不可能深刻地理解经典的意义。刘炫所做的工作是对经典的解释,但他却将自己限制在解释的境界,而王通追求的是对义理的把握,是对精神实质的理解。得鱼而忘筌,得意而忘言。这就是一个经学家和一个思想家之间的区别。

《文中子》还记载了王通与魏征的一段对话。"魏征曰:'圣人有忧乎?'子曰:'天下皆忧,吾独得不忧乎?'问疑,子曰:'天下皆疑,吾独得不疑乎?'征退,子谓董常曰:'乐天知命,吾何忧? 穷理尽性,吾何疑?'常曰:'非告征也,子亦二言乎?'子曰:'征所问者迹也,吾告汝者心也。心迹之判久矣,吾独得不二言乎?'常曰:'心迹固殊乎?'子曰:'自汝观之则殊也,而适造者不知其殊,各云当而已矣,则夫二未违一也。'"①如果说,上一段所引王通与刘炫的讨论涉及的主要是经典的形式与内容的话,那么,这里所说的主要就是内容和精神实质的关系,它是对经典更深层次的理解。这就是王通讲的心与迹的关系。所谓"迹",是圣人在经典中所表达的可以直接把握的思想内容,根据文句的理解就能够领会;而所谓"心"则是经典表达的思想内容中的精神实质,迹是潜表的意思,而心则是思想的精髓。心深藏在迹之中,没有迹,心无法展现;迹是心的外显,没有心,迹就没有了灵魂。所以,二者并不矛盾,而只反映经典义理的层次性。一般人往往满足于对迹的把握,而忽略了对心的领悟,王通就是要学者用心去体会,以己之心通于圣贤之心。

可见,王通对于儒学的弘扬,不是在于形式,而是在于它的学术精神,它的思想精髓。

2. 崇仁贵礼

王通复兴儒学,他所推崇的就是儒学强调的君臣、父子、夫妇和仁、

---

① 王通:《文中子·问易》。

义、礼、智、信的三纲五常之道。他赞美孔子确立君臣、父子、夫妇、兄弟的伦常秩序是与太极合德,与鬼神并行,认为它们立上下、序长幼、定尊卑,使人们的行为有所依循,从而构成并且维护着社会生活的基本秩序和人际关系的和谐。所以,他将此概括为"道"。

"薛收问仁,子曰:'五常之始也。'问性,子曰:'五常之本也。'问道,子曰:'五常一也。'"① 在五常之中,王通首推的是"仁",这不仅仅是仁在五常中顺序排列在前面,而是认为仁是五常的基础,没有仁,义、礼、智、信都将缺乏根基。义而无仁流于匹夫之勇,礼而无仁往往堕入乡愿,智而无仁是狡诈,信而无仁是固执。他以性为五常之本,说明人本身的重要性,五常作为人们行为的基本原则,能不能起到规范人们行为、维护社会生活秩序的作用,关键在于人,在于人对它们的认同与自觉。五常的现实可能性,就是因为它们符合人的本性,是从人的本性中引申出来的。这是对孟子思想的概括。孟子曾经说过,仁义礼智根于心,是性中原本就有的。故云,恻隐之心,仁之端也;羞恶之心,义之端也;恭敬之心,礼之端也;是非之心,智之端也。仁、义、礼、智、信都根于心,立于性。而道,则是五常的概括,是五常共同体现出来的精神实质。

正是本于这种认识,王通才将"行道"寓于五常的践履之中。"贾琼、薛收曰:'道不行,如之何?'子曰:'父母安之,兄弟爱之,朋友信之,施于有政,道亦行矣。奚谓不行?'"② 道虽然崇高,但却并非高不可攀,更不是脱离现实的生活。孟子说,达则兼善天下,穷则独善其身。换句话说,道之行也有两个层次,一是行于天下,在这方面,道行与不行在于君主;二是行于己身,行与不行则完全在乎自己。

对一般人而言,行道主要是后一方面,而对于统治者而言,行道则两个方面都应该做到,前一个方面是后一个方面的基础。"仁义,其教

① 　王通:《文中子·述史》。
② 　同上。

之本乎？先王以是继道德而兴礼乐者也。"① "事者,其取诸仁义而有谋乎？虽天子必有师,亦何常师之有！惟道所存,以天下之身,受天下之训,成天下之务,民不知其由也,其惟明主乎！"② 所以,他要求统治者无论在什么情况之下,无论在处理什么事情之时,都要坚持仁义,践履仁义。"楚公问用师之道,子曰:'行之以仁义。'曰:'若之何决胜？'子曰:'莫如仁义,过此,败之招也。'"③ "李密见子而论兵,子曰:'礼信仁义,则吾论之;孤虚诈力,吾不与也。'""李密问王霸之略,子曰:'不以天下易一民之命。'李密出,子谓贾琼曰:'乱天下者必是夫也。幸灾而念祸,爱强而愿胜,神明不与也。'"④ 也许,王通的思想有些迂腐,不切实际,但却是符合儒家以仁义为干橹的一贯传统的精神实质的。

除了强调仁义之外,王通也十分重视礼。"或曰:'君子仁而已矣,何用礼为？'子曰:'不可行也。'或曰:'礼岂为我辈设？'子不答。既而谓薛收曰:'斯人也,旁行而不流矣,安知教意哉！有若谓先王之道斯为美也。'"⑤ 仁义是一种精神、一种境界和胸怀、一种德性,但仅有仁义是不够的,还需要礼的约束和规范,只有这样,才能真正实现社会生活的良好秩序和人际关系的和谐。礼之用,和为贵。不知礼就无以行。那种轻视礼甚至不要礼的人,必定是在社会生活中横行霸道,不受欢迎的人。

因此,王通认为,在维护社会生活秩序方面,礼具有十分重要的作用。他说:"礼,其皇极之门乎？圣人所以向明而节天下也。其得中道乎？故能辨上下、定民志。"⑥ 在他看来,礼的社会作用主要是维护社

① 王通:《文中子·礼乐》。
② 王通:《文中子·礼乐》。
③ 王通:《文中子·问易》。
④ 同上。
⑤ 王通:《文中子·天地》。
⑥ 王通:《文中子·礼乐》。

会生活秩序,为人们的行为确立正确的规范,为人际之间的关系确立和谐的范式,定上下,序尊卑。没有礼,这个社会就会一片混乱。

故他又说:"冠礼废,天下无成人之道矣;昏礼废,天下无家道矣;丧礼废,天下遗其亲矣;祭礼废,天下忘其祖矣。呜呼!吾未如之何也已矣!"[①] 礼是一种行为规范、是一种礼仪、是一种制度,更是一种生活方式和价值观念。冠礼不仅仅是少年成人的一种仪式,它标志着一种精神和境界的转变,一种观念的培育;婚礼不仅仅是迎娶拜堂,它是一个家庭的建立,代表着责任和义务;丧礼不仅是送死安葬,它体现的是一种亲情、一种哀思,表达的是对死者尊敬的观念;祭礼不仅是奉献牺牲,它是一个家族团结的纽带,是凝聚与和睦的象征。

王通将道概括为三纲五常之道,反映了他所处的时代的社会生活现实,也是他从现实生活出发,为复兴和弘扬儒学所做的努力。

3. 三教可一

自晋、宋之后,佛教在统治者的支持之下势力日渐增长,道教也有了长足的发展,而儒学却在动乱中失去了在汉代所确定的独尊的地位。在这种历史条件下,儒学的发展就不得不面临佛教和道教的挑战。王通矢志复兴儒学,因而也要回答儒学如何处理与佛教和道教的关系。在这方面,王通的思想也很有自己的特点。他提出的主张是:"三教可一"。

当时,佛教和道教的势力已经很强大,有的儒者主张废除二教,王通以为不能简单的这样处理。"程元曰:'三教如何?'子曰:'政恶多门久矣。'曰:'废之,何如?'子曰:'非尔所及也,真君建德之事,适足以推波助澜、纵风止燎尔。'"[②] 王通也不满于三教并行,从儒学的立场出

---

① 王通:《文中子·礼乐》。
② 王通:《文中子·问易》。

发,他不可能容许佛教和道教与儒学并立,但他又认为简单地废除也不是解决问题的办法。在他看来,魏太武帝、北周武帝的灭佛不仅未能达到消灭佛教的作用,相反,还促进了佛教以更快的速度发展。①

王通认为,佛教和道教都不是维护社会生活秩序最好的学说,不能以它们作为社会的指导思想。"或问佛,子曰:'圣人也。'曰:'其教何如?'曰:'西方之教也,中国则泥,轩车不可以适越,冠冕不可以之胡,古之道也。'"② 他不否认佛教的意义和作用,但是,佛教作为西方的学说,它也许适应产生它的那个社会,却与中国的社会不相适应。不同的思想文化有不同的社会历史背景,并不是任何学说都适应一切地方。"或问长生神仙之道,子曰:仁义不修,孝悌不立,奚为长生? 甚矣人之无厌也。"③ 从这句话来看,他似乎认为道教比佛教更加荒谬,追求长生不仅是无稽之谈,而且反映了人的一种贪婪。更重要的是,佛教和道教都追求出世修行,无君父、舍妻子,不修仁义,不讲孝悌,根本就不能在中国推行,更不能用以指导中国的社会生活。

尽管他也反对佛教和道教,但作为一个思想家,王通在这一点上表现出比其他人更多的理性。前此的人在反对佛教、道教的时候,往往指责它们祸国殃民,而王通不同意这种观点。他说:"诗书盛而秦世火,非仲尼之罪也;虚玄长而晋室乱,非老庄之罪也;斋戒修而梁国亡,非释迦之罪也。《易》不云乎? 苟非其人,道不虚行。"④ 一个政权的覆亡,起决定性作用的因素是人,而不是某种学说。任何学说不管它有什么性

---

① 按:真君指魏太武帝的年号太平真君,太平真君七年(446 年),魏太武帝下令灭佛。建德指北周武帝年号,建德六年(577 年)周武帝宣布毁佛,扫荡境内一切佛塔,命僧尼还俗者几三百万人,是中国历史上灭佛力度最大的一次。但次年周武帝崩,佛教又复起。

② 王通:《文中子·周公》。

③ 王通:《文中子·礼乐》。

④ 王通:《文中子·周公》。

质的作用，没有人去利用他、夸大它，它也起不了任何作用。讲晋梁之亡的根本原因归之于老庄释氏，这既不符合历史的事实，也是不公正的态度。

因而，对于三教之间的关系，王通不是简单地要求废除佛、道，而是认为"三教可一"："子读《洪范谠义》，曰：'三教于是乎可一矣。'程元、魏征进曰：'何谓也?'子曰：'使民不倦。'"①"使民不倦"是儒学的传统观念，是一种仁政的爱民思想，被历代学者所提倡。《洪范谠义》是一部什么书，隋唐两朝正史没有记载，无法确考。王通是读到什么内容之后所发的这种感慨，也因其语焉不详而不可确知。但是，他讲的三教可一之"一"，应该不是平行地统一、合一，而应该是以儒学去"一"其他两教，通过容纳、融会最终消融其他两教。另外，这句话也可以做另外的解释，即：王通在这里是说，三教的思想尽管各自有不同的主张，相互间存在种种矛盾和冲突，但他受《洪范谠义》的启示，发现了它们也有一致的地方（或者说是可以达成一致见解的地方），那就是"使民不倦"。究做何解，恐难卒下断语。②

但不管做何理解，有一点可以肯定，那就是王通不是简单地站在儒学的立场上排斥佛教和道教，而是主张对它们进行理性的反思，从而找到某种融通的道路。在某种意义上，我们可以这样说，王通的这种思想，实开宋明理学吸收佛教道教的先河。在儒学发展史上，王通的学说具有重要学术意义的是，在他的思想中，有不少与宋明理学相通的因

---

① 王通：《文中子·问易》。

② 有学者说，王通认为"三教各有其长，亦各有其短，应该以传统儒学为主体，'通其变'，发挥各家的长处，而不要'执其方'，固执一家之说。因此，所谓'三教可一'，不是三教合一，组成一个新的宗教，而是'可一'于'使民不倦'这一传统儒学的政治教化目的。所以，王通的'三教可一'的思想，不是纯粹学术性观点，而是带有明显政治教化性质的实用观点。"（参见《中国儒学史》，中州古籍出版社1991年版，第463页）可备一说。

素。下面我们录一段话进行分析：

"子曰：'气为上，形为下，识都其中，而三才备矣。气为鬼，其天乎？识为神，其人乎？吾得之理性焉。'薛收曰：'敢问天神人鬼，何谓也？周公其达乎？'子曰：'大哉周公！远则冥诸心也。心者非他也，穷理者也。故悉本于天。推神于天，盖尊而远之也，故以祀礼接焉。近则求诸己也，己者非他也，尽性者也。卒归之人，推鬼于人，盖引而敬之也，故以享礼接焉。古者观盟而不荐，思过半矣。'薛收曰：'敢问地祇。'子曰：'至哉！百物生焉，万类形焉，示之以民，斯其义也。形也者非他也，骨肉之谓也，故以祭礼接焉。'收曰：'三者何先？'子曰：'三才不相离也，措之事业，则有主焉。圆丘尚祀，观神道也；方泽贵祭，察物类也；宗庙用享，怀精气也。'收曰：'敢问三才之蕴。'子曰：'至哉问乎！夫天者统元气焉，非止荡荡苍苍之谓也；地者统元形焉，非止山川丘陵之谓也；人者统元识焉，非止圆首方足之谓也。乾坤之蕴，汝思之乎？'"①

这段话的学术风格、致思路径、探讨对象和范围都与秦汉儒学有所不同，而与宋明理学更加接近。首先，他以穷理尽性来解释天地人三者之间的关系，通过人的穷理尽性来连通人与天地的关系，这种致思的路径与理学若合符节；其次，他对心与人给予了一种富于思辨性的解释。他以"心"为"穷理"，直认心非血肉实体，而是一种精神活动，将"己"则规定为"尽性"，这就使人主体化，高扬了人的主体能动性，表现出一种抽象的思辨；再次，他探讨的范围虽然与秦汉儒学没有根本的差别，但他提出的问题却表现出与前者不同的学术风格。

另外，他注重"道"，力图提出一个儒学的一贯之道，并且以承接和光大这个道自命，反映他对儒学复兴的关注已经涉及到传统的建立。而且，后来的理学家所提出的"道统"，在他的思想中也有明显的表达。他说："'人心惟危，道心惟微'，言道之难进也。故君子思过而预防之，

---

① 王通：《文中子·立命》。

所以有诚也……'惟精惟一,允执厥中',其道之谓乎?"① 伪《古文尚书》中说的"人心惟危,道心惟微,惟精惟一,允执厥中"被后来的理学视为儒学古圣一脉相传的"道统",王通已经明确地将它与他所崇尚的"道"紧密联系在一起,理学的道统已经呼之欲出了。所以,在某种意义上,我们可以说,王通是儒学发展史上承先启后的重要人物,他所承的是孔孟原儒,而其所启,则直接宋明理学。这就是王通的学说在儒学发展史上的学术地位。

三、韩愈、李翱对儒学的发展

韩愈(768—824年) 字退之,河南南阳(今河南孟县)人,因其祖籍昌黎,故世人称其为昌黎先生。幼孤,由嫂抚养成人。他25岁中进士,任监察御史,旋因故贬为阳山令。永贞元年(805年)赦还,先后任国子博士、刑部侍郎等职,因谏迎佛骨事,被贬潮州刺史,后官至吏部侍郎、御史大夫。死后谥"文",世称韩文公。在唐代寥若晨星的儒家学者中,韩愈是一个十分重要的人物,他不仅因为反佛而著称于世,而且更因为他发起了古文复兴运动,建立了儒学的道统,后来苏轼称赞他"文起八代之衰,道济天下之溺"。他一生有很多著述,版本也有很多,其中流行最广的是《韩昌黎文集》和《昌黎先生文集》。代表其儒学思想的主要有五原,即《原道》、《原性》、《原人》、《原鬼》和《原毁》。

李翱(772—841年) 字习之,陇西成纪(今属甘肃)人,26岁中进士,历任国子博士、庐州刺史、中书舍人、山南东道节度使等,早年家贫,勤奋读书,后师从韩愈。在儒学的发展史上,他沿着韩愈的思想继续探讨人性问题,其思想有着重要的学术价值。他的著作有《李文公集》,其

① 王通:《文中子·问易》。

中最能代表他的儒学思想的是《复性书》三篇。

1. 道统论

韩愈是唐代反佛最主要的代表。他不是仅仅从政治经济的角度揭示佛教的社会危害,更是站在儒学的立场上,以传统儒学的理论来批驳佛教的荒谬。唐朝的佛教宗派有一个特点,那就是都比较注重自己的"法统",从唐代的宗主一直上溯到释迦牟尼及其弟子,这一"法统"的学术意义就是,各宗都标榜自己的学说是直接从佛祖那里一代一代传递下来的,属于佛教的正宗。这种衣钵相传就使得各宗各派能够保证香火不熄,永流真传。儒学历来强调法先王、尊孔孟,那么,千百年来的儒学发展有没有一个世代相传的"统"(即不变的精神主旨)? 孔子说:吾道一以贯之。这个一以贯之的"统"究竟是什么? 又是怎样世代相传的? 这就是韩愈道统说提出的学术背景。

韩愈指出,儒学的发展经历了许多的坎坷,并不是一帆风顺的,因而也曾经出现了断裂。"周道衰,孔子没。火于秦,黄老于汉,佛于晋、魏、梁隋之间。其言道德仁义者,不入于杨,则入于墨;不入于老,则入于佛;入于彼,必出于此。入者主之,出者奴之;入者附之,出者汙之。噫! 后之人其欲闻仁义道德之说,孰从而听之?"[①] 这即是说,儒学自从孔子创立之后,就一直走着曲折发展的道路。其实,韩愈在这里是夸大了实际的情况。儒学在汉代被定于一尊,辉煌了数百年,然后才能够一直流传下来,而先秦诸子中有不少流派却没有能够一直沿传下来。究其原因,就是儒学的思想比其他学派的思想更适合中世纪小农自然经济和血缘家庭的社会现实,特别是它提出的一整套理论,能够很好地维护社会生活的基本秩序。所以,才既获得了统治者的支持,又能够得到民众的认同。魏晋之后,儒学式微,玄、佛、道相继兴起,这才造成了

---

① 韩愈:《韩昌黎文集》卷 11《原道》。

对儒学统治地位的威胁。韩愈复兴儒学,正是要重新建立儒学的权威。

在唐代形成鼎立的儒、释、道三教中,道家是避世的,佛教是出世的,它们都追求彼岸世界的幸福,追求超越的完善,从而轻视现实社会生活。因此,在它们的学说中,就缺乏对现存社会秩序合理性的论证与维护的完整的体系,不能作为现实社会生活具有普遍意义的指导思想。而儒学则是积极入世的,它以济世安民为己任,追求现实社会生活的完善,将个体的完善寓于社会的完善之中。所以,儒学就提出了一整套论证和维护社会生活秩序的理论。"是故君者,出令者也;臣者,行君之令而致之民者也;民者,出粟米麻丝,作器皿、通货财,以事其上者也。君不出令,则失其所以为君;臣不行君之令而致之民,则失其所以为臣;民不出粟米麻丝,作器皿、通货财以事其上,则诛。今其法曰:必弃而君臣,去而父子,禁而相生养之道,以求其所谓清净寂灭者。呜呼!其亦幸而出于三代之后,不见黜于禹、汤、文、武、周公、孔子也;其亦不幸而不出于三代之前,不见正于禹、汤、文、武、周公、孔子也。"① 在社会分工方面,儒学提出了士农工商的本末思想;在社会伦理方面,儒学提出了三纲五常的基本原则。这一经一纬相互交织,就构成了社会生活的基本秩序和人际关系的和谐。而道教和佛教却鼓励人们抛弃君父,舍弃妻子,远离社会生活去追求彼岸世界的幸福,这就必然给社会和百姓造成极大的危害。

韩愈又说:"传曰:'古之欲明明德于天下者,先治其国;欲治其国者,先齐其家;欲齐其家者,先修其身;欲修其身者,先正其心;欲正其心者,先诚其意。'然则古之所谓正心而诚意者,将以有为也。今也欲治其心,而外天下国家、灭其天常:子焉而不父其父,臣焉而不君其君,民焉而不事其事。孔子之作《春秋》也,诸侯用夷礼,则夷之;进于中国,则中国之。经曰:'夷狄之有君,不如诸夏之亡。'《诗》曰:'戎狄是膺,荆舒是

---

① 韩愈:《韩昌黎先生文集》卷 11《原道》。

惩.'今之举夷法而加之先王之教之上,几何其不胥而为夷也!"① 儒、释、道三家从不同的方面为人们提出了自己的安身立命的理论,而且都强调从自我的修养开始。三家都讲治心,但是,三家不仅在方法上各有不同,更重要的是在治心的目的上,换句话说,在安身立命的基点上也显示出重大的差别。佛教讲修身治心,是为了明心见性,了悟世界和人生的真实,最后脱离烦恼,觉悟成佛;道教讲修身治心,是为了全真保性,追求的是长生不老;而儒学讲修身治心,则是为了治国平天下,追求的是社会的进步与完善。所以,佛教安身于解脱,立命于成佛;道教安身于清净,立命于长生;而儒家在安身于尽性,立命于功业。韩愈认为,佛教作为外来的学说不适应于中国,可现在却有"加之先王之教之上"的势头,这简直就是要变夏为夷,凡有识之士都应该要奋起反对。在这里,除了政治的批判之外,还包含有民族文化的情怀。

　　韩愈指出,儒、释、道三家都有自己的道和德,但其内容却有本质的差别。"博爱之谓仁,行而宜之之谓义,由是而之焉之谓道,足乎己无待于外之谓德。仁与义为定名,道与德为虚位。故道有君子小人,而德有凶有吉。老子之小仁义,非毁之也,其见者小也。坐井而观天,曰天小者,非天小也。彼以熙熙为仁,孑孑为义,其小之也则宜。其所谓道,道其所道,非吾所谓道也;其所谓德,德其所德,而非吾所谓德也。凡吾所谓道德云者,合仁与义言之也,天下之公言也。老子所谓道德云者,去仁与义言之也,一人之私言也。"② 仁是一种广博之爱,义是人们行为合理性的准则,道是循仁义而行,德是行道之心得。所以,仁义有其客观的规定和标准,而道德则于人的主观努力密切相关。儒家讲的道德就和道家讲的道德有着本质的区别。道家讲道,是不可道之道,讲的是离开了仁义的德,属于无道之道,无德之德。儒学为实,佛道为虚,这就

① 韩愈:《韩昌黎先生文集》卷11《原道》。
② 同上。

是儒学之道德与佛、道之道德的本质区别之所在。

韩愈指出,儒学"道"在其学说体系当中是一以贯之的,有着特定的传统,故称之为"道统"。关于这个道统的具体内容,韩愈是这样阐述的:"夫所谓先王之道者何也? 博爱之谓仁,行而宜之之谓义,由是而之焉之谓道,足乎己无待于外之谓德。其文,《诗》、《书》、《易》、《春秋》;其法,礼、乐、刑、政;其民,士、农、工、商;其位,君臣、父子、师友、宾客、昆弟、夫妇;其服,麻丝;其居,宫室;其食,粟米果蔬鱼肉;其为道易明,而其为教易行也。是故以之为己,则顺而祥;以之为人,则爱而公;以之为心,则和而平;以之为天下国家,无所处而不当。是故生则得其情,死则尽其常,郊焉而天神假,庙焉而人鬼享;曰:'斯道也,何道也?'曰:'斯吾所谓道也,非向所谓老与佛之道也。'尧以是传之舜,舜以是传之禹,禹以是传之汤,汤以是传之文武周公,文武周公传之孔子,孔子传之孟轲,轲之死,不得其传焉。"① 先王之道就是仁义道德之道,它载于经典,发诸刑政,抚四民,序五伦,用这个道来治理天下,则天下平;用这个道来修身心,则心身宁;用这个道来待人接物,则无往而不利。这个道经过上古圣贤传至孟子之后,就没有能够很好地沿传下来。韩愈在此表达的意思是,这个道统现在要由他来传下去了。

在儒学的延传上,隋唐的王通和韩愈都是有功之臣,他们都是在儒学沉寂的时候执著地追求孔孟之道,竭力地复兴和弘扬儒学。但是,他们的学说并没有反映出与秦汉儒学层次性的差异,都属于承先启后的人物。所以,后来理学建立之后,接过了他们的道统说,但却将他们都排斥于传道的统系之外,这不是没有原因的。

2. 性情论

韩愈的学术思想中还值得一提的就是他的性情论,对传统的人性

① 韩愈:《韩昌黎先生集》卷11《原道》。

理论做了有益的探讨。他曾著《原性》一篇,集中阐述了这方面的思想。

中国传统的人性论应该是发端于孔子。他"性相近,习相远"的思想认为,人们生来就有相同或者相近的本性,只是由于后天环境的影响才导致了人们在人性上的差异。他的这一观点对后世产生了极大的影响,但惜乎其语焉不详,所以后来才有对人性认识的种种分歧。最早建立较为系统的人性理论的学者是孟子。他认为,所谓人性,是"人之所以为人"的根据,是人区别于"犬之性"、"牛之性"的本质规定。在"生之谓性"的意义上,它包括人的责任属性,但从本质上说,人性的根本内容不在于此,而是仁义礼智等道德属性,他称之为"四端"即所谓恻隐之心、羞恶之心、恭敬之心和是非之心。"君子所性,仁义礼智根于心",[①]这是以人性为人的德性。荀子则把人性规定为人的责任本质,"凡性者,天之就也,不可学,不可事。"[②] 在他看来,人的责任本性是求得自己的生存与舒适,其发展的倾向与社会的伦理道德相冲突,故具有恶的道德价值,不能任其发展,而应施之以教化,引导其向善。此即所谓"人之性恶,其善伪也"的观点。

孟子和荀子的分歧在于:人性的本质内容究竟是德性还是自然性,其道德价值是善还是恶,实现人的本性的完善是依靠人的道德自觉还是依靠社会的礼乐教化。但是,他们都肯定人性具有先验的道德价值,可以实现道德完善。他们的学说,奠定了中国传统人性论发展的理论基础。但他们的理论分别有各自的严重缺陷,那就是,孟子的性善论无法说明恶的根源是什么,荀子的性恶论又不能说明善是如何从恶性中产生的。

两汉时期,学者们围绕人性问题继续探讨,试图解决孟荀人性论的矛盾。于是,他们就提出了一个新的方案,认为人性并不是统一的,不

---

① 孟子:《孟子·离娄上》。
② 荀子:《荀子·性恶》。

同的人具有不同的人性,有的人是纯粹的善性,有的人是纯粹的恶性,而有的人则是可善可恶,这就是所谓"性三品"说(董仲舒、王充,与此同时还有扬雄的善恶混说)。这种理论从表面上解决了善恶的来源问题,但是,它却否认了人具有共同的本性,与孔子的性近习远说不符。

　　韩愈提出的是另外一种解决方案。他指出,传统的人性论都说得不全面,存在着各自的局限。他说:"孟子之言性,曰人之性善;荀子之言性,曰人之性恶;扬子之言性,曰人之性者善恶混。夫始善而进恶,与始恶而进善,与始也混而今也善恶,皆举其中而遗其上下者也,得其一而失其二者也。"① 这就是说,上述三种典型的人性学说都只是一偏之说。他还援引了大量的历史传说和历史事实来说明人既不是生下来所有人都是善的,也不是所有人生下来都是恶的,更不是生下来的时候是善恶相混的。说他们对,但他们又说得不全面;说他们错,但他们又的确说出了人性的部分事实。

　　所以,他赞同汉儒董仲舒的性三品说,并给予了自己的发挥,这种发挥就是在论性的时候引入了情。他说:"性也者,与生俱生也;情也者,接于物而生也。性之品有三,而其所以为性者五;情之品有三,而其所以为情者七。曰何也? 曰:性之品有上中下三:上焉者,善焉而已矣;中焉者,可道(按,即导)而上下也;下焉者,恶焉而已矣。其所以为性者五:曰仁,曰礼,曰信,曰义,曰智。上焉者之于五也,主于一而行于四;中焉者之于五也,一不少有焉,则少反焉,其于四也混;下焉者之于五也,反于一而悖于四。性之于情视其品。情之品有上中下三,其所以为情者七:曰喜,曰怒,曰哀,曰惧,曰爱,曰恶,曰欲。上焉者之于七也,动而处中;中焉者之于七也,有所甚,有所亡,然而求合其中者也;下焉者之于七,亡与甚,直情而行者也。情之于性视其品。"② 韩愈认为,性作

---

① 韩愈:《韩昌黎先生集》卷11《原性》。
② 同上。

为人的先天性本质,是与生俱来的,而情作为对外物的一种感应,则是后天与外物接触之后产生的。人之性可以分为上中下三品,上品之性纯善无恶,中品之性可善可恶,而下品之性则纯恶无善。这种观点和汉儒董仲舒和王充的思想没有什么两样。董仲舒:"名性,不以上,不以下,以其中名之。"① "圣人之性,不可以名性。斗筲之性,不可以名性。名性者,中民之性。"② 王充:"孟轲言人性善者,中人以上者也;孙卿言人性恶者,中人以下者也;扬雄言人性善恶混者,中人也。"③ 韩愈的观点,和他们是一脉相承的。但是,和传统的性三品论相比较,韩愈的思想更加深刻和细密,那就是他不仅对三品之性各自所具的五德做了分析,更重要的是,他在论性的时候引进了情。

韩愈认为,上品之性是以仁率行其余四德,故纯善而无恶;中品之性是少具有仁而其余四德有所欠缺;下品之性则是不具仁德而且悖于其他德。情之三品也相应而然。上品之情于七者动而处其中,七情的发动都符合于中,不违于中,发乎情而止于礼,也就是《中庸》讲的"发而中节";中品之情于七者则有过有不及,无法做到处其中,发而中节;下品之情则是自然地任由外物牵引,完全听命于情感的命令,不能以德性的原则去规范自己。上品之性必发为上品之情,中品之性必发为中品之情,而下品之性则必发为下品之情。性之三品与情之三品一一相应。这种思路启迪了他的学生李翱,后者正是在此基础之上提出了性善情恶论。

在《原性论》的最后,韩愈回答了三品之性的变化问题。他说:"曰:'然则性之上下者,其终不可移乎?'曰:'上之性就学而愈明,下之性畏威而寡罪。是故上者可学而下者可制也。其品则孔子谓不移

① 董仲舒:《春秋繁露·深察名号》。
② 董仲舒:《春秋繁露·实性》。
③ 王充:《论衡·本性篇》。

也.'曰:'今之言性者异于此,何也? 今之言性者杂佛老而言之者也,奚言而不异?'"① 他认为,就性的品级而言,三品之性都是不可改变的,但是,这并不意味着这种不可改变是绝对的,道德修养和教育能够对三品之性发生影响。中品之性可导而上下,就是说,可以通过教育和修养向善,也可以在情的引导下向恶;上品之性可以通过学习,使故有的本性更加光明;下品之性则可以通过教育与强制减少其作恶。

韩愈一生著述颇多。但最能够代表其儒学思想,在儒学的学术发展中具有重要意义的就是《原道》和《原性》,《原道》论证和确立了儒学的道统,《原性》援情论性,都对宋明理学的建立有着积极的影响。《新唐书》评价说他"卓然树立,成一家之言。其《原道》、《原性》、《师说》等数十篇,皆奥衍闳深,与孟轲、扬雄相表里而佐佑六经云。"②

3. 李翱的复性论

韩愈的性情论,在其弟子李翱的思想中得到了进一步的发展。李翱继承了韩愈的性情论,依据《中庸》的学说,糅合佛教有关思想,提出了性善情恶的理论。

他首先对性于情做了比较详细的对比分析,指出了二者之间的差别。他说:"人之所以为圣人者,性也;人之所以惑其性者,情也。喜、怒、哀、惧、爱、恶、欲七者,皆情之所为也。情既昏,性斯匿矣,非性之过也。七者循环而交来,故性不能充也。水之浑也,其流不清;火之烟也,其光不明,非水火清明之过。沙不浑,流斯清矣;烟不郁,光斯明矣;情不作,性斯充矣。"③ 性是每个人通过修养能够成为圣人的内在根据,那么,为什么有的人又不能够成为圣人呢? 这就是因为有情迷惑了他

---

① 韩愈:《韩昌黎先生集》卷 11《原性》。
② 《新唐书》卷 173《韩愈传》。
③ 李翱:《李文公集》卷 2《复性书》上。

的本性。所谓情,就是喜、怒、哀、惧、爱、恶、欲七情,这七情虽然也是从内而发,但却是因为受到外物的影响而发,是因物而发,而不是因心而发,也不是因性而发。所以,如果情是昏乱了,原本至善的性就被遮蔽了,从而就表现出了恶。但是,情有恶并不说明本性就不善了,更不是说本性就没有了,而是由于七情交替蒙蔽,使得本性不明。这就像流水不清,并非水的本性不清;燃火有烟,并非火的本性有不明。如果没有泥沙,水自然清澈;没有浓烟,火自然光明;而没有情的遮蔽,本性自然至善。

可见,李翱发挥了韩愈的性情论,但并没有接受他的性三品论。《复性书》云:"问曰:'凡人之性犹圣人之性欤?'曰:'桀、纣之性犹尧、舜之性也,其所以不睹其性者,嗜欲好恶之所昏也,非性之罪也。'曰:'为不善者,非性邪?'曰:'非也,乃情所为也。情有善有不善,而性无不善焉。'"① 中国传统的人性论历来存在着性善与性恶之争,双方各执一端,相持不下,但却存在着理论上的互补性,所以,后来才有性三品、性善恶混等等的调和。在人性论中占据主导地位的,还是性善论,不过,这种理论有一个缺陷,那就是不能为现实的恶设立一个内在的根源,因而也就一直未能成为绝大多数学者认同的观点。李翱的性善情恶论,在坚持传统性善论的同时,力图从理论上弥补它的缺陷,为现实之恶设立了"情"这个内在的根据。他的这个观点在人性论发展史上,有着十分重要的地位,直接启迪了宋明理学人性二元论的建立,后者只不过是讲李翱讲的情直接规定为气质之性而已。

那么,性和情究竟具有什么样的关系呢? 李翱认为,首先,二者是本末体用的关系。他说:"性者,天之命也,圣人得之而不惑者也。情者,性之动也,百姓溺之而不能知其本也。圣人岂其无情邪? 圣人者寂然不动,不往而到,不耀而光,制作参乎天地,变化合乎阴阳,虽有情

---

① 李翱:《李文公集》卷 2《复性书》中。

也，未尝有情也。然则百姓者岂其无性者邪？百姓之性与圣人之性弗差也。虽然，情之所昏，未始有穷，故虽终身而不自睹其性焉。"①《中庸》曰："天命之谓性，率性之谓道，修道之谓教。"李翱的思想，直承《大学》，认为性乃天之所命，是人先天具有的本性。而情则为性之动，就是说，情是性的发动，性的表现，但却是由外物引发而动。圣人得性而不惑，百姓溺情而不知本。圣人得性不惑，故不为外物所动，情之所发动于中而不是动于外，能够感物而动，咸感而应，发而中节。百姓溺情不知本，虽然同于圣人之性，但物感而动，随物变迁，失却了自身的根本。一言以蔽之，圣人得性之本，百姓溺于情之末。

　　其次，性与情不能相无，不可分离。他说："性与情不相无也。虽然，无性则情无所生矣，是情由性生。情不自情，因性而情；性不自性，由情而明。"② 不能相无，即是说，情不能无性，性不能无情。没有无情之性，也没有无性之情。但是，这二者又并不是对等的关系。情是由性生的，情之不能无性，是说没有了性，情就失去了根据、本始；性之不能无情，则是说，没有了情，性就无法获得其现实性，无法直接表现出来。情是由性决定的，是第二位的，性才是第一位的。

　　从此不难发现，李翱讲的性善情恶并非说性是善的，情就是恶的。而是说，性是善的根源，情是恶的根源，性是善的，而情却是有善有恶的。因为实际上，在李翱看来有两类情，一是圣人之情，二是百姓之情，或者说，一是因性而发之情，二是因物而生之情，前者是善的，后者才是恶的。"诚者，圣人之性也，寂然不动，广大清明，照乎天地，感而遂通天下之故，行止语默无不处于极也。"③ 圣人是在把握了天地万物的本性的基础之上以寂然不动的本心观照天地，感通万物。所以，圣人之情是

---

① 李翱：《李文公集》卷2《复性书》上。
② 同上。
③ 同上。

以性感物,而不是以物感心,是由中而发,发而皆中,故能行止语默无不处于极。这种情,是和本性一致的,因而也是善而无恶的。而只有百姓那种为物所惑,为物所溺之情,才是"性之邪",是恶的根源。

由此,李翱进一步指出,既然每个人都具有至善的本性,都能够成为尧舜那样的圣人,只是由于情的遮蔽才有了恶的发生,因此,道德的修养就是要去掉不善之情,恢复至善之性。他说:"圣人知人之性皆善,可以循之不息而至于圣也,故制礼以节之,作乐以和之,安于和乐,乐之本也。动而中礼,礼之本也……视、听、言、行,循礼而动,所以教人忘嗜欲而归性命之道也。"① 性善是成圣的根本,人人皆有至善的本性,道德的修养就有了自觉性;但本性虽善,当其发为情的时候却有了恶,所以,就必须对之进行必要的制约,道德教育就成了必要。于是,先秦孟子和荀子的学说就在这种理论形式下获得了统一。

他又说:"问曰:'凡人之性犹圣人之性,嗜欲爱憎之心因何而生也?'曰:'情者,妄也,邪也。邪与妄,则无所因矣。妄情灭息,本性清明,周流六虚,所以谓之能复其性也。'"② 按照性情不能相无的观点,情是由性而生的,性为善,它所生的情也应该为善,但情又可能感物而生,背离了自己的本性,于是就是邪情、妄情,邪妄之情没有本性的依据,故曰"无所因",灭此邪妄之情,就能够恢复人固有的至善本性。这就是李翱所谓的"复性"。

接着,李翱论述了复性的具体方法。他说:"或问曰:'人之昏也久矣,将复其性,必有渐也。敢问其方?'曰:'弗虑弗思,情则不生;情既不生,乃为正思。正思者,无虑无思也。'《易》曰:'天下何思何虑?'又曰:'闲邪存其诚。'《诗》曰:'思无邪。'曰:'已矣乎?'曰:'未也,此斋戒其心者也,犹未离于静焉。有静必有动,有动必有静。动静不息,是乃情

---

① 李翱:《李文公集》卷2《复性书》上。
② 李翱:《李文公集》卷2《复性书》中。

也。'《易》曰:'吉凶悔吝,生于动者也。'焉能复其性邪? 曰:'如之何?'曰:'方静之时,知心无思者,是斋戒也。知本无有思,动静皆离,寂然不动者,是至诚也。'《中庸》曰:'诚则明矣。'《易》曰:'天下之动,贞夫一者也。'问曰:'不虑不思之时,物格于外,情应于内,如之何而可止也? 以情止情,其可乎?'曰:'情者,性之邪也。知其为邪,邪本无有;心寂不动,邪思自息。惟性明照,邪何所生? 如以情止情,是乃大情也。情互相止,其有已乎? ……'问曰:'本无有思,动静皆离。然则声之来也,其不闻乎? 物之形也,其不见乎?'曰:'不睹不闻,是非人也。视听昭昭,而不起于见闻者,斯可矣。无不知也,无弗为也,其心寂然,光照天地,是诚之明也。'"① 这一大段话就是要说明一个道理,那就是静心息思,以至诚之知观照天地万物,感而遂通天下之物。李翱认为,灭情是灭邪妄之情,并不是要灭掉一切情。邪忘之情是因物而生,为物所迁移。所以,要做到不被外物牵引,就必须无思无虑,以诚明之心观照万物。换句话说,就是要守住自己的本性,不应于物,即不为外物牵引,不被物欲蒙蔽,从而恢复、扩充自己本有的善性。

李翱的复性说,在儒学发展史上有着重要的意义,那就是他第一次在主体自身设置了善和恶的双重根源,实开宋明理学人性二元论的先河。就人性的善恶而言,先秦孟子和荀子的人性论是将善与恶的斗争视为道德主体和客观环境之间的矛盾,汉唐学者的三品论则是将这种矛盾转移到社会生活之中,用人的社会等级差别来寻找善恶的根据,从而导致了道德主体之间的矛盾和对立,而宋明理学的人性二元论,则将善恶都植根于主体的本性之中,善恶矛盾演变为主体自身的内在矛盾,强化了道德主体自身的紧张,李翱的复性论,就是由汉唐人性论向宋明理学人性论转变的重要环节。顺便提一句,他对《大学》、《中庸》的重视,对于理学将它们与《论语》、《孟子》合并为《四书》加以推崇,也有着

---

① 　李翱:《李文公集》卷 2《复性书》中。

积极的影响。

四、柳宗元、刘禹锡对儒学的推进

柳宗元(773—819 年) 字子厚,河东解县(今山西运城县解州镇)人,世称柳河东。贞元进士,授校书郎,官至礼部员外郎,因参与王叔文改政,失败后贬为永州司马,后迁柳州刺史,故又称柳柳州。他与韩愈同为古文运动的倡导者,后世并称"韩柳"。他的著作后来辑为《柳宗元集》、《柳河东集》等。

刘禹锡(772—842 年) 字梦得,河南洛阳人。贞元间连登进士、宏辞二科,官至监察御史。因参与王叔文改政,失败后被贬连州刺史、道中加贬朗州司马,升太子宾客,加检校礼部尚书,世称刘宾客。他与柳宗元相交甚厚,后世并称"刘柳"。他的著作后来辑为《刘梦得文集》、《刘宾客文集》等。

柳宗元、刘禹锡不仅是唐代著名的政治家、文学家,也是唐代儒学的重要学者,在唐代经学昌盛,儒学沉寂的情况下,他们在思想上、学术上的积极探索,对于儒学的传承和发展起到了积极的作用,如柳宗元的大中之道、刘禹锡的天论,都是值得一书的思想。

1. 柳宗元的大中之道

汉代的儒学有两个最大的特点,一是儒学定为一尊之后,原始儒学的典籍得到极大的尊奉,成为儒学的基本经典,并出现了大量对原始儒学典籍进行解释的著作,从而形成了一种新的学科门类:经学。二是董仲舒继承秦汉之际学术发展综合百家的倾向,吸收了道家、阴阳家等的思想,对传统儒学进行了第一次改造,提出了天人感应的神学目的论,并运用这一理论对儒学的三纲五常进行了第一次理论上的论证,后来更演变成了谶纬神学。

唐代对儒学的复兴,一是经学的重新昌明,二是越过两汉的神学目的论而直接先秦原始儒学。这种对两汉儒学神学目的论的超越,就表现为一种理论上的批判。柳宗元就是在批判两汉神学目的论的过程中提出自己理论的。他说:"近世之言理道者众矣,率由大中而出者咸无焉。其言本儒术,则迂回茫洋而不知其适;其或切于事,则苛峭刻核,不能从容,卒泥乎大道。甚者好怪而妄言,推天引神,以为灵奇,恍惚若化而终不可逐,故道不明于天下,而学者之至少也。"① 在他看来,儒学自从汉代之后,便发生了许多的变化,已经不是原始儒学的原貌了。但是,这种变化并不是一种发展,而是一种对原始儒学的背离和蜕变。所以,他对这种状况极为不满,并对此展开了积极的批判。

柳宗元对汉代以来的天人感应的神学目的论甚为反感,针对董仲舒等人君权天授的瑞应贞符的观点,他说:"何独仲舒尔,自司马相如、刘向、扬雄、班彪、彪子固,皆沿袭嗤嗤,推古瑞物以配受命,其言类淫巫瞽史,诳乱后代,不足以知圣人立极之本,显至德、扬大功,甚失厥趣。"② 接着,他追述了远古以来的历史事实,说明王天下者不是依靠符瑞天命,而是依靠自己的仁德,相反,那些信赖符瑞的人没有几个能够长久享国的。儒学以仁义得天下、治天下,孟子说,得乎丘民而为天子,得道多助,失道寡助。暴戾之君丧失民心,天亦必然弃之。符瑞感应之说,完全是一种诳惑人心、背离儒学根本的淫辞巫术。所以,柳宗元指出:"是故受命不于天,于其人;休符不于祥,于其仁。惟人之仁,匪祥于天。匪祥于天,兹惟贞符哉! 未有丧仁而久者也,未有恃祥而寿者也。"③ 儒学一直有重人事、轻鬼神的传统,孔孟从来没有宣扬过君权

---

① 柳宗元:《柳河东集》卷31《与吕道州以温论非国语书》,上海古籍出版社1993年版,第283页。

② 柳宗元:《柳河东集》卷1《贞符》,同上书,第12页。

③ 同上书,第14页。

神授,而极力强调和宣传德治、仁政。传统儒学讲的天命不是什么符瑞,而是一种客观的必然性,顺之者昌,逆之者亡,而顺逆之间,存乎其德。

柳宗元继承了这一传统,以仁德对抗天命,以人道反对神道。他说:

"圣人之道,不穷异以为神,不引天以为高,利于人,备于事,如斯而已。观月令之说,苟以合五事配五行而施其政令,离圣人之道,不亦远乎?"①

"夫圣人之为心也,必有道而已矣,非于神也,盖于人也。"②

"务言天而不言人,是惑于道者也。胡不谋之人心以熟吾道? 吾道之尽而人化矣,是知苍苍者焉能与吾事而暇知哉? 果以为天时之可得顺,大和之可得致,则全吾道而得之矣。全吾道而不得者,非所谓天也,非所谓大和也,是亦必无而已矣,又何必枉吾之道,曲顺其时以谄是物哉? 吾固知顺时之得天,不如顺人顺道之得天也。"③

柳宗元这些言论,十分明确地表明了自己对于儒学重人事、轻鬼神传统的继承,反映了一种自觉的人文精神。什么是天? 在他看来,所谓天不是苍苍莽莽者,苍莽之天只是阴阳元气,是一个客观存在的对象物,它对于人类社会生活没有任何有意识的干预;天更不是鬼神上帝,而是一种规律、定数的代名词,它本质上不是什么天道,而只是人道,只是表明人道的普遍性和绝对性。因此,顺时不是顺"时令",而是顺时势;顺天不是顺时,而是顺人顺道。人类社会生活要注重的不是鬼神、

---

① 柳宗元:《柳河东集》卷 3《时令论》,同上书,第 33 页。
② 柳宗元:《柳河东集》卷 16《楢说》,同上书,第 158 页。
③ 柳宗元:《柳河东集》卷 3《断刑论》下,同上书,第 36 页。

不是天道,而是人道,是人之所道。

由此,柳宗元就提出了自己的"道",又叫做"人道"、"圣人之道"、"中道"、"大中之道"。所谓人道就是人在所以为人之道,是人之所道,它的具体内容即先儒一贯强调的三纲五常。他说:"圣人之为教,立中道以示于后。曰仁、曰义、曰礼、曰智、曰信,谓之五常,言可以常行之者也。"① 五常何以名"道"? 这是因为五常可以常行,可以常道,是人类社会生活最基本的行为原则,所以圣人立之而为人道。而在五常中,又以仁与义为核心。"圣人之所以立天下,曰仁义。仁主恩,义主断。恩者亲之,断者宜之,而理道毕矣。蹈之斯为道,得之斯为德,履之斯为礼,诚之斯为信,皆由其所之而异名也。"②孔子讲仁礼,孟子讲仁义,而荀子讲礼义,后世儒学的传统,走的是孔孟的道路。柳宗元对儒学的承继,也是这条路线。所以,他对君臣纲常也是极力提倡的,"执忠与敬,臣道毕矣"③,"惟父子夫妇,人道之大"④。可见,柳宗元提倡圣人之道,其目的和先儒一样,是为社会现实服务的,他是将儒学的纲常名教,看做是维护社会生活秩序最理想的原则,所以,就将它视为"人之道"。

在柳宗元看来,儒学的三纲五常之道是一种"守常执中之道",因而又称为中道、大中之道。他认为,近世儒者所谓道皆不是"由大中而出",也就是说,没有择乎中庸、守乎中庸。"吾自得乎友君子,而后知中庸之门户阶室,渐染砥砺,几乎道真"。⑤ 择乎中庸,就是既要坚持三纲五常的基本原则,守道如守身,同时又不能固执某一具体的原则,而应因时度势,从容中道。换句话说,守常是坚持原则,是执经;因时度势是灵活运用,是权变。孟子说,男女授受不亲是经,嫂溺援之以手是权。

<hr>

① 柳宗元:《柳河东集》卷3《时令论》下,同上书,第35页。
② 柳宗元:《柳河东集》卷3《四维论》,同上书,第31页。
③ 柳宗元:《柳河东集》卷26《邠宁进奏院记》,同上书,第247页。
④ 柳宗元:《柳河东集》卷5《湘源二妃庙碑》,同上书,第51页。
⑤ 柳宗元:《柳河东集》卷31《与吕道州温论非国语书》,同上书,第283页。

没有经,行为就丧失了原则;而没有权,就可能导致僵化和迂腐。所以,柳宗元说:"果以为仁必知经,智必知权,是又未尽于经权之道也。何也?经也者,常也;权也者,达经者也,皆仁智之事也,离之滋惑矣。经非权则泥,权非经则悖,是二者强名也曰当,斯尽之矣。当也者,大中之道也。离而为名者,大中之器用也。知经而不知权,不知经者也;知权而不知经,不知权者也;偏知而谓之智,不智者也;偏守而谓之仁,不仁者也。知经权者不以异物害吾道,知权者不以常人怫吾虑,合之于一而不疑者,信于道而已者也。"① 经是确定的原则,权是灵活的运用,二者不可分离,经与权最好的结合就是"当"。所谓"当",即一方面能够坚持原则,守道不移;另一方面又能够审时度势,根据具体的情况将原则落实到时时、事事、处处,原则只规定了一般,它的不变不是生搬硬套,而是不能违背,权就是将一般性的原则与具体的情况结合起来,所以称之为"当",也就是所谓"大中之道"。未发之中为经,发而中节为权,只有这二者的紧密结合,才能真正贯彻圣人之道,光大圣人之道。

和韩愈一样,柳宗元也力图总结出儒学一贯的道统,他曾经明言:"吾之所云者,其道自尧、舜、禹、高宗、文王、武王、周公、孔子皆由之。"② 在他看来,他所倡扬的大中之道,就是古圣一脉相承的"圣人之道",是儒学的精髓之所在。儒学的复兴,根本即在于继承、坚持和弘扬这一圣人之道。

2. 刘禹锡的天论

中国儒学的发展经历了一个从注重生命智慧到抽象思辨的历史过程,在其前期,儒者们比较注重的是对社会生活的关怀,经邦济世,利国安民,其核心就是刚才伦理秩序的建立。六合之外,圣人存而不论。所

---

① 柳宗元:《柳河东集》卷3《断刑论》下,同上书,第36—37页。
② 柳宗元:《柳河东集》卷33《与杨诲之第二书》,同上书,第296页。

以,对于存在的本根问题,前期儒学不甚关注。在某种意义上,我们可以说唐宋是一个分水岭。宋以后的儒者吸收了佛教的思辨方法,在批判佛教理论虚妄的时候,提出了一个实理以否定佛教的虚理,形而上下的探讨才成为儒者们关注的焦点之一。唐以前,儒学的最高范畴是"天";宋以后,儒学的最高范畴是"道"。言天者,前期儒学有以帝解之者,有以命解之者,也有以自然解之者,到了宋代,儒者们才以"理"解之,从而提高了儒学的理论抽象层次。

众所周知,中国传统儒学强调"天人合一",但有人与神合(感应)、人与命合(思诚、尽性)、人与自然合之分。与此相对待,传统儒学还存在主张天人相分的理论,先秦的荀子提出的"制天命而用之"的观点,就是其典型代表。天人关系在某种意义上讨论的就是人与自然界或对象世界的关系,对天人关系的探讨就是人的价值的发现。所谓人的发现,即从客观世界中发现人的特殊地位和作用,把人从自然界区分开来,在人与对象世界的关系中确定人的价值。它在中国儒学中的理论表现,就是天人相分。这一过程肇始于西周的"以德辅天"的思想,这一命题的实质即从天的绝对权威中发现了人的作用。西周人已经觉察到,人的一切并非完全取决于天,而在很大程度上决定于人自身。《诗·小雅·十月之交》说:"下民之孽,匪降自天,噂沓背憎,职竞由人。"周内史叔兴也说道:"吉凶由人。"①

战国时期的荀子继承了这一思想路线,明确提出"明于天人之分"的思想。他认为,所谓天就是日月星辰的旋转照耀、四时的更替和万物生长变化的过程,具有客观性、必然性和自然性,它既没有意志,也不以任何人的意志为转移。"天行有常,不为尧存,不为桀亡。"② 作为一种自然存在,天只为人提供活动的物质基础和自然对象,并不安排人的行

---

①　《左传·僖公十年》。
②　《荀子·天论》。

为,更不决定人的生活。人的作用是对事物进行认识和治理,即通过认识自然、掌握自然界的规律为自身服务。"大天而思之,孰与物蓄而制之? 从天而颂之,孰与制天命而用之? 望时而待之,孰与应时而使之? 因物而多之,孰与骋能而化之? 思物而物之,孰与理物而勿失之也?"[①]在此,荀子充分肯定了人的主体能动性。天对人不再具有决定的主宰意义,它只是人的活动对象,人能够发挥自己的主体作用,蓄天、制天、使天,从而化物、理物,即根据人的主观意志,认识、利用和改造自然。这是对人在宇宙间的主体地位、主体价值的明确肯定,是对人的价值的基本定位。

天人相分的实质,即人从混沌一体的自然界中分离出来,获得了相对的独立性。天由一种绝对的、惟一的、至上的主宰变成了人的活动的客观自然对象,人从一个被规定者变成了规定者,这是人的主体能动性的自觉,为人的积极进取、完善开辟了广阔的前景。中唐时期的刘禹锡继承和发展了这种思想,他在《天论》这篇著名的文章中提出天人"交相胜,还相用"的观点把儒学天人相分的思想提高到一个新的层次。

刘禹锡首先区分了对于天的两种不同认识。他说:"世之言天者二道焉:拘于昭昭者则曰:天与人实影响,祸必以罪降,福必以善来,穷抑而呼必可闻,隐痛而祈必可答,如有物的然以宰者。故阴骘之说胜焉。泥于冥冥者则曰:天与人实刺异,霆震于畜木,未尝在罪;春滋于堇荼,未尝择善。跖硚焉而遂,孔颜焉而厄,是茫乎无有宰者。故自然之说胜焉。"[②] 这是对天的两种最基本的观点。一种观点认为,天是有意志的神灵,主宰着世界的一切,能够与人相互感应;另一种观点则认为,天是自然的存在,没有意志,世界上发生的一切都是自然现象,没有任何主宰决定这一切。刘禹锡显然是反对神学目的论而赞同后一种观点。在

---

① 《荀子·天论》。

② 刘禹锡:《刘宾客集》卷5《天论》上,上海古籍出版社1993年版,第38页。

他看来,天并非神灵、主宰、命运,而只是自然:"天之有三光,悬寓万象之神明者也,然而其本在乎山川五行,浊为清母,重为轻始,两位既仪,还相为庸,嘘为雨露,噫为雷风,乘风而生,群分汇从,植类曰生,动类曰虫。"① 三光、两仪、五行还相为用,是有风雨雷露、动植万物。天不是什么神秘的存在,它就是我们所面对和生存于其中的自然。

刘禹锡认为,天与人是自然界的两极存在,按照他的说法,是"天与人,万物之尤者耳"。天作为自然界"有形之大者",和其他的事物一样,有其自身固有的规律,他称之为"数"与"势"。"问者曰:'子之言数存而势生,非天也。(按,指刘禹锡说事物的产生、存在和发展有其数与势,而非天所与者)天果狭于势邪?'答曰:'天形恒圆而色恒青,周回可以度得,昼夜可以表候,非数之存乎? 恒高而不卑恒动而不已,非势之乘乎? 今夫苍苍然者一受其形于高大而不能自还于卑小;一乘其气于动用而不能自休于俄顷,又恶能逃乎数而越乎势邪? 吾固曰万物之所以为无穷者,交相胜而已矣,还相用而已矣。'"② 天有恒色,四时相代、昼夜相替,有其不变的规律;它的运动变化不仅有常数,而且有其内在的根源,是其两仪之气的矛盾作用而形成了天的运动变化的必然趋势和内在动力。荀子说天行有常,刘禹锡将天行之常规定为天有其固定的不变之数和运化不得已的必然之势,发展了荀子的思想。

但是,在日常生活中,人们观念中的天往往是可以直接感知的天空。刘禹锡对这种世俗的观念进行了哲学的抽象与分析。他说:"问者曰:'天果以有形而不能逃乎数,彼无形者,子安所寓其数邪?'答曰:'所谓无形者,非空乎? 空者,形之希微者也。为体也不妨乎物,而为用也恒资乎有,必依乎物而后形焉。今为室庐,而高厚之形藏乎内也,为器用,而规矩之形起乎内也……非空之数与? 夫目之视,非能有光也,必

---

① 刘禹锡:《刘宾客集》卷5《天论》下,上海古籍出版社1993年版,第41页。
② 刘禹锡:《刘宾客集》卷5《天论》中,上海古籍出版社1993年版,第40页。

因乎日月火炎而后光存焉。所谓晦而幽者,目有所不能烛耳……吾固曰,以目而视,得形之粗者也;以智而视,得形之微者也,乌有天地之内有无形者邪?古所谓无形,盖无常形耳,必因物而后见耳,乌能逃乎数邪?'"① 他的这番论述洋溢着哲学的睿智。所谓天之空,实际上是指空间。空间是什么?它既不是一无所有的绝对空无,也不是先天性的固有框架,而是事物的存在形式。天之空与物之有密不可分,没有有形的事物,天空就失去了任何意义。世俗的观点是受眼睛等感观的局限,只见形之粗,而未见形之微,前者是以目见,后者则是以智见。以目见者属于感性认识,只能得其外形;以智见则属于理性认识,它能够见到无形之处的有形之微。因此说,天之空和无形,"必因物而后见"。换句话说,无形之天离不开有形之物。

刘禹锡反复申辩,就是为了说明一个问题:天不是虚假的存在,不是神帝或者观念的存在,而是一种实在的存在,一种有其自身发生发展规律的(数与势)物质性存在。基于这种认识,刘禹锡指出:"大凡入形器者,皆有能有不能。天,有形之大者也;人,动物之尤者也。天之能,人固不能也;人之能,天亦有所不能也。故余曰:天与人交相胜耳。"②任何事物都有其自身的规定,因而,就有其自身的特点和局限,天和人也不例外。天不是全能的上帝,而只是有形之大者。人虽然只是自然界中的一种存在,但他是所有存在中最灵秀者,因而就超出其他事物而能够与天相对待。

所以,刘禹锡强调,天与人各有其能。"天之道在生植,其用在强弱;人之道在法制,其用在是非。阳而阜生,阴而肃杀,水火伤物,木坚金利……气雄相君,力雄相长,天之能也。阳而艺树,阴而擎敛,防害用

---

① 刘禹锡:《刘宾客集》卷5《天论》中,上海古籍出版社1993年版,第40—41页。

② 刘禹锡:《刘宾客集》卷5《天论》上,上海古籍出版社1993年版,第38页。

濡,禁焚用光……义制强讦,礼分长幼;右贤尚功,建极闲邪,人之能也。""故曰:天之所能者,生万物也;人之所能者,治万物也。"① 具体说来,天之能在于使万物自然而然第生长变化,人之能则在于发挥自觉的主体能动性,利用天之自然为人服务,建立人类社会自己的生活秩序。此即他所强调的人为动物之尤,"倮虫之长,为智最大,能执人理,与天交胜,用天之利,立人之纪"。天胜人,指自然界的运动、变化、发展有其自身的规律,不以人的主观意志为转移,如四时更替、昼夜变化均非人力所能改变;人胜天,则指人能够认识并利用自然规律改造客观对象,为人自身服务。

在天与人交相胜还相用的关系中,就相胜而言,天胜人者在生物,人胜天者在治物;天能生物不能治物,而人能治物却不能生物。就还相用而言,天用人者是利用人的主体能动性充分发挥自然之物的功用;人用天者是利用天所生的万物为人类自身的需要服务。但是,所谓交相胜并非是一种平行式的交叉,而是一种立体式的递进。刘禹锡又说:"然则天非预胜乎人者也。何哉? 人不宰则归乎天也;人诚务胜乎天者也。何哉? 天无私,故人可务乎胜也。"② 这就是说,天胜人不具有绝对的意义,只是在人们对自然规律还没有认识和掌握的时候,天对人才是一种不可抗拒的盲目力量;而当人认识和掌握了自然规律后,就一定能够超越天对人的盲目制约,以人的主体能动性战胜自然界对人的限制。天胜人是相对的、暂时的,人胜天是绝对的、持久的。正是在交相胜的基础上,天与人还相用。

以上是对隋唐儒学发展所作的简单论述。就学术发展而言,隋唐的儒学有两个方面的重要成就。一是经学的发展,尤其以孔颖达的注

---

① 刘禹锡:《刘宾客集》卷5《天论》上,上海古籍出版社1993年版,第38—39页。

② 刘禹锡:《刘宾客集》卷5《天论》中,上海古籍出版社1993年版,第40页。

疏和陆德明的音义为最著,他们将传统的经学推向了一个新的阶段。二是思想的推进,王通、韩愈、柳宗元等,都大力复兴儒学,并都积极地为儒学寻找和设立一个古圣一脉相承的"道"和"道统"。从总体上说,隋唐儒学既没有汉儒那样显赫,惟我独尊;也没有宋儒那样辉煌,但却有其特殊的历史地位和作用,那就是隋唐儒学在中国儒学的发展史上,有承上启下、继往开来的意义。

第五章　隋唐经学

　　自儒学在汉代定为一尊，百家莫能与之争锋，从此便在思想的领域占据了主导地位。其所谓尊者，即对儒家学说的推崇。于是，先秦原始儒学的主要著作就被奉为经典。朝廷设五经博士，更以政府的名义鼓励学子们读经。在这种情形下，就形成了对中国思想和学术影响极其深远的一门学科——经学。经学的产生，反映了中国传统学术的一个突出的特点，即传统主义，它使得中世纪的思想和学术带有封闭性、保守性的严重局限。经典被奉为绝对真理，一切是非曲直都必须依据经典来判断，一部中国思想史，在某种意义上就是一部释经史，思想的发展就是对儒学元典意蕴的阐发，是人们行为的准则和思想的出发点。一方面，经学的产生限制了人们思想和学术的自由创造，另一方面，经学的发展又使得中世纪的思想和学术有了绵绵不断的连续性，源流的一贯性和派别的鲜明性。在经学发展的历史上，汉唐是两个重要的阶段，汉注唐疏为后世释经奠定了坚实的基础。

一、唐代经学的发展及其特点

　　所谓经学，就是对经典解释的学问。先秦儒家的几部作品既然被奉为经典之作，后来学者就只能对其进行注释讲解，而不能对其有任何的改变。于是,就产生了传、章句、注、解等释书文体,学术研究也以这种形式繁衍。去古愈远,经书也愈益难懂起来,故而魏晋以降又出现一种诠释性的文体,谓之正义、疏或义疏。注、章句是对经文本文的诠释,疏、义疏是对注或章句等的解释加以疏通。注、章句应该密切结合本文,疏、义疏或正义应该密切联系注、章句以阐明本文中蕴涵的意义,这就是所谓"注宜从经,疏不破注"。中国传统学术,就通过注疏之学的形式得到发展。唐代的经学,也在汉注的基础上发展了注疏,形成了自己鲜明的特点。

1. 唐初的经学统一

从汉末到唐初长达 400 多年的时间里,虽然有过短期和局部的统一,但总的来说,分裂割据是主要的。王朝的更替,迫使人们和当政者反思前代的教训,重新考虑执政的指导思想。儒家经学作为封建统治的核心思想体系,很自然地被作为进行反思的理论依据和前景构造的学理基础。唐代的经学经历了一个从表面统一繁荣、异说泛起到儒学经学复兴的道路。

隋朝的败亡,给唐朝立国者提供了许多教训和启示。唐朝初年,随着政治的安定,经济的恢复,统治者也同时重视对教育和思想的管理和控制,高祖、太宗利用政治安定、经济恢复的条件,立即兴办文教事业。史称高祖"初定京邑,虽得之马上,而颇好儒臣"[①],采取一系列崇儒措施,遂造成"学者慕向,儒教幸兴"的局面。太宗也是在平定内乱之后,开始思考治国之策,于是"海内无事,乃锐意经籍"。唐朝的统治者是站在经国纬邦的角度来认识儒家经典和知识分子的。太宗即位后,"又于正殿之左,置弘文学馆,精选天下文儒之士","各以本官兼署学士,令更日宿直。听朝之

---

① 《旧唐书·儒林传》。

暇，引入内殿，讲论经义，商略政事，或至夜分乃罢"。①唐代的集贤书院就是国家学术事业机构。其学士的职掌是刊缉（辑）古今之经籍，搜求天下散佚之图书、隐滞之贤才，对于那些"筹策之可施于时，著述之可行于代者，较其才艺而考其学术，而申表之"。他们奉旨撰集的文章和校理的经籍，"月终则进课于内，岁终则考最于外"。②由此可见，集贤书院不仅是国家图书管理中心，而且具有选拔、表彰和录用学术人才的职能。唐代的国子监及其所属"六学"是官方的学术人才培养机构。其博士、助教以及太子东宫的侍读等是国家贮备的学术人才。明经及进士等科举选拔官员固然是"学而优则仕"，即使通过门荫等途径入仕者，因其家庭大多有经学教育的传统，使得学者型官僚成为古代知识分子的主体。③

唐太宗认为，自古以来，帝王以仁义治国者，存续的年限都是比较长的，而任法者，虽然能救一时之弊，但是也会促使败亡。所以"今欲专以仁义诚信为治，望革近代之浇薄也"。但是，唐代也继承了南北朝以来的三教并举的局面，在考虑进行思想治理和关系国家未来规划时不得不考虑到三教的地位和作用。原来已经盛行的佛、道二教在唐代仍然得到了继续发展，因而出现了儒、佛、道三教鼎立的局面。虽然出于各种原因，统治当局给予了道教和佛教一定的宽松环境和支持，但是在关系到治理国家和保持国家长治久安的问题上，统治者在设计国家发展战略时还是选择了儒学。唐太宗认为梁武帝父子志尚浮华，惟好释氏、老氏之教，最终却"被侯景幽逼而死"；孝元帝在江陵，被围困时，还"讲《老子》不辍"，都

---

① 《旧唐书·儒林传》，中华书局 1975 年版。
② 《旧唐书·职官志二》，中华书局 1975 年版。
③ 吴兢：《贞观政要》，上海古籍出版社 1984 年版。

没有能免去灭亡的悲剧，故而"朕今所好者，惟在尧舜之道，周孔之教，以为如鸟有翼，如鱼依水，失之必死，不可暂无耳。"① 所谓"今欲专以仁义诚信为治"云云，都表明了唐太宗以儒家学说安邦定国的决心。

在太宗执政时，也采取了一些措施来提高儒学的地位，为全面复兴儒学做了基础。比如，提升孔子的地位，唐高祖李渊执政时，便诏令国子学立周公、孔子庙各一所，四时致祭。后又以周公为先圣，孔子配享。唐太宗即位不久，便根据房玄龄等人的建议，"罢周公，升孔子为先圣"②，并规定每年春秋两季，在国学中都要举行隆重的释典仪式，即以太牢之礼祭祀孔子。太宗本人不但多次参加这种释典仪式，而且要求太子也"释典于国学"。尔后，唐太宗又尊孔子的弟子颜回为"先师"，陪祭于孔子。贞观四年（630 年），唐太宗诏命地方州学、县学兴建孔子庙，实行庙学合一。贞观十一年（637 年），又下诏，尊孔子为宣父，并在山东兖州特设庙殿，"给户二十，充享祀焉"③。我们可以如是说，孔子"先圣"地位的确立和孔子庙堂在中国大地上的滥觞是与唐太宗尊孔崇儒分不开的。

封建社会的学校教育以传授儒家经典为主，学校是传播经学的重要场所。唐太宗非常重视学校建设。他在沿袭高祖所立国学、太学、四门学和地方各级官学的基础上，又进一步扩大了中央官学的规模，弘文馆、崇文馆也吸收皇亲国戚及高级官僚子弟入馆读书。同时"大征天下儒士，以为学官"，对中央官学的学生进行经学教育。国子监、太学等所开的学科大体如下页表④：

---

① 《全唐文》卷八，《贬肖瑀手诏》。

② 《新唐书·礼乐志》。

③ 《唐会要》卷 33。

④ 参见[日]本田成之：《中国经学史》，上海书店出版社 2000 年 7 月版。

周　易	郑玄、王弼注	小经	学制二年
尚书	孔安国、郑玄注	小经	学制一年半
周礼	郑玄注	中经	学制二年
仪礼	郑玄注	中经	学制一年
礼记	郑玄注	大经	学制三年
毛诗	郑玄注	中经	学制二年
春秋左氏传	服虔、杜预注	大经	学制三年
春秋公羊传	何休注	小经	学制一年半
春秋谷梁传	范宁注	小经	学制一年半
论语	郑玄、何晏注	附	学制一年
孝经	孔安国、郑玄注	附	学制一年
老子	河上公注	附	学制一年

唐太宗对经学发展最大的贡献就是刊定经典,统一经说。

政治的统一要求学术的统一。伴随着隋唐大一统帝国的出现,经学也必将消弭于学派林立和政治分裂而造成的学术畛域而走向统一。

南北朝时期被看做是经学的衰微时期,到了隋唐,经学经历了自我总结和变化,其中重大的事件就是《五经正义》的颁行。南学和北学经过相互交流和影响最终走向了"经学统一时代"①　在隋朝时,经学就已经表现出融为一体的趋势。关于这点,皮锡瑞在《经学历史》中有一段著名的论证,称:"北人笃守经学,本近质朴,而南人喜谈名理,增饰华词,表里可观,雅俗共赏。故虽以亡国之余,足以转移一时风气,使北人舍旧而从之。"② 南北朝时,"南学亦有北人,北学亦有南人。"③ 隋代经学的交融趋势为唐代的经学统一打下了基础。早在隋初,大量南方士子的入关使得南方儒学迅速北传。隋炀帝建国之初致力于兴办教育,大举征召儒生,使儒生"远近毕至",这些人中就包括在唐朝初年被重视的陆德明。

唐太宗发起、组织、领导了刊定经典、统一经说这两件具有重大历史意义的工作,为儒学的复兴与传播做出了卓有成效的贡献。要整理经典,就必须有大量的图书资料可供参考查阅,以便相互订正,相互校勘。唐高祖武德五年(622年),隋朝皇室藏书的十之八九在用船从洛阳运往长安的途中沉没于黄河。劫余所存不过一万四千部,总计约九万卷。为了弥补这一灾难性的损失,是年高祖便应令狐德之请诏求民间学者们的藏书以充实国家图书馆。经过几年努力,"群书略备"。唐太宗即位后,继续购求珍贵的和古代的书籍,并鼓励全国各地学者向国家图书馆献书,数年之后,"秘府图籍,粲然毕备"。在图书资料渐趋完备的同时,唐太宗认识到流传下来的经典,因年代久远、门派纷争、社会动荡等原因,已多舛谬讹误,给学习、研究、施教带来很大的麻烦。于是命秘书监魏征等对图书经籍进行整理,核定为经史子集四类。接着又诏令中书侍郎颜师古考定《周易》、《尚书》、《毛诗》、《礼记》和《左传》文字。颜师古利用秘府图籍,考订辨析,悉心校勘,多所厘正,又令房玄龄召集诸多儒生共同评议。太宗于贞观七年(633年)十一月,"颁其所定书于天下,令学者习焉"。

于是,颜师古校定的《五经定本》便以法定形式,颁行全国,成为从中央到地方的标准教科书。

唐初,儒学多门,章句繁杂,但古代流传下来的儒家经典,由于去古甚远,文字多有讹谬。经学在流传、发展过程中亦有今古文之争,郑学王学之争,南学北学之争,不但造成思想上的混乱和理论上的歧异,而且也使国家在科举考试中缺乏统一的标准。为了改变这种局面,使经学符合唐王朝统治者的意志,有利于封建统治,整齐划一对经典的解释,便提上了议事日程。唐太宗在五经文字刊定的基础上,又"诏国子祭酒孔颖达与诸儒撰定五经义疏"。

孔颖达等人秉承唐太宗"博采广纳,兼容并蓄"的经学思想,采取了"融贯诸家,择善而从"的原则,力图做到训诂诠释、阐明义理和经世致用兼备。经过两年的努力,一部长达 180 卷的《五经义赞》终于在贞观十四年(640 年)二月编成。唐太宗对此非常满意,认为这是不朽之功,但是对"义赞"之名认为不甚确切,特下诏更名为《五经正义》,并交付国子监作为教材。在使用过程中,太学博士马嘉运"驳正其失,至相讥诋"。唐太宗又下诏"更令裁定",这项工作到唐高宗永徽四年(653 年)才最终完成。①

经学是儒学的核心,为达到儒学经世致用的目的,必先统一自汉魏以来,聚讼纷纭的经义,以适应大一统政治的需要。唐朝官定《五经正义》的完成,标志着儒学进入了一个统一稳定的发展阶段。作为各级学校统一的教科书和科举考试的统一标准,以及人们思想行为的统一规范,其意义与作用是积极的。《五经正义》的学术倾向,是不能以所据注本来确定的,所谓经学本来只是传注之学,而南北朝经学又只是为传注作解的义疏之学。只是北朝谨守名物制度的诂训传统,南朝偏向于义理的自由发挥。《五经正义》主要是将南北义疏,加以比较、取舍,谓之"正义"。注本虽多取南学,而疏义多沿北学传统。基本上是沿着隋代南北融合的学术成果,加以融会统一的。

不仅如此,唐太宗还两次下诏褒扬前代和古代名儒,贞观十四年,在诏书里提到"梁皇侃、褚仲都,周熊安生、沈重,陈沈文阿、周弘正、张讥,隋何妥、刘炫,并前代名儒,经术可纪","宜加优赏,以劝后生。"还要求各地访问其子孙现在者,录其姓名奏闻。贞观二十一年,在诏书里再

---

① 唐明贵:《唐太宗与初唐儒学的复兴》,《聊城师范学院学报》2000 年第 6 期。

次提到"左丘明、卜子夏、公羊高、谷梁赤、伏滕、高堂生、戴圣、毛苌、孔安国、刘向、郑众、杜子春、马融、卢植、郑炫、服虔、何休、王肃、王弼、杜预、范宁等二十有一人,并用其书,垂于国胄,既行其道,理合褒崇。"并令上述诸儒配享孔子庙堂。[①]

另外,唐继隋制,实行科举取士,经学成为主要的考试科目,《五经正义》不仅是国学教材,而且也是考试选题用书。

贞观九年(635 年),《五经正义》被定为全国学校的教本及科举考试的依据。皮锡瑞称"自《经义》定本颁之国胄,用以取士,天下奉为圭臬。唐至宋初数百年,士子皆谨守官书,莫敢异议矣"。[②]经学一旦成为国家考试的内容,它所带来的影响是十分巨大的。一方面,士子们把《五经正义》奉作金科玉律,经学的传播得到了前所未有的普及;但另一方面,《五经正义》又完全成为士子们跻身仕途的敲门砖,至于其中的义疏是否正确合理,内容是否有实践的价值,他们倒并不在乎,这样一来,经学发展的停滞不前也就在所难免了。特别是前期考试的"贴诵"更是把经典做了形式化的对待。

除了五经外,《周礼》、《仪礼》、《公羊传》、《谷梁传》都是汉魏以来士子研习的对象,历代传习不绝,传注丛出。太宗时五经成为明经考试的定本,限制了经学的外延发展。唐玄宗开元八年,国子司业李元瓘建议明经考试增加《周礼》、《仪礼》、《公羊传》和《谷梁传》。他说:"三礼、三传及毛诗、尚书、周易等并圣贤微旨,生徒教业,必事资经远,则斯道不坠。今明经所习,物在出身,咸以礼记文少,人皆竞读。周礼经帮之轨则,仪礼庄敬之楷模,公羊、谷梁历代崇习。今两监及州县以独学无友,四经怠绝,事资训诱,不可因循。其学生请各量配作业,并贡人参试之日,见习周礼、仪礼、公羊、谷梁,并请贴十通五,许其入第。以此开劝,

---

① 《贞观政要》卷 7。
② 皮锡瑞:《经学历史》,中华书局 1959 年版,第 207 页。

即望四海均习,九经该备。"玄宗诏令执行。开元十六年,国子祭酒杨玚又奏请对传习《周礼》、《仪礼》、《公羊》、《谷梁》四经的士子加以优奖。

九部经书,称为"九经",并根据字数的多寡确定"《礼记》、《左传》为大经,《毛诗》、《周礼》、《仪礼》为中经,《周易》、《尚书》、《公羊》、《谷梁》为小经"。明经科的考试并非九部经书同时考,而是分为五经、三经、二经等多种。"通二经者一大一小,若两中经;通三经者大中小各一;通五经者,大经并通。"这样,在玄宗时,明经考试已由五经增至九经。新增的四经中,《周礼》、《仪礼》用贾公彦疏,《公羊传》用徐彦疏,《谷梁传》用杨士勋疏。[①]

至此,唐代初年对经学完成了形式上的统一和实现了表面的繁荣。

2. 唐代经学的中后期发展

中唐以后,唐王朝开始衰落,中央政府与地方藩镇之间、中央内部、唐与周边少数民族之间的矛盾交织在一起。中央威势的衰微也导致了思想领域的活跃,思想家自然对先有的治国之道作出进一步的反省,对原来政府所倡导的经学治国韬略进行重新定位和矫正。在此情形下,经学研究开始跳出义疏的范围,表现出对现有经学理念的怀疑和侧重于义理和经世致用方面解释的倾向。主要的代表人物是唐中期的啖助、赵匡、陆淳一派和韩愈、柳宗元、李翱等。

在叛乱刚刚平定的时候,国子祭酒萧昕就上言,认为学校不可废弃。永泰二年,唐代宗下诏,命令恢复学校教育。礼部侍郎杨绾建议改革考试制度,取消进士、明经科目,也取消所谓道举,只设孝廉一科,以经义、策问为考试内容,已经表现出对经学义理的重视:"其所习经,取《左传》、《公羊》、《谷梁》、《礼记》、《周礼》、《仪礼》、《尚书》、《毛诗》、《周

易》任通一经。务取深义奥旨,通诸家之义。"① 杨绾希望,通过这样的措施,能在数年之间,人伦为之一变。使在野的修德进业,在朝的皆知廉耻。杨绾的建议得到了朝臣的普遍赞同。只是由于积习难改,只得让杨绾的建议与旧制并行。

德宗时,陆贽继续杨绾的工作,倡导儒学教育和科举考试的改革。他认为,儒者不应该只通一经,而应该五经皆通;不应只有书本知识,而应更能应用,如此也对改变经学研习产生了重大影响,在被拔用的儒者中就包括后来古文运动中坚的韩愈。唐德宗开始能接受陆贽的意见,但后来陆贽也被罢免宰相,贬到外地。德宗之后为顺宗,顺宗短命后继者宪宗。宪宗继位之初,即以"才识兼茂、明于体用科"的标准来选拔儒者。由于以往考试的弊端,科举并不能选拔真正的德才兼备之人,所以宪宗曾经怀疑经学的价值。当时的白居易回答说,儒学的功能是不能否认的,它之所以没有显露出来,原因在于"学之不得其道也"。从当时的策问遗稿来看,儒者们还是都认为,社会动乱的根本原因在于儒术不兴,崇尚儒学是历代国家的急务,关键是对经学不能只追求其皮毛,而是领会其大体。安史之乱后,历代的积极的儒者都在寻求国家重建繁荣和儒学的复兴之路。在此背景下,在唐代中后期出现了像啖助、赵匡和陆淳的新春秋学和韩愈、柳宗元等的古文运动。

啖助、赵匡、陆淳的新春秋学的出现代表了经学的转折。其主要特点是对家法的荡弃、以己意解经、针砭时弊。其内容主要表现为对三《传》的驳诘。

啖助有《春秋集传》、《春秋统例》,都已不存。赵匡有《春秋阐微纂类义疏》,也亡佚。今存陆淳编《春秋集传纂例》和他自撰的《春秋微旨》、《春秋集传辨疑》,其中保存有啖助和赵匡的不少言论。

汉唐经学相当重视《春秋》的传,而对经的重要性的认识相对较低。

---

① 《旧唐书·杨绾传》,中华书局 1975 年版。

但是,三传不同于《春秋》,有些地方差别明显,甚至观点对立;汉晋诸儒对三传的注解更是众说纷纭,互相龃龉,尤其是为配合各自需要采用了不同学说,有针对性的同时,也有明显的局限。而且"孔疏于经传不合者,不云传误,反云经误"也危及了《春秋》本身的权威性。新春秋学的宗旨之一就是对这种不良学术风气的矫枉。

《春秋》宗旨,三传的注家各有其说:杜预注《左传》,何休注《公羊传》,范宁注《谷梁传》都是本着自己对这一经书的理解加以注解,《左传》着重于制度典礼,从历史的角度去探求孔子修《春秋》之旨;《公羊》、《谷梁》二家则着重于善恶褒贬,从道德的角度去探求孔子作《春秋》之旨。啖助却认为,三家之说都"未达乎《春秋》之大宗"①,因此不可能真正理解夫子作《春秋》的深刻用意。他认为,《春秋》之作,是为了"救世之弊,革礼之薄"。他具体论证说:"夏政忠,忠之弊野,殷人承之以敬;敬之弊鬼,周人承之以文;文之弊僿,救僿莫若以忠,复当从夏政。"②孔子作《春秋》是为了"救周之弊,革礼之薄"三家之说"俱不得其门"。

啖助从变革的角度来解释孔子修《春秋》的用意,把孔子看成一个文化改良主义者,因此,他不同意孔子修《春秋》是复兴周礼的说法:"《春秋》参用二帝三王之法,以夏为本,不全守周典,理必然也矣。"③

啖助认为《春秋》宗夏,并非沿袭墨家,而是突出用宗夏说、"二帝三王之法"反驳宗周、宗商说。赵匡论《春秋》宗旨时也有与啖助相似的观点。他认为"《春秋》因史制经,以明王道",也反对三传注家的解说,认为《春秋》依《周礼》,于"非常之事""则裁之圣心,以定褒贬,所以穷精理也"。"予谓《春秋》因史制经,以明王道。其指大要二端而已,兴常典也,著权制也"。宗旨"在尊王室,正陵僭,举三纲,提五常,彰善瘅恶,不失纤芥,如斯而已"。① 赵匡比啖助更强调《春秋》的褒贬大义。啖赵在《春秋》宗旨方面的探讨突破了前人观念的束缚,指出《春秋》与三传注家在宗旨方面的差异,认为三传注家在宗旨的解释上远低于或陋于经,这在突破汉晋以来因株守家法而宗尚传注的思想方面有巨大意义,为摆正经、传、注三者的关系,向着治经应致力于探求经旨大义学风的形成迈出了具有决定意义的一步。

啖助认为三传对《春秋》的注解都是口述,到了汉代才开始写在竹帛上,这些章句的形式和内容自然与孔子的《春秋》就有了差距。他对三传的指导思想是:"予辄考核三传,舍短取长,又集前贤注释,亦以愚意禆补阙漏,商榷得失,研精宣畅,期于浃洽,尼父之志,庶几可见","予所注经传,若旧注理通则依而书之,小有不安则随文改易,若理不尽者则演而通之,理不通者则全削而别注……"② 赵匡则是:"观夫三家之说,其弘意大指,多未之知;褒贬差品,所中无几。故王崩不书者三,王葬不书者七,嗣王即位、桓文之霸,皆无义说,盟会侵伐,岂无褒贬,亦莫之论。略举数事,触类皆尔。故曰弘意大指,多未之知也。至于分析名目以示惩劝,乖经失指,多非少是,啖氏虽已裁择,而芜秽尚繁"。③ 认为三传大多不知《春秋》大旨,名目分析与经违背。因此,他发明了《春秋》的三体十例说,认为《春秋》经因出于圣人之手自然具有"辞简义隐"的特点,所以治《春秋》应努力发明它的微言大义。

为驳三传,啖赵陆等还对三传的相互矛盾的地方给予了自己理解的纠正。

"三传"没有把握圣人作《春秋》的宗旨,注疏家又没有发挥出"三

① 《春秋集传纂例》卷1《春秋宗旨议第一》。
② 《春秋集传纂例》卷1《啖氏集传注义例第四》。
③ 《春秋集传纂例》卷1《啖氏集传注义例第四》。

传"的大意,致使《春秋》大义湮没不彰,这是啖助等人总结汉唐以来《春秋》学而得出的结论:"传已互失经指,注又不尽传意,《春秋》之义几乎泯灭。"①

因此,他们要舍弃前人的传注,直接探求圣经大义。他们批评传注家故弄玄虚,事实上《春秋》经文并不像有的传注者理解的那样"文义隐密",而是非常简易明白的。啖助说:"《春秋》之文简易如天地焉,其理著明如日月焉。但先儒各守一传,不肯相通,互相弹射,仇雠不若,诡辞迁说,附会本学,鳞杂米聚,难见易滞,益令后人不识宗本,因注迷经,因疏迷注,党于所习,其俗若此。"②

传注者把本来"简易著明"的一部《春秋》经弄得晦涩难懂。不仅如此,《春秋》一经而分三传,每传自两汉以来又有许多家注,注中又有疏,强调"疏不破注",不离师说,家法、师法门户之见很深,各家各派互相攻诘,搞乱了人们的视听。平心而论,啖助等人对两汉以来经学的批评是有道理的,自两汉以来,经学作为官方扶植的学术,发展到唐代出现了种种弊端。虽然孔颖达《五经正义》颁行以后,经学表面上归于一统,但并没有克服繁琐晦涩的毛病,而仅仅对文句的解释有了一个统一的标准,谈经者"不复知有《春秋》微旨",特别是学者不再去探求儒家经典中蕴含的深刻义理。啖助等人抨击前人传注的目的,就是为了建立一种新的解经传统,创造一种新的治经模式。这种模式就是"但以通经为意",不讲家法,不根师说,兼取三传,合而为一。啖助说:"予所注经传,若旧注理通,则依而书之,小有不安,则随文改易;若理不尽者,则演而通之;理不通者,则全削而别注;其未详者,则据旧说而已。"③

啖助师生等鉴于《春秋》大义泯灭的危机,用其一生的精力对《春

---

① 《春秋集传纂例》卷1《春秋宗旨议第一》。
② 《春秋集传纂例》卷1《啖氏集传注议第三》。
③ 《春秋集传纂例》卷1《啖氏集传注义例第四》。参见杨世文:《经学的转折:啖助、赵匡、陆淳的新春秋学》,《孔子研究》1996年第3期。

秋》三传进行整理,对三传的重新义疏做出了贡献。在这种工作中,他们大胆引用道家等派别的意旨,对三传进行梳理。这尤其看出,中唐以后新春秋学的创新意识和唐代三教并立的繁荣局面及其它们的相互影响。

《春秋纂例》、《春秋集传辨疑》是陆淳记录编集,经过赵匡删改的,《春秋微旨》三卷是陆淳的著述。在《春秋微旨》中,他写道:"其有与我同志思见唐虞之风者,宜乎齐心极虑于此。得端本清源之意,而后周流乎二百四十二年褒贬之义,使其道贯于灵府,其理浃于事物,则比屋可封,重译而至,其犹指诸掌尔! 宣尼曰'如有用我者,期月而已可矣'。岂虚言哉!"。由此可见,新春秋学派在中唐以后的失序的社会中更注重对现实问题的思考,在经学研究方面也更着意于阐明经典的"微言大义"。

其实,从汉代以后至唐代,士人都好文辞,较少对经术的认真专研。唐代虽然鉴于隋朝灭亡的教训,决心重新振兴儒术,但是李唐在精神领域和心灵境地更热衷于佛道两教,包括唐太宗在内的很多皇帝和武后,都希望长生不老,喜食丹药。所以唐代也只是把经学作为思想控制和国家治理的必要工具,由于在唐代经典注疏达致极至,故治经已经失去其对社会的切实观照,学习经学也成为知识分子入仕的一种手段。经学通过啖赵陆在中后期的转变既是唐代历史发展的要求也是经学自身的逻辑结果。

啖赵陆关于三传的论著,引起了不同的反响。宋欧阳修编的《新唐书·儒学传》中说,"啖助在唐,名治《春秋》,摭讪三家,不本所承,自用名学,凭私臆决,尊之曰'孔子意也',赵陆从而唱之,遂显于时。呜呼! 孔子没乃数千年,助所推著果其意乎? 其未可必也。"[1] 对啖助三人采取否定的态度。同为宋人的陈振孙在其《直斋书题录》中将《春秋纂例》和

① 宋祁、欧阳修:《新唐书·儒学传》,中华书局 1990 年版。

《春秋集传辨疑》收入,并评论说:"汉儒以来,言《春秋》者,惟宗三传。三传之外,能卓然见于千载之后者,自啖助始,不可没也。"① 皮锡瑞在《经学历史》中说:"唐人经说今传世者,惟陆淳本啖助、赵匡之说,作《春秋纂例》、《微旨》、《辨疑》……此等议论,颇能发前人所未发。惟三传自古各自为说,无兼采三传以成一书者;是开通学之途,背颛门之法矣!"② 赞扬了啖赵陆的经学研习的开先之风。

与啖赵陆同样被称为"异儒"派的还有冯伉、卢仝、韦表征、刘轲、陈岳等。他们的"舍传求经"和"尊经贬传"的做法在一定程度上解放了人们为统一注疏束缚的局面,但是在相同的意义上,也成为宋代理学的先声。

啖助、赵匡、陆淳的春秋学派,以其大胆怀疑与创新,开始突破传统的经学见解,开辟了一个自由解经的时代。春秋学派以经驳传的风气为韩愈、柳宗元等人所继承,韩柳等人解经都不以传统的经传注疏为依据,而是直接从先秦的儒学中领会其精神本质。

唐代初期,朝廷表面上对儒学重视,却情衷于佛道,唐代经济的繁荣和社会的开放提供了儒释道三教学术交汇的背景,促成了文化上的全方位发展。儒释道三学便是在如此广阔的文化背景中,争夺着学术的主导权。儒学的范围也随之渗透、扩大至各个文化领域。自中唐以后,儒家对佛学的排拒和融合才渐渐深入至理论的层面,儒学也因之有了新的生机。

唐文宗曾诏儒佛道三教学者聚会讲论,与会的白居易认为:"夫儒门、释教,虽名数则有异同,约义立宗,彼此亦无差别,所谓同出而异名,殊途而同归者也"。③

---

① 转引自任继愈主编:《中国哲学发展史》(隋唐卷),人民出版社1994年版,第112页。

② 皮锡瑞:《经学历史》,中华书局1959年版,第214—215页。

③ 《白居易集》卷59。

作为古文运动实即儒学复兴运动主将之一的柳宗元,对佛学也持融合观点,他说:"儒以礼立仁义,无之则坏;佛以律持定慧,去之则丧"①,"浮图诚有不可斥者,往往与《易》、《论语》合","不与孔子异道"。② 秦汉以后,儒学逐渐疏离了传统的人本主义精神,在唐代更是由于佛道等地位的确立,使儒学的入世的功能大大减弱。柳宗元写了《天对》、《天说》、《答刘禹锡天论书》等阐明传统儒学的根本精神,对当时"受命之符"的神学说教进行了批判。在恢复传统儒学现实性格的同时,恢复儒家"五常"之道的恒久性和普遍性,使传统儒家由单纯的文字走向思想性的开端。这就在于把经典中的思想与现实的具体情况相结合。为此,柳宗元提出了"经权"思想。所谓"经",就是儒学的五常之道,是原则性的东西;所谓权,就是现实五常之道的具体途径,是灵活性,对"圣人之道"做出了新的阐释。柳宗元自己认为"自幼好佛",颇有所得,在义利观和性善论上积极"统合儒释",为儒学的研究开辟了新的途径,显示了对汉唐经学研究的反叛。白、柳诸人援佛入儒,与一味废佛毁僧的帝王以及佞佛礼僧的官僚,有着本质上的不同,他们对于儒释两学以及经学的改革,是抱着积极态度的。

这一时期,能够借鉴和汲取佛学而又坚决反佛的儒家代表,是韩愈和李翱。韩愈仿照佛教传法世系的"法统",相应地提出了儒家传承道义的"道统",粗略地建立了一个与佛道相抗衡的理论体系。他的《原道》、《原性》、《原人》、《原鬼》、《原毁》等一系列论文针对佛道所涉及的领域,提出了儒家在此方面的原则与范畴,成为古文运动亦即儒学复兴运动的理论纲领,为以后的融合佛学确立了原则基础。他的学生李翱正是沿着他借鉴、融合佛学以反佛教的路向,将反佛与儒学复兴运动引向深化。

---

① 柳宗元:《柳宗元集》卷7《南岳大明寺律和尚碑》。
② 柳宗元:《柳宗元集》卷25《送僧浩福序》。

　　韩愈复兴儒学,重在以复古的形式,重建一种思想信仰体系,用以"排异端,斥佛老",其所谓的"道",以"仁义道德"、"先王之教"为主体,更多地体现为一种思想旗帜。这在以前儒学特别是经学中所没有的。韩愈文集中真正"扶经之心,执圣之权"的阐道论学文章并不多,更未能建立新的学派。韩愈的成功在于他对重振儒学的倡导和建立了以道为本,以经为源,取法三代两汉而推陈出新的古文传统。

　　围绕怎样明道,韩愈解决了两大问题:

　　第一,他对儒家诸经做了选择,表彰了《礼记》中的《大学》,认为《大学》是古圣先贤阐发"道"的纲领性文献。《原道》说了如下一段话:"《传》曰:'古之欲明明德于天下者,先治其国。欲治其国者,先齐其家。欲齐其家者,先修其身。欲修其身者,先正其心。欲正其心者,先诚其意。'然则古之所谓正心而诚意者,将以有为也。今也欲治其心而外天下国家,灭其天常,子焉而不父其父,臣焉而不君其君,民焉而不事其事。"这里所引的《传》,就是《大学》。由此可见《大学》在韩愈道论中的地位和《大学》身价的悄然提升,突出孟子在儒学道统中的地位,借鉴了佛学注重禅定修习以提高精神境界的影响,与佛家相对抗。这无疑是中唐以后经学变革中非常值得重视的一件大事,开启了中唐以后经学的新风。

　　第二,韩愈对经学的理论架构和价值取向做了阐发,认定正心诚意应是圣人之道的基础,并力主把个人的心性修养跟治理国家的实践结合起来。他认为,芸芸众生,性有上中下三品之别,情也有喜怒哀惧爱恶欲七种表现,这就需要修身,不修身,也就谈不上齐家治国平天下。韩愈强调,正心诚意是"有为"之道。所谓"有为",就是提倡个人修养,洁身自好和正人、治身与治理国家相联系,以此来对抗佛老的"治心"。儒家的治心却是内外结合的,是成己成物的,韩愈还认为,正心诚意之道,是针砭时弊的。所谓"时弊",就是"子不父其父,臣不君其君,民不事其事",就是道德沦丧。考诸历史,中唐以后,社会确实存在道德沦丧问题,确实存在社会阶级斗争转剧的问题。韩愈提出明道,强调要明正心诚意之道,他的出发点和归宿点是不言而喻的。

韩愈对《大学》、《中庸》思想的发挥,已经跳出了对以往经书只是循章索句、注重注疏的路子,更加侧重于义理和思想上开拓发扬,特别是他的道统说更是不再理会注疏式的阐释,而是从价值观上来加以总体上的把握。

韩愈明道论的提出,促进了宋代以后明道思潮的泛起,导致孟子地位在两宋以后的急剧提升。韩愈认为,从汉代以来,经书经过群儒的注疏式的修修补补,已经与原来的义理相差很远了,未能张扬儒学之宏旨。事实也是如此,儒学虽然在秦汉以后的地位不断得到巩固,但就思想内涵而言,后世也仅仅是在不断诠释而已,无论是文字、名物制度的训释,还是义理的阐发都绝少创新。至唐代的《五经正义》的颁行,更是将人们的视野、思想局限于已有传注、疏解上。对孟子的以“民为邦本”为核心的仁政思想,后世的阐发实在没有超出《孟子》。

李翱的三篇《复性书》是其经学的代表作。韩愈论述了“性”与“情”的关系,但未讲清善恶的起源,没有明确得出性善的结论,难以给人指明“人皆可以为尧舜”的必然性。李翱则发挥了孟子的性善说,又依据子思的《中庸》,提出了“性善情恶”的观点,认为性本是善的,有了喜、怒、哀、惧、爱、恶、欲等七情,遂使“性”昏蔽,从而有了恶。只有遏制情欲,才能恢复善性。然则如何遏情以至复性呢?李翱说:“弗虑弗思,情则不生。”还要进一步做到“不动心”,使心处于“动静皆离,寂然不动”,不为外界所诱,以达到“诚”,亦即最高的修养境界。显然是借鉴天台宗的“止观”、禅宗的“无念”以及道教“主静”学说的架构,建立起儒家的修善学说和修善方法的。

韩李突出《孟子》和《大学》、《中庸》的理论地位,不仅使儒家排佛更有典据,而且拉近了儒家经典与现实的距离。强调并重新解说儒家的性命之学,不仅可以与佛家佛性学说相对抗,也使道德修养与社会现实紧密地联系在一起。在理论形成和修养方法上,借鉴、融合佛道两家,而在理论原则或为学宗旨上,与佛学划清界限并坚持排佛的路线和策略,不仅给儒学带来新的生气、新的内容,而且仍然保留甚至发扬了儒学的基本性格。这是唐代经学在排佛与融佛的过程中,不断探索改革所取得的成功经验与最高成果。

对于韩愈李翱在经学史上的地位,清代学者皮锡瑞基于古文经学的立场在其《经学历史》中说:"韩(愈)、李(翱)《论语笔解》,皆寥寥短篇,无关宏旨。"① 皮氏在此仅就对经书的阐释而立论,故而评价不高。韩愈等对经学的贡献在经学历史上是应该不能被抹杀的。韩愈对社会人伦等道德层面的关注,扫除了经学研究注重章句的繁琐,把抽象心性与社会生活联系起来,力求恢复儒家经典的济世安民的要旨,从而奠定了新儒学的基础。

唐人私家也有治经的风气,往往父子兄弟相互传授学习,这来自于唐代比较看重读书取仕的制度和门第观念。这种民间或者私家习经的传统,一方面是唐代经学繁荣的反映,一方面也加强了对传统注疏路线的叛逆的力量。

3. 唐代经学的特点

经学是儒学的特定形式,自汉代经学出现,对儒家经典的注疏和义理阐释就不绝于儒学历史。汉末至魏晋,经学衰微,士人对章句不大感兴趣,儒风也渐衰。魏晋时期,玄学流行,是从外部对经学的一次变革,郑玄、马融等经学家也注释老庄,儒道双修。在总体上,从经学的角度看,魏晋时期,已经开始了从"分文析字"的训诂到"辨名析理"的玄思的过渡,经学的神学目的论开始向玄学的宇宙本体论转向,经学所支持的系统论的宇宙观开始向主体论的人格观念转化。南北朝时期,佛道昌

---

①　皮锡瑞:《经学历史·经学统一时代》,中华书局 1959 年版,第 215 页。

兴,势头猛进,欲与儒学抗衡。在三教纷争中,儒学虽然努力保持自己的传统品格和人文精神,但思想发展的规律,仍使儒、释、道不可避免地在不同程度上融合起来,这种合流和相互借鉴的情况,从南北朝一直延续到隋唐。

纵观唐代儒学和经学的发展历史,联系此前和此后经学和儒学的样式,我们不能不看出唐代经学的特点。

第一,经学完成了形式上的统一。这是唐代经学最显著的特点。主要表现在唐初对经学的形式上的统一,这种统一是政治原因促使的,也是政治统一的反映。唐初帝王接受前代灭亡的教训,至少在形式上把儒学放在国家思想意识形态的地位,在国家大政方针的制定、国家制度的实施、官吏的选拔等方面还是以儒学作为指导思想,因此,明经解经和经学统一就是自然而然的事情。这次经学统一在经学发展史上是第一次,也是具有里程碑意义的一次。皮锡瑞说:"夫汉帝称制临决,尚未定为全书;博士分门授徒,亦非只一家数;以经学论,未有统一若此之大且久者。此经学之又一变也。"① 唐代经学的统一虽然在总体上还是没有逃出汉代古文经学的传统,但是它不仅大大消除了今古文经学对立,而且泯灭了南学、北学的对立。

从经学史上看,魏晋时期的郑学与王学的对立十分特殊,它是在混合今古文中显示的对立,所以它不是今古文的对立,但却根源于今古文的对立。同样,南北朝时期的南学与北学的对立也具有这样的性质。南学北学的各自学术特色,《隋书·儒林传》有简要的概括:"江左,《周易》则王辅嗣,《尚书》则孔安国,《左传》则杜元凯。河洛,《左传》则服子慎,《尚书》、《周易》则郑康成,《诗》则并主于毛公,《礼》则遵于郑氏。大抵南人约简,得其英华;北学深芜,穷其枝叶。"② 总体上说,北学的特

① 皮锡瑞:《经学历史·经学统一时代》,中华书局1959年版,第198页。
② 《隋书》卷75。

色为明经,多保留汉学的名物训话的朴实学风,而南学的特色是义疏,重在发挥经典的义理,是汉学中微言大义的传统。

唐代是经学的汉学阶段的最后时期,它具有很大的包容性,这个特点使经学的今古文对立和南北学对立渐趋消失而归于统一。如唐代的《五经正义》,其经注,《诗经》用毛亨传、郑玄笺之《毛诗》,《尚书》用魏晋时出现的孔安国传,《周易》用魏晋王弼、韩康伯注,《礼记》用郑玄注,《春秋》用杜预集解之《春秋左传》,实际上将今文与古文、南学与北学传注与义疏熔为一炉。陆德明本为南人,后受用于隋,他的《经典释文》更是兼采各家,保留了很多经典的原有音义和注释。

第二,经学侧重于应用,而疏于儒学精神的追求,使得儒学的发展受到了限制。经学成为国家选拔官吏的工具,也成为知识分子进仕的工具。在精神领域和一般的社会层面,佛道的影响不可小视,传统儒学中强调"修己安人"、"下学上达",注重内在修养和人生理想的追求以及道德人格完善的精神没有得到很好的发扬,知识阶层没有形成发挥儒家这种精神的自觉意识。经学的统一主要停滞在文字训诂中,搁浅在典章制度上。这促使了唐代中后期新春秋学的产生和古文运动的出现。

第三,经学的注解打破了传统的家法师法,出现了注释方法的多样化。魏晋时期经学以义理解经方法的运用,是对汉儒经院式传注的一次否定。其思想之自由,精神之解脱,学风之改观,给思想界带来新的生机。受佛教讲经方法的刺激,义疏之学在隋代和唐代兴起。孔颖达为首编撰的《五经正义》吸收了南北不同风格的解经方法和佛道不同理念的阐释传统。对经学的发展特别是对后来宋明理学的形成产生了重大影响。特别是后期啖赵陆等对经典的重新理解更是一场对经学义理不师家法的张扬。

第四,经学的过渡性比较明显。经学虽然完成了表面上的统一,但这种统一是包含了很多矛盾的统一。主要表现在:(1)特定的社会条件,造就了经学内部的否定因素,对经典的注疏与对经典义理的阐释存在矛盾。这种矛盾的存在造成了两种后果,一是使儒学走向形式化研习,特别是科举考试更是加重了这一趋势,因此,经学成为学术的束缚,但是没有成为思想的桎梏;二是促使唐朝中后期新的解经风气的形成,特别是反映在古文运动上,表现为正统与异逆的并行。(2)统一的经学本身也吸收了佛道的一些理论但缺少学理上的创新,在现实中很难与佛道抗衡,这一点在后来的宋明理学中得到了补充和完善。也因为此,宋明的理学家对唐代的注疏之学颇不以为然。从经学本身来看,无论侧重对文字的训诂和注疏,还是对经典义理的阐释和引申,唐代的经学还是比宋明理学更加务实,宋代已经开始对经学进行架空处理,明代更是如此。

与汉代的经学相比较,唐代的经学也彻底抛弃了神学目的论,这当然归功于魏晋南北朝时代的玄学的冲击。特别是唐代后期的经学,其意义破在于立,不仅开创了以经驳传的风气,而且从理论上对汉代以来的官方经学的理论基石的天命观予以清算,从而为经学也为儒学树立了一个基于理性与人文基础的发展空间。唐代后期经学对前期经学的结构性转换,虽然对儒学没有什么学理上的创新,但是提供了由历史和典章制度的儒学向人性和伦理化的儒学转化的方法论。

二、孔颖达对汉经的疏解

《五经正义》的完成是唐代经学统一的标志,也是唐代经学的重大成就。《五经正义》的编撰是以孔颖达为首的,所以作为一种义疏著作,《五经正义》对汉经的疏解的贡献在经学历史的意义上还是以孔颖达为主的。

从唐朝前期经学所关注的主要问题来看,同汉代一样,仍然是从制度和规范层面维系封建统治,达到社会的和谐,因此它仍属于汉代经学的系统。汉代经学已经提出了一整套系统的理论,成为占统治地位的学术思想,并经过了两汉政治实践的检验。唐代经学的形式和出发点基本上是沿着汉代经学的路子走的,这从孔颖达为首的编撰群体对《五经正义》的编辑方法和理念来看表现尤其明显。

1.《五经正义》

《五经正义》是指《毛诗正义》、《尚书正义》、《周易正义》、《礼记正义》和《春秋正义》。

《毛诗正义》40卷,孔颖达、王德韶、齐威等撰,赵乾叶、贾普曜、赵弘智等复正;注文取毛亨传、郑玄笺,疏文以刘焯的《毛诗义疏》、刘炫的《毛诗述义》为稿本,融贯群言,包罗古义。孔颖达认为,魏晋隋代,对毛诗的传述很多,南北朝时为《毛诗》作义疏者有全缓、何胤、舒瑗、刘轨思、刘丑、刘焯、刘炫等,孔颖达序曰:"焯、炫并聪颖特达,文而又儒,擢秀干于一时,骋绝辔于千里,固诸儒之所揖让,日下之所无双。于其所作疏内特为殊绝。今奉敕删定,故据以为本。"① 但是二刘传诗亦有许多不足之处,存在异同矛盾和取舍不一的缺陷,有失绳墨之准。所以疏文虽然以二刘为本,却并不受其所限,而是广采博览,削其所烦,增其所简,力求达于古义。

孔颖达认为《诗经》是"论功颂德之歌,止僻防邪之训"。诗"虽无为而自发,乃有益于生灵"。"感天地动鬼神莫近于诗,此乃诗之为用,其利大矣"。在此孔颖达表现出对诗的社会作用的高度重视。在他看来,诗反映了社会各个阶层的心态,是人对外界和现时政治的一种情感反应:"六情静于中,百物荡于外,情缘物动,物感情迁"。若政治清明,则人情欢愉,朝野井然;若政治黑暗,则人怨愤而歌,"作之者所以畅怀舒

① 孔颖达:《毛诗正义序》,《十三经注疏》,中华书局影印本1980年版。

愤,闻之者足以塞违从正"。孔颖达在《毛诗正义》中所持的诗歌观点对促进唐代诗歌的繁荣也具有积极的影响。

值得一提的是,孔颖达对训诂学的传统观念进行了比较完整的表述,在《毛诗正义》中,孔颖达说:"诂训传者,注解之别名。毛以《尔雅》之作,多为释诗,而篇有《释诂》、《释训》,故依《尔雅》训而为《诗》立传。传者,传通其义也。《尔雅》所释,十有九篇,犹云诂训者。诂者,古也,古今异言,通之使人知也。训者,道也,道物之貌,以告人也。《释言》则《释诂》之别。故《尔雅·序》篇云:'《释诂》、《释言》,通古今之字,古与今异言也。《释训》,言形貌也。'然则诂训者,通古今之异辞,辨物之形貌,则解释之义,尽归于此。《释亲》已下,皆指体而释其别,亦是诂训之义,故惟言诂训,足总众篇之目。"① 孔颖达在此展示了他的概括历程,即由"诂训传"概括为别名"注解"构成了一个术语,这是一次对学科认识的质的飞跃。又由"诂训"总括其对象:"通古今之异辞,辨物之形貌。"认为"惟言诂训","足总众篇之目"。可见,孔颖达在训诂领域已经初步进入了术语的确定及对象的划分阶段,已由具体的对象初步上升到抽象的概括。可以说,到孔颖达这里,传统的训诂学观念已经形成了。②

《尚书正义》20 卷,孔颖达、王德韶、李子云等撰,朱长才、苏德融、隋德素、王士雄、赵弘智复审,长孙无忌、贾公彦、齐威、范义頵、王德韶等刊定。经文对今古文兼收并蓄,注文采取伪孔安国传,疏文以刘焯、刘炫义疏为基础,广采古传和旧闻,比较当时的异同,"存其是而去其非,削其烦而增其简"。对于孔安国《尚书传》,宋代朱熹,明代梅鷟,清代阎若璩、惠栋、朱彝尊等相继辨正,定为伪书。尽管如此,其去古未

---

① 孔颖达:《毛诗正义》,《十三经注疏》,中华书局影印本 1980 年版。

② 杨光荣:《训诂学的现代观念》,《山西大学学报(哲学社会科学版)》1995年第 2 期。

远,所据多取古义,仍然有一定价值。孔颖达据"伪孔传"以疏经文,在考物辨事方面多有所得,所以不能轻易加以否定。孔颖达认为,《尚书》是"人君辞诰之典",其作用在于使人君"昭法戒,慎言行"。他说:"事总万机,发号出令,义非一揆。或设教以驭下,或展礼以事上,或宣威以肃振曜,或敷和以散风雨,得之则百度惟贞,失之则千里斯谬。枢机之发,荣辱之生;丝纶之动,不可不慎。"① 孔颖达对《古文尚书》评价很高,认为古文经"其辞富而备,其义弘而雅,故复而不厌,久而愈亮"。南北朝时为《尚书》作正义的有蔡大宝、巢猗、费甝、顾彪、刘焯、刘炫等。孔颖达认为"诸公旨趣多或因循,帖释注文义皆浅略;惟刘焯、刘炫最为详雅。"② 故《尚书》义疏以二刘为本。而刘焯流于穿凿,刘炫虽删其繁芜,却又失之义略辞华。孔颖达等对此是"览古人之传记,质近代之异同,存其是而去其非,削其烦而增其简",成为《尚书正义》的编撰原则。

《周易正义》14卷,孔颖达、颜师古、司马才章、王恭、马嘉运、赵乾叶、王琰、于志宁等撰,苏德融、赵弘智复审。《周易正义》在序言中和卷首集中介绍了前人对《周易》的研究和义疏,进行了归纳和评述,在易学研究史上具有开创意义;首创易义与易象互补之说,认为易义难穷,圣人取物象以垂范作则,托象以明义,义与象并不排斥。这既区别于两汉易注偏于象,又区别于王注偏于义。

孔疏《周易正义》在哲学上的以下见解对后世有重要影响:(1)太极无象无形,元气混而为一,其象为无,其数为一。此说将元气一元论与贵无论融为一体,对太极的诠释有新的见解。(2)在阴阳合德而生万物的问题上,《周易正义》提出禀气为始、成形为生之说,对后世气化论的发展有重大的影响。(3)在矛盾观上,孔疏认为阴阳二气有自然得一之

---

① 孔颖达:《尚书正义序》,《十三经注疏》,中华书局影印本1980年版。
② 孔颖达:《尚书正义序》,《十三经注疏》,中华书局影印本1980年版。

性,故能相感而生物:"天地无心,自然得一。惟二气絪缊,公相和会,万物感之,变化而精醇也;天地若有心为二,则不能使万物化醇也。"(《系辞下疏》)① 涉及到了对立面的统一问题。(4)认为事物的变化有"渐变"、"卒变"之分:"变,谓后来改前,以渐移改,谓之变也。化,谓一有一无,忽然而改,谓之为化。"②

孔颖达认为,《周易》以卦爻之象,仿效天地万物的运动变化,"若用之以顺,则两仪序而百物和;若行之以逆,则六位倾而五行乱"。③ 帝王如果能顺应天地之道,协和阴阳本性,无为而治,则能"弥纶宇宙,酬酢神明宗社"。《周易正义》本着"考察其事,必以仲尼为宗,义理可诠。先以辅嗣为本,去其华而取其实,欲使信而有征"的原则进行编撰,以此,孔颖达认为《周易正义》"其文简,其理约,寡而制众,变而能通"④,对此项工作充满信心。

在《周易正义》中,除了解释子句外,对义理也做了较多的发挥,并探讨了易学的哲学问题。孔颖达提出了一些新的易学命题,如:《易》理备包有无。认为"形而上者谓之道,道即无也;形而下者谓之器,器即有也;故以无言之,存乎道体;以有言之,存乎器用。"⑤《易》以有作则,但有生于无,无为本,有为末。据此,孔颖达提出:"凡有从无而生,形由道而立,是先道而后形,是道在形之上,形在道之下。"⑥ 但是"形"处于"道"与"器"之间,是道向器的过渡环节:"自形外以上者,谓之道也,自形内而下者,谓之器也。形虽处道器两畔之际,形在器不在,道也;既有

---

① 转引自中国孔子基金会编:《中国儒学百科全书》,中国大百科全书出版社1997年版,第541页。

② 孔颖达等:《周易正义·乾象疏》,《十三经注疏》,中华书局影印本1980年版。

③ 孔颖达等:《周易正义序》,《十三经注疏》,中华书局1980年版。

④ 孔颖达等:《周易正义序》,《十三经注疏》,中华书局1980年版。

⑤ 孔颖达:《周易正义·卷首》,《十三经注疏》,中华书局1980年版。

⑥ 孔颖达:《周易正义·系辞上疏》,《十三经注疏》,中华书局1980年版。

形质,可为器用,故云形而下者谓之器也。"① 形为自然,器为人所用,形器同质而有别。

对"太极"和"道"的解释是易学的重要内容。在孔颖达看来,道是元气混沌未分、无所谓阴阳的统一体:"以数言之谓之一,以体言之谓之无,以物得开通谓之道"。"无是虚无,虚无是大虚,不可分别,惟一而已,故以一为无也。若其有境,则彼此相形,有二有三,不得为一。"②"道虽无于阴阳,然亦不离于阴阳;阴阳虽由道而成,即阴阳亦非道。"道通过阴阳的消长来表现,万物在时间和空间中发生变化即万物的运动是具体形式。而"太极,谓天地未分之前,元气混而为一,即是太初、太一也。故老氏云'道生一',即此太极是也。"③"太一者,谓天地未分,混沌之元气也。极大曰太,未分曰一,其气既极大而未分,故曰太一也。"④ 元气是产生万物的原始物质,是阴阳未分的实体。易都是从太极开始。

《周易正义》的主要特点在于,坚持了取象与取义相结合的原则,企图将两汉象数易学和魏晋义理易学统一起来,体现了唐代易学两派合流的基本特征,对唐宋易学的发展产生了深刻的影响。对《周易》义理的阐发,有综合有创新,形成了一套自己的哲学思想体系,为魏晋玄学向宋明理学的转化作了准备。

《礼记正义》70卷,孔颖达、朱子奢、李善信、贾公彦、柳士宣、范义頵、张权等撰,周玄达、赵君赞、王士雄、赵弘智复审。经文取戴圣所传礼49篇,注文采郑玄注,疏文以皇侃义疏为本,以熊安生义疏为补充。

《礼记正义》承继儒家重礼传统,并在理论上有所发展,使之更系统

---

① 孔颖达:《周易正义·系辞上疏》,《十三经注疏》,中华书局1980年版。
② 孔颖达:《周易正义·系辞上疏》,《十三经注疏》,中华书局1980年版。
③ 孔颖达:《周易正义·系辞上疏》,《十三经注疏》,中华书局1980年版。
④ 孔颖达:《礼记正义·礼运疏》,《十三经注疏》,中华书局1980年版。

化。它宣扬礼的先验性,继承《礼运》之说,认为礼起源于天地未判之前,是太一的内在所有:"礼者,理也。"①　天地既判,天为尊,地为卑,礼与天地俱兴。礼含于太一为理,统于人心为体,践之以行为履。由理而体,即人心体天地自然之理而为人伦规范之礼。礼有很多,但有体履之分,《周礼》为体,《仪礼》为履。礼的作用在于规定君臣老幼男女的贵贱尊卑,并通过一定的威仪加以实现,以抑制浮躁、无所不为的越轨行为:"顺之,则宗祐固,社稷宁,君臣序朝廷正;逆之,则纲纪废,政教烦,阴阳错于上,人神怨于下。故曰:人之所生,礼为大也。非礼无以事天地之神、辨君臣长幼之位,是礼之时义大矣哉!"②　孔颖达认为,两汉以来,对于《礼记》的传注,有很多不同的意见:"大小二戴共氏而分门,王郑两家同经而异注。"③　至于南北朝与隋代,为《礼记》做义疏的更是繁多,但能见之于世上的南只有皇侃,北只有熊安生。两家相较,孔颖达认为,"熊则违背本经,多引外义,犹之楚而北行,马虽疾而去愈远矣;又欲释经文,唯聚难义,犹治丝而棼之,手虽繁而丝益乱也。皇氏虽章句详正,微稍繁广;又既遵郑氏,乃时乖郑义,此是木落不归其本,狐死不首其丘。此皆二家之弊,未为得也。然以熊比皇,皇氏胜矣。虽体例既别,不可因循,今奉敕删理,仍据皇氏以为本,其有不备,以熊氏补焉。"④

《春秋正义》36 卷,孔颖达、杨士勋、朱长才等撰,马嘉运、王德韶、苏德融、隋德素复审。⑤ 注文取杜预注,疏文以刘炫义疏为本,辅以沈文阿之注,若有矛盾,则自己阐释。《四库全书总目提要》名为《春秋左

---

① 孔颖达:《礼记正义·卷首》,《十三经注疏》,中华书局 1980 年版。
② 孔颖达:《礼记正义·卷首》,《十三经注疏》,中华书局 1980 年版。
③ 孔颖达:《礼记正义序》,《十三经注疏》,中华书局 1980 年版。
④ 孔颖达:《礼记正义序》,《十三经注疏》,中华书局 1980 年版。
⑤ 参见吴雁南、秦学欣、李禹阶主编:《中国经学史》,福建人民出版社 2001 年版。

传正义》,并评价说:"有注疏而后左氏之义明,左氏之义明而后二百四十二年内善恶之迹一一有征。"①

孔颖达认为,孔子因鲁史而修《春秋》,据周礼以正褒贬,"一字所嘉,有同华衮之赠;一言所黜,无异萧斧之诛,所谓不怒而人威,不赏而人劝,实永世而作则,历百王而不朽者也。"② 对《春秋左氏传》的传述与训诂,孔颖达认为,两汉各家杂取公羊、谷梁来阐释《左传》,大有凿枘之嫌。只有晋杜预所著《春秋左氏经传集解》,专取左氏之传解释《春秋》,无不契合。但晋以后传《春秋左氏传》的有沈文阿、苏宽、刘炫等,沈氏于义例粗可,而于经极其宽疏;苏氏则不体本文,专门攻击贾逵、服虔;刘炫聪慧,但是其"意在矜伐,性好非毁",既习杜氏又攻杜氏,故其所为经注,"易者,必具饰以文辞;其理致难者,乃不入其根节"。③ 在孔颖达看来,三者相较,还是以刘氏为本,辅以沈氏。

这一卷帙浩繁、考订细密的巨大工程于太宗朝受诏编撰,高宗永徽四年方颁行全国,凡 180 卷。《五经正义》将汉以来众说纷纭、门派繁杂的经说统一起来,并将之作为科举取士的依据。由于钦定的缘故,它长久而深入地影响到了唐代的经学以致文学,成为研究唐代文化不可或缺的官修典籍。《五经正义》尽管贯彻了"疏不破注"的原则,但也绝非简单归纳和总结前人的观点,而是鲜明地体现了孔颖达等人的政治、哲学以及文学思想,因此,它具有时代和现实精神。

唐初《五经正义》的定本,和汉代儒家思想的定于一尊是不同的。以《五经正义》为代表的唐初经学的统一是形式上的统一,它是经书的训诂和文字的整理,是完全必要的,这是时代的需要。几百年的分裂,使得南北儒学的义例往往不同,连国学的博士都不能遍涉。正如隋人

---

①　纪昀:《四库全书总目提要》,中华书局 1965 年版。
②　孔颖达:《春秋正义序》,《十三经注疏》,中华书局 1980 年版。
③　孔颖达:《春秋正义序》,《十三经注疏》,中华书局 1980 年版。

指出的,"学生皆持其所短,称己所长,博士各各自疑"[1],连普通的策问都久而不决。很明显,统一的王朝不能再让南北儒生各守师训,互争短长,时代需要统一的儒学。事实上,这个过程在大业年间已经开始,到贞观、永徽时最终完成。从大业年间由政府主持征召南北儒生于东都讲论得失,并选拔优秀者在国学教授,到唐太宗令孔颖达主持删定《五经》;从大业时南学的绝对胜出,风行都下,到孔颖达兼用南北的折中,儒学完成了从分裂到统一的转变。这种形式上的统一并没有限制唐代精神生活的丰富发展,相反,整个唐代由于继承了魏晋以来的佛道思想,儒学倒是面临着冲击和挑战。这一点大大有别于汉代。也正是新的历史条件造就了儒学自身发展的必然结果。任何学术的发展,都会经历正—反—合的过程。无论是接受魏晋玄学的南方儒学,还是恪守传统的北方儒学,其实都是汉代的经学在新的环境下所做出的反应和经历的嬗变。而在几百年的发展和分裂之后,儒学本身也面临着一个新的整合过程。因此在《正义》修定的同时,虽然也有不少争执,但是《正义》毕竟还是保留下来,并且在唐以后一直都保持着五经权威注疏的地位。

2. 关于《五经正义》的"疏不驳注"

从孔颖达对《五经正义》的编撰可以大体看出唐代经学特别是注疏之学的特点,实际上,《五经正义》及其被作为科举取士的内容利用促使了唐代经学的民间化,也把这种治经的方式和方法传到了民间。其中"疏不驳注"就成为唐代经学家治经的代表性原则。从而也构成了唐代经学的一个显著特点。

"疏不驳注"实际上是由唐代对经学的要求决定的。《五经正义》的

---

① 《隋书·儒林传》,转引自陈磊:《试析隋及唐初的儒学统一》,《孔子研究》2001年第6期。

撰写是为了统一经学,解决"儒学多门,章句繁杂"、"文字多讹谬"的问题,以便天下传习,并用来取仕。"疏不破注"就是要求编纂者根据先儒注文进行疏解,不能随意发挥,尽力维护注文的思想体系,为士子明经、考试制定一部标准的经学教科书。《五经正义》中《易》主王弼注,《书》主伪孔传,《诗》、《礼》主郑注,《左传》主杜预注,各家注文质量不一,参差不齐,皆是学者"因一时之好尚,定一代之规模",所以,采用谁家旧注并不重要,重要的是这些旧注是作为经学附庸而存在的,是为维护封建统治而服务的。《毛传》也好,《郑笺》也好,固然是为了训诂,但训诂的根本目的在于明经。《正义》兼采《传》、《笺》,不"破"的正是用来为封建伦理道德说教的《诗序》和《传》、《笺》训释在于明经的思想体系。在这一点上,《五经正义》是严格遵守"疏不破注"的原则的。

按照这一原则,孔颖达对以前的五经疏注进行了评判和衡量,以决定取舍。

孔颖达等撰者对注家的选择经过了严格的筛选和比较。《周易正义》以王弼注为主。孔颖达认为,传《易》者虽多,但"惟魏世王辅嗣之注,独冠古今。"(《周易正义》序)《尚书》则宗孔安国传。《尚书正义》以孔安国注《伪古文尚书》为本乃始于陆德明《经典释文》,并且为当时学者所公认,故为孔颖达所采用。东汉郑玄博通今古文,遍注六经,他以简明精赅的训诂而压倒诸家,形成了郑学小一统的局面。魏晋南北朝时期,无论南学还是北学,郑玄之注都具有很大的权威性。故《正义》中的《毛诗》和《礼记》都以郑玄注为本。《春秋左传》以杜预《集解》为宗。两汉时传《春秋左传》者较多,但孔颖达认为他们"杂取公羊、谷梁以释左氏,此乃以冠双履,将丝综麻,方凿圆钠。"西晋时杜预作《左氏集解》,"专取丘明之传以释孔氏之经……今校先儒优劣,杜为甲矣。故晋宋传授以至于今。"[①] 从《正义》所选择的各经注本来看,除孔注《伪古文尚

---

① 孔颖达:《春秋正义序》,《十三经注疏》,中华书局1980年版。

书》以外,其余的应该说都是该经中最好的注本。

在此基础上,严肃认真和审慎地选择义疏。鉴于从汉代以至魏晋南北朝和隋唐时期,为五经做传注的有多家,王注《周易》的义疏"皆辞尚虚玄,义多浮诞,"甚至"义涉于释氏,非为教于孔门也。既背其本,又违于注。"因此《周易正义》于诸家义疏皆无所取。南北朝时为《尚书》作正义的有蔡大宝、巢猗、费甝、顾彪、刘焯、刘炫等,"惟刘焯、刘炫最为详雅。"故《尚书》义疏以二刘为本。南北朝时为《毛诗》作义疏者有全缓、何胤、舒瑗、刘轨思、刘丑、刘焯、刘炫等。《毛诗正义》以刘焯、刘炫之疏为本。从晋宋以来直到周隋,为《礼记》作义疏的,南人有贺循、贺玚、庾蔚之、崔灵恩、沈重、皇侃等,北人有徐遵明、李业兴、李保鼎、侯聪、熊安生等。其中较为突出并为世人所称道者,只有皇、熊二家而已。《礼记》义疏"乃以皇侃为本,以熊安生补所未备。"南北朝时为杜预《集解》作义疏者则有沈文阿、苏宽、刘炫。"然沈氏于义例粗可,于经传极疏。苏氏则全不体本文,惟旁攻贾、服,使后之学者钻仰无成。刘炫于数君之内实为翘楚。"[1] 因此《春秋左传集解正义》以刘炫的义疏为本。

根据"疏不驳注"的原则,以注为宗,严格维护注的权威。凡是疏与注矛盾的,必须以疏服从注。因此,《周易正义》或偏祖王弼义,或王弼所未注者,亦委屈旁引以就之。"义理可诠,先以辅嗣为本。"《尚书正义》虽以二刘为本,"然焯乃织综经文,穿凿孔穴,诡其新见,异彼前儒,非险而更为险,无义而更生义。"乃对二刘的义疏"存其是而去其非,削其繁而增其简"。对于刘焯、刘炫的《毛诗疏》和《左传疏》,孔颖达也提出了严厉的批评,认为他们"负恃才气,轻鄙先达,同其所异,异其所同;或应略而反详,或宜详而更略。准其绳墨,差忒未免,勘其会同,时有颠踬"于是综合诸家,定以己意以为取舍。而其取舍的标准则以是否合乎杜预的《集解》,凡刘炫所驳正之处,孔疏皆以为非,而大都不阐明理由。

---

[1] 孔颖达:《春秋正义序》,《十三经注疏》,中华书局 1980 年版。

《礼记》虽以皇、熊为本,但同样也以郑注为标准,并指出二人的乖误。

　　当然,孔颖达等在以此原则进行取舍的时候,也存在疑惑和矛盾。比如,在对待《礼记正义》的问题上,孔疏主郑注,也有很多附会之处。但总体来说,根据疏不驳注的原则,《五经正义》在作为经学统一的重要成果的时候,具有这样的特点:(1)以南学为本,兼取南北之长,这个也是当时的历史发展趋势决定的,在唐朝建立以前,经学已经表现出北学并于南学的态势。《五经正义》中,《易》、《书》、《春秋左传》以南学为本,《诗》、《礼记》则以北学为本。但在义疏方面则以注本为宗,兼采南北诸家。(2)对章句字词进行了辨正和省简。《正义》对"诂训"的认识已上升到了抽象的概括。其中"惟言诂训,足总众篇之目"的提法,反映出孔颖达已将"诂训"连用而非分用,并且意识到了诂训的解释功能,这就从客观上触及到以训诂旨在扫除阅读文献障碍的工具性专门工作的实质,从而使"诂训"具备了学科术语的特征,《正义》提出了"文势"(又称"势"、"义势"、"文"等)说,开创了据语境索义的新的训诂方法。在训诂实践中,"疏"从范围和程度上都远远突破了"注",直接促进了唐代训诂学的发展,如《正义》补充《诗》毛《传》、郑《笺》的训释。《诗经》时代的语言到汉代已变成古语,需要人们训诂。同样,汉代的语言到了唐代,也已变为古语,亦需要人们以今释古。对《诗经》中一些《传》、《笺》没有训释的词语及《传》、《笺》中的一些词语,《正义》由于时代久远,古义难明,需要补充训释。《正义》直接纠正了《传》、《笺》偏颇、错误的说解,这实际上已违背了旧注的训释,体现了训诂在唐代的发展。《五经正义》是今日所见文献中最早重视词义尤其是同义词之间的同中有异现象的训诂著作,即在义疏中,常能对同义词进行既辨其异、又求其同的综合训诂,其贡献是不言而喻的。但在一些词的处理上也有时候显得牵强。(3)在义疏中对义理也有所取舍。孔颖达指出:"窃以古人言诰,惟在达情,虽复时或取象,不必辞皆有意。若其言必托数,经悉对文,斯乃鼓怒浪于平流,震惊飙于静树,使教者烦有多惑,学者劳而少功,过犹不及,良为此也。炫嫌焯之烦杂,就而删焉。虽复微稍省要,又好改张前义,义更太略,辞又过华,虽为文笔之善,乃非开奖之路。义既无义,文又非文,欲使后生若为领袖,此乃炫之所失,未为得也。"因此,"览古人之传记,质近代之异同,存其是而去其非,削其烦而增其简。此亦非敢臆说,必据旧闻"。[①]

总之,《五经正义》及其所体现的孔颖达对汉经的注疏包括了从汉代到隋唐的思想资料,展示了唐代初年对其前经学的初步整理。在不同的经典和不同的撰者那里可能都存在着矛盾和讹误的地方,比如,"同是一个人的疏义,可以在《诗》、《礼》的正义中发挥谶纬的学说,在《易》、《书》的正义中则排斥谶纬。"[②]

对于疏不驳注,皮锡瑞在《经学历史》中认为:"著书之例,注不驳经,疏不驳注;不取异议,专宗一家;曲循注文,未足为病。"对《五经正义》采取辩护的态度。当然孔颖达等人不可能超出时代的限制,"疏不驳注"是当时注疏的体例是历史事实。但是这一原则确实也反映出孔颖达等人的思想保守意识,这种保守作风是由当时政治形势决定的。特别是作为统治思想的儒学,这种经学统一及其表现出来的保守是儒学本身的内在逻辑。在《五经正义》中,注疏者不仅是宿学鸿儒,而且是贤达政要,在这里,私人的理解已经被集体的解释所代替,个人的学术取向已经让位于官方的政治取向,对《五经》的注疏实际上表达的是官方的意识形态。同时在价值意向上,除了表达消解今文与古文、泯灭南方与北方的综合趋向外,更重要的是,还传达了官方的一个消息,这就是官方对六朝时期经典解释中出现的个人性的、力图超越历史文本和传统解释的取向的批评。在《五经正义》中可以看到,当经典的各种解释与这里所依据的旧注并不发生矛盾时,也不影响传统的理解和解释

---

① 孔颖达:《毛诗正义序》,《十三经注疏》,中华书局影印本 1980 年版。
② 杨向奎:《唐宋时代的经学思想》,《文史哲》1958 年第 5 期。

时,义疏一般是可以兼容的,《五经正义》常常引述六朝流行的和新出的各种说法。可是,如果这些流行的新出的理解和解释与官方确定的注本发生冲突,《五经正义》就会批评或者斥责这些说法,却不一定给出详细的说明。比如在处理《左传》注中服虔和杜预的解释矛盾、《礼记》中皇侃和郑玄的矛盾、《周易》中郑玄和王弼的矛盾的时候,都是如此。虽然其中也有孔颖达等人对各种解释和疏义的个人理解甚至附会,但是《五经正义》作为一种官方文本是本着"疏不驳注"的原则来编撰应该是不可怀疑的。孔颖达的义疏以及序文中对晋宋以来注疏家的批评就一再暗示了这种观点。如《周易正义序》中指责江南义疏"义涉释氏,非为教于孔门也,既背其本,又违于注";《尚书正义序》中批评北方学者,包括最好的刘焯,都有"织综经文,穿凿孔穴,诡其新见,异彼前儒,非险而更为险,无义而更生义"的毛病;《毛诗正义序》更对刘焯、刘炫的"负恃才气,轻鄙先贤,同其所异,异其所同"给予斥责,《礼记正义序》批评皇侃"既遵郑氏,乃时乖郑义"是"木落不归其本,狐死不首其丘";在《春秋正义序》中批评刘炫"习杜义而攻杜氏,犹蠹生于木而还食其木,非其理也"。① 就像维护封建政治的权威地位一样,《五经正义》也正是出于维护汉魏以来经典的传统权威,确保汉魏以来的新知识形态纳入儒家知识范围的体系和经学的框架之中。

唐代经学的目的本想是解决经学分裂、注疏大道破碎、解释互异、莫衷一是的矛盾,但是也以此产生了新的弊端。宋苏辙对汉唐经学总结说:"法立于上,则俗成于下。故两汉之间,经各有师,师各有说。异师殊说,相攻如仇雠。异己者虽善不从,同己者虽恶不弃。下逮魏晋,争者少止,然后学者相与推究众说,从其所长。至唐而传疏之学具,由是学者始会于一。数百年间,凡所以经世之用,君臣夫子之义,礼乐刑

---

① 转引自葛兆光:《中国思想史·第一卷》,复旦大学出版社 1998 年版,第 611 页。

政之本,何所不取于此? 然而穷理不深,而讲道不切,学者因其成文而师之,以为足矣。……盖将人自为说而守之耶? 则两汉之俗是矣;将举天下而宗一说耶? 则自唐以来传疏之学是矣。"[1] 以孔颖达为代表的唐代注疏经学在后来的学者,特别是北宋学者看来是使圣人之道不彰,传注之学不能起到经世致用的作用,有些注疏甚至违背了儒家的义理,这不仅为宋明理学的产生提供了可能性,而且提供了现实性和必然性。

《五经正义》是注疏之学是不言而喻的,它的体例是由其需要发挥的作用和其编著目的决定的。在方便了知识分子学习的同时也窒息了对经典义理的研究。即使在当时,最高的统治阶层对以此取仕也是有意见的。从另一个方面来说,孔颖达等人对五经的注疏构成了经学历史上的重要里程碑,对研究经学具有重大的参考价值,从而具有不可替代的历史意义。

三、陆德明对音义的辨正

陆德明(约公元 550—630 年),名元朗,字德明,以字行,苏州吴(今江苏吴县)人。受学于玄学大师周弘正。历仕陈、隋、唐三朝,陈时为始兴国王左常侍。入隋,炀帝用为秘书学士,迁国子助教。唐高祖李渊称帝后,秦王征为文学馆学士。太宗贞观初,迁国子博士,封吴县男。是与当时的注疏大家孔颖达齐名的经学家、训诂学家。陆德明曾师从当时善于玄学的周弘正和张讥并深受其影响。

秦汉以后,"经传既已乖离,博学者又不思多闻阙疑之义,而务

---

① 苏辙:《河南府进士策问三首》(之一),《栾城集》卷二十,转引自杨世文:《论北宋学者对汉唐经学的批评》,《中国典籍与文化》第 39 期。

碎义逃难，便辞巧说，安其所习，毁所不见，终以自蔽，此学者之大患也"。① 有鉴于此，陆德明在陈至德初年，采集汉、魏、六朝因切凡230多家；又兼采诸儒训诂，考证各本异同，撰成《经典释文》，"示传一家之学，用贻后嗣"。②

陆德明对音义的辨正，主要是以其《经典释文》为表现的。皮锡瑞在《经学历史·经学统一时代》中说："前乎唐人义疏，经学家所实贵者，有陆德明《经典释文》。《经典释文》亦是南学。……《易》主王氏，《书》主伪孔，《左》主杜氏，为唐人义疏之先声。"③

陆德明在《经典释文》的序文中说："余少爱坟典，留意艺文，虽志怀物外，而情存著述。粤以癸卯之岁，承乏上庠，循省旧音，苦其太简，况微言久绝，大义愈乖，攻乎异端，竞生穿凿。不在其位，不谋其政，既职司其忧，宁可视成而已。遂因暇景，救其不逮，研精六籍，采摭九流，搜访异同，校之《苍》、《雅》，辄撰集五典、《孝经》、《论语》及《老》、《庄》、《尔雅》等音，合为三帙三十卷，号曰《经典释文》。"④

《经典释文》包括《序录》一卷、《周易音义》一卷、《古文尚书音义》二卷、《毛诗音义》三卷、《周礼音义》二卷、《仪礼音义》一卷、《礼记音义》四卷、《春秋左氏传音义》六卷、《春秋公羊传音义》一卷、《春秋谷梁传音义》一卷、《孝经音义》一卷、《论语音义》一卷、《老子音义》一卷、《庄子音义》三卷、《尔雅音义》二卷。《四库全书总目提要》认为，癸卯是陈后主至德元年，当时陆德明年纪很轻，不大可能完成如此大作。关于《经典释文》的成书时间还有不少争论，本书在此不做讨论。

---

① 陆德明：《经典释文·序录》，上海古籍出版社1985年版。
② 陆德明：《经典释文·序录》，上海古籍出版社1985年版。
③ 皮锡瑞：《经学历史》，中华书局1959年版。
④ 陆德明：《经典释文·序录》，上海古籍出版社1985年版。

1.《经典释文》的内容

《经典释文》对诸经的次序以时间先后排列,也有所变通。关于诸经的次第排列一直是经学史上的一个大论题。由于经学观点的不同,对诸经排列的依据也不同。今文学家主张按照经书内容的深浅程度次序排列。他们认为《诗》、《书》、《礼》、《乐》内容浅显,面向低层次的教育对象而排在前面,《易》、《春秋》内容深奥,层次较高,排在后面。古文学家则主张按照诸经著述的时间早晚来排列次序:《易》、《书》最早而居前,《诗》、《礼》、《乐》为其次,《春秋》较晚而居于末。陆德明则指出:"如《礼记经解》之说:以《诗》为首,《七略》、《艺文志》所记,用《易》居前,阮孝绪《七录》亦同此次,而王俭《七志》,《孝经》为初,原其后前,义各有旨。今欲以著述早晚,经义总别,以成次第"。[1]　在这一点上,陆德明具有首创性。他认为:"五经六籍,圣人设教,训诱机要,宁有短长? 然时有浇淳,随疾投药,不相沿袭,岂无后先? 所以次等互有不同。"[2]　他考据认为,《周易》"虽文起周代,而卦肇伏羲","故易为七经之首"。《古文尚书》"起五帝之末","故次于易"。《毛诗》"起周文又兼《商颂》,故在尧舜之后,次于易、书。"《三礼》之中,"周、仪二礼并周公所制",且《周礼》为本,《仪礼》为末,"先后可见";《礼记》虽为西汉戴圣所录,"然志名已久,又记二礼阙遗",故三礼"相从次于诗"。《春秋》"是孔子所作,理当后于周公,故次于礼。""左丘明受经于仲尼,公羊高受之于子夏,谷梁赤乃后代传闻,三传次第自显。《孝经》与《春秋》虽"俱是夫子述作",然《春秋》系周公垂训,史书之旧章,而《孝经》"专是夫子之意,故宜在《春秋》之后。"《论语》是孔子门徒所记,"故次《孝经》"。《论语》的排序与《汉书·艺文志》不同,班固是将《论语》置《孝经》

---

① 　陆德明:《经典释文·序录》,上海古籍出版社 1985 年版。
② 　陆德明:《经典释文·序录》,上海古籍出版社 1985 年版。

之前。《论语》之后，是《老》、《庄》和《尔雅》。陆德明将儒家"七经"按《易》、《尚书》、《毛诗》、《三礼》、《三传》、《孝经》、《论语》的顺序排列，这是汉学系统关于经典先后顺序的一种新排法。《释文》也将《老》、《庄》包括在经典之内，但在陆德明的思想中，《老》、《庄》仍与经典有别。他视《老》、《庄》为子书，列在儒家经典之后。其实在《释文·序录》中，陆德明早已将儒、道二家区分。①

《经典释文》综述经学传授源流，阐明古今训义兼辩之宗旨，实为汉魏六朝以来研究古汉语形音义的总汇。古代文字多是因声有义，注音与注义有着密不可分的关系。陆德明的主要目的在于考证字音，但也兼及字义的辩说。对于各种经典，陆德明都是采用单字来注音，只有《孝经》和《老子》特抄全句。他对各种典籍的本文和注文的音读，广泛采取汉魏六朝各家的音切，一共 230 多家。《经典释文》还保存了唐以前各种经典中的文字的音读，为后人研究这一时期的语音变迁提供了重要资料。

《经典释文·序录》认为，自汉魏以来，对经典的释义和音注，因师承不同而各异。"或专出己意，或祖述旧音"，这样，便使后学之人"罕逢指要"。并且，对典籍的学习，"若读音不晓，则经义难明，混而音之，寻讨未易"②，若一字有差，"差若毫厘，谬便千里。"陆德明面对两汉魏晋以来，经典释义和注音的紊乱，在精研六籍，搜访异同的基础之上，对十四部经典作出音注，这是一项浩大的工程。在南北朝时期，南学、北学已有交往，已经出现了经学统一的要求和趋势。陆德明在这一时期撰《经典释文》，恰恰是顺应了历史发展的趋势和时代的要求。《经典释文·序录》认为造成音训差异的原因大体有：

---

① 另见杨荫楼：《陆德明的南学风韵及其对经学的贡献》，《孔子研究》1999年第 2 期。

② 陆德明：《经典释文·序录》，上海古籍出版社 1985 年版。

第一，是由于师承家学渊源的不同。由于口相传授，一经之学，数家竞爽，造成章句大有出入，因而也就造成了经注音训的不同。

第二，是由于今古文字的不同。"文字音训今古不同，前儒作音，多不依注。注者自读，亦未兼通。"《经典释文》还特别指出，"《尚书》之字本为隶古，既是隶写古文，则不全为古字，今宋、齐旧本及徐、李等音，所有古字，盖亦无几，穿凿之徒，务欲立异，依傍字部，改变经文。"① 这也就造成了音注的紊乱。特别是汉代以后的今文经学，在对经典的训诂好为声训，即以音同或者音近的字相训。其所依据的观念就是"同音必同义"。这种注重字词之音的作法可能来自民间"以音循义"的近似谶纬的理念，其弊端明显的就是不大顾及词源本身的意义，免不了牵强附会。

第三，是由于"近代学徒好生异见，改音易字，皆采杂书"，穿凿附会，也自然会造成音训的差异。魏晋六朝时期是思想控制相对比较宽松的时期，南北各地、各阶层注解经典的有很多家加上其时佛道盛行，儒生也会不自觉地受到佛道理念的影响。因此产生不同意见也是正常和必然的。由于各种经典去古已远，对字音和字义的识别和理解都会有偏差。

第四，南北方言的不同和南学、北学的差异也会造成对各种经典的不同音义。《经典释文·序录》指出："方言差别，固自不同，河北、江南最为巨异。""楚夏声异，南北语殊"，这是造成音注不同的重要原因之一，也是南北经学统一的障碍。不仅方言不同，且南、北学风也迥异。"南北所治，章句好尚，互有不同"②，"大抵南人约简，得其英华，北学深芜，穷其枝叶"。南学、北学音训释义的差异，使得博通经典的陆德明岂肯

① 陆德明：《经典释文·序录》，上海古籍出版社 1985 年版。
② 《隋书·儒林传序》，转引自杨荫楼：《陆德明的南学风韵及其对经学的贡献》，《孔子研究》1999 年第 2 期。

"宁可视成"！于是他立志改变"微言久绝,大义愈乖"的局面。

陆德明虽染玄风,但他仍是一位儒者。故《经典释文》一书,偏重汉学。他通过对每种经典演变史的探究,采用汉魏以来最好的注本,作为《经典释文》一书撰写的根据。据统计,他所选用的注本多达 179 种,保存了大量珍贵的经学史资料。他识别书音,博采《尔雅》众说,羽翼经典,杂引《说文》、《方言》、《字林》、《广雅》、《声类》、《韵集》诸书的训释,对文字、音韵、训诂、版本等,做了深入地辨伪。

2.《经典释文》的音义体例

《经典释文》收集音义资料有两个原则:一为广采博收,"或字有多音,众家别读,苟有所取,靡不毕书"。二为标举正音,"若典籍常用,合理合时,便即遵承,标之于首"。在一字多音的情况下,把"会理合时"的音放于最前,以示"遵承"。①

(1)《经典释文》在一个字下面,经常收有几个读法,或云"又",或注出某人音某。在其所收的几个读法中,以第一个音为主。这一体例为后人正确诵读和理解经典提供了极大的方便。另外,《经典释文·序录》说:"余既撰音,须定纰谬。若两本俱用,二理兼通,今并出之,以明同异;其径渭相乱、朱紫可分,亦悉书之,随加刊正。复有他经别本,词反义乖而又存之者,示博异闻耳。"如《诗·鲁颂·有驰》:"自今以始岁其有。"《经典释文·毛诗音义》:"岁其有,本或作'岁其有矣',又作'岁其有年者矣',皆衍字也。"又如《诗·小雅·巧言》:"遇大获之。"《经典释文·毛诗音义》:"遇,如字。世读作'愚',非也。"

《经典释文》在"正讹误"中,也有不确之处,不能百分之百地信从。②

---

① 参见吕琯荧:《论陆德明的〈经典释文〉》,冀东学刊 1994 年第 2 期。

② 参见吕琯荧:《论陆德明的〈经典释文〉》,冀东学刊 1994 年第 2 期。

(2)经典在长期流传的过程中,在传写和教授的过程中,形成了许多不同的版本,这些版本对经典的音义和注解都有一定的参考价值,但在后代已大多亡佚。陆德明就他所见到的版本,兼收各种异文,这对后代学者来说是一份极为珍贵的资料。如《易·乾·文言》:"六爻发挥。"《经典释文·周易音义》:"音辉。《广雅》云:'动也。'王肃云:'散也。'本亦作辉,义取光辉。"①

(3)《经典释文》兼收各家之训诂以解释经典的文义。陆德明广收异本异说,他所征引的书籍后来很多都已亡佚。有些资料我们今天能够见到,有赖《经典释文》得以保存。这对于训话、校勘、目录等学,无疑是很珍贵的资料。《释文·庄子音义》引向秀、司马彪注,《释文·尔雅音义》引刘欲、樊光、孙炎注等皆是。②

(4)《经典释文》在释音义的同时,不仅兼注众家版本的异同,而且兼备众人之说,对不同音义予以保存。例如《易·乾,文言》有"君子体仁。"《经典释文·周易音义》说"京房、荀爽、董遇本作体信。"又如《易·乾·文言》有"利物足以和义。"《经典释文·周易音义》谓"孟喜、京、荀、陆绩作利之。"可谓广征博引,考察源流:"研精六籍,采撮九流,收访异同,校之《苍》、《雅》"。③ 对每一部经典都考察其源流始末,并梳理经释之家法源流,列出所有参考数目,为后世研究古代典籍提供许多佐证。

(5)对不同的读音都予以载入。这些不同的读音有的是后人拟作之音,有的是陆德明自己的注音。陆德明说:"或字有多音,众家别读,苟有所取,靡不毕书,各题氏姓,以相甄识。"④ 说明陆德明的采纳都是经过选择的。

(6)分别经注:"注既释经,经由注显。若读注不晓,则经义难明。

① 陆德明:《经典释文·周易音义》,上海古籍出版社 1985 年版。
② 参见吕琨荣:《论陆德明的〈经典释文〉》,冀东学刊 1994 年第 2 期。
③ 陆德明:《经典释文·序录》,上海古籍出版社 1985 年版。
④ 陆德明:《经典释文·序录》,上海古籍出版社 1985 年版。

混而音之,寻讨未易。"① 陆德明分别经注,是既释经也释注,释经用墨,释注用朱。久经传抄后,已混而为一。②

(7)摘字为音:"先儒旧音,多不音注。……旧音皆录经文全句,徒烦翰墨。今则各标篇章于上,摘字为音。"只有"《孝经》,童蒙始学,《老子》众本多乖,是以二书特纪全句。"③

《经典释文》是一部极其精审的巨著,在陆德明成书后,自唐代到现在,对学术界的影响很大,有人专门研究整理这本著作,有的是对书中的资料分类。《经典释文》在训诂的同时还保留和考证了不少古字,为中国文字做出了贡献。清代学者吴大澂在《愙斋集古录序》中说:"人生秦燔千数百年之后,何以能识三代文字? 曰:幸有钟鼎彝器款识,皆秦以前物也。人生周、孔千数百年之后,何以能读周、孔之时钟鼎彝物? 曰:幸有《经典释文》也。……故求之《说文》而不可通者,往往于《经典释文》得之。……凡彝器中古字,见之《释文》者甚多。然则陆德明谓为古籍之功臣,可也。"④ 这可以说是对陆德明《经典释文》在经学史和文字学史地位的肯定。

① 陆德明:《经典释文·序录》,上海古籍出版社1985年版。

② 中国孔子基金会编:《中国儒学百科全书》,中国大百科全书出版社1997年版。

③ 陆德明:《经典释文·序录》,上海古籍出版社1985年版。

④ 转引自中国孔子基金会编:《中国儒学百科全书》,中国大百科全书出版社1997年版。

第六章　唐代道学

　　由于李渊集团在起兵反隋的斗争中利用了道教"李氏当王"、"老君当治"等谶语,在建立政权后李唐皇室又追尊老子为远祖,尊老崇道,认道教为本家,在统治者的推崇和倡导下,道家道教在唐代获得了空前的崇高地位,道学成为治国、处世、修身养性的指导思想而得以兴盛、发展。道家思想作为道教的理论基础而日益为道教徒所重视,一些道教学者吸收并依托道家思想而建构道教理论,道教成为道家文化发展的重要载体;道家思想虽然仍为众多士人所喜好和研习,但却不复形成独立的新学术流派,道家的典籍和文化精神、思想主张往往通过道教得以保存和传承、发展;而道教学者在宗教理论方面的阐发和建树,大多也围绕着对于《老子》、《庄子》等道家经典的注释和发挥来进行。及至唐代,道家与道教明显地呈现出合流的态势,形成了相互依托、相互涵摄的密切关系。在道教徒的自觉努力下,道家的基本理论不仅成为道教宗教理论的基石,而且渗入到道教修炼实践活动中,道教徒根据修炼的体会和需要,从修炼的层次上不断充实、发展着道家理论,拓展了道家思想体系的深度。

一、从玄到道

　　东晋以降, 曾经辉映魏晋学坛的玄学由于日趋虚玄而渐失人心,而一些玄学家不拘礼教、矫情偏激更是引来责难，玄学逐渐衰退。但玄学家一扫汉代儒学的繁琐陈腐学风，标举"自然"，主张以恬淡自然的行为方式取代封建礼教的繁文缛节，以缓解封建名教压抑人性、使人拘谨自守的弊端。他们围绕着本末关系、有无关系、名教与自然的关系诸问题作出了深刻的哲学思考，在理论层面调和着封建名教与自然人性的矛盾，给学术界带来了清新的空气；玄学家的有无之辩、言意之辩等理论探讨，提供了深化和完善道学理论的思想资源。

1. 玄学和佛学对道教的影响

佛学的传播以及儒佛道之间的论争，亦启发和扩展了唐代道教学者的思路。六朝至隋唐时期，儒佛道在冲突和论争过程中相互融摄，佛教吸收了道教的神仙方术和修行方法，融会了儒家的心性论和伦理道德以及入世精神，并逐步超越了最初以中国哲学的名词概念比附和解释佛教术语的"格义"方法，逐渐完成了中国化的进程。后秦的僧肇在批判总结魏晋般若学的基础上，由玄入佛，融通玄学与佛学。一方面，他吸收道家特别是玄学思想。如《肇论·不真空论》提出"审一气以观化"，"物我同根，是非一气"；《物不迁论》中有"正言似反"等话语，另一方面，他借助于发鸠摩罗什翻译出的"三论"——《中论》、《十二门论》和《百论》，系统地发挥般若思想，创立了较准确地把握印度佛教原义的中观般若思想体系，从而推动中国化的佛学迈向了独立发展的新阶段。

被胡适称为"佛教内部大革命"的唐代"禅宗运动"实现了由印度佛教向中国化佛教的过渡。而运动的发起者是被奉为禅宗六祖的慧能，他融会佛教各派学说，又以佛学为基点，吸收儒家的性善论、尽其心性的心性论和内圣外王、天人合一等精神追求以及老庄玄学的顺应自然、道通万物等自然主义哲学和物我两忘、安时处顺等人生态度，创立了禅宗这一中国民族宗教。① 后学石头希迁沿着慧能融通各派的思路，他以三论宗、华严宗为基础而又援道入佛，他所撰的《参同契》，无论从形式上还是从内容上说，都与道家道教有着十分密切的渊源关系。从形式上看，《参同契》一文的篇名直接来自被誉为"千古丹经王"的道教经典《周易参同契》。该书的篇首即称"竺土大仙心"，结尾则言"谨白参玄人"。篇中的"流注"、"母子"、"玄"等名词，也都是从道家道教转借而来。

佛教吸收融会异质文化而适应中国的文化土壤，成功地在中土扎根和生长的事实，给予道教徒很大的刺激和启示，唐代道教不仅在组织上借鉴佛教的形式，更从理论和修炼实践的层面吸收着佛教的营养。成于隋唐时期的《太上老君说常清静经》是较早融摄佛学思想的作品。《清静经》大量借用了佛教的名词术语，文中"六欲不生，三毒消灭"、"观空亦空，空无所空"、"湛然常寂；寂无所寂"、"妄心"、"烦恼"、"妄想"、"苦海"等词语，就鲜明地体现出融佛入道的特征。

佛教的心性修炼方法亦对唐代道教产生着影响，道教灵宝派的《洞玄灵宝定观经》将佛教的止观之法与道静观玄览寡欲等方法相结合而创建了定观的修炼方法，文中说："夫欲修道，先能舍事，外事都绝，无与忤心。然后安坐，内观心起，若觉一念起，即须除灭，务令安静"。通过这样的训练而达到心理的安静平和，"浮游乱想亦尽灭除。行而久之，自然得道"。

著名上清派高道司马承桢的《坐忘论》和《天隐子》亦是以老庄思想为基础，吸收佛教止观禅定的方法，结合自己的修炼实践而总结出来的心性修炼著作，在当时由外丹修炼向内丹修炼转变的过程中，此书发挥着重要的导向作用，对宋代道教内丹学产生着深刻影响。

唐代重玄学更是唐代道学融摄佛学的代表性成果，亦是唐代道学

① 参见洪修平、孙亦平：《惠能评传》第10章，南京大学出版社1998年版。

中最具特色、思辨性和学理性最强的学术派别,在扬弃玄学和佛学"中观"论的基础上,重玄学成为唐代道学发展的主要形态。

2. 重玄学的特点

重玄家阐发《老子》中"玄之又玄"的"重玄之道",吸收佛学的"双遣法",但认为佛家的非有非无仍然是一种"不滞之滞",仅是一"玄",应该将这"不滞之滞"也遣去,才是"玄之又玄",故它集中表现为一种彻底遣除思想偏执的思维方式。重玄学包括了宇宙论、认识论、辩证法、心性论和人生哲学,其肇始于东晋的孙登,唐初著名的道教学者成玄英和李荣通过注疏《老》、《庄》,王玄览援佛入道撰著《玄珠录》,奠定了重玄学的理论基础,将道教思想提高到一个新的理论层次。继成、李、王等人之后,孟安排、司马承桢、唐玄宗李隆基、强思齐进一步发展重玄学理论,至五代的杜光庭融合儒释道而将重玄学推向成熟。

作为唐代道学主要形态的重玄学,具有以下一些特征:

第一,融通三教。道教在创立和发展的过程中继承了先秦道家兼收并蓄的气度,以极为开放的胸襟吸纳百家,重玄学者在建构自己的思想体系时,更是广泛吸收儒学和佛教的诸派理论。如李荣在《道德真经注》中明确提出要借用佛教中道观作为药,以医治偏执之病,所谓"借彼中道之药,以破两边之病"。成玄英用佛教三论宗"八不中道"的思想来解释重玄之道,"八不中道"即不生不灭,不常不断,不一不异,不来不去。超越生、常、一、来和灭、断、异、去这两边即是中道。他在《老子注》卷一中说:"至道深玄,不可涯量,非无非有,不断不常。""心冥至道,不灭不生。"成玄英在这里用来阐发"至道"的概念显然与八不中道有着密切联系。而王玄览的《玄珠录》中不仅充斥着"空"、"色"、"法身"、"对境不摇心"、"十方诸法"等佛教术语,而且通篇皆十分娴熟地运用了佛教中观学派的四句范式。而重玄学的集大成者杜光庭则正式提出了儒释道三教一理的主张。他在《老子说常清静经注》中明确指出,如果真正体悟了"真理",则必能懂得天下学问实乃殊途同归,故不会以"西竺东土为名分别",他总结说:"六合之内,天上地下,道化一也。若解悟者亦不以至道为尊,亦不以象数为异,亦不以儒宗为别也。三教至人所说各异,其理一也。"这些事实说明,重玄学者在理论上首开三教合一风气之先,引领时代学术潮流,功不可没。

第二,遣之又遣。重玄学者将遣之又遣的思维方式视为体悟重玄之道的必由之路,他们将老子"玄之又玄"思想与佛教中道观相结合,强调既不滞于"有"、"无",亦不滞于"非有"、"非无",而要"遣之又遣",力图彻底破除一切执著,从而形成了重玄学最为鲜明的特点。成玄英认为,玄学家所向往的玄冥之境还未达到极妙的最高境界,只有"至乎三绝,方造重玄"。何谓"三绝"? 成氏解说道:"一者绝有,二者绝无,三者非有非无。"①成玄英在《老子注》卷一中告诫修道者,要"用此非无非有之行,不常不断之心"才能够契真合道,"但能先遣有欲,后遣无欲者,此则双遣二边,妙体一道。"关于这一特点,我们将在以下的论述中详细讨论。

第三,虚实结合。重玄学既是一种思辨性很强的哲学理论,又具有很强的实践性、操作性。它既不同于坐而论道、纯粹思辨的玄学,又超越了只囿于操作层面的道教修行方法。而是虚实并重,学用结合,在注重学理层面的建构和学习的同时,也将其理论用于指导修行和政治治理实践。例如,唐玄宗就既认识到《道德经》中蕴含着"穷理尽性……损之又损,玄之又玄"等不可言传的玄理②,他强调为学者初入门时一方面必须"因学以知道","因言设教","因言以诠道"③,通过圣人进行"言

---

① 成玄英:《庄子·大宗师疏》,郭庆藩辑《庄子集释》,中华书局 1982 年版,下同。

② 唐玄宗:《道德经疏·释题》,《道藏要籍选刊》第二册,上海古籍出版社1989 年版,下同。

③ 唐玄宗:《道德经疏》卷 6、卷 2。

教",引导众人体悟大道,故言教的最终的目的悟道:"夫言者,在乎悟道,悟道则忘言。"① 另一方面,他认为不能停留在"为学"和玄思的范围内,通过亲证实践的修行才是最好的悟道之途:"悟教之善,在于修行,行而忘之,曾不执滞。"② 但他又强调修行只是悟道的手段,而不能执滞于行,"行无行相,""行而忘之,曾不执滞"才是"善行"。③ 同时,还要将其理论运用于治国安民的政治实践中。他亲自撰写的《道德经疏》就是将理论和实践紧密相结合的典型范例。他将《道德经》的大旨归纳为治身和治国两大方面,认为此书"其要在乎理身理国,理国则绝矜尚华薄,以无为不言为教。"④ 认为"无为无事,天下归怀,故可取天下。"与无为相对立的治理方式是"有为有事",而"有事则烦劳,烦劳则凋敝,故不足以取天下。"⑤ 他结合治国之道来阐释"无为而治"说:"爱民者,使之不暴卒,役之不伤性;理国者,务农而重谷,事简而不烦。则人安其生,不言而化也。此无为也。"⑥ 他反复强调:"令苛则人扰,网密则刑烦,百姓不安,四方离散,欲求摄化,不亦难乎?""政烦网密,下人无所措其手足,避讳无暇,动失生业,日就困穷。"⑦

这些认识被他贯彻到政治实践中,如不重敛百姓,不过度劳役百姓,宽简安民,他多次下令"不得妄有科唤,致妨农业"⑧,并对妄加科税的洛阳令韦绍等官员予以贬出的处罚。

司马承桢亦在将老庄思想和天台佛学用于重玄学理论阐述的同时,又将重玄学理论贯穿于修行的实践活动中,他在《坐忘论》中提出的

① 唐玄宗:《道德经疏》卷 3。
② 唐玄宗:《道德经疏》卷 10。
③ 唐玄宗:《道德经疏》卷 2、卷 10。
④ 唐玄宗:《道德经疏·释题》。
⑤ 唐玄宗:《道德经疏》第 48 章。
⑥ 唐玄宗:《道德经疏》卷 1。
⑦ 唐玄宗:《道德经疏》卷 6、卷 8。
⑧ 《全唐文》卷 27《令御史检查科差诏》。

"信敬"、"断缘"、"收心"、"简事"、"真观"、"泰定"、"得道"七个"修道之阶梯"，就充分显示出重玄学既重视学理的探究，又不尚玄谈而讲求亲修实行这一虚实结合、学修并重的特色，发展了道学的心性修炼思想，为五代宋元内丹心性之学的兴起在理论和操作程序上奠定了基础。

二、成玄英、李荣的重玄学

成玄英、李荣的重玄学理论体系是通过注疏《老》、《庄》而建立和形成的。成、李所注的《老子》，散见于强思齐的《道德真经玄德纂疏》和顾欢的《道德真经注疏》，近人蒙文通先生分别辑成《道德经义疏》和《老子注辑校》，成玄英的《庄子疏》被郭庆藩先生全文收入《庄子集释》。以下对二人的重玄学思想做一概述。

1."至道深玄,非无非有"

成玄英和李荣在扬弃玄学家"贵无"、"崇有"思想的基础上，对于"道"的本质作了更为深入的理论阐释，奠定了重玄学的理论基础。在《道德经》第一章疏中，成玄英开章明义地指出："道以虚通为义，常以湛寂得名。……常道者不可以名言辩，不可以心虑知，妙绝夷希，理穷恍惚"。他还以自问自答的方式阐发了"道"不居、不恃、超乎有无之外的特质。文中说："夫道者何也？ 虚无之系，造化之根，神明之本，天地之源。其大无外，其微无内，浩渺无端，杳冥无对。至幽靡察而大明无光，至静无心而品物有方。混漠无形，寂寥无声。万象以之声，五音以之成……今古不移，以之谓道者也。""至道深玄，不可涯量。非无非有，不断不常"。成氏又通过注疏《庄子》阐述其道论："夫至道之境，重玄之域，圣心所不能知，神口所不能辩，若以言知索真，失之远矣。故德之所总，言之所默息者,在于至妙之一道也。"① "至道深玄……非色,不可以目视;绝声,不可以耳听。"②

从以上成玄英对"道"的描述,可以概括出以下几点内容:第一,"道"是虚通之理境,它幽深玄远,不可涯量;第二,"道"具有不可以言象名说,不可以心智虑知,不可以耳目感知等特性;第三,"道"既非"有",又非"无",既不"断",又不"常",但又"不有而有,不无而无";第四,"道"是天地万物之本源("造化之根,神明之本,天地之源")。

虚通性是成玄英"道"论的突出特点,正因为其虚通无垠,故能够生成、涵容万物,而正因为其虚通无实,故成氏所说的"至道虚玄,通生万物"不是传统意义上按时间先后所进行的由"无"而生"有"的生成过程。成氏否定"道"的生成性,排遣"道生之"之说。他强调说:"虽复能生万物,实无物之可生……故即生而不有,有即有而不有,生亦不生而生,此遣道生之也"③;"不有而有,不无而无"。④ 在成氏这里,具有虚通性特点的"道"更加突显出超越时空的非实体性和绝对性,构成了成玄英的"道"与传统道家道教的相异之处。

由上述思路出发,成氏进而指出,"有"不能生"有","无"也不能生"有":"有既有矣,焉能有有? 有之未生,谁生其有? 推求斯有,竟无有也。夫已生未生,二俱无有,此有之出乎无有,非谓此无能生有。无若生有,何谓无乎?"⑤ "有"只是自然而然地"出乎无有",而非"无"能生"有","无"不是产生"有"的本体。在"有"、"无"之上,还有着"道"这一非有非无的本体。成玄英还通过元气生成万物来说明"道"的超越性:"元气始萌,谓之太初,言其气广大,能为万物之始本,故名太初。"元气

---

① 成玄英:《庄子·徐无鬼疏》。
② 成玄英:《庄子·天地疏》。
③ 成玄英:《老子注》第51章,台湾艺文印书馆1965年版,下同。
④ 成玄英:《老子注》第20章。
⑤ 成玄英:《庄子·庚桑楚疏》。

是产生万物的本源,元气萌生,是为太初阶段,太初阶段,尚未产生万物,故此时"惟有此无,未有于有"。① 这说明,在成玄英这里,不再如玄学家那样,将"道"与"无"视为同一概念,而是视"道"为超于"有"、"无"之上的最高本体。

李荣亦在《道德真经注》卷上中认为"道本虚玄","至真之道"是"虚极之理",它"无形无象","超于言象","绝于有无","不生不灭","不常不断","不盛不衰",是"非有非无之真",是一种超越时空、超越有无、不可言说、不可感知的极玄极奥的虚玄本体。

不难看出,成玄英、李荣对于"道"的认识特别是成玄英对于"道"的虚通性的强调,目的是力图破除思想上的执著。他们针对玄学家"贵无"、"崇有"的偏执,以老子思想为基础,吸收佛学的中道原则,提出了"玄之又玄,有无双遣"的思维方法。

2."玄之又玄,遣之又遣"

既然"道"是非有非无的最高本体,那么,要体悟大道就必须超越"有"、"无"。成玄英利用老子所提出的"玄"和"又玄"(重玄)的概念,以启发学道之人。何谓"玄"? 成玄英在《老子注》的首章就解释说:"玄者,深远之义,亦是不滞之名。有无二心,徼妙两观,源于一道,同出异名。异名一道,谓之深远。深远之玄,理归无滞,既不滞有,亦不滞无,二俱不滞,故谓之玄。"这就是说,既不滞于"有",又不滞于"无",就体悟到了"玄"的深义。但成氏又担心人们滞于此玄,故又提出了"又玄"即"重玄"的概念。何谓"又玄"即"重玄"呢? 成氏在建构他的重玄理论中,既融摄佛学,又超越佛学。他说:"行人虽舍有无,行非有非无,和二边为中一,而犹是前玄,未体于重玄理也。"这就是说,佛学的中道原则只是明于"玄"而未体"重玄",而他却还要进一步以"重玄"来否定"玄",

---

① 成玄英:《庄子·天地疏》。

他阐释说:"有欲之人,惟滞于有;无欲之士,又滞于无。故说一玄,经遣双执。又恐行者滞于此玄,今说又玄,更去后病,既而非但不滞于滞,亦乃不滞于不滞,此则遣之又遣,故曰玄之又玄。""又玄"(重玄)是对"玄"的否定,在这里,既否定了滞于有无的"滞",又否定了不滞于有无的"不滞",即要人们彻底地破除执著,达到精神上的绝对空虚,正如他在《老子》的第六十九章注中所说的那样,"能所两空,物我清静,一切诸法,皆成胜妙之境。"

成玄英还通过解《庄子》来展开其重玄学理论说:"即有即无,即寂即应,遣之又遣,故深之又深。既而穷理尽性,故能物众物也。""应寂相即,有无洞遣,既而非测非不测,亦非非不测,乃是神之精妙。""遣之又遣,乃曰至无。而接物无方,随机称适,千差万品,求者即供,若悬镜高堂,物来斯照也。"① 既遣有、无,又遣其遣,经过了这一否定之否定的过程,不断排遣思想偏执,就能达到"随机称适"的精神自由境界。

李荣同样强调,应在以"玄"来遣除有无的同时,将这个"玄"也去掉,这就叫做"又玄"。他在《道德真经注》的首章中,对重玄的概念进行了充分的阐释:"借玄以遣有无,有无既遣,玄亦自丧,故曰又玄。"他以"病"和"药"作比方来启示人们,他说:"中和之道,非有非无。有无既非,借彼中道之药,以破两边之病。病去药遣,偏去中忘,都无所有。"这就是说,以中道这一药来破除执有或执无的弊病,而一旦达到了目的,有无皆去,二偏既除,那么,作为"药"的中道亦可遣去。他甚至还提出,不能满足于否定之否定的程式:"借玄以遣有无,有无既遣,玄亦自丧,故曰又玄。又玄者,三翻不足言其极,四句未可致其源,寥廓无端,虚能不碍,总万象之枢要,开百灵之户牖,达斯趣者,众妙之门。"这无非是告诫人们,重玄并非固定的思维程式,"三翻"、"四句"亦不见得就能"言其极"、"致其源",意在超越世俗的一切陈见和思维定式,进入一种毫无执

---

① 成玄英:《庄子·天地疏》。

著的绝对虚空境界。

这种在扬弃、超越玄学和佛学基础上建立起来的重玄思维方式,其核心在于去掉思想上的执滞,复归于虚空自然之境。而通过一次又一次的否定,其实现了理论上的不断升华,而达到了前所未有的思辨水平。

成玄英将这种遣之又遣的思维方式运用于社会生活的各个领域。

在价值评价方面,体现为是非双遣。其通过阐释《庄子》中"言恶乎隐而有是非? 道恶乎往而不存? 言恶乎存而不可?"一段话,表达了这一思想。其文曰:"至教至言,非非非是,于何隐蔽,有是有非者哉?……陶铸生灵,周行不殆,道无不遍,于何不在乎! 所以在伪在真而非真非伪也。玄道真言,随物生杀,何往不可而言隐邪? 故可是可非,而非非非是者也。"① 在是非双遣的基础上,成氏进而发挥了郭象"既遣是非,又遣其遣"的思想。郭象曾在《庄子·齐物论注》中阐释庄子齐是非思想时提出:"莫若无心,既遣是非,又遣其遣。遣之又遣之以至于无遣,然后无遣无不遣而是非自去矣。"成氏继而沿着庄子和郭象的思路阐释说:"群生愚迷,滞是滞非。今论乃欲反彼世情,破兹迷执,故假且说无是无非,则用为真道。是故复言相与为类,此则遣于无是无非也。既而遣之又遣,方至重玄也。"② 应该说,郭象上述话语中已经包含了双遣的思想原则。学术界一般认为双遣方法乃道教学者吸收佛学中观学派而形成,但从以上两段文字来看,郭象直接为成氏的双遣之法奠定了思想基础,故重玄学者的双遣方法不仅得之于中观学派,而且得之于郭象的玄学思想。而且,我们推测,将中观学派介绍到中国来的鸠摩罗什在翻译佛经时,很可能沿袭了前人融会玄学与佛学的传统,在一定程度上利用了与中道论相通的庄学和玄学的某些观点,以之阐发中道原

---

① 成玄英:《庄子·齐物论疏》。
② 成玄英:《庄子·齐物论疏》。

则,从而促进了道教学者对佛学思想的吸收,在重玄学的形成过程中,郭象的上述思想是否曾起到过这种沟通佛道的桥梁作用? 这似乎值得进一步探讨。

在处身立世方面,成氏对遣之又遣方法的运用表现为既遣有为与无为,又遣中一。他阐发《庄子》的思想说,处于材与不材之间,只是"似道而非真道",仍然未能逍遥自由:"材者有为也,不材者无为也",处于二者之间,"虽复离彼二偏,处兹中一既未遣中,亦犹人不能理于人,雁不能同于雁,故似道而非真道,犹有斯患累也。夫乘玄道至德而浮游于世者,则不如此也。既遣二偏,又忘中一,则能虚通而逍游于代尔。""既遣二偏,又忘中一,遣之又遣,玄之又玄。"因此,也就能够超然世情,"当时浮沉,与时俱化,何肯偏滞而专为一物也!"①

将遣之又遣的思维方式运用于政治领域内,则体现为既"兼忘天下"而又"使天下兼忘我",成玄英在《天运疏》指出:"垂拱汾阳而游心姑射,揖让之美,贵在虚忘,此兼忘天下者也。"但是,成氏认为,虚忘还未能达到最高境界,"未若忘怀至道,息智自然,将造化而同功,与天地而合德者,故能恣万物之性分,顺百姓之所为,大小咸得,飞沈不丧,利泽潜被,物皆自然,上如标枝,民如野鹿。当是时也主其安在乎? 此使天下兼忘我者也。……其德不见,故天下忘之。斯则从劣向优,自粗入妙,遣之又遣,玄之又玄也。"这就将政治上的最高境界——"使天下兼忘我"的无为政治与"遣之又遣、玄之又玄"形上追求结合了起来,充分体现出重玄学既富于理论思辨,又不脱离实际社会政治生活、虚实并重的特色。

3."因其素分,任其天然"

成玄英继承了道家对于仁义礼乐的否定立场,反对执滞于仁义礼

---

① 成玄英:《庄子·山木疏》。

乐。其认为，大道体现为深远弘大的玄德："玄德深远，无不包容，慈爱弘博，仁迹斯见。"① 儒家所孜孜以求的"仁"道只是这种慈爱弘博精神在某时、某地、某方面的表现，是为了救世之弊而不得已用之："夫形德仁义者，精神之末迹耳，非所以迹也，救物之弊，不得已而用之。自非至圣神人，谁能定其精妙耶！"② 故道德是本而仁义是末："本，道德也。末，仁义也。言道德淳朴，治之根本，行于上古；仁义浇薄，治之末叶，行于下代。"③ 各种法律与仁义诸道德皆是因时而垂迹，故不应滞固于礼法名教。

他继承庄学和郭象玄学的思想，将仁义视为旅途中的客舍，只能因时而用，而不可固守："仁义礼智，用讫宜废"。如固守仁义这一圣迹，则必生弊端："圣迹留，过责起。"④ 而且，仁义并非具有普遍意义的自然之理和人之本性，放弃自己的本性而盲目效之，则为害必大："仁非天理，义不率性，舍己效佗，丧其本性"，其为害之大，远远超过播糠眯目而影响视觉、蚊虻吮血而影响睡眠。⑤ 他通过解释《庄子》"长者不为有余，短者不为不足"的话语，进一步阐明了这一观点。他指出，曾参、史𫚒等人禀于天性，蕴蓄仁义，聪明俊辩，与众人相比，可谓长者，但这些品质仍出自其本性，故并非"有余"；而众人与其相比则不及，故谓之短，但此亦率性而动，故"非为不足"。因此，道德主体所表现出来的仁义之情只是这一特定个体的天然本性的流露，而不是仿效他人的结果："夫仁义之情出自天理，率性有之，非由放效。"⑥ 故他反对向民众进行仁义教化，他说："人待教迹而后仁义者，非真性也。夫真率性而动，非假

①　成玄英：《庄子·缮性疏》。
②　成玄英：《庄子·天道疏》。
③　成玄英：《庄子·天道疏》。
④　成玄英：《庄子·天运疏》。
⑤　成玄英：《庄子·天运疏》。
⑥　成玄英：《庄子·骈拇疏》。

学也。故矫性伪情,舍己效物而行仁义者,是减削毁损于天性也。"①
在成氏看来,不能通过外在的教育途径向民众灌输仁义思想,因为通过
接受教化而习得的仁义道德规范并非主体的真朴之本性,丢弃主体的
本然之性而接受这种异己之学,只能毁损人的天性。

　　成氏否定教化民众,这当然有其偏颇之处。但其深意在于否定封
建道德对人性的桎梏。而且,他强调在教化民众时应该顺应自然本性:
"自轩辕已下,迄于尧舜,治道艺术,方法甚多,皆随有物之情,顺其所为
之性,任群品之动植,曾不加之于分表,是以虽教不教,虽为不为矣。"②
他进而指出,修德行善以获取名誉亦必须顺应道德主体的自然本性,应
该出自于道德主体的内在需要,是出乎自然地尽分尽性:"虽复劝令修
身以致名誉,而皆须因其素分,任其天然,不可矫性伪情以要令闻
也。"③ 如果扭曲自然本性,以沽名钓誉为目的去修德行善,则走向事
物的反面了。成玄英进一步深化了玄学家崇尚内在体验、发乎自然的
人生追求,他说:"德者,得也,谓得此也。夫物得以生者,外不资乎物,
内不由乎我,非无非有,不自不他,不知所以生,故谓之德也。"因此,这
种建立在主体内在自然本性基础上的"德",是不求任何回报的:"夫报
功赏德者,世俗务也。苟体道任物,不立功名,何须功之赏哉!"④

　　成玄英"因其素分,任其天然"的伦理主张反对以仁义原则作为普
遍的道德规范,其主要目的是否定封建伦理道德对人们自然本性的束
缚和摧残,而决不是倡导肆意妄行,为所欲为,更不是放纵恶行。他强
调,人的本性是纯朴至善的,故高尚的品质不是道德主体执意强求的结
果,而是体悟大道、返朴归真者之纯朴本性的自然流露。他通过解释
《庄子》"不贱贪污"、"不贱佞谄"之语,阐述了这一观点。他认为,主体

---

① 成玄英:《庄子·骈拇疏》。
② 成玄英:《庄子·天下疏》。
③ 成玄英:《庄子·天道疏》。
④ 成玄英:《庄子·徐无鬼疏》。

能够节制"情欲"乃是"体达玄道"的必然自然结果,而并非出于"贵清廉,贱贪污"的刻意追求;正直忠贞亦是纯朴本性的自然体现:"素性忠贞,不履左道",而并非"鄙贱佞谄而后正直也"。① 反过来说,行为主体如能体悟大道,与物冥合,则自然能够合乎仁义:"夫能与物冥者,故当非仁非义而应夫仁义,不多不少而应夫多少,千变万化,与物无穷,无所偏执,故是道德之正。"②总而言之,体悟大道者必然能够恰当地调整自己的道德行为,行其所当行,为其所当为,止其所当止,清心寡欲等品质和仁义的言行,乃是在行为主体体悟大道之后的必然结果,这样,成玄英就将清廉忠贞等优良品德的培养与"体达玄道"的修炼活动和人生终极追求统一了起来,它们相辅相成,提升和完善着人的整体素质。这里虽然忽略甚至否定了主体进行道德修养的自觉性和艰苦性,但却揭示了重玄学修炼实践与道德修养活动之间相辅相成的内在联系,展现出其道德修养模式的独特风采。在重玄家上述主张这里,我们亦不难感受到玄学家自然与名教之辨的历史回声,玄学家郭象等人试图调和自然与名教之矛盾而进行思考的理论智慧,还在一定程度上滋润着重玄家们。

4."物各自治则天下理"

成玄英虽然承认自然和社会中尊卑等级的客观性和不可改易性,认为"天尊,地卑,不刊之位。"③ "天道君而无为,人道臣而有事。尊卑有隔,劳逸不同,各守其分,则君臣咸无为也。必不能鉴理,即劳逸失宜,君臣乱矣。"④ 这固然显示出时代在他身上留下的烙印,但他同时又认为,尊者不能随心所欲,为所欲为,违逆自然之道,故必须行无为之

---

① 成玄英:《庄子·秋水疏》。
② 成玄英:《庄子·骈拇疏》。
③ 成玄英:《庄子·天道疏》。
④ 成玄英:《庄子·在宥疏》。

治,这些思想强调处于尊者地位的为政者必须遵从客观规律,尊重被管理者的自然人性,加强对自身的道德约束,具有重要的理论价值。成氏无为而治的政治主张既是对于道家政治思想的继承,又体现出独特的政治学意义。其包括以下几个方面的内容:

第一,顺应规律、顺应民心。他告诫统治者说:“万物感禀自然,若措意治之必乖造化。”① “夫帝王者,上符天道,下顺苍生,垂拱无为,因循任物,则天下治矣。而逆万国之欢心,乖二仪之和气,所作凶悖,则祸乱生也。”② 帝王虽然是人间的尊者,但必须遵循自然规律,顺应民众之心愿,否则将产生祸乱。治理国家必须去除偏执:“用一己偏执为国者,徒求三王主物之利,不知为丧身之大患也。”③ 三王所运用的管理原则之所以获得成功,自有其时代的特殊性和其他客观条件,如果不懂得时迁事异之理,死守古人的陈迹,则将自取祸患。

因此,其强调任物自为,反对干涉百姓:“所有施行之事,教令之言,咸任物自为,而不使物从己。如此,则宇内苍生自然从化。”④ “夫物各自治,则天下理矣;以己理物,则大乱矣。”⑤ 众所周知,崇尚自然、任物自为乃是道家学派的重要特征,在道家学者中不乏“任物自为”的思想倾向,如郭象通过注释《庄子》而提出“因天下之自为而任”的政治主张,⑥ 陶渊明在《桃花源记》中描绘过自足自理、“怡然自乐”的理想社会,鲍敬言向往“无君无臣”的理想社会,⑦ 但他们均未明确提出过“自治”的要求,而成氏“物各自治则天下理”的主张虽然是对道家无为而治

① 成玄英:《庄子·在宥疏》。
② 成玄英:《庄子·天运疏》。
③ 成玄英:《庄子·在宥疏》。
④ 成玄英:《庄子·天地疏》。
⑤ 成玄英:《庄子·天地疏》。
⑥ 郭象:《庄子·在宥注》。
⑦ 葛洪:《抱朴子·诘鲍》。

思想的继承,但更加突出了对被管理者主体性的尊重,对民众自我管理能力的肯定。这种"自治"的思想,显然与玄学家郭象"独化于玄冥"、无待于外物的自足精神有着学术思想方面的内在联系,进一步探索重玄学与玄学在政治思想方面的学术渊源关系,是一个值得深究的课题。

第二,反对帝王对于财物的垄断。正由于成玄英强调帝王应该遵循客观规律,应对于自身有所约束,故与之相应,其对于天下的财物亦不能任意地支配。他说:"光临宇宙,统御天下,四海珍宝,总系一人而行,不利货财,委之万国,岂容拘束入己,用为私分也。"① "百姓丰饶,四海殷实,寄之群有而不以私焉,斯事无为也。"②

第三,因性而治,不可强为。成玄英指出,万物的禀性和功用各异,故帝王应该充分认识各类事物和人物的特殊性,因顺本性而用之:"顺黔黎之心,因庶物之性,虽施于法不令离于性本。""夫人禀性不同,所用各异,……故性之能者,不得不由性;性之无者,不可强涉;各守其分,则物皆不丧。"③ "智有明暗,能有工拙,各禀素分,不可强为。故分之所遇,知则知之,不遇者不能智也;分之所能,能则能之,性之不能,不可能也。"④ 成玄英在肯定人之禀性的特殊性的同时,又过分地强调了人的禀赋本性与才干能力的先天特征,而否定了后天努力对于能力才干形成的重要作用,这显然是片面的。但其重视因顺本性而使用人才的思想却值得发掘。

因性而治的主张体现在用人方面,是根据各人的才性能力而决定官职的高低:"夫官有高卑,能有优劣,能受职则物无私得,是故天下之官治也。"⑤ 可见,成氏将因才授职作为澄清吏治的重要前提。

---

① 成玄英:《庄子·天地疏》。
② 成玄英:《庄子·天地疏》。
③ 成玄英:《庄子·外物疏》。
④ 成玄英:《庄子·知北游疏》。
⑤ 成玄英:《庄子·天地疏》。

　　第四,物无弃材,人无弃用。其发挥老子无弃人、无弃物的思想说:"民虽居下,各有功能;物虽轻贱,咸负材用。物无弃材,人无弃用,庶咸亨也。"[1] 万物庶民虽然处于低贱的地位,但各有所用,统治者应该努力做到物尽其用,人尽其才,而不可偏废。

　　因此,在对待贤愚等不同人士时,其倡导一种宽容的态度:"主上圣明,化导得所,虽复贤愚各异,而咸用本情,终不舍己效人,矜夸炫物也。"[2] 世间有着贤愚的区别,但这是其自然本性决定的,故圣明的统治者善于因其本性而化之,而不去强求主体舍弃本性以迎合某种固定的框架。因此,其对于儒家"见贤思齐"的主张颇有异议。他说:"见贤思齐,舍己效物,……此乃浅近,岂曰深知矣!"[3] 从伦理学的角度来看,儒家"见贤思齐"的主张强调道德主体对于道德典范的效法,有着引导人们向善弃恶的道德价值,自有其积极意义。但成玄英在承认"贤、愚"各有其自然本性这一理论前提下,提出"化导得所"的教育手段,反对以齐一的模式教化民众,提醒人们不能舍弃本性而停留于外在的模仿,"舍己效人",更不应以贤德作为外衣,"矜夸炫物"。我们看到,这些思想与玄学家郭象《庄子注》中的思想一脉相承。郭象亦强调人各有性,以仁义来规范不同本性的人必将导致道德虚伪,他说:"夫曾、史性长于仁耳,而性不长者横复慕之,慕之而仁,仁已伪矣。""学曾、史而行仁者,此矫伪,非实性也,既乖本性,所以侵伤其德也。""矜仁尚义,失其常然,以之死地,乃大惑也。"[4] 成玄英与郭象都通过注释《庄子》而表达出对于人的个性的尊重和对于封建道德禁锢人性之弊端的反思,充分显示出道学作为反对封建专制的异端思想流派所具有的共同特征和独特价值。

---

① 　成玄英:《庄子·在宥疏》。
② 　成玄英:《庄子·天道疏》。
③ 　成玄英:《庄子·知北游疏》。
④ 　郭象:《庄子·骈拇注》,郭庆藩辑《庄子集释》,中华书局 1982 年出版。

三、杜光庭的重玄学

隋唐时期的重玄学经过成玄英、李荣开其端,王玄览、司马承祯、唐玄宗继其后,到杜光庭这里,集其大成而走向成熟。杜氏集五代以前道教理论之大成,阐发唐玄宗的《道德经注疏》,撰成《道德真经广圣义》五十卷,另有《清静经注》、《广成集》等著述数十种,成为唐末五代时期负有盛名的道教理论家。

1.“无所局滞,始可与言道”

杜光庭对“道”的理解和阐释较之前人有着更为深刻之处。他借鉴佛教“三界”和道教“三清界”的理论模式,将生成论与本体论结合起来,从空间结构上划分为四个层次:“其一,生化之域,二气之内,阴阳所陶之所也;其二,妙有之域,在二气之外,妙无之间也;其三,妙无之域,居妙有之外,因蕴(氤氲)始凝,将化于有也;其四,妙无之外,谓之道域,非有非无,不穷不极也。”[①] 在这里,杜氏援用、改造了佛教的“真空妙有”概念。在佛教那里,“真空妙有”是指作为世界本体的真如或法性、佛性,外界诸法皆为真如随缘显现,华严宗谓“真空”即“妙有”,“妙有”皆由“真空”生起,“真空”生起的“妙有”,应该是无限多层次的“世界海”。而杜氏则提出了与“妙有”相对应的“妙无之域”,以之来取代佛教的“真空”这一概念,“妙无之域”“因蕴始凝,将化于有”;“妙有”处于“二气之外,妙无之间”;而“道域”则处于更高的地位,居于“妙无之外”,超越“妙无”,是一种非有非无、无穷无极的玄之又玄之域,具有本体的意义。在

---

① 杜光庭:《道德真经广圣义》卷 21《道藏要籍选刊》第二册,上海古籍出版社 1989 年版,下同。

前代道家关于"道"的理论中,主要体现为道生万物的生成论,"道"是万物的最后本源,由它依次生发出"一"、"二"、"三"和"万物",而杜氏这一宇宙模式显然既包含而又超越了前人的生成论,它不仅包含了阴阳二气和合而产生万物的"生化之域",类似于物质世界,而且又包含着非有非无、不生不灭的本体——"道域",还包含着阴阳二气将成未成,"将化于有"的过渡阶段。在此,我们看到了现象界与本体界的区分,同时,在杜氏这里作为本体界的"道域"比佛教作为世界本体的"真空妙有"具有更高的地位,从而体现出杜氏援佛入道而又以道为宗的立场。

杜光庭对前代道家生成论的发展还表现在对于前生成状态的构想。前代道家或提出道生万物,或认为"万物独化于玄冥",但作为世界最后本源和本体的"道"、"玄冥"究竟是如何起源和生发万物的,前人却鲜有进一步的探究。杜光庭则通过诠释老子"有物混成,先天地生"的命题而提出了问题,并做了较具体的阐述:"道之起也,无宗无祖,无名无形,冲而用之,渐彰于有。其初也,示若无状之状,无象之象,无物之物,无名之名。天地未立,阴阳未分,清浊未判,混沌圆通,含众象于内而未明,藏万化于中而未布,不可以名诘,不可以象言。故云有物混成,先天地生也。"① 这是对于玄学家郭象"万物独化于玄冥"命题的进一步的深化。在郭象这里,还只是将现象界中的万物视为"物各自生而无所出",② "独生而无所资借",③ 而杜光庭则将《老子》和郭象玄学的思想进行综合,进一步以这种"无宗无祖"的独化理论来论"道":"道"的产生是无任何他物和原因的,它是自本自根、独立存在的绝对自在之物,但它却"含众象"、"藏万化",是万事万物的终极本体;它虽然无形无象,但却并非虚空无物,而是一种"无状之状、无象之象、无物之物"的存在。

① 杜光庭:《道德真经广圣义》卷21。
② 郭象:《庄子·齐物论注》。
③ 郭象:《庄子·庚桑楚注》。

"道"不是任何具体事物,但却产生、统摄一切事物,存在于一切事物之中:"道非阴阳也,在阳则阳,在阴则阴,亦由在天则清,在地则宁,所在皆合,道无不在。非阴阳也,而能阴能阳;非天地也,而能天能地;非一也,而能一;周旋反复,无不能焉。……虚心则道全,冥寂则一归,能冥寂虚心者,是谓抑末归本矣。"①

杜光庭概括了前代重玄学者对于"道"之特性的描述,以"虚无、平易、清静、柔弱、淳粹、素朴"来阐明"道"的性质。他说:"此六者道之形体也。虚无者,道之舍也;平易者,道之素也;清静者,道之鉴也;柔弱者,道之用也,淳粹素朴者,道之干也。"能够按这六条原则处事的人就可称之为"道人",他们"行与道同,故曰能顺事而不滞,悟言教而同道也。"② 如前所论,成玄英将"道"的特性阐释为"虚通",李荣则以"道本虚玄"等话语来概括"道"的本质,从杜光庭上述对于道性的阐释来看,他显然是吸收并发展了前代重玄学者的思想。

但是,虚无、清静、柔弱等品质只是"道人"内在气质的自然显现,"行与道同"绝非刻意地执滞于某些道德规范的结果。因为,道"不可以定相睹,不可以定分求。"③ 有为有执只会适得其反,功败于垂成:"世态纷纶,真心难固,嗜欲牵役,妙道易忘,始从事而立功,忽进退而生惑,亦缘有为有执,所以败于垂成尔。"④ 有为有执将会功败于垂成,而执滞于"有""无"亦不能体道,无论是"执有为是"或是"执无为是",皆各有弊端,"执无者则病于有,执有者复病于无。"唯有"圣人知道非有非无,两无所执,能病所执,是以不病。"⑤ 既不执滞于有,亦不执滞于无,有无双遣,方能体道。杜光庭以双遣思想来阐释《道德经》"玄之又玄,众

---

① 杜光庭:《道德真经广圣义》卷 31。
② 杜光庭:《道德真经广圣义》卷 31。
③ 杜光庭:《道德真经广圣义》卷 14。
④ 杜光庭:《道德真经广圣义》卷 43。
⑤ 杜光庭:《道德真经广圣义》卷 46。

妙之门"之语说:"夫摄迹忘名,已得其妙,于妙恐滞,故复忘之,是本迹俱忘,又忘此忘,总合乎道。有欲既遣,无欲亦忘,不滞有无,不执中道,是契即忘之者尔。"①

他将上述不执不滞的原则贯通于修道的实践之中:"但修之既契即忘,其修旋修旋忘,无所滞著,即为妙矣。夫法者,所以诠道也。悟道则忘法;言者,所以观意也,得意而忘言。若滞于法,则道不能通;滞于言,则意不可尽。故令于法不滞,转更增修于言不滞,旋新悟入,次来次灭者。"② 在这里,他将庄子和玄学家关于言意关系的认识进一步扩展为对道法关系的思考。这里的"法"指的是方法,亦指法术。杜氏认为,悟道才是终极目的,而修道方法只是悟道的工具,法术也只是说明或诠解大道的手段,执滞于法则将妨碍悟道。这一告诫启示道徒不要执滞于具体的法术或修道方法,很可能是针对那些以道术炫众或滞于具体方法的道教徒而发。

杜光庭强调,修道是一个积微成著的过程,而入门的途径又是多方面的,拯溺扶危、济生度死、遣利忘名、退身让物等道德行为和内视养神、吐纳炼藏、服饵导引、猿经鸟伸等修炼方式皆为"修道之初门"。修道"务在勤久,勤而能久,可以积其善功矣"。而更为重要的是,当修道积善有所成就之时,能够功成不居,不自恃功,"为而不有,旋立旋忘,功既旋忘,心不滞后,然谓之双遣,兼忘之至尔。"接着,他运用遣之又遣的思维方式来解读《老子》"上德不德,是以有德"的话语,进一步阐明功成不居对于修身治国的重要价值:"忘德不恃,其德益彰;忘功不居,其功益广。理国契无为之化,修身成不死之基矣。……功行既忘,忘心亦遣,无为之智,了能自明,既达兼忘,总合于道,与道冥契,则无所不了,无所不知,无所不为,细合乎秋毫,大合乎阴阳天地,非无非有,非有非

---

① 杜光庭:《道德真经广圣义》卷6。
② 杜光庭:《道德真经广圣义》卷15。

无,无所局滞,始可与言道矣。"① 积功行善虽然是修道的重要内容,但如果恃德居功,却反而会构成修道、悟道的障碍。因为执滞于所立之功德,必然居功自傲,止步不前,失去不断精进努力的动力,忘德不恃,忘功不居,才能虚怀若谷,孜孜不倦,努力修为,无论是治国还是修身,具有这种良好的心态,必能获益良多,因此"其德益彰","其功益广"。在此基础上,杜光庭更进一步告诫人们,不仅要忘却所立之功,还要将这忘心亦遣除,遣之又遣,毫无局滞,才能进入与道合一的理想境界。这就将老子"上德不德,是以有德"的"不执德"思想做了更为深入的理解和发展,显示出从佛学思想中吸取了营养的重玄学家比先秦道家更为圆融无碍的思想特色。

为了帮助人们从"执德"的束缚中超脱出来,杜光庭进而从思想方法上分析之所以"执德"的原因,他认为,"下德执德",是由于执著于有为、无为之分别,"或立无为为是,破有为为非,或执有为为是,乃破无为为非。"他指出,无论是滞于有为或滞于无为皆为偏执,因为"道"既非有又非无,"至道自然,亦非有为,亦非无为。……湛寂清静,混而不杂,和而不同,非有非无。"因此,欲学仙体道,就必须要破除分别之心,不执于有为、无为:"学仙之士,无以执非,但俱无执见,则自达真道,超越三乘,悉归一乘。"② 这些思想,体现了杜光庭既肯定建功立业而又不为功名所累,既倾心于学仙之事而又不放弃对于政治的关注的心态,反映出他希望调和有为与无为、进而超越有为与无为,以臻于"无所局滞"之通达境界的追求。

2."理身之道,先理其心"

从成玄英开始,重玄学者就对于心性问题予以了重视。而唐玄宗

① 杜光庭:《道德真经广圣义》卷36。
② 杜光庭:《太上老君说常清静经注》,《道藏要籍选刊》第三册,上海古籍出版社1989年版。

的《道德真经疏》第一章就将"道"与心性修炼联系了起来,认为所谓"道",就是叫人了性修心,明了自己的真性,通过修心保持或归复于真性,则自然合于道。杜光庭直接继承了唐玄宗的思想,将炼心视为修炼的基础和得道的前提:"理身之道,先理其心,心之理也,必在乎道。得道则心理,失道则心乱。心理则谦让,心乱则交争。""道果所极,皆起于炼心。"① 他在《清静经注》中更将修道与修心等同起来:"教人修道即修心也,教人修心即修道也。"②

在他这里,"心"不仅具有本体的意义,更是一种精神意识活动。他论述"心"的功用和特性说:"心之照也,通贯有无,周遍天地,因机即运,随境即驰,不以澄静制之,则动沦染欲,既滞染欲,则万恶生焉。万恶生则疵病作焉。"③ 正因为心具有这种极大的自由性,极易受扰动、受染污,损害身心健康。因此,静心制心也就十分重要:"老君戒仅洗涤除理,翦去欲心,心照清静,则无疵病。……故使制志意,远思虑者,是谓教人修其心也。"④

杜氏认为,修心之所以重要,还在于"心"往往为主体的一己之私所蒙蔽、所牵累,从而影响了人们对于大道的体认和身心健康。他征引其他道书来说明修炼心性的重要性:"《西升经》云:'生我者神,杀我者心。'以其心有人我,故形有生死,无心者可阶道矣。《灵宝经》云:'道为无心宗是也'。"⑤ 为何心能"杀我"? 就是因为心有"人我"之分,一心只想着为我、为己,私欲难填,得不到满足,必然引起烦恼、失落、忧虑等诸多不良情绪,损害行为主体的身心健康("杀我")。道教学者正确地认识到人的精神活动和道德状况直接影响到肉体的健康,而杜光庭则

---

① 杜光庭:《道德真经广圣义》卷49。
② 杜光庭:《太上老君说常清静经注》。
③ 杜光庭:《道德真经广圣义》卷11。
④ 杜光庭:《道德真经广圣义》卷50。
⑤ 杜光庭:《道德真经广圣义》卷49。

进一步分析了个中之原因,强调道德主体直接掌握着自身生命的寿夭,从而取消了高居于人之上的某种神灵对生命的主宰,这就在突出人的主体价值的基础上,将道德与生命紧密地结合起来,这是其生命哲学的重要特点。

杜光庭将遣之又遣的思维方法引入心性修炼,认为炼心也就是使主体达到"不执不忘"的境界。他说:"修心之法,执之则滞著,忘之则失归,宗在于不执不忘,惟精惟一尔。"达到"去住任运"、"不著有无"也就契合了"长生久视升玄之道"。

杜光庭的心性修炼理论具有鲜明的融通佛道的特点。他顺应了当时三教合一的时代潮流,并在修炼的理论和实践中进一步深化了对于佛教的融会吸收。道教的重要经典《常清静经》和《定观经》是融佛入道的两部代表性作品,对这两部道经杜氏皆有深入研究。杜光庭推崇并继承了《定观经》的心性修炼理论和方法,认为"心法之中,唯《定观经》得其旨矣。"他还将《定观经》中"绝外事"、"安坐观心"、"一念心起随动随灭"等方法融入自己的修道实践中,并将"灭心"明确地阐释为"灭动心"、"忘照心"[1],如此则与道相契:"灭心则契道"。[2]这种"一念心起随动随灭"等方法为后来宋元时期全真道所继承。例如,元代全真道盘山派的开创者王志谨就曾向门徒传授自我心理调控的操作方法说:"汝向二六时中理会自己心地,看念虑未生时是个甚么? 念虑既生时,看是邪是正? 邪念则泯灭者,正念则当用者。"[3]

对于《常清静经》杜光庭更是专门进行了注释,而在这一过程中,杜氏一方面立足于道家道教的清静修行主张,另一方面亦吸取了佛教的相关思想。认为心性本净、自性本自具足是佛教佛性论的要义,这一思

---

① 杜光庭:《道德真经广圣义》卷49。

② 杜光庭:《道德真经广圣义》卷8。

③ 王志谨:《盘山语录》,《道藏要籍选刊》第三册,上海古籍出版社1989年版,下同。

想原本是佛教融会儒道心性思想的产物，而杜光庭则又在吸收佛教这一理论的基础上发展道教的心性修炼理论。他说："法性清净，本合于道。道分元气而生于人，灵府智性，元本清净，既生之后，有诸染欲，渎乱其真。善修行之人，闭其六欲，息其五情，除诸见法，灭诸有相，内虚灵台而索其真性，复归元本，则清净矣。虽约教法三乘之行，修复其性于法，不住行相之中，亦不滞著，……无心迹可得而见。于内曰心，既寂矣，于外曰境，境亦忘之。所以心寂境忘，两途不滞，既于心而悟，非假远求，无车辙之迹，出于四外矣。"① 众所周知，道家道教关于人性的基本理论是"人性本朴"，由于外物和感官欲望的牵引，致使纯朴之性丧失，故需要通过修炼以"返朴归真"，才能体悟大道，与大道相契。而杜氏则称"既生之后，有诸染欲，渎乱其真"，显然是受佛教"性本清静，客尘所染"思想的影响，他提出"闭其六欲，息其五情……内虚灵台而索其真性"的修炼方法，也显示出杜氏立足于道教清心寡欲、致虚守静等修炼方法而又糅合佛教的倾向；他倡导"于心而悟、非假远求"，似乎也与佛教"自性本自具足"的思想一脉相承；而文中"心寂境忘、两途不滞"、"除诸见法、灭诸有相"、"不住行相之中、亦不滞著"等话语，则更是明显地打上了佛学的烙印。

杜光庭对《清静经》中"如此清静，渐入真道"一句中"真道"的解释亦可看到佛教的烙印。他说："真者，能长能久，不增不减，与天地齐寿，故为真道也。"这一对"真"的理解在前代道家道教那里似未曾见，道家道教一般将"真"理解为真实不妄，真朴无伪，精诚之至，而诸如"不增不减"的思想多出于佛经，《心经》就认为"诸法空相，不生不灭，不垢不净、不增不减"；《中论·观因缘品》提出的"不生亦不灭"亦是"八不中道"的首要之义。杜氏认为必须"无染无著，无垢无尘，随机而化"才能将"常性"修成"道性"，悟得本来清静、不增不减的"真道"，显然是综合佛道而

---

①　杜光庭：《道德真经广圣义》卷23。

形成的心性修炼论。

杜光庭融会佛道的心性修炼思想对于宋元时期全真道的心性修炼理论产生了影响。丘处机就全盘沿袭了杜光庭将修道与修心相统一的思想,同样认为:"教人修道即修心也,教人修心即修道也。"① 全真道七真之一的马丹阳,亦认为修道就是要显露出清静灵明的本性:"且夫灵源妙觉,本来清静,因为万尘污其定水,尘多则水浊,心多则性暗,所以澄心损事,其水自清,其性自明。"② 而修性也就是修心,现出自己的清净之心,也就完成了"见性"的功夫。他还特别指出,"无心"并非"蠢然无心",而是"务存心于清静之域而无邪心也。"③ 可见,所谓"无心",也就是无"尘垢之心"、无"邪心",达到心灵的清静虚空。马丹阳的后继者刘长生进一步将修道者的理想境界表述为逍遥清净:"道人心,处无心,自在逍遥清净心","若心上无私,常清净,做彻便是道人,只清静两字都免了"。④

以上材料说明,杜光庭在心性修炼问题上已形成了较完备的理论并提出了一些具体方法,从而为宋代心性之学的兴起从理论和实践上奠定了基础。

3. 修道"则礼行化美,君信臣忠"

杜光庭力图调和儒道,融合儒道,这一目的贯穿于他的全部思想体系之中。他指出,修道便能达到修齐治平之功效:"修身理国,先己后人,故近修诸身,远形于物,立根固本,不倾不危,身德真纯,物感自化矣。身既有道,家必雍和,所谓父爱母慈,子孝兄友弟恭,夫信妇贞,上

① 丘处机:《丘长春真人语录》,《道藏·正一部》,上海书店、天津古籍出版社、文物出版社 1988 年联合出版,下同。
② 马丹阳:《丹阳真人语录》,《真仙直指语录》。
③ 马丹阳:《丹阳真人语录》,《真仙直指语录》。
④ 刘长生:《长生刘真人语录》,《真仙直指语录》。

下和睦。如此则子孙流福,善及后昆矣。"修道之人不仅可正家,而且可进而及其乡,尊其长老,敬其幼小,教诲愚鄙,开导昏蒙,少长得宜,尊卑有序,风教肃肃;诸侯国中"自能修道,则礼行化美,君信臣忠";而天子能够修道体玄,则能"书轨大同,梯航入贡",四夷皆附,万国来朝。这完全是儒家向往的社会政治理想,将道推广于家、乡、国、天下,便能通往儒家的理想社会。相反,不修道之家则"不睦六亲,不遵五教,动掇灾否,上下崩离";不修道之乡则"礼敬不行,长幼失序,贵贱陵虐,上下交争";不修道之国则"干戈构役,虐害其民";不修道的天子,则是桀、纣这类暴君,而修道之天子,则是儒家所称道的尧舜这样的圣王。这段话语,真是典型地反映出杜光庭融合儒道的立场。[①]

杜氏虽然重视儒道的融合,但这种融合是以儒合道,以儒归道,最终还是归于道家的理想境界。因此,他又指出,儒家所追求的仁义礼乐并不是最理想的道德。他通过阐释"绝学无忧",指出了悦于仁义礼乐之弊:"悦于仁者,是乱于德也;悦于义者,是悖于理也;悦于礼者,是助于诈也;悦于乐者,是助于淫也;悦于圣者,是助于艺也;悦于智者,是助于疵也。此八者,学之大也,安其所禀之分,则无过求之悦矣,若所禀之外,越分过求,悦而习之,则致淫悖之患,而伤其自然之和,乱其天禀之性矣。若令都绝,又失所修,但任真常,于理为得。"[②] 但其并不否定仁义礼乐,此语的关键在于"安其所禀之分","任其真常"。所谓"任其真常",也就是"因其性分而任其真素",即任其本真之性,而不做作勉强,只有这样,才能真正合于仁义礼智忠:"任真智则智矣,矫于分外则为诈矣;任其真礼则礼矣,矫于分外则为乱也;任其真忠则忠矣,矫于分外则佞矣;任其真仁则仁矣,矫于分外则谄矣;任其真义则义矣,矫于分外则盗也;任其真信则信矣,矫于分外则诬也。"任何道德规范,如果流于矫

---

①　杜光庭:《道德真经广圣义》卷36。

②　杜光庭:《道德真经广圣义》卷18。

伪,不仅必然走向其反面,而且给行为主体带来各种消极结果:"矫于分外,则失而多忧,任于分内,则真而无惧。"①

杜光庭在指出了儒家仁义礼乐之弊的同时,又对于这些道德规范赋予了特定的内涵:"兼爱万物,博施无极,谓之仁也。……至道之代,兼包诸行,无所偏名,故冥寂玄寥,通生而不宰者,道也;物禀其化,各得其得者,德也;成之、熟之、养之、育之者,仁也;飞行动植各遂其宜者,义也;有情无情,各赋其性者,智也;时生而生,时息而息者,信也;顺天地之节,因四时之制,礼也;鼓天地之和,以悦万物者,乐也。故恬淡无为,无所不为矣。及大道既隐,而德化行焉,至德之化,亦兼之以大仁、大义、大礼、大智、大乐、大信,而共化焉。泊乎德之废也,仁独为仁,义独为义,不能兼而化矣。夫何故哉? 行仁义者,以慈爱为心,故无刚断之用,是则义缺矣;行义者,以决断裁非,有取有舍,是则仁缺矣。所以仁独为仁,义独为义,故不能兼化也。然上仁者,虽有兼爱偏私之迹,能于仁忘仁,则忘其迹。其迹虽无,心有博施之念,周旋悯物,皆欲其安,故心涉有为也。上仁忘迹,故迹无为也。……小惠未遍,小信未孚,故皆不广,况兼爱之人,必不周普,虽力于行仁,其去道德也远矣。"②

从以上这段论述中可以看出,杜氏对仁义礼乐的内涵重新赋予了新的内容,在这里,"仁"已超越了儒家"自孝亲始"、"有差等"的"仁",而被扩展为"兼爱万物,博施无极"的博爱和"成之、熟之、养之、育之"的生长动力,此中不难看出庄子所向往的"利泽施于万世"、无亲疏之别的"至仁"等思想烙印;而"义"则不再限于人类社会的言行之宜,而是扩展到整个自然界的"飞行动植各遂其宜";"信"则突破了人际关系行为规则的局限而成为"时生而生,时息而息"这一调节天人关系的规约;而原本是人类社会中区分等级制约言行的"礼",更是被改造成为了"顺天地

----

① 杜光庭:《道德真经广圣义》卷18。
② 杜光庭:《道德真经广圣义》卷30。

之节,因四时之制"以实现天人相和、相谐的准绳;而原本为愉悦人心、化民正俗的"乐"居然被扩展为"鼓天地之和,以悦万物"。这种超越"小惠"、"小信"、虽有兼爱偏私之迹,却能于仁忘仁、泯然忘迹、与天地相冥合、利泽施于万物的"大仁、大义、大礼、大智、大乐、大信",才是重玄学者所追求的,这种宏大广博的胸怀,充分显示出重玄学者融儒入道而又改造和超越儒家的气度。

杜光庭在阐释"玄德深矣远矣,与物反矣,然后乃至大顺"一句时,亦鲜明地体现了这种融儒入道的倾向。他说:"理国不以礼,犹无耜以耕也;为礼不本于义,犹耕而不种也;为义而不讲之以学,犹种之而不耨也;讲之以学而不合之以仁,犹耨之而弗获也;合之以仁而不安之以乐,犹获之而不食也;安之以乐而不达之于顺,犹食之而不肥也。"他比喻说,肤革充盈是"人之肥";父子笃、夫妇和是"家之肥";官职相序、君臣相正是"国之肥";天子行德、诸侯守礼、百姓修睦是"天下之肥"。而欲达到家肥、国肥、天下肥的"大顺"理想,首先需要奉行儒家的礼、义、学、仁、乐,行礼义必须辅以学习和教育,仁爱民众,以乐相和,以上诸方面环环相扣,紧密相连;但仅仅有以上诸方面是不够的,礼、义、学、仁、乐均应"达之于顺"。而"顺"则正是道家所强调的"因顺"、"顺应"之宗旨。作者强调说:"天子用民为顺,则……众瑞出焉",可见,在杜氏看来,儒家所倡导的仁义礼乐与道家的大顺理想并不冲突,相反,前者可以为后者奠基,由仁义礼乐可以顺利地通往大顺境界。故杜氏接下来总结道:"君以玄德居上,臣以忠信处下,其化广远深厚,归万物于淳风,斯谓大顺。"[①] 这就是说,君主持守"玄德"这一道家的最高道德,臣下遵循"忠"、"信"等儒家道德规范,则能广化天下,令万物复归于淳朴,实现"大顺"理想。我们可以看到,唐玄宗在注疏《道德经》时,就以他政治家的气度,援儒佛入道,适应并推动着三教合一的学术潮流。而杜光庭的

---

① 杜光庭:《道德真经广圣义》卷44。

《广圣义》的确是在这方面进一步扩充的玄宗的"圣义",将三教更好地融合了起来。

4."理国不滞于有作"

与所有的道家学者一样,杜氏亦推崇"无为"。他通过阐释"不言之教、无为之益,天下希及之"一句,赋予"无为"崇高的地位:"夫无为之至妙,包于道德,纭于仁义,合于礼乐,制于信智,囊括万行,牢笼二仪,至广无涯,至细无间,凝寂玄寥,与道混合,是无为之至也。"① 不仅与儒家的仁义礼智乐相合,而且"囊括万物,……至广无涯,至细无间"。为了体现奉行"无为"之道的君主的崇高地位,作者不惜采取文化虚无主义态度,否定自先秦至汉唐的诸子百家(甚至包括《淮南子》、《抱朴子》等道家道教著作),认为各家"或采玄经奥义,或探儒术礼书,或宗律历天文,或附阴阳象纬,或拘以名法,或约以机权,各尽所长,互陈其自然有为,或作乍弛乍张,各滞一隅,罕能通贯"。因此,诸家均"难以及之于无为之道"。"惟体道之君,上德之主,志无所虑,神无所思,动若无形,寂若无有,与道相得,旷然大通。"②

但是,与其他道家学者有别的是,他是以佛教万法皆空的理论来否定"有为"之事,以肯定"无为"之效。他说:"世间万法,无非有为,有为之事皆当灭坏,故皆空也。惟无为无事,清静恬愉,内合真常,外无分别,以此则惟阿齐,其一致善恶,以之谓两忘也。"③

因此,君主以"无为"之道理国,则自安、自化:"夫理国之无为者,不滞于有作,则三时不夺,万姓不劳,垂拱握图,超然宴处矣。无事者,不勤力役,不务军功,无瑶台琼室之华,无阿房虎祁之丽,则卑宫室茅宇,

---

① 杜光庭:《道德真经广圣义》卷34。
② 杜光庭:《道德真经广圣义》卷34。
③ 杜光庭:《道德真经广圣义》卷18。

人力存矣。无味者……菲食自安矣。忘言者正身化下，言令不烦，淡尔无营，兆人自化。如此则符于无为之道也。"①

杜光庭认为，行无为之道的君主是不执于言教的："圣人之理天下也，悬赏罚，制法度，垂教令，明上下"，这是政治领域内的"有"，而端默为政，清静率人，不言兹化，万物自理，虽有赏罚之科，制度之设，教令之行，上下之别，而不用之。这是政治领域中的"无"。可见，圣人是"假其有而用其无"，而决不恃仗这些有形有象的制度法令，这才是"了达妙门，不执言教"的高明做法。② 行不言之教才能够大化天下："能用无为之道，清静之化，万物化于下，侯王静于上，可谓至理矣。教而后化，是从而化也；不教而化，是自化也。教而化者，无不为而能化物也；不教而化者，无为而自臻于化也。"③

在政治生活中，无为之道还体现为不居功、不恃力、公正无私等品质。他指出，君主"虽承平御极，握纪临人，若乖道德，岂能长久？所以先虚其心，次守其静，虚静致道，乃复于常，而能公正无私，人所归往，应天合道，行道化人，道化大行，天下欣戴"；"人君抱守淳一，洗心内照，爱人理国，动法天时，雌静平和，收视返听，体道生物，顺德养人，生物而不有其功，为政而不恃其力，视听四达，功成不居。此理身理国兼爱之道，顺天之德也。"④

杜光庭虽然强调行无为之道，但又恐人们执滞于无为，故又将双遣之法运用于治国领域，告诫人们遣"无为之为"，他说："圣人无为，无为之为亦遣；圣人忘教，滞言之教俱忘，了达希微，宗尚虚漠，故不积滞于俗教矣，修真之士，亦当悟此忘言，了兹妙道也。"⑤

---

① 杜光庭：《道德真经广圣义》卷43。
② 杜光庭：《道德真经广圣义》卷11。
③ 杜光庭：《道德真经广圣义》卷29。
④ 杜光庭：《道德真经广圣义》卷11。
⑤ 杜光庭：《道德真经广圣义》卷50。

　　杜光庭较全面地清理、总结、吸收了前人的注《老》成果，又在更为深刻和广阔的程度上吸收了儒家和佛家的思想，将其与道家、道教理论进行贯通融合，通过注疏《道德经》等道家经典的形式，阐发、建构了他的重玄学理论体系。他对于"道"的起源和性质作出了富有新意的阐述和归纳；在进一步升华了双遣思想的基础上，将遣之又遣的双遣之法灵活地运用于宗教修炼、立身处世、治国安民等活动之中，将儒家的建功立业与道家、道教不为功名所累的价值观念结合起来，追求自然朴实的"真智"、"真礼"、"真忠"、"真仁"、"真义"、"真信"，力图调和出世与入世、有为与无为的矛盾，进而超越有为与无为、达到"无所局滞"境界；他的心性修炼理论和方法，为宋代内丹心性之学的兴起从理论和实践上提供了必要的营养，从某种意义上说，重玄学乃是由玄学通向宋代内丹心性之学的重要桥梁。

第七章　唐代史学

魏晋以降，社会动乱不安，中央政府或对地方失控，或者干脆就不复存在。群雄蜂起，胜者称王。风云的时代演绎了无数风流的故事，直到隋代，社会才重归统一。但是，由于隋朝的存在时间很短，统治者一直忙于政权的建立、巩固与争夺，无暇顾及其他，所以，尚未来得及对历史进行认真地、大规模地清理。隋末农民战争后建立起来的唐朝，从凋敝中迅速恢复社会生产，统一内地，平定边疆，海内安定，国力强盛，文物灿烂，举世瞩目，为唐代史学的发展创造了有利条件。唐太宗李世民说，以史为鉴可以知兴替。统治者非常重视对历史经验的借鉴，注重修史，大力提倡，有力地推动了唐代史学的发展。于唐代之史学，可从官修史书、私修史书和史学理论三方面予以概述和分析。

一、唐代的官修史书

我国官修之史，源起甚早，至齐、周、隋始以大臣监修国史，而徒有其名，实无其事。隋开皇十三年(593年)，文帝下诏曰："人间有撰集国史、臧否人物者，皆令禁绝。"[①] 又诏天下公私文翰并宜实录，时有文表华艳者，至付有司问罪，延至唐代，遂成定制。唐初正式形成修史书的

---

① 《隋书》卷2《高祖纪》下。

制度和机构。

官修史书即正史概由官撰,这并非仅由封建朝廷权势所定,而主要由于客观的需要。随着封建社会本身的发展,社会经济、政治制度、政治军事活动和科学文化等日益复杂,文献资料更是积累日多,而此皆非一人所能获得,也非一人所能通晓。唐修八史以前的纪传体史书,因未有史官用行政手段以严密组织,材料之搜集困难既多,而修撰者又不能尽通诸门学术,故费时长且缺漏多。唐代以降,因有史官组织人力,按其专长分撰纪传志,如此分工合作之法,成书快而质量好,体例基本严整,材料也较丰富,基本上能反映一代面貌。

唐代的官修史,大概可分为两种:官修的前代史及官修的国史、谱牒和礼书。

1. 官修的五代史

唐初统治者甚重史学,在前代史的编撰方面取得了引人注目的成就。唐朝初建,令狐德棻即建议修魏、齐、周、隋、梁、陈六代史,据《旧唐书·令狐德棻传》,唐高祖武德中,他曾从容言于高祖曰:"窃见近代已来,多无正史,梁、陈、及齐犹有文集,至周、隋遭大业杂乱,多有遗阙。当今耳犹接,尚有可凭;如更十四年后,恐事湮没。陛下既受禅于隋,复承周氏历数,国家二祖,功业并在周时,如文史不存,何以贻鉴今古。如臣愚见,并请修之。"高祖接受其议,于武德五年(622年)诏令萧瑀等人分撰北魏、北齐、北周、隋、梁、陈诸史。诏书指出:史官的职责是"考论得失,究尽变通",史学应起到"裁成义例,惩恶劝善,多识前古,贻鉴将来"① 的作用。魏、齐、周、隋、梁、陈六代都"自命正朔""至于发迹开基,受终告代,嘉谋善正,名臣奇士,立言著迹,无忝于时";然诸史未备,令人惋惜。诏书对撰述六代史提出了总的要求:"务加详核,博采旧闻,

---

① 宋绶、宋敏:《唐大诏令集》卷81。

义在不刊，书法无隐。"① 此诏书反映出了唐高祖的政治家气度。作为激烈政治斗争的胜利者，他并未指斥前朝的错误，却充分肯定其历史地位。他甚重周、隋之史，又不排斥梁、陈，显示出其对史学工作的开阔视野，皆对唐代史学产生了重大影响。此次修史虽未取得具体成果，却为唐初修撰前代史确定了宏大规模。

贞观三年(629年)，为从前代的兴亡中总结历史经验教训，"彰善瘅恶，足为将来规诫"②，巩固唐统治，唐太宗敕命修撰，于中书省设置秘书内省司其事，命尚书左仆射房玄龄监修，秘书监魏徵总加撰定，秘书丞令狐德棻总知类会。各史修撰分工明确，著作郎姚思廉撰《梁书》、《陈书》，中书舍人李百药撰《北齐书》，秘书丞令狐德 、秘书郎岑文本撰《周书》，魏徵、颜师古、孔颖达撰《隋书》。贞观十年（636年），五代史纪传修撰完毕，共 247 卷，《梁书》56 卷，《陈书》36 卷，《北齐书》50 卷，《周书》50 卷，《隋书》55 卷。贞观十五年，唐太宗又诏撰五代史志，命于志宁、李淳风、韦安仁、李延寿等编撰，先后由令德狐棻、长孙无忌监修，历时 15 年，于高宗显庆元年（656 年）撰成，附于《隋书》。

《梁书》和《陈书》

《梁书》和《陈书》均为姚思廉所修撰。姚思廉的父亲姚察，陈时为吏部尚书，陈后仕于隋。姚氏本为江南吴兴人，入隋后，移居关中万年县(今陕西西安市)，遂为关中人。陈末，姚察奉敕修撰梁史，隋朝更受命修梁陈二史，未竟而卒。《陈书·姚察传》云："梁、陈二史本是察所撰，其中序论及纪传有所阙者，临亡之时，仍以体例诫其子思廉博访撰续。"梁代当世所修史书，有沈约、周兴嗣、鲍衡卿、谢昊等相承撰《梁书》一百卷，又许亨撰《梁史》53 卷，何之元与刘璠各撰《梁典》30 卷，阴僧仁撰

---

① 《旧唐书·令狐德棻传》。
② 吴兢:《贞观政要》卷 8。

《梁撮要》30卷,萧韶撰《梁太清纪》10卷,姚勖撰《梁后略》10卷,萧圆肃撰《淮海乱离志》4卷,周兴撰《梁武帝实录》3卷,谢昊撰《梁元帝实录》5卷等。陈代的史书较少,重要的史书有顾野王和傅绰分撰《武帝》和《文帝》二本纪,陈琼所撰《陈书》42卷等。而姚察的旧稿乃是姚思廉撰史的主要依据。姚思廉所撰《梁书》56卷,有28卷载有察之史论,占五十列传的多数。本纪6卷未有载察之史论,但《隋志》著录有姚察《梁书帝纪》7卷,则本纪部分已早有成书。《陈书》有本纪6卷、列传30卷,仅本纪内有姚察的史论两篇。可见,姚思廉于《梁书》因袭父作者较多,而《陈书》因袭者较少。

关于两书之特点和学术价值,柴德赓著《史籍举要》认为:"梁陈二史,瑕瑜互见。《陈书》比之《梁书》,敷衍成篇,精神更差。但梁、陈二代事迹,别的书籍记载极少,至今仍以二书为主。《南史》有补正,亦因姚氏父子先有此书,易于为力。"吕涛等著《史籍浅说》认为:《梁书》比《陈书》丰富。持论较为公允,敢于打破六朝以来用骈语入史的文风,以精练简洁的文字叙事。但《梁书》着意宣扬士族门第,有些重要史实没有记载,收入许多无用的诏策表疏等。南朝陈各民族间的融合和斗争关系比较复杂,《陈书》不载民族关系的史实,却以大量篇幅记载皇后、宗室事迹,喻之为谱系之作并不过分。列传简略疏漏,收入无用奏疏等。张孟伦《中国史学史》认为二书保留旧史原文而不改正,没有一定的义例,独用自由、质实的散文。陶懋炳《〈梁书〉与〈陈书〉》(《中国史学名著评介》第一卷)认为:《梁书》、《陈书》承《汉书》之法撰作列传,省去繁冗,又不遗漏人物事实,这种编撰方法有借鉴作用,而又保存了许多珍贵资料。尤其"值得表彰"的是姚察对六朝文体的变革。但二书多用前代国史旧稿,承袭多而变革少,虽适应统一之势,殊缺乏蓬勃生气。后世每讥《梁书》多自相抵牾处,篡代之际或骨肉相戕,争夺皇位,讳过隐恶;浮词溢美,最典型的是为虞寄、虞荔作佳传。姚氏父子多所隐讳的原因：①多因旧作，沿袭国史体例笔法；②姚氏父子都是历仕三朝、官秩不显的人物，撰史处处恪守皇家规定。

谢保成《隋唐五代史学》认为《梁书》的特点：不信"天命"而重人事；在注意民众力量、记录各种反抗斗争方面提供了较多的线索；列传内容丰富，记叙详细；文字简练，"多以古文行之"。其缺点：一是"国史所有则传之，所无则缺之"，以至一些应立传的人物缺传；二是"有美必书，有恶必为之讳"，多载饰终之诏，索然无味。《陈书》的特点：书中所表现出的思想与《梁书》有异，与魏徵等的修史意图也存在一定距离，即强调"天意"亡陈，侧重皇族人物、事迹。书中保留了一些难得的史事，需要从纪、传中细心爬梳。陈表义《姚思廉及其〈梁书〉〈陈书〉浅论》(《暨南学报》1997年第2期)一文概述了姚思廉成为唐初著名史家的原因，着重介绍了《梁书》和《陈书》值得称颂处：①内容比较丰富、可靠，是梁陈两代信史；②用散体文撰写历史，叙事简洁、精练；③肯定并颂扬无神论的思想和行为。

比较二书，则《陈书》更多虚词，如陈氏子孙，不分贤愚，人人有传。《姚察传》亦在《陈书》，文长达3000余字，详细叙述朝廷之优礼，名流之褒奖及察之逊谢等词，皆为无关大局者。姚察的父亲僧坦，梁时为太医正，医术高明，甚受梁武帝看重，但姚思廉轻视技术，讳言其事，不为立传，惟在《察传》中含糊其词地说："父上开府僧坦，知名梁武代，二宫礼遇优厚。"但《梁书》记事比《陈书》较少隐晦或夸张。如梁武帝迷信佛法，范缜独持神灭论，梁书为之立传，叙事清晰，并保持了《神灭论》全文；阮孝绪坚决不肯出仕，而是全力从事学术工作，《梁书》也为之立传，特记其编著《七录》之事，此皆有积极意义。

《北齐书》

《北齐书》为李百药所撰，共50卷。虽是奉敕修撰，实是承继其父李德林之旧业而纂集成书。李百药之父李德林，历仕齐、周、隋，北齐时任内史令兼史官，参与修国史，作纪、传27卷。齐亡后，入于北周和隋。

隋开皇初,又"奉诏续撰,增多齐史二十八篇"。[1] 李百药于唐初任中书舍人、散骑常侍,参与修订五礼、律令。贞观元年(626年),奉敕修撰《北齐书》。他据父遗稿,杂采齐史官崔子等所修撰《齐纪》30卷、隋秘书监王劭所撰《齐志》16卷等书,编成《北齐书》,共50卷,内分本纪8卷,列传42卷。《北齐书》大致仿《后汉书》体例,卷各系论赞,然其书因为不甚为人所重而自北宋以后逐渐散佚。晁公武作《群斋读书志》时,已称其书残缺不全。今所行本,盖后人取《北史》以补亡,已非原本了。例如《史通》说李百药《齐书》"论魏收事,今本皆无",便是一证。《四库提要》说是书"文章萎苶,节目丛脞,固由于史才史学不及古人,要亦其时为之也。"

《北齐书》中虚夸隐晦之处甚多,记事多有错乱,"其列传之叙事也,或以武定臣左降在成朝,或以河清事迹擢在襄代,故时日不接,而隔越相偶,使读者瞀乱而不测,惊骇而多疑。"[2] 其持论亦多不可取,如邢邵与杜弼关于形神关系之辩论,邢邵说:"神之在人,犹光之在烛,烛灭则光穷,人死则神灭。"与南朝主张神灭论之范缜遥相呼应。杜弼则说:"烛则因质生光,质大光亦大,人则神不系于形,形小神不小,……神之于形,亦犹君之有国,国实君之所统,君非国之所生。不与同生,孰云俱灭?"按邢邵之说,形神统一,而杜弼则分之为二,其说自不足以说服邢邵,而《北齐书》"前后往复再三,邢邵理屈而止。"[3] 却不知邢邵何以理屈。当然,《北齐书》在记载重要历史事实方面,也有可取之处。周文英《北齐书》(《中国史学名著评介》第二卷)肯定该书的史学成就在于:保存了一代珍贵史料,有助于了解北齐政权之兴衰,叙事简要严谨。谢保成《隋唐五代史学》分析此书在叙述"前王之得失",尤其是前王之失方

---

① 《史通·古今正史》。
② 《史通·杂说中》。
③ 《北齐书·杜弼传》。

面,较之梁、陈、周三史要深刻得多,贯彻了鉴一代之失的修史宗旨;既重"天命",又重"人事",是比较典型的二元论;记事详尽,范围广博,对思想领域内的大事、科学技术方面的成就都很注意。

《周书》

《周书》系由令狐德棻等奉敕修撰,计为本纪 8 卷,列传 42 卷,共 50 卷。《群斋读书志》说:"先是苏绰秉周政,军国词令多准尚书牛弘,为史尤务清言。德棻因之以成是书,故多非实录"。按唐贞观中,修梁、陈、齐、周、隋五代史之议,出自令狐德棻。而令狐德棻专领《周书》,虽称与岑文本、崔仁师、陈叔达、唐俭等同修,但刘知幾惟独对于令狐德棻深致贬词,可见其专力于此,为时人所知。《四库提要》说:"知幾所云,非笃论也,晁公武《读书志》祖述其语,掩为己说,……尤无取焉。"又说:据《群斋读书志》言,"北宋重校,尚不云有所散佚。今考其书,则残缺殊甚多! 取《北史》以补其亡,又多有所错乱。……盖名为德棻之书,实不尽出德棻。且名为移掇李延寿亦不尽出延寿,特大体未改而已。"

《周书》所述及的乃是北周及其建国之前的西魏之事,约四十八年(534—581 年)。《周书》虽"叙事繁简得宜,文笔亦极简净"[①],但脱离实际之处甚多,故刘知幾曰:"其书文而不实,雅而无俭,真迹甚寡,客气尤烦","重规、德棻,志在文饰,遂使中国数百年内,其俗无得而言。"[②] 该书也有很多称赞周统治者的词语,如称赞周文帝宇文泰:"雄略冠时,英姿不世,天与神授,纬武经文。"赞颂周武帝宇文邕:"雄图远略,足方驾于前王。"西魏和北周均兴起于关中的封建统治集团,隋唐的统治者皆出于此系统,其颂扬周统治者,实为自己脸上贴金。而对于起兵造反者,则示微贬,如《王谦传》称:"性恭谨,无他才能";《司马消难传》称:"幼聪惠,微涉经史,好自矫饰,以求名誉"等等。如此上下其手进行撰

---

① 《陔余丛考》卷 7。
② 《史通·杂说中》。

修的方法,显然不合乎史学应存实求真的本义,故对于《周书》的评定,不应囿于其形式,而应着重于其实质价值。

《隋书》

《隋书》从贞观三年起撰,由魏徵奉敕主修,"多所损益,务存简正。《隋史》序论,皆徵所作。"[①] 隋朝旧有的史书,如王劭所撰《隋书》80卷,刘知己说其义例准于《尚书》,当以编录诏敕等文为主。还有隋朝史官所撰《开皇起居注》60卷等。唐初离隋朝最近,史官也能尽力搜访资料,如《旧唐书·孙思邈传》曰:"魏徵等受诏修《齐》、《梁》、《陈》、《周》、《隋》五代史,恐有遗漏,屡访之。"至贞观十年,《隋书》修撰完毕,全书共55卷,内分本纪5卷,列传50卷。

唐初所修五代史书,可说以《隋书》较优,颇得旧日学者好评。虽然其不免有许多夸张隐晦之处,如隋炀帝为太子,乘其父隋文帝病重,使张衡予以杀害,二帝本纪和《张衡传》均无记载,而仅隐约附于《陈宣华夫人传》中;房彦谦本无重大事迹可予记载,但因为其子房玄龄为唐太宗宰相,《隋书》便为他设立专传,正如《周书》之有《杜杲传》等等,当然,这些不过是其末节而已,总体而论,其尚不失据事直书,叙事简练,文笔严净,且有许多精彩之处。

唐太宗贞观年间所撰《梁书》、《陈书》、《北齐书》、《周书》、《隋书》,乃五部纪传之断代史,历史上被称为"正史"。"五代史"体例不尽一致,各有其独特的特点。如《北齐书》有论有赞,其他四史有论无赞。梁、陈二书的史论,或称"史臣曰",或称"陈史部尚书姚察曰",其他三史只有"史臣曰"。梁、陈有孝行传,《周书》有孝义传,《隋书》有诚节、孝义传。梁、陈、隋书有文学传,《北齐书》有文苑传。《陈书》独有止足传,《周书》独有恩幸传,《隋书》独有列女传。其他如循吏、酷吏、外戚、艺术、诸夷等传,各史或有或无,不甚一致。但本纪详细记载新朝"受命"的各种文

---

① 《旧唐书·魏徵传》。

诰,首尾备录,讳恶扬善,除却《隋书》,皆为一致。列传必首列姓名、地望、祖父官职,次及传主幼年生活、性格相貌,次及历任官阶,次及其行事文章,有时最后还有饰终诏书、封赠、子孙官职、著述名称等。尽管叙述次第或略有变化,叙述项目有多有少,基本体制却不过如此。

"五代史"编次,均讲究以类相从之法,除各种类型的传以外,其他列传也有不少略按"义类"、"类会"编次。《旧唐书·令狐德棻传》记唐高祖诏书说:"司典序言,史官记事,考论得失,究尽变通,所以裁成义类,惩恶劝善。"又记令狐德棻"奏引殿中侍御史崔仁师佐修周史,德棻仍总知类会梁陈齐隋诸史。"可见"类会"是当时史书编次的一件大事。而且因为各朝年代短促,年代与"类会"的关系便于安排,故眉目都还清楚。不过,"五代史"在表述上却出现了明显程式化的趋向。

"五代史"均具有浓郁的"鉴戒"特色,其中以《隋书》最为鲜明。《隋书》自觉总结隋朝得失存亡的原因,指出:"隋之得失存亡,大较与秦相类",隋炀帝"负其富强之资,思逞无厌之欲","骄怒之兵屡动,土木之功不息,频出朔方三驾辽东,旌旗万里,征税百端,猾吏侵渔,人不堪命。乃急令暴条以扰之,严刑峻法以临之,甲兵威武以董之,自是海内骚然,无聊生矣。"[①] 还指出:隋炀帝"肆其淫放,虐用其民,视亿兆如草芥,顾群臣如寇仇,群盗并兴,百殃俱起,自绝民神之望,故其亡也忽焉。"等等。此等论述,均触及到了隋朝灭亡的根本原因。除《隋书》外,其余"四史"也均阐述了前代得失存亡的原因,总结了前代灭亡的教训,为唐统治者提供了丰富的历史借鉴。"五代史"修成后,所以受到唐太宗的赞赏,乃是因为其能载论前王得失,取鉴以资治,体现了唐太宗修史的宗旨。

"五代史"记述了梁、陈相继,齐、周并立,以及隋朝统一南北、由兴而亡的历史,有不可忽视的历史价值,其所保存的文献也甚有学术价

---

① 《隋书·炀帝纪》。

值。如《梁书·范缜传》所载《神灭论》,《北齐书·杜弼传》所记载的邢邵和杜弼关于"形神关系"的论难,均是思想史上极有价值的文献。《周书》(卷三八)所附记的柱国大将军、大将军元欣等13人名单,乃是军事制度史上的重要资料。《陈书·何之元传》所记载的何之元的《梁典·序》,《隋书·李德林传》所记载的李德林与魏收论史书的往还书信,《魏澹传》所记载的《魏书》义例,《许善心传》所记载的许善心的《梁史·序传》,《裴矩传》所记载的裴矩的《西域图记》序等,均是有关史学的重要文献。不过,各史的记载和所保存文献的价值,应就各卷各事分辨高下,区别对待。

2.《五代史志》

"五代史"只有纪和传而没有志。贞观十七年(643年),唐太宗诏褚遂良监修《五代史志》,当时亦称"《隋书》史志"。[①] 永徽元年(650年),唐高宗复命令狐德棻监修。前后十四年,至显庆元年(656年)成书,由长孙无忌奏进。参与撰述者有于志宁、李淳风、韦安仁、李延寿等。《五代史志》共10篇30卷,礼仪7卷,音乐、律历、天文各3卷,五行2卷,食货、刑法各1卷,百官、地理各3卷,经籍4卷。内容与五代史纪传相配合,详于隋而略于齐、周、梁、陈,以体例言,也以隋为主,故记事就直称"高祖"或"炀帝",不加"隋"字。书成后,编入《隋书》,专称《隋志》。因之,流传至今的《隋书》共有85卷。

在史学史上,《五代史志》是自《史记》八书、《汉书》十志以来最重要的史志著作。首先,它综合并囊括了除"前史符瑞志"以外的全部内容。合计史、汉、宋、齐、魏各书中的"志",共有礼(礼仪)、祭祀(郊祀)、封禅、舆服、乐、律历、天文(天官、天象)、五行、符瑞(祥瑞、灵征)、食货(平准)、刑法(律、刑罚)、百官(官氏)、地理(郡国、州郡、地形)、河渠(沟

---

① 李延寿:《北史·序传》。

洫)、艺文、释老等,共十六种。一书中,志多的有十种,少的有八种,"十志"实已包括旧来已有各"志"的范围,确为唐初以前古籍流传的总结性著作。

其次,它反映了撰者的"天人观"。总体而言,前五志即礼仪、音乐、律历、天文、五行,以天道为中心,强调尊天敬神、天人感应,认为礼"所以弥纶天地,经纬阴阳,辨幽赜而洞几深,通百事而节万事",把上下长幼之节直接同祭祖配天联系起来,以祭典、舆服之等级为社会之等级装扮起一层层神秘之面纱。后五志则从天上降到人间,《食货志》记载封建国家的剥削制度,《刑法志》记载封建国家的暴力统治,《百官志》和《地理志》记载统治的行政机构和地区划分,《经籍志》记载皇家的藏书,从而构成了一个从经济到政治、到文化的逻辑认识体系。虽然此体系尚未摆脱"天道"的影响,却已着重于人事分析,这是历史观上的一个伟大进步。

最后,《经籍志》发展了目录学,在一定程度上概述了学术源流的历史,是继刘向、刘歆之后的一次规模更大的历史文献整理的总结性成果。开卷之初,它就总论了经籍的起源和发展,经籍历经毁灭散失和访求的过程,经籍的收藏和缮写,并回顾了刘向、刘歆《七略》以后,中经晋荀勖《中经新簿》的四部分类、宋王俭的《四部目录》和《七志》、梁阮孝绪的《七录》。此后,它按经、史、子、集四部分类著录历代文献,以道、佛作为附录,奠定了古代文献分类的基础。经部有易、书、诗、礼、乐、春秋、孝经、论语、异说、小学等十类。史部有正史、古史、杂史、霸史、起居注、旧事、职官、仪注、刑法、杂传、地理、谱系、簿录等十三类,从文献分类上确立了史书的独立性和部类之区分。子部有儒、道、法、名、墨、纵、横、杂、农、小说、兵、天文、历数、五行、医方等十四类。集部有楚辞、别集、总集等三类。经、集两部的分法系自《七略》的六艺略、诗赋略发展而来。史部的独立,系由《中经新簿》的丙部(旧日之内容是史记、旧事、皇览、簿、杂事)和《七录》第二之的纪录传(记史传)发展而来。子部系由诸子、兵书、术数、方技四略合并、发展而来。四部之后又附录有道、佛两录。道经有经戒、饵服、房中、符箓等四类,佛经有大乘经、小乘经、杂经、杂疑经、大乘律、小乘律、杂律、大乘论、小乘论、杂论、记等十一类。道、佛两录,系自《七录》中的佛录、道录发展而来。《经籍志》著录四部书,一般包括书名、卷帙、作者所处朝代、职官、姓名、本书存亡情况。其所著录书,大凡经传存亡及道、佛,六千五百二十部,五万六千八百八十一卷。《经籍志》有总序一篇,四部、道、佛大序六篇,四部各类小序四十篇,道、佛小序一篇,共有序文四十八篇。它们结为一个整体,综论学术源流,是《汉书·艺文志》作为学术史萌芽后的新发展。序文阐述了文献与社会的关系、学术流变、学风得失,以及各具体部类的发展轮廓,撮其精要,论其长短,叙述得清晰、精练。《隋志》十志颇为后人所重,郑樵《通志》评议曰:"《隋志》极有伦类而本末兼明,惟《晋志》可以无憾,迁固以来皆不及也。……观《隋志》所以该五代南北朝纷然殽乱,岂易贯穿?而读其书则了然如在目,良由当时区处,各当其才。颜、孔通古今而不明天文地理之学,故只令修纪传,而以十志付之志宁、淳风辈,所以粲然具举。"① 因此,《隋志》可说是书志体发展的新阶段,同时也为独立典制史书的问世提供了思想和撰述的条件。

3.《晋书》

自晋以来,撰晋史相踵,见于记载者20余种。王隐撰《晋书》93卷,虞预撰《晋书》44卷,朱凤撰《晋书》14卷,何法盛撰《晋中兴书》78卷,谢灵运撰《晋书》36卷,臧荣绪撰《晋书》110卷,萧子云撰《晋书》102卷,萧子显撰《晋史草》30卷,郑忠撰《晋书》7卷,沈约撰《晋书》110卷,庾铣撰《东晋新书》7卷,均见《隋书·经籍志》史部正史类。陆机撰《晋纪》4卷,干宝撰《晋纪》23卷,曹嘉之撰《晋纪》10卷,习凿齿撰《汉晋春

---

① 《通志·艺文志》(三)。

秋》47卷，邓粲撰《晋纪》11卷，孙盛撰《晋阳秋》32卷，刘谦之撰《晋纪》23卷，王韶之撰《晋纪》10卷，徐广撰《晋纪》45卷，檀道鸾撰《续晋阳秋》20卷，郭季产撰《续晋纪》5卷，均见《隋志》古史类。此外，华峤草《魏晋纪传》若干卷(永嘉乱后尚存50余卷)，谢沈撰《晋书》10余卷，荀绰撰《晋后书》15卷，裴松之撰《晋纪》若干卷，均见《晋书》本传。晋史作者，可考者至少有26家，但多是以晋人而记晋史，故具备两晋史事首尾者却还少见。臧荣绪所撰《晋书》"括东西晋为一书，纪录志传百一十六卷"，此是唐修《晋书》的主要底本。所谓"录"，当是记十六国史事。《隋志》霸史类著录《南燕史》、《拓拔凉录》称"录"。崔鸿《二十六国春秋》，也是一国为一录。《史通·杂说》"臧氏《晋书》，称苻坚之窃号也，虽强于宇狭于石虎，至于人物则过之。"此似即前秦录之论赞语。这是唐修《晋书》中载记一体之所本，而"载记"一词则是取自《东汉观记》。

上所列者，凡二十六家，华峤、谢沈、荀绰、裴松之之书，不见《隋志》，盖已不传，郑忠、沈约之《晋书》，庾铣之《东晋新书》，皆亡于唐前，故《隋志》注"亡"字以明之。唐初可考者，应为十九家，而六氏谓之十八家岂以习氏之书，上包后汉三国，不专纪晋事，故去而不知熟练工人欤？或以其书主汉斥魏，故废不用，则臆说也。[①]

以上诸家晋史，多出晋人之手，非晋朝全史，自难流传后世。惟臧荣绪夙负盛名，本可行之后代，只因不能适应唐朝统一形势的需要，亦径废弃。对于诸家晋史，"太宗以为未善"，认为"十有八家，虽存记注，才非良史，书非实录，荣绪烦而寡要，行思劳而少功，叔宁味同画饼，子云学埋涸流，处叔不预于己于人中兴，法盛莫通乎创业，洎乎干、陆、曹、邓，略纪帝王，鸾、盛、广、松，编载记，才其文既野，其事罕有。"[②] 因之于贞观二十年(646年)诏房玄龄、褚遂良主持撰修《晋书》，与其事者，

---

① 参见《史通·正史篇·补注》。

② 《唐大诏令集》卷81。

有许敬宗、来济、陆元仕、刘子翼、令狐德棻、李义府、薛元超、上官仪等八人,分工撰录。新修《晋书》以南朝齐人臧荣绪(415—488年)所撰《晋书》为蓝本,采诸家晋史及晋人文集予以补充,重新撰定。刘知幾特别强调它"采正典与杂说数十余部,兼伪史十六国书"(《史通·古今正史》)此是新修《晋书》在文献和内容采取上的特点。贞观二十二年(648年),新修《晋书》撰成,包括帝纪10卷,志20卷,列传70卷,载记功30卷,叙例、目录各部卷。叙录已佚,今存130卷。据宋人称,因唐太宗为宣、武二帝纪及陆机、王羲之二传写了后论,故全书曾总题为"御览"。

《晋书》记两晋156年(265—420年)间史事,并追述晋先世司马懿自汉末以来事迹,旁及十六国君主名臣,所包年代虽少于两汉,而史事错综复杂,撰写不易。然而,成于众手,蔚然可观,显示了唐初史家的组织力量和创造才能。《晋书》成就,就在于它写出了两晋历史的全貌,弥补了以往诸家晋史的缺憾。因其"参考诸家,甚为详洽"①。故问世后,"自是言晋史者,皆弃其旧本,竟从新撰焉。"②

《晋书》之成,距晋亡已220余年,故因袭旧文外,有意讳饰者尚少。帝纪于记每帝之末,多陈述得失,无所规避,与旧日官史迥异。三十《载记》惟言攒伪,不辨华夷,与南北朝时期史家撰史互以对方之史为"传"且以"索虏"、"岛夷"相称的对立态度不同,反映了唐统一后天下一家的思想观念。从体例看,《晋书》颇受范晔影响,依时代顺序编次,以类相从。如列传三至十二记开国功勋贵臣,十九、二十记名士,二一、五二记史家,二四、二五记文学,四二记博学道术之士等等。纪传之后,兼有论赞,但徒骈华丽词藻、典故骈句而缺乏具体论断,殊为人诟病。《载记》叙事详略相间,首尾相次,胜于《帝纪》之单调刻板。《石勒载记》两卷,

---

① 《旧唐书·房玄龄》。
② 《史通·古今正史》。

载石勒斩祖逖部下降者继而送首于祖逖；"与乡老齿坐欢饮，语及平生"；"常令儒生读史书而听之"及所发议论；在宴请高句丽使者筵席上对高、韩、彭、光武、曹操、司马懿父子的评价及自认"当在二刘之间"的谈话，均描写得酣畅淋漓。《苻坚载记》两卷，载苻坚登龙门、游霸陵而与臣下论前人得失；劝课农桑、兴修水利；广修学宫、亲临太学；淝水之败、长安之失，尤有声色。《列传》每能表达历史人物的情态，载录反映当时政治、风尚弊端的重要文献。如《刘寔传》载《崇让论》，《刘毅传》载论九品之制，《傅玄传》载兴学校务农功等疏，《卫恒传》载《四体书》势等等，均颇有价值。《晋书》20卷志中，有天文、地理、律历、礼、乐、职官、舆服、食货、五行、刑法等10种，载记了两晋的典章制度。天文、律历写得充实、有序，乃是《五代史志》中天文、律历二志的姊妹篇。《地理志》总序记载了历代地理建置的沿革流变和历代封国、州郡的等级、宽狭及户、口增减情况，乃是一篇颇有价值的地理总论。其正文两卷详载两晋州、郡、县的建置，每州有一篇小序，述其由来及所统郡、县、户的量数。其他各志，也都写得井然有序。正如郑樵所云："本末兼明，惟《晋书》可以无憾。"[1]

当然，《晋书》也有其缺点。其一，撰者多引旧录，取材"好采诡谬碎事以广异闻"[2]，于十六国尤甚，往往记载许多不关历史的异闻轶事，颇为庸俗。其二，因众人合修，加之缺乏严密的校检制度，所以全书不相通贯，各部不能协调一致，每有重复和相互不能呼应甚至抵触之处。其三，秉笔者多长于诗赋，不娴史法，无意甄审史料，惟求词藻华丽，加之梁陈文风，唐初犹存，所以四六体文字充斥全书，后世讥以"竞为奇艳，不求笃实"。[3]

---

① 《文献通考·经籍考十九》。
② 《旧唐书·房玄龄传》。
③ 《旧唐书·房玄龄传》。

二、官修的国史、谱牒和礼书

唐统治者不仅重视撰修前代史,而且也非常重视国史、谱牒和礼书的撰修。国史、谱牒和礼仪,是唐代官修史书的重要组成部分。

1. 国史

唐初统治者在组织修撰前代史的同时,又通过史馆控制国史的修撰。史馆的设置,始于北齐,北周、隋因之。唐武德初,循隋旧制,将史馆隶秘书省著作局。贞观三年(629 年)闰十二月,唐太宗复将史馆移入禁中,设于门下省北面,由宰相监修。自此,著作局始罢史职。史馆成为皇帝直接控制下的门下省的一个常设机构,专修国史。开元十五年(727 年),又移史馆于中书省北面,改隶中书省。

史馆设修撰、直馆。《旧唐书·职官制》载:"登朝官领史职者,并为修撰;未登朝官入馆者,并为直馆。"还有修史辅助人员:"楷书手二十五人,典书四人,亭长二人,掌固六人,装潢直一人,熟纸匠六人。"史官的日常任务乃是储备材料以修本朝史。史馆设有一套完备的搜集史料的制度,除设法搜集前代典籍外,特别重视当代资料的搜集和整理。其措施为:于门下省设置起居郎,中书省设置起居舍人,负责记录皇帝言行,编成起居注,每季为卷,录送史馆;由宰相撰时政记,记退朝后所论军政大事,逐月汇送史馆(姚璹始修于武后长寿二年);修撰官各撰日历,月终汇集馆中,详定是非,各署姓名,共同封存(始于德宗贞元元年);中央及地方各官署录报大事。

国史撰述包括起居注、实录和国史三个方面。起居注的兴起当在汉代,《汉书·艺文志》注录:"汉注记,九十卷。颜注:若今之起居注。"《汉书·五行志》曾引汉注记,《历律志》亦称引注记。因《五行志》多系记载五行灾异天人相应的事情,遂有人说注记非起居注,而系专记灾异的书籍。但《后汉书·和熹皇后纪》载:"平望侯刘毅以太后多德政,欲令早有注记。"所上书中亦曰:"古之帝王,左右置史,汉之旧典,世有注记。"又《马严传》云:"与校书郎杜抚、班固等杂定建武注记。"《明德皇后纪》云:"自撰显宗起居注,削去兄防参医药事。"故汉注记所载不限于五行灾异,颜师古所说等于今之起居注。《五行志》本专记五行灾异,故只引用著记中与此有关者,不能因此说著记是一本专记灾异的书籍。足见起居注在东汉初已经存在,现著录于《隋书·经籍志》者以汉献帝起居注五卷为最早,其后晋、宋、齐、梁、陈、魏、周、隋各代起居注,共53种。起居注是朝廷活动的最基本的记录。"夫起居注者,编次甲乙之书。至于策命、章奏、封拜、薨免,莫不随事记录,言推详审。"[1] "今之起居,古左右史也,善恶必记,戒人主不为非法。"[2]

实录乃编年体史书的一种特殊形式,专记每一位皇帝在位时的国家大事。实录的撰修,起于齐、梁之际。《隋志》杂史类有《梁皇帝实录》3卷,记载梁武帝的事情,为周兴嗣所撰。又有《梁皇帝实录》5卷,记载梁元帝的事情,为梁中书侍郎谢昊所撰。又据《史通·杂说》篇,有《梁太清实录》10卷,《隋志》作《太清录》8卷。又《隋书·裴政传》载:政著有《承圣实录》10卷(原文作"降录",乃字之讹)。高似孙《史略》又有《六朝实录》一书,不著撰者及卷数。唐代以后,实录盛行。唐太宗在位时,于贞观十四年至十七年(640—643年)修成了唐代最早的两部实录——《高祖实录》和《太宗实录》。从此每一位皇帝死后,新君便命史馆汇集其在位史事,修撰编年体实录,遂成定制。据《新唐书·艺文志》记载,自高祖至武宗十六代皇帝,均有实录,共25部,达785卷,宣宗以后五帝,因唐末战乱,或佚或缺。唐代实录,今存者只有韩愈所撰《顺宗实录》5

---

① 《史通·史官建置》。
② 《新唐书·褚遂良传》。

卷,其他均已亡佚。

实录是修撰国史的依据。唐代曾多次修撰纪传体国史,总括各书所载,其撰述约可分为八次。太宗贞观初年(627—649 年),姚思廉撰修纪传体国史,粗成三十卷。这是唐代第一次修撰国史。高宗显庆元年(656 年),长孙无忌、令狐德棻、刘胤之、杨仁卿、颜胤等因其旧作,缀以后事,复为 50 卷。这是唐代第二次修撰国史。高宗龙朔(661—663 年)中,许敬宗总统史任,更增前作,混成百卷,作《高宗本纪》及永徽名臣、四夷等传,又起草十志,未半而终。这是唐代第三次修撰国史。其后,李仁实续撰于志宁、许敬宗、李义府等传;而武后长寿(692—694 年)中,牛凤及又断自高祖武德,终于高宗弘道,重撰《唐书》百有十卷。这是唐代第四次修撰国史。武后长安年(701—704 年)中,刘知幾、朱敬则、徐坚等奉诏更撰《唐书》,勒成 80 卷,后又由吴兢增改撰补 60 余篇。这分别是唐代第五次、第六次修撰国史。开宝间,韦述增修《唐书》,自创业(618 年)至开元(713—741 年),凡 110 卷。这是唐代第七次修撰国史。肃宗乾元(758—769 年)末,柳芳奉诏添修国史,勒成国史 130 卷,上自高祖,下至乾元,而叙天宝后事,绝无伦类,取舍非工,不为史氏所称。这是唐代第八次撰修国史。后柳芳于上元中,坐事徙黔中,遇内官高力士亦贬巫州,遇诸途,芳以所拟禁中事,咨于力士。力士说开元、天宝中时政事,芳随口志之,别撰编年体《唐历》四十卷。后宣帝朝诏崔龟从、韦澳、李荀、张彦远及蒋偕,由代宗大历(766—779 年)至宪宗元和(806—820 年)末,撰成《续唐历》30 卷。盖唐纪传体的国史以外,还有编年体的唐历,所述较长,直至公元 820 年为止。以后 80 余年,唐朝国史中断。

对于唐代所修国史,刘知幾颇有批评。《史通·古今正史篇》云:"许敬宗所作纪传,多非实录。""牛凤及以暗聋不才,而辄议一代大典。凡所撰录,皆素责私家行状,而世人叙事,罕能自远;或言皆比兴,全类咏歌;或语多鄙朴,实同文案;而总入编,了无厘革。其有出自胸臆,申其机杼,发言则嗤鄙怪诞,叙事则参差倒错;故阅其篇第,岂谓可观,披其章句,不识所以。"《史通·史官建置》曰:"始自武德,迄于长寿,其间若李仁实以直辞见惮,敬播以叙事推工,许敬之矫妄,牛凤及之狂惑,此其善恶尤著者也。"

唐朝国史,屡有散佚。武周代唐,国史遭毁坏。经安史之乱,"中原荡覆,典章殆尽,无史籍检寻。(于)修烈奏曰:国史一百六卷,开元实录四十七卷,起居注并余书三千六百八十二卷,并在兴庆宫史馆,京城陷贼后,皆被焚烧。且国史实录,圣朝大典,修撰多时,今并无本。伏望下御史台推勘,史馆所由,令府县招访,有人别收得国史实录,如送官司,重加购赏;若是史官收得,仍赦其罪。得一部超授官资,得一卷赏绢十匹。数月之内,惟得一两卷。前修史官工部侍郎韦述陷贼入东京,至是以其家藏国史一百一十三卷送于官"(《旧唐书·于休烈传》)。唐末农民战争后,国史又遭焚逸。《新唐书·韦述等传赞》云:"唐三百年,业钜事丛,其间巨盗再兴,图典焚逸,大中以后,史录不存。"《五代会要》亦言:"有纪传者为代宗以前。"故五代修撰唐史,苦于其文献不足。

2. 谱牒

唐代统治者还非常重视谱牒的编撰,故谱学在魏晋南北朝谱学的基础上得以继续发展,出现了不少谱学家,产生了一些大型官修谱牒著作。据《新唐书·艺文志》著录,唐代所修谱牒达 60 种以上,记 1000 卷左右。唐代前期,官修谱牒著作编撰情况如下:唐太宗贞观五年(631年),诏高士廉、岑文本、令狐德棻等人撰《氏族志》,贞观十二年(638年)成书 100 卷,这是唐代第一部大型官修谱牒。高宗显庆四年(659年),在武则天的支持下,高宗采纳许敬宗、李义府的建议,重修《氏族志》,更名《姓氏录》,凡 200 卷。唐中宗神龙元年(705 年),谱学家柳冲上表请改修《氏族志》,于是诏与魏元忠、萧志忠等修撰,未成。至唐玄宗先天二年(713 年),诏柳冲与魏知古、陆象先及徐坚、刘知幾、吴兢等继续修撰,成《大唐姓族系录》200 卷。开元二年(714 年),又敕柳冲和薛南金刊定奏上。此书编撰前后凡十年,参修者 13 人,皆为名家,标志着唐代官修谱牒达到了成熟阶段。

唐代后期,谱学衰落,官修谱书未出现像前期那样规模巨大的著作。如唐肃宗乾元元年(758 年)著作郎贾志所撰《百家类例》,仅有 10 卷,而林宝所撰作为后期谱书代表作的《元和姓纂》,也仅 10 卷,此书成于唐宪宗元和七年(812 年)。从内容上看,后期谱书由修总谱变为修皇室谱,如唐代宗永泰二年(766 年)撰成《皇室永泰谱》,唐文宗开成四年(839 年)李衢又撰《皇唐玉牒》。唐代谱学的兴衰,与唐代政治,尤与士族、庶族地主的矛盾和斗争紧密相连。随着士族和庶族地主矛盾和斗争的缓和,刊正全国姓氏、区分门第高下已失去意义,官府谱学也就失去其存在的必要而走向衰落。

上述谱牒,尚存者仅《元和姓纂》。对唐代谱牒,郑樵云:"自隋、唐而上,官有簿状,家有谱系。官之选举,必由于簿状;家之婚姻,必由于谱系。……此近古之制,以绳天下,使贵有常尊,贱有等威者也。所以人尚谱系之学,家藏谱系之书。"[①] 可以认为,谱牒之学在唐代的兴衰,反映出唐代门阀政治的命运和社会风气的演变。

3. 礼书

礼书的撰述同谱牒的撰述相伴而行。唐太宗时,长孙无忌、房玄龄、魏徵等撰《大唐礼仪》(即《贞观礼》)130 篇,分吉、宾、军、嘉、凶、国恤 6 个部分。高宗时,以《贞观礼》"节文未尽,重家修撰",成《永徽五礼》(显庆年间奏上,亦称《显庆礼》)130 卷,删去国恤,存五礼。于是,贞观、显庆二礼并行。唐玄宗时,萧嵩、王仲丘等撰成《大唐开元礼》150 卷。以上为盛唐时期三部重要礼书。盛唐时期的三部礼书与三部谱牒

---

① 《通志·氏族略》序。

可谓相得益彰,它们大致同时出现,均皆出于唐政治统治的需要。唐玄宗开元以后,像谱牒之学一样,礼书撰述也日渐失去其本真意义。中唐时期,虽有王泾撰《郊祀录》10卷,韦公肃撰《礼阁新仪》30卷,王彦威撰《曲台新礼》30卷、《续曲台礼》30卷,但从实质上看,这已是礼之本身和礼之撰述的强弩之末了。欧阳修曾评之曰:"呜呼! 考其文记,可谓备矣,以之施于贞观、开元之间,亦可谓盛矣,而不能至于三代之隆者,具其文而意不在焉,此所谓'礼乐为虚名'也哉!"①

　　唐代官修史书曾一度在人才、文献和组织工作上显示出其优势,从而取得了令人瞩目的成就,在中国史学上占有重要的位置。然而,它却把纪传表志体史书推上了逐步僵化的道路。虽此后的正史也往往因撰者的不同,间有可取之处,并有其重要的史料价值,但却越来越无生气,更遑论一家之言了。其正宗思想自唐而后占有越来越大的比重,也越来越僵化。此后,史学著作中能代表时代精华的,反而是私人撰作的编年体、典志体等类史书了。

三、唐代的私修史书

　　自马、班二氏出,已大畅私家修史之风,追魏晋南北朝,以迄唐初,而私家修史尤盛,大别言之,可分五类:其一为后汉史,其二为三国史,其三为晋史,其四为十六国史,其五为南北朝史。凡此五类之史,初皆由多家纂集,最后勒定一编。然其源虽同,其流则异。刘宋以前,后汉史著者有九家,而自范晔《后汉书》成,则九家之书皆废。陈寿《三国志》未成之前,三国之史,各有作者,不止一家,自陈书行,诸家之书,日就湮废。唐以前晋史有十八家,唐太宗官修之《晋书》成,而十八家之书皆

---

① 《新唐书·礼乐志》。

废。晋代之十六国,亦各有史,流传颇甚,后魏崔鸿本之,以作《十六国春秋》,诸国之史,既以湮废,而自宋以来,鸿之本书,亦不见著录。南朝有宋、齐、梁、陈四书,北朝亦有魏、齐、周、隋四书,李延寿因之以撰《南史》、《北史》,今则八书俱存,与南北史并列为正史。

《南史》和《北史》乃唐初所修,却与唐初所修"五代史"相异。"五代史"均是奉敕修撰,而《南史》和《北史》悉由李延寿自造,不加众力而成。而"二史"撰成后,经负责监修国史之令狐德棻详正,于高宗显庆四年(659年)上奏,高宗称善,得以流传,故属官审私修史书。

1.《南史》和《北史》

《南史》和《北史》是以纪传体编写的关于南朝和北朝各代的两部通史,作者李延寿,字遐龄,龙西人,世居相州。贞观中,累补太子典膳丞、崇贤馆学士。曾参与撰《晋书》、《隋书》和《五代史志》,积功转御史台主簿兼直国史。其父李大师,参加隋末窦建德政权,为尚书礼部侍郎,武德三年(620年),至长安做通和使者,因窦建德助王世充抗拒唐军而被扣留。后徙于西会州,失去了仕官前途,于是转而专意于著述。"常以宋、齐、梁、陈、魏、齐、周、隋南北分隔,南书谓北为索虏,北书指南为岛夷;又各以其本国周悉,书别国并不能备,亦往往失实。常欲改正,将拟《吴越春秋》,编年以备南北。"① 他曾有所编辑,但未能成书。李延寿承其志,改以纪传体编写,搜集资料,亲自抄写,共计参考各类史书达一千多卷,而主要依据则为八朝"正史"。其《北史·序传》载:"十五年任东宫典膳丞日,右庶子、彭阳公令狐德棻又启延寿修晋书,因兹复得勘究宋、齐、魏三代之事所未得者。十七年尚书又仆射褚遂良时以谏议大夫奉敕修隋书十志,复准敕诏延寿撰录,因此遍得披寻。时五代史既未出,延寿不敢使人抄录;家素贫罄,又不办雇人书写。至于魏、齐、周、

---

① 《北史·序传》。

隋、宋、齐、梁、陈正史，并手自写，本纪依司马迁体，以次连缀之。又从此八代正史外，更勘杂史于正史所无者一千余卷，皆以编入。其烦冗者，即削去之。始末修撰，凡十六载。始宋，凡八代，为北史、南史二书，合一百八十卷。"其中，《南史》起自宋永初元年（420 年），止于陈祯明三年（589 年），包含宋、齐、梁、陈四代 170 年之史事，有本纪 10 卷，列传 70 卷，共 80 卷；北史起于魏登国元年（386 年），止于隋义宁二年（618 年），包含魏、齐、周、隋四代 233 年之史事，有本纪 12 卷，列传 18 卷，共 100 卷。

二书成后，李延寿上表曰："北朝自魏以还，南朝从宋以降，运行迭变，时俗污隆，代有载笔，人多好事。考之篇目，史牒不少，互陈闻见，同异甚多。而小说短书，易为堙落，脱或残灭，求勘无所。……不揆愚固，私为修撰，……以拟司马迁《史记》，就此八代，而梁、陈、齐、周、隋五书是贞观中敕撰。……臣既夙怀慕尚，又备得寻闻，私为抄录。一十六年，凡所猎略，千有余卷，连缀改定，止资一手，故淹时序，迄今方就，唯鸠聚遗逸，以广异闻，编次别代，共为部秩。除其冗长，捃其菁华。若文之所安，则因而不改，不敢苟以下愚，自申管见。虽则疏野，远惭先哲，于披求所得，窃谓详尽。"①

由此可知李延寿修撰二史的意图和方法。其意图有二：①意在"鸠聚遗逸，以广异闻"。李延寿对诸书"互同闻见，同异甚多"，甚为不满，强调"小说短书"之用，这对于史料真伪的考订，史料学的发展不无好处，然而，务广异闻，取材不厌驳杂。南北二史，于《齐书》和《梁书》增益较多，于他史也有所增益，如《南史》陈后主本纪祯明二年之记事，将《陈书》原有 621 字增至 1161 字，等等。增益虽有不少可取之处，荒诞之说更多。如《南史》55 卷云："（鱼弘）恣意酣赏，侍妾百余人，不胜金翠，服玩车马皆穷一时之惊绝。有眠床一张皆是蹙柏，四面周匝，无一有异，

———————

① 《北史·序传》。

通用银镂金花寿福两重为脚。为湘东王镇西司马,述职西上,道中乏食,缘路采菱,作菱米饭给所部。弘度之所,后人觅一菱不得。又于穷洲之上,捕得数百猕猴,脯以为脯,以供酒食。比及江陵,资食复振。逢敕迎瑞像,王令送像下都,弘率部曲数百,悉衣锦袍,赫弈满道,颇为人所慕。途经夏首,李抗戮其为人,抗舅元法僧闻之,杖抗三百。后为新兴、永宁太守,卒官。"还如《南史》陈后主本纪祯明二年之记事,除加详陈隋关系外,还增多了后主荒于酒色之记述和灾异十八事等等。由此可略见作者兴趣所在。②意在"编次别代,共为部秩",即以宋、齐、梁、陈四代史为《南史》,魏、齐、周、隋四代史为《北史》。其可取之处在于:一是改变了南北朝史家尊己贬人的态度,承认事实,"编次年代",不加轩轾。二是打通朝代,改以历史时期为断限,删去空洞之诏表奏章等,故文笔简练,前后一贯,并补充了许多重要史实。宋祁在《新唐书》本传中称赞之:"其书甚有条理,刊落酿词,过本书远甚。"其补充史实最重要者为《魏书》不著西魏之事,《北史》以魏澹之书等资料补足之。一般情况则为有得有失,如《南史·范缜传》压缩了《神灭论》原文,却补充了重要史实。有人对范缜曰,如若其放弃神灭之主张,便可做中书郎,而范缜则大笑曰:"使范缜以卖论取官,已致令仆矣,何但中书郎耶!"又记他历官各地毁灭神祠,说明了这位唯物论者的坚定性。其不足之处在于:一是忽视了南北朝在对立中的关系,致军事之交绥,政治上之往还,经济文化之相互影响,非但无专篇记载,甚至原来有关的分散之记述也被削弱。二是两史只注意共同,而忽视变异,足见李延寿缺乏总揽全局之观点,也不明确当时变异,未能继承司马迁"通古今之变"的优良传统。三是李延寿用抄录和连缀法编撰,使二书割裂、错置矛盾、重复之处所在多有。如谯过夫人冼氏,世为南越首领,历梁、陈二代,卒于隋文帝时,是南方之重要人物,应在《南史》中为之立专传,而因原传在《隋书·列女传》中,便收于《北史·列女传》中,冲淡了其政治和历史的作用,南北形势也为之颠倒。又如刘昶、萧宝寅、萧综、萧祗、萧泰、萧大圆、毛修之和薛安都等,都是《南史》和《北史》各有传,应就其事迹轻重而删其一。还如《北史》最后一篇为《序传》,叙述李氏父子修撰史书之事不及全文十分之一,而此少量篇幅又为李延寿所上之表占去一半,全篇主要内容,历述李氏祖上的经历和官职等,追索到秦汉以前,其中多附会虚造者等。

总而言之,南北二史优劣杂陈,与南北朝八史比较,虽其有简明之便,但重要资料反多见弃,自不足以代替八部史书,两者只能起相互补充作用。而从纪传体史书的发展来看,二史的出现,虽有反映时代要求一面,但其不过是集旧史而成,马、班、陈、范之创造性地撰述历史的思想已难在二史中表现出来,纪传体史书的生命力已呈现出衰竭趋势。

2. 其他私撰史籍

唐代前期,还产生了不少其他私撰史籍。唐高祖武德年间(618—626年),温大雅撰成《大唐创业起居注》3卷,按日记载唐高祖李渊晋阳起兵到即帝位357日内的史事,是现存最早的一部起居注。贞观二十年(646年),玄奘撰成《大唐西域记》12卷,按玄奘西行路线,记沿途所见城邦、地区和国家,亦夹叙沿途所得传闻,所谓"亲践者一百一十国,传闻者二十八国"①,是我国古代历史地理名著,也是研究佛教史和中外交通史的一部重要文献。此外,顾愔的《新罗国记》、王玄策的《中天竺国行记》,也是有关当时中外交往的历史记载。唐玄宗开元八年(720年),吴兢缀集所闻,参考旧史,将贞观年间唐太宗与魏徵、房玄龄、杜如晦等45位大臣之间的政论问答、大臣的谏净、奏疏,以及当时的重大政治措施,分类整理,撰成《贞观政要》10卷,为后世帝王的统治提供了鉴戒。另外,唐代还出现了不少私修谱书。前期主要有武后时期的谱学名家路敬淳的《著姓略记》20卷、《衣冠谱》60卷,对唐代谱学的发展产生了很大的影响。另史学家刘知幾、韦述等在谱学方面,也均有很深的

---

① 敬播:《大唐西域记·序》。

造诣。

四、唐代的史论

大总结与大创新是唐代史学发展的历史特点。正是在大总结和大创新的过程中,唐代的史论得到丰盛的发展,其中尤以刘知幾和杜佑最为突出。刘知幾的《史通》和杜佑的《通典》,堪称中古史学史上的双擘,也是唐代史学总结前代、垂范后昆的杰作。刘知幾对于史学专著体例的批评和总结,对于史书编纂体例、书法、史料的运用和史家素养等方面的精彩论述形成了一个理论体系。《史通》的出现,标志着中国古代史学批评经过长期发展,第一次形成了史学理论的体系化。杜佑的《通典》是中国历史上第一部典制体通史著作。从学术思想上看,《通典》反映了一种有异于传统经学的务实学风,中国经世史学在这里得到孕育和发展。分门立目,以类相从,重视会通沿革和议论得失,构成了200卷《通典》的显著特点。这些特点为后来典制史著作所因袭,有些还有发展,如宋代郑樵的《通志》二十略更加强调古今会通,元代马端临的《文献通考》则愈益注重搜集历代群士对所记制度的议论等。

1. 刘知幾的史论

刘知幾(661—721年),字子玄,彭城(今江苏徐州)人。他出生在一个文化气氛很浓的家庭里。父亲刘藏器学养深厚,教子严厉。刘知幾兄弟六人均进士及第。他自小就钻研史学,20年考中进士,步入仕途。42岁时在神都洛阳担任著作佐郎、左史、凤阁舍人等职,以本官兼修国史。唐中宗复辟后,诏令编纂《则天大圣皇后实录》,他参与撰写。因自己的主张与监修权臣武三思不合,于是私下整理历年所写的札记,撰为《史通》一书。朝廷旋即迁回长安,他请求留在洛阳。不久,有人说他身为史官,不宜私下著述,于是中宗将他召至长安任太子中允,领史事。这时宰相韦巨源、纪处讷、杨再思、宗楚客、萧至忠等任监修,刘知幾与他们意见不合,就致函萧至忠,指出修史体制存在的诸种弊端,请求免去自己的史任。在睿宗、玄宗时期,继续编修国史。61岁这年,其长子犯法流放,他找宰相评理,触怒玄宗,被贬为安州别驾,到任不久即去世。几年后,玄宗命洛阳地方官府就其家抄呈《史通》,读后极为欣赏,追赠他为汲郡太守、工部尚书,谥为文。

《史通》包括内篇39篇、外篇13篇,其中内篇的《体统》、《纰缪》、《弛张》三篇在北宋欧阳修、宋祁撰《新唐书》前已佚,全书今存49篇。内篇为全书的主体,着重讲史书的体裁体例、史料采集、表述要点和作史原则,而以评论史书体裁为主;外篇论述史官制度、史籍源流并杂评史家得失。

《史通》是中国史学史上最早从理论上和方法上着重阐述史书编纂体裁体例的专书,是对中国唐初以前的史学编纂的概括和总结,是中国史学家从撰述历史发展到评论史家、史书和史学工作的开创性著作。从世界范围来看,《史通》写成于唐中宗景龙四年(710年),这在世界史学史上,可谓前无古人。《史通》对后来史学的影响也非常大,唐人徐坚认为,为史者应将《史通》置于座右。明、清以来,《史通》流传渐广,注、释、评、续者往往有之,现代史学家亦有不少研究《史通》的论著。它是8世纪初中国史坛和世界史坛上的一部重要的史学评论著作。《史通》的史论主要包括以下内容:

(1)执法甚严的史学批判

刘知幾的《史通》是一部具有战斗性的著作,其所表现的怀疑主义和批判精神,主要表现为:

①对经典著作的批判。刘知幾论史,执法甚严。所立之言,古来名著,多难逃其刻意之评判。即使如《尚书》、《春秋》、《论语》、《左传》等儒家经典著作在刘氏批判之下也几致"体无完肤"之境。他不认为圣人所

书,贤人所言就绝对可靠,只要与事实不符,则一一严加批判。《疑古》篇提出十疑,分别对《尚书》、《论语》诸古书所载之事提出质疑,并论述其看法。刘氏根据史书记载并据史实推理将一直为儒家所津津乐道的尧舜禅让、太伯让国、周公辅政,一并否定。在他笔下,所谓尧舜禅让只不过是"虚言",实际是"篡夺";太伯让国,"本以外绝嫌疑,内释猜忌,譬雄鸡自断其尾,用获免于人牲者焉";周公本"行不臣之礼,挟震主之威","推戈反噬,戕杀管蔡二叔,于友于臣之义薄矣!"有何可称颂之德?《惑经》篇就《春秋》提出"未谕"者十二则,指责孔子不实事求是,认为《春秋》多隐讳,书事有厚薄,"非所讳而仍讳,谓当耻而无耻",乃"使为人君者,糜惮宪章";也有"略大存小理乘惩劝",甚至"国家事无大小,苟涉嫌疑,动称耻讳,厚诬来世,奚独多乎?一褒一贬,时有弛张,或沿或革,曾无定体","遂使真伪莫分,是非相乱。"经过这一剖析,"春秋大义"还有何可言? 其实,《史通》非止于孔子、孟子不徇情,即使于其"最钦佩而终生师事之《左传》又何尝稍有宽贷。《惑经》篇指责其虚美《春秋》劝善惩恶之功:"而左丘明论《春秋》之义云:'或求名而不得,或欲盖而弥彰','善人劝焉,淫人惧焉',其虚美二也。"所以刘氏得出结论:"远古之书,其妄甚矣。"①

②对史馆制度的批判。史馆修史制度,在初唐正式确立,以后沿为定制。刘知幾尝三为史臣,再入东观,生平为史官达二十多年之久,对史馆制度的利弊,深能体察,官修历史的甘苦,也最能体味,所以对此制度之批判,也最深入。刘知幾本来一心想撰著一部独出心裁的史书,但在入史局为官十数年之久,独不能展其平生之志,以致孤愤郁闷,多次请求辞去史职,并最终在中宗景龙二年(708 年)向当时的监修总领萧志忠提出辞呈。刘知幾何以欲去史职而后快? 这就是有名的"史馆修书五不可"之论:

_____

① 《史通·疑古》。

一、古之国史,皆出自一家,故能立言不朽,藏诸名山;而今史局,例取多员,由于编纂官皆各以史家自任,彼此相牵制,每欲记一事一言,反搁笔相视,含毫不断,而致旷废时日,白头难期。

二、古代史官所修,载事为博,乃兰台公府先有郡国记书;今之史官惟自询采,以致视听不该,簿籍难见,无能致博。

三、古之良史,秉直公朝,地位高超;今之史局,皆通籍禁门,深居九重,转滋多口,史官皆畏缩迟记难以直书。

四、古著刊定一史,纂成一家,体统各殊,指归咸别,是非进退,得自主张;而今史局,例设监修,十羊九牧,言令难从。

五、史局既设监修,宜定科指,铨分配派,书方期可成;今之监者不授,修者无可遵奉,反致争学苟且,务相推委,坐变炎凉,徒延岁月。①

这"五不可"使得萧志忠"得书大惭,无以酬答"。(同上)唐制史局修史的弊病在刘氏一番古今比照之下,也呈现斑痕累累。刘知幾的批判精神在当时的史家中是极其突出的。

(2)详备渊密的史料学

刘知幾在史料学方面取得了很高的成就,梁启超认为,"鉴别史料之法,刘氏言之最精,非郑章所能逮也。"② 许冠三称他为史料学的"第一人"。③ 大致说来,其在史料学上的成就有:

首先,刘知幾在书中详细、具体地阐述了史料学的任务,论述史料在历史学中的重要意义。史料是史籍的基础,无史料便无史籍,更无史学。"向使世无竹帛,时缺史官",则古往人事,俱"一从物化","善恶不

---

① 《史通·忤时》,原系刘知幾致萧志忠之请辞函。
② 梁启超:《中国历史研究法》第二章。
③ 许冠三:《刘知幾的实录史学》,香港中文大学出版社 1983 年版,第 71 页。

分","妍媸永灭"。反之,"苟史而不绝,竹帛长存,则其人已亡,杳成空寂,而其事如在,皎同星汉。"① 刘知幾还提出史书叙事之繁简,首先取决于史料之多寡。前古史册所以简略,汉以后史记所以详审,主要是由于史料来源的扩张。春秋诸国"各闭境相拒,关梁不通。其有吉凶大事见知于他国者,或因假道而方闻,或以通盟而始赴",否则便"无待而称"。至于地处偏僻的燕、秦、楚国,更缺乏记载。"且其书自宣、成以前,三纪而成一卷,至昭、襄已下,数年而占一篇。""是知国阴隔者记载不详,年浅近者撰录多备。"并不是作者故意简略。至于西汉,统一区宇,"会计之吏岁奏于阙廷,轺轩之使月驰于郡国;作者居府于京兆,征事于四方",故能"夷夏必闻,远近无隔",史书记载当然会倍增于春秋时代。至东汉,"作者弥众",别录谱牒、家传郡记,与日俱增,"笔削所采,闻见益多,此中兴之史所以又广于前汉也。"② 刘知幾从史料的多寡来看待史书的繁简,从而破除了以繁简评史著的陈见。

其次,刘知幾还详细解说了史料处理的原则与方法。刘知幾关于史料的甄别采用可以概括为四个字:"博采慎择"。刘知幾认为撰述史书首先应广泛搜集资料。因为凡"能成一家言"而"传诸不朽"的史籍,莫不"征求异说,采摭群言"。如《左传》即"博总群书,至如梼杌、纪年之流,《郑书》、《晋志》之类,凡此诸籍,莫不毕睹。"《史记》乃兼采《世本》、《国语》、《战国策》与《楚汉春秋》诸记载而成。至于《汉书》则于《史记》之外,"又杂引刘氏之《新序》、《说苑》、《七略》",这些史书因多"窥别录",广"讨异书"所以能"取信一时,擅名千载"。所以"专治周、孔之章句,直守迁、固之传统"实为治史者力戒。刘知幾肯定魏晋南北朝以来史籍繁富,皆"寸有所长,实广见闻",但也产生了"苟出异端,虚益新事"的弊病。他告诫人们:"作者恶道听途说之迷理,街谈巷议之损实";"异

---

① 《史通·史官建置》。
② 《史通·繁省》。

辞疑事,学者宜善思之"。①《杂述》篇明确提出:"学者博闻,盖在择之而已。"

第三,刘知幾对史料进行分类。具体来说,刘氏根据内容把史料分为三类:首先是正史。其次是杂史十流:"一曰偏记、二曰小录、三曰逸事、四曰琐言、五曰郡书、六曰家史、七曰别传、八曰杂记、九曰地理书、十曰都邑簿。"《史通·杂述》除此之外,刘知幾还认为:"《吕氏》、《淮南》、《玄宴》、《抱朴》,凡此诸子,多以叙事为举而论之,抑亦为史之杂也。"②所以将子之近史者也列为史料。可见,刘知幾对史料的搜集看法极为广泛,实开后来章学诚"六经皆史"之先河。

最后,《史通》中还具体阐明了史料与史学的辩证关系。其中认为,历代史官所记"当时之简",是为史料;而史家根据当时之简勒定删削而成的"后来之笔"当指史学。至于史料,要求"博闻实录";而史学则要求史家须具备"俊识通才"。③ 二者的要求不同,其作用自然有别。然而两者又相辅相成,没有史料,便没有史学,因为史料是史学的基础,史料记载是史书流传的客观条件,无史料则无史籍,更无史学;没有史学,史料便无法发挥更好的作用。

(3)博大精深的历史编纂学理论

刘知幾的历史编纂学理论极其精深,涉及到"史例"、"书事"、"史道"、"史笔"等等各个方面,丰富、发展了前人关于史家"书法"亦即历史编纂学的思想。值得格外注意的是,刘知幾论史例、书事、史道、史笔,已经完全摆脱了经学家对《春秋》、《左传》"书法"的解释,也超越了文学评论家刘勰把史书作为一种文体来看待,而是从史学的独立品格来讨论这些问题。至此,历史编纂学作为史学的一个分支的独立地位乃得

---

① 《史通·采撰》。
② 《史通·采撰》。
③ 《史通·史官建置》。

以确立。总的说来,刘知幾的历史编纂学理论主要体现为以下几个方面:

①关于历史编纂原则。刘知幾认为实录直书是历史编纂的根本原则。所谓直书或直笔即指史家著述过程中忠于史实、秉笔直书的一条原则。其基本要求是"史官执简"当如"明镜照物,妍媸必露"做到"爱而知其丑,憎而知其善","不虚美,不隐恶","善恶必书,斯为实录"。① 也就是说,要忠于客观历史事实,以适应编撰信史的要求。与直笔相对立的即曲笔,指史家著述中歪曲事实、有意避讳的一种写作手法。这种写法不顾客观事实真相,阿时谄媚,任情褒贬,随意抑扬,迎合权贵需要,不惜篡改历史。曲笔作史,一向为所有正直史家所不齿。刘知几认为,直书才有"实录",曲笔导致"诬书",它们的对立从根本上决定了史书的价值和命运。所谓"良史以实录直书为贵。"②

②关于以"五志三科"为主体的史书内容。《书事》篇引用荀悦"立典有五志"的论点,即达道义、彰法式、通古今、著功勋、表贤能为史书内容的范围。又引用干宝对于"五志"的阐释,即体国经野之言、用兵征伐之权、忠臣烈士孝子贞妇之节、文诰专对之辞、才力技艺殊异等。刘知幾认为:"采二家之所议,征五志之所认为,要使书事没有'遗恨',还必须增加'三科',即叙沿革、明罪恶、旌怪异。""五志"加上"三科","则史氏所载,庶几无缺"。

③关于史书体裁。《史通》以精辟地论述史书体裁、体例而享有盛誉。《序例》篇说:"夫史之有例,犹国之有法,国无法,则上下靡定;史无例,则是非莫准。"这是指出史书体例本是史家反映历史见解的一种形式。刘知幾推崇《春秋》、《左传》、范晔《后汉书》、萧子显《南齐书》的体例思想;而他的新贡献则是提出了"诸史之作,不恒阙体"的理论,并通

---

① 《史通·惑经》。
② 《史通·惑经》。

过《六家》、《二体》、《杂述》等篇，对史书体裁做了总体上的把握，并依此分别论述了纪传体史书的各种体例。《史通》开卷就从史书的编纂体裁入手，把唐以前史籍分为"正史"与"杂著"两大类。对于"正史"，又按其著作的源流归纳为"六家"：即《尚书》记言家，《春秋》记事家，《左传》编年家，《国语》国别家，《史记》通记古今纪传家和《汉书》断代纪传家。这些体裁的形成，最初是各时期的史家用以记录史实的方法，后来才逐渐演变为史书编纂的不同流派。《史通》通过对"六家"源流的考察之后，认为由于"朴散淳销，时移世异，《尚书》等四家，其体久废，所可祖述者，唯左氏及《汉书》两家而已"。这样，《史通》就把史书体裁从"六家"归结到了"二家"，或称"二体"。所谓"二体"，即指史学著作中的编年体和纪传体，也是刘知幾所主张的正史。刘知幾在《二体》篇中剖析了它们各自的优缺点。他认为，编年体的优点是"系日月而为次，列时岁以相续，中国外夷，同年共世，莫不备载其事，形于目前"；缺点是记事按年月分列，不能集中叙述每一历史事件全部过程，难以记载不按年编排的经济、文化、典章制度的详情。纪传体较能充分地反映社会历史的各个方面，而其缺点是"编次同类，不求年月，后出而擢居前帙，先辈而抑为末章"。刘知幾认为，二体"互有得失"，"各有其美"，"欲废其一，固亦难矣"。因此，应"并行于世，不可偏执"。

④关于历史文学。在历史文学方面，刘知幾的主张可概括如下：

第一是"朴实"。他主张史文的朴实，反对浮华，反对一切不合史实的润色。史书要准确地记录人物、事件，可信性和可读性并重。行文可以典雅，可以质朴，所谓"史之叙事也，当辩而不华，质而不俚其文直，其事核，若斯而已可矣。"①

第二是"简要"。刘氏以为"国史之美者，以叙事为工；而叙事之工

---

① 《史通·鉴识》。

者,以简要为主;简之时义大矣哉",所以应该"省句","省字"。①

第三是"用晦"。认为"章句之言,有显有晦。显也者,繁词缛说,理尽于篇中。晦也者,省字约文,事溢于句外。"所以用晦应"能略小而存大,举重明轻,一言而巨细咸该,片语而洪纤靡漏。""言虽简略,理解要旨,故能疏而不遗,俭而无阙。譬如用奇兵者,持一当百,能全克敌之功也。"② 如果说简要还只是写作技巧的问题的话,用晦则只有器识别才具的人才能运用,所以是更高的要求。

第四是"随时"。史家记史,应因时因事而变革不能一味地仿古,复古,应当用当时文字而不宜用古语写近事。因为稽古仿古都十分困难,有所谓"貌同而心异者"、"貌异而心同者"之别,而后人模拟古人大多只能流于前者,即仅仅做到了"貌同",学其形式,而不能"心同",师其立论命意。这样做,只是"有类效颦,弥益其丑"。③

第五是"方言世语"。提倡"从实而书",在史书中保留部分"方言世语"。刘知幾肯定《左传》如实笔录当世"刍词鄙句",《史记》如实记载"当时侮慢之词,流俗鄙俚之说"。但后来作者不识其理,以为这类话不雅驯,于是便"假托古词,翻易今语"以至"记其当时口语,罕能从实而书"。④ 故刘知幾极力反对史官所修北朝各史,以其所用文字不尚质朴,化夷言为华语也。刘知幾的这些主张使得他赢得一个"崇尚写实主义者"的称号。⑤

⑤关于史家素养。他提出了史才、史学、史识即"史家三长"这三个范畴,阐释了它们各自的内涵和相互间的关系,是史学家自我意识的新发展。他认为:"文士好求,史才难得";"史才须有三长","三长,谓才

①　《史通·叙事》。
②　同上。
③　《史通·模拟》。
④　《史通·言语》。
⑤　林时民:《刘知幾史通之研究》,台北:文史哲出版社 1987 年版,第 97 页。

也,学也,识也"① 刘知幾要求史家有三长,才、识、学三长,缺一不可。史才即选择、鉴别、组织史料的能力和书写记事的技巧;史学是指掌握包括考察问题时所征引的史料以及编写史书所需要的各种知识;史识是指分析历史事件和评价历史人物的观点、见解。概括来讲,史才,指编撰史书的才力;史学,指历史知识;史识,指对于历史的看法观点。三者之中,尤以史识为最重要。不具备这"三长",就不能算是优秀的或合格的史学家,不能担负起史官的重任。实际上这也是对研究历史的要求。刘知幾提出的"史才三长论",对后世有着深远的影响。

⑥关于史书功用。《史通》讲史学功用的地方很多,如《直书》、《曲笔》、《叙事》、《史官建置》等。《辨职》篇尤为集中,提出了史学功用的三种情况:"史之为务,阙途有三焉。何则? 彰善贬恶,不避强御,若晋之董狐、齐之南史,此其上也。编次勒成,郁为不朽,若鲁之丘明、汉之子长,此其次也。高才博学,名重一时,若周之史佚,楚之倚相,此其下也。苟三者并阙,复何为者哉"! 刘知幾对于这三种情况的划分,明确地显示出他的史学价值观。但是他又强调史家治史,不仅仅是区分善恶,而必须把史学作为治理国家、指定国策、统治人民的不可缺少的重要工具。刘知幾很重视史学的社会教育功能,充分肯定了史学的作用与地位。他认为史书的作用,不仅仅是能 "使今之学者坐披囊箧而神交万古,不出户庭而穷览千载",更重要的是史书可以使活着的人 "见贤而思齐","见不贤而内自省",能起到"劝善惩恶"的作用。因此,他认为修史"乃生人之急备,为国家之要道。有国有家者,其可缺之哉!"

总而言之,刘知幾批判了前代史学与史馆制度的弊端,提出史料学的基本原则和方法,并建立了历史编纂学体系,这在中国史学史上是第一次。《史通》问世后,与刘知幾同时代的著名学者徐坚曾说:"居史职

---

① 《旧唐书》卷 102《刘子玄传》。

者,宜置此书于座右。"① 事实上,唐以后正史的编纂大体不出《史通》之框架。《通释》作者浦起龙曾断言:"继唐编史者罔敢不持其律"。后世史家虽或"显訾其书",实在莫不"阴用其言"。② 稍后,乾、嘉时期钱大昕,亦附和此"后代奉为科律"之说,云:"刘氏用功既深,遂立言不朽,欧、宋《新唐》往往采其绪论,如受禅之诏策不书,代言之制诰不录;五行灾变不言占验,诸臣籍贯不取旧望;有韵之赞全删,俚语之论多改;宰相世系与志氏族何殊,地理述土贡与志土物不异。"③

刘知幾的《史通》涉及到史学思想、史家修养、史学方法、史书体裁、史料原理、修史义例以及史学源流等方面的内容,差不多囊括了历史学的全部问题,确实是对唐朝以前中国史学的第一次全面、系统的总结,它标志着中国古代史学理论的基本确立,完成了中国古代史学理论的体系化这一史学史所赋予他的任务,从而使中国古代史学发展到一个新的阶段。

2. 杜佑的史论

杜佑(735—812年),字君卿,京兆万年(今陕西长安县)人。出身于仕宦世家。其父希望,以熟谙边事,为鄯州(今青海乐部)都督留后,在任边境安定,粟帛盈余,很有政绩。擢升鸿胪卿,历任恒州刺史,西河太守。杜佑幼年读书就很勤奋,经传之外,尤其重视历史典籍的学习。18岁,以父荫为济南郡参军、郯县丞。后在韦元甫的幕府中任职,深得信任。大历七年(766年),韦元甫既死,杜佑始由淮南入京,为工部郎中,充江西青苗使,转抚州(今江西临川)刺史,改御史中丞,充容州(今广西北流)刺史兼容管经略使。前后在江西、广西一带做了好几年地方官。

---

① 《旧唐书》卷102《刘子玄传》。
② 《史通·自叙》浦氏案语。
③ 钱大昕:《十驾斋养新录》卷13,《史通》条。

大历十四年,德宗即位,励精图治,不次用人,以道州司马杨炎为门下侍郎同平章事,征杜佑入朝为工部郎中,历任金部郎中、权江淮水陆转运使,改度支郎中兼和籴等使。后赴饶州刺史,不久以御史大夫为岭南节度使。贞元三年(787年),召为尚书左丞,复以御史大夫领陕州长史、陕虢观察使。过了两年,迁检校礼部尚书、扬州大都督府长史,充淮南节度使。贞元十六年(800年),徐、泗、濠节度使张建封死了,军士拥立其子张愔,求为节度使,唐廷不许,于是加杜佑检校左仆射,同平章事,兼徐、濠、泗节度使,叫他讨伐张愔。杜佑调集大批战船,派部将孟准为前锋,进攻徐州。但孟准的军队渡过淮河以后就吃了败仗,杜佑因此不敢进兵。这时泗州刺史张伾出兵攻埇桥(在今安徽宿县南古汴水上),也大败而回。唐廷不得已任命张愔为徐州团练使,分濠、泗两州隶淮南,以杜佑兼濠、泗观察使。贞元十七年(801年),杜佑完成了一部重要的历史著作——《通典》,派人献给了朝廷。《通典》开始写作于唐代宗大历元年(766年)左右,德宗贞元十七年(801年)完成于淮南节度使任上,全书的修撰用了整整35年的时间。

唐代是我国封建社会的鼎盛时期,其制度发展也比较成熟。封建政治制度方面,唐代确定三省六部制,并成为唐以后历代的永制。选举制度方面的选举形成了科举制度,也成了唐以后历代官吏选拔的永制。其他如土地赋税制度、募兵制度等等,都经历了一个发展的阶段,到唐代则基本趋于完备和成熟。这种客观情况的发展,就必然会促使总结和稽考制度源流、沿革、得失,为专论典章制度提供了客观的条件,杜佑的《通典》正是这种客观历史条件的必然产物。

《通典》的产生,也是史学发展到一定阶段的结果。不过在《通典》以前,已有典章制度的记载,不过一般都作为正史的一部分而记载的。《史记》中的八书(礼书、乐书、律书、历书、天官书、封禅书、河渠书、平准书)可以说是第一次系统地记载了我国典章制度的原委。此后大凡纪传体史书都有专志典章制度的部分,如《汉书》有所谓律历、礼乐、刑法、食货、郊祀、天文、五行、地理、沟洫、艺文等十志,《后汉书》的八志系梁刘昭作注时将晋司马彪的《续汉书》中的八志补入。但汉以后的史学,对于典章制度的记载,仍然是不完备的,其缺陷主要有二:一是没有记载典章制度的专史专志,故有的史书有纪传而无志,有的虽有专志而不全,例如陈寿的《三国志》有纪传而无表志;晋书、宋书、齐书、魏书、隋书虽有志,但不全,如宋书缺食货、艺文二志,齐书则缺食货、艺文、刑法等志;二是这些志书均只记一朝之典章制度,没有对历代制度进行古今会通的比较研究,使人不容易看出历代制度的因革损益,因而对于学者治学查考很不方便。因此,一方面,唐以前纪传体志书的发展,为专详历代典章制度的专史的出现准备了条件;另一方面,纪传体志书的不足,又为新的专史的出现提出了要求。杜佑的《通典》正是适应这种史学发展的客观要求而出现的。

杜佑的史论主要表现在历史观、史学理论以及历史编纂学三个方面:

(1)开明务实的历史观

《通典》在处理文化与经济的关系时,着重强调并阐述了物质生活条件对文化制度的决定性作用。在《通典》总序中,杜佑指出,“教化之本,在乎足衣食”,这就是说,人们的物质生活条件是决定人们的思想、文化和社会的意识形态的根本因素。从这一认识出发,《通典》九门,以《食货》为首,而《食货》又以田制为先。历代史书都有“食货”,但把它放在首位,则是《通典》的独创。在封建社会中,农业的物质生产是主要的,因此,杜佑十分重视农业生产的作用。在《食货典》中,杜佑指出:“农者,有国之本也”,“谷者,人之司命也”,表明了他对发展农业生产的重视。他认为只有使“天下之田尽辟,天下之仓尽盈,然后行其轨数,度其轻重,化以之道,扇之和风,率循礼义之方,登人寿之域,斯不为难矣”。要使社会安定,人民安分守法,只有发展农业生产,使人人富足。杜佑还以秦、汉、唐三朝的兴衰来说明他的这一观点。他认为秦之所以以区区关中之地，灭六国而统一天下，关键在于实行变法，奖励耕战：
"商鞅佐秦，诱三晋人发秦地利，而使秦人应敌人于外。非农与战，不得
入官，大率百人则 50 人为农，50 人习战，兵强国富，职此之由。又秦开
郑渠，溉田四万顷，汉开白渠，复溉田五万四千余顷，关中沃衍，实在于
斯"。相反，唐朝安史之乱后，社会政治经济一蹶不振，乃在于当时"仕
宦之途猥多，道释之教渐起，浮华浸盛，末业日滋，大率百人方 10 人为
农，10 人习武，其余皆务地。永徽中，两渠所溉唯万许顷，洎大历初，又
减至六千二百余顷，比于汉代，减三万八九千顷。地利损耗既如此，人
力分散又如彼，欲术富强，其可得乎?"杜佑这种从社会物质的生产方式
即从经济的因素解释社会治乱兴衰的原因，较之于当时一般的史学家
是有独到之处的。

《通典》还表现出发展的历史观。杜佑认为，各种典章制度也都经
历了由低级向高级的发展过程，并不是如正统史学所宣称的那样，是今
不如古。在远古时期，人们"不施衣冠"、"穴居野处"、"未有制度"，后来
便逐渐发展到居屋服衣，建立各种制度的时代。即以统治的国家机构
来说，也经历了从无到有，从简到繁的过程。《群臣服章制度》："上古穴
处衣毛，未有制度。后代以麻易之，先知为上，以制其衣;后知为下，复
制其裳，衣裳始备。"《礼八》："古之人朴质，中华与夷狄同有祭立尸焉，
有以人殉葬焉，有茹毛饮血焉。有巢居穴处焉，有不封不树焉，有手搏
食焉，有同姓婚娶焉，有不讳名焉。"人类最初是居住在洞穴之中，无衣
裳可穿，用人殉葬，生吃兽肉，用手抓食，同姓联姻，不知避讳等等。不
知礼仪，不知耻辱，这是一个既落后又野蛮的群居社会。在这个社会
中，人与人之间没有道德、礼仪的约束，也无伦理的规范，因此华夏上古
时代和四夷少数民族一样，过着原始人的生活。这里，他通过强调上古
社会落后的事实，旨在说明人类社会是从野蛮到文明逐步进化发展着
的。杜佑的独到之处是从典章制度的变化发展中来窥视人类社会的进
化。他认为在各种典章制度及礼仪条法中，可以找到社会向前发展的

痕迹。以服装为例,《礼十八》云:"上古人食禽兽之肉而衣其皮毛,周氏尚文去质,元衣纁裳,犹用皮为韍。所以制婚礼纳徵用元纁俪皮充当,时之所服耳。秦汉以降,衣服制度与三代殊,乃不合更以元纁及皮为礼物也。"从上古到三代再至秦汉,人类对皮衣的要求起了较大的变化,这些变化标志着社会在一步步地走向文明,走向前进。纵观整部《通典》,我们发现杜佑通过对从上古到唐朝经济、政治、军事制度的描述,意在说明由简到繁、由落后到先进这一社会变化发展的过程。

杜佑还谈到人类社会发展变化的原因。他认为社会之所以发展,一是由于"势",即客观形势发展的推动。二是"人谋",即人的主观能动作用的结果。"势"与"人谋"的关系是相辅相成的。只要人们认识客观形势,因势利导,采取积极措施,或对造成这种形势的客观条件加以限制和改变,就可以取得与人们预期相合的结果。例如秦的灭亡,主要在于"人谋",即秦始皇的残暴专利,滥用民力和荒淫无度。又如唐代的安史之乱,则是由于唐玄宗宠信边将、竭内事外,造成了不可挽回的内轻外重的局面,从而使安禄山、史思明有机可乘,最后爆发为不可设想的大动乱。杜佑在《通典》中的这种社会发展观,与天命观、宿命观、或唯意志观都是截然不同的。

《通典》还体现了深厚的民本思想。杜佑在《边防典》序中主张:"夫天生丞民而树君司牧,语治道者固当以既庶而安为本生。"《州郡典》序又云:"夫天生丞人树君司牧,是以一人治天下,非以天下奉一人。患在德不广,不患功不广。"他并不认为君权高于一切,主宰天下,相反他认为上天生就了众庶百姓之后,才有了产生一个司牧他们的君王的必要,因此君王的产生是为了治理天下,"既庶而安"是其治理的目标,而不是以整个天下来侍奉一人。从这一民本观念出发,他认为上天使君主治理天下,只有达到既庶又安,才算是"牧之理得",从这一点看来,必须实行郡县制。《通典·职官十三》云:"天生丞民树君司牧,人既庶焉,牧之理得;人既寡焉,牧之理失。庶则安所致,寡则危所由。汉隋大唐海内统一,人户滋殖,三代莫俦。若以为人而置君,欲求既庶,诚宜政在列郡,然则主祀或促矣。若以为君而生人,不病既寡,诚宜政在列国,然则主祀可求矣。主祀虽永,乃人鲜;主祀虽促,则人繁。建国利一宗,列郡利万姓,损益之理,较然可知。"这一观点与柳宗元在封建制上的著名见解前后呼应。在政治实践中,杜佑的民本思想主要体现在重人惜费上。他认为:"人安而政治,诚为邦之所急,理道之所先";"夫欲人之安也,在于薄敛;敛之薄也,在于节用"。贞元二十一年(805年)大丰收,杜佑上奏:"请权停河北转运。于滨河州府和籴二百万石,以救农伤之弊。"此可概见杜佑关心百姓疾苦的态度。杜佑死后,唐宪宗评论杜佑曰:"为政惠人,审群黎利病之要。"①

与这民本思想相关联的是,杜佑重人事而非天命。在对历史事件发展原委和政治、经济制度因革变化的分析中,他都把人们的历史活动和历史时势的促成放在重要地位,而很少考虑天命的作用。对于阴阳灾异学说,他基本持否定态度。在叙述历代战例时,他常常选取一些不信吉凶预兆之说而获取胜利的实例,来表明他对此的看法。对于流行已久的星宿分野说,他根据史籍记载,进行了有理有据的批驳。他在《通典》中删掉了纪传体史书志部分的五行、符瑞等内容,使《通典》表现出更强的理性色彩。

(2)独到的史学理论

历史理论与史学理论相互联系而又存在着很大的差异。历史理论的对象是人类社会以往的活动,以及这种活动中所存在的关联。而史学理论是对历史写作本身的明确意识,它的研究对象是历史写作者的历史思维。一般而言,对于历史的认识要先于对史学的认识,史学只有历史写作发展到一定阶段上才产生的一种史家的自我反思。杜佑不但在历史理论方面有深刻见解,在史学理论方面也有独到之处。

---

① 《旧唐书》卷147《杜佑传》。

第一，史学为政治服务的史学功用观。杜佑在《通典》卷一序明确表述了自己的著述目的："所纂《通典》，实采群言；征诸人事，将施有政。"在中国历史上，史学为现实政治服务的现象源远流长，在唐初也曾出现过一个高潮。唐初设馆修史，轰轰烈烈，其目的就是"将欲览前王之得失，为在身之龟镜"①，总结历代的兴灭规律，为唐王朝治政提供借鉴、参考。至中唐，社会由盛转衰，有见识的史学家又重操史学这一传统武器为政治服务，企图从历代的盛衰兴亡规律中寻找出一剂挽救唐王朝的良药。杜佑出生于唐玄宗开元二十三年（735年），年轻时见到了开元盛世，也经历了安史之乱。他的一生主要活动在安史之乱以后唐帝国由盛开始走下坡路时期。这一时期唐代社会的政治、经济均发生了巨大的变化，唐初的高度中央集权为藩镇割据所取代，维护平稳小农经济的均田制、租庸调制、府兵制也瓦解了，边疆各族如吐蕃、南诏不断生事，这些变化使得唐代阶级矛盾日益尖锐和激化，杜佑为之焦虑竭思，想尽一切办法来拯救唐帝国的颓势。《通典》的写作，就是这一目的的体现。杜佑将数千年来的典章制度一一列出，试图将《通典》编成一本供统治者便于征引的类似法典的制度类书，为统治者提供实用的理道诀窍，这便是杜佑编史的目的和宗旨。他在处理所援引的唐代史料时说："国家程式，虽则俱存，今所在纂录，不可悉载，但取其朝夕要切，冀易精详，乃临事不惑"。他认为《通典》的作用在为封建帝王决断大政时提供方便，以使遇事不慌乱疑惑，随时可以和上古的制度进行参照，故权德舆能将《通典》评价成"以究理道，上下数千百年间，损益讨论而折衷之，佐王之业，尽在是矣"②（权德舆《杜公淮南遗爱碑铭》）。

第二，具体情况具体分析的历史认识方法论。杜佑的这一思想，在《职官十三·王侯总叙》中阐述主封国者与主郡县者的争论时，反映得最

① 《册府元龟》卷554《国史部·恩奖》。
② 《全唐文》卷496。

为鲜明和最具有理论价值。杜佑认为："夫君尊则理安,臣强则乱危。是故李斯相秦,坚执罢侯置守。其后立议者,以秦祚促,遂尔归非。向使胡亥不嗣,赵高不用,闾左不发,酷法不施,百姓未至离心,陈、项何由兴乱? 自昔建侯,多旧国也。周立藩屏,唯数十焉,余皆先封,不废其爵。谅无择其利遂建诸国,惧其害不立郡县。"这段话的意思是:秦朝的废分封、立郡县,是从"君尊"、"臣强"两种不同的政治结局的经验中得到的启示而抉择的;秦的"祚促",有许多其他具体原因,并非立郡县所致。至于古代的建侯,都以"旧国"为基础,周朝为"藩屏"而建侯,只有几十个。这些都是当时的实际情况所决定的,并不是当时的人已经看到了"建诸国"就有利,"立郡县"就有害。在看待分封与郡县的问题上,这是从历史实际出发,实事求是的分析方法。杜佑还说:"自五帝至于三王,相习建国之制,当时未先知封建则理,郡县则乱。而后人睹秦汉一家天下,分置列郡,有溃叛陵篡之祸,便以为先王建万国之时,本防其萌,务固其业,冀其分乐同忧,飨利其害之虑。乃将后事以酌前旨,岂非强为之说乎?"这段话明确提出认识历史的一个重要的方法论原则:不可"将后事以酌前旨"。一般地说,理论是从对具体事物的认识中抽象出来的。杜佑分析那些主封国说者的论点和根据时,一针见血地指出,他们是看到了秦汉两朝都出现了"溃叛陵篡之祸",便断言"先王"已经看到了分封可以治,郡县必致乱。杜佑的意思是:当着秦汉两朝还没有在历史上出现的时候,当着郡县制还没有被人提出来并加以施行的时候,"先王"又怎能知道有郡县制的提出及其实施所带来的"溃叛陵篡之祸"呢? 杜佑对于这种看法的结论是:"乃将后事以酌前旨,岂非强为之说乎?"用今天的话来说,这是以后来历史发展事态去推测前人的思想、主张,完全是强词夺理的说法。杜佑这一认识的理论价值在于:在分析、判断、评价历史事件的时候,必须从这一事件所处的历史环境出发,而不应以这一事件之后的历史环境去妄测与这一事件有关的人的思想和主张。从今天的认识来看,杜佑的这一思想成果,包含着历史唯物主义成分。

(3)典章制度的编纂

《通典》的体例是仿效纪传体正史中的志书,但它把纪传体正史的断代史性质改为通史性质了。它所包含的历史时间,上起传说时代的黄帝,下迄唐代宗。全书共 200 卷,分为九类;即食货典、选举典、官职典、礼典、乐典、兵典、刑典、州郡典、边防典。它的结构具有严密的内在逻辑联系。作为研究古代典章制度的重要参考书来看,它在历史编纂学方面取得相当高的成就。

在编撰学上,它开创了典志书的编撰方法,为史学和工具书的发展开辟了一条新的途径。典志书虽非《通典》开始,但以往的典志书多作为正史的一部分而出现,且大多只记一朝典章制度,无考镜源流、稽查治革、融会贯通之意。杜佑的《通典》则上下贯通,叙述各种制度,总是按照年代顺序,从上古到唐代,源源本本,十分详细。《通典》所记上起远古时期,下至唐代天宝末年,唐肃宗、代宗以后的史实多以夹注的形式补入。它基本包罗了封建社会政治、经济制度的主要方面。它的《食货典》12 卷,叙述历代的土地、财政制度。对历代土地形态的变迁,租税的轻重,户口的盛衰,货币的变革,盐铁的管理,杂税的兴起等等情况都做了详尽的考察。《职官典》22 卷,叙述历代官制的沿革变化。把从中央到地方,从文官到武官,从员额到官阶的情况,也都叙述得清清楚楚。《兵刑典》23 卷,叙述兵略、兵法和历代的刑法制度。它把唐以前所有战争的胜负经验,兵法上的原理原则,统一归纳起来,各标以适当的题目,成了一部有系统的军事理论著作。《边防典》16 卷,叙述历代的边防与四境各族政权的情况,交代了丰富的民族地区历史发展变化情况,为民族史和国防史研究提供了很大方便。《通典》中《礼典》有100 卷,占了全书卷数的一半。它详记了古代礼制情况,材料是相当丰富的。在封建政权建设中,礼是关键环节之一,杜佑对此表现出极大的兴趣,这与他的身份地位和他对封建制度的理解,有着直接的关系。

《通典》为人们研究、了解典章制度,提供了系统的知识和材料,为封建政权建设提供了一部翔实可靠的参考书。当然,《通典》也有不足之处,如其中"兵门"就只记载兵法,关于历代兵制沿革却脱而不载。但瑕不掩瑜,不影响《通典》在历史编纂方面的成就。

在内容的编排上,《通典》也具有特点。九个门类的排列,并非随意的凑合,而是富有内在的逻辑性。正如他在《自序》中所说的"夫理道之先,在乎行教化,教化之本,在乎足衣食。《易》称聚人曰财。《典范》八政,一曰食,二曰货。管子曰:'仓廪实知礼节,衣食足知荣辱。'夫子曰:'既富而教'。斯之谓矣。夫行教化在乎设职官。设职官在乎审官才,审官才乎精选举,制礼以端其俗,立乐以和其心,此先哲王致治之大方也。故职官设然后兴礼乐考焉,教化堕然后用刑罚焉,列州郡俾兮领焉,置边防遏戎狄焉。是以《食货》为之首,《选举》次之,《职官》又次之,《礼》又次之,《乐》又次之,《刑》又次之,《州郡》又次之,《边防》末之,或览之者,庶知篇第之旨也"。在每一门目之中,杜佑又细分子目,每事以类相从。他叙述各种制度及史事,大体按照年代顺序,原原本本详细介绍。在有关事目之下还引录前人的有关评论,或写下自己对此的看法。评述结合的写作方法,提高了《通典》的学术与经世致用价值。从总体看,全书编排得整齐有序,条理井然,眉目清楚,很便于读者阅读、查考。这种内容的编排方法,对于后代之政书影响也是不小的。后来《三通》、《九通》、《十通》以及各种会要、会典的编撰,都是直接或间接受其影响的,所以政书之成为工具书的一大系统,其功实源于《通典》。

在材料的征引上,《通典》也有独到之处。杜佑所依据的材料,诚如他自己所说,是"图籍实多,事目非少",据统计,《通典》所引书有200多种。唐以前的材料,主要采自正史的志书,把分散在各史的材料集中起来,综合叙述。唐代的材料,则充分利用唐代所撰的典志书和类书,如李林甫的《唐六典》、唐颖的《稽唐》、王颜威的《唐黄》、李延寿的《太宗政典》、欧阳询的《艺文类聚》、虞世南的《北堂书钞》等等，尤其是刘秩的《政典》使他获益不少。故《四库全书总目提要》说《通典》是"博取《五经》群史及汉魏六朝人文集奏疏之有裨得失者，每事以类相从。凡历代治革，悉为记载，详而不繁，简而有要，原原本本，皆为有用之实学，非徒资记注者可比。"① 这一评价是很中肯的。在今天看来，《通典》的取材广博，不仅仅使《通典》本身具有较高的史料参考价值，而且对古籍整理研究都有较大的帮助，第一，《通典》所引用的史书，都是较早的版本，因此，对于校勘十七史及其他一些史书具有重要的价值；第二，《通典》所征引的材料，除正史以外，原书如今大都已经散佚，而被《通典》引用的则被保存下来了，所以《通典》一向为历代辑佚家所重视。仅严可均编的《全上古三代秦汉三国六朝文》中，就有九百条是从《通典》一书辑出的。在《通典》注中，还保留了不少古字古义，这对训诂学、考古学都有参考价值。

　　《通典》对于典章制度的叙述，材料虽源于正史或其他史书，但并不是简单地加以排列集合，而是"采拾其精华，渗漉其膏泽，截烦以约趣，截疏以就密"，做了大量的穷本溯源工作，第一次有系统地进行了加工整理，为研究各个朝代的典章制度提供了系统的材料。其中以《食货典》、《兵典》、《边防典》、《职官典》为上乘。如《食货典》，举凡历代土地所有形态的变迁，租税的轻重，户口的盛衰，货币的变革，盐铁的管理，杂税的兴起等等，都叙述得很清楚，并加以考察。除正文之外，《通典》还有许多自注，这种自注，有的是说明材料出处的互见，有的是对正文作出补充，也有的在于说明其编写的意图，凡此种种，都是杜佑对历代典章制度研究的心得。所以与以往的正史志书不同，《通典》并不是将材料加以简单的排列，而是着重探讨了历代制度的因革。故马端临对此书评价极高，认为它"肇自上古，以至唐之天宝，凡历代因革之故，粲

---

① 《四库全书总目提要》卷81。

然可考"。又说："纲领宏大，考订核洽，固无以议为"① 就制度而言，《通典》的价值要远远高于其他正史之志书。

《通典》在历史编纂学史上占有重要地位。它是典章制度专史的开创之作。杜佑以前的典章制度史，基本集中于纪传体史书中的书志部分。在史实容量和撰述体例上都有诸多的限制，无力承担完整记述社会政治经济制度发展变化历史的任务，落后于社会的客观需要。《通典》把这一体裁独立出来，为这一体裁的成熟、发展，开辟了广阔的天地。从此以后典制史成为传统史学的一个重要门类，出现了一系列典章制度史的专书，丰富了传统史学的表现能力，为我国史学的发展开辟了一条新的途径。

---

① 马端临：《文献通考·经籍考》。

第八章 唐代诗学和文学(上)

隋代三十多年间,诗歌没什么新的发展。文帝时曾有自上而下改革诗风文风的举动,但炀帝篡位之后,诗歌创作重新回到形式华丽、思想贫乏的宫体诗的怪圈之中。唐朝初期,诗歌创作也基本上限制在宫廷体的狭窄范围内。造成这种局面的原因主要有两个。首先,当时文学总体上处于宫廷的卵翼之下,文学诗歌的主题乃至审美意趣都取决于宫廷政治和享乐的需要,此时的文学诗歌便成了一种典型的以君主为中心的东西。唐太宗本人"尝作宫体诗,使赓和"(《新唐书·虞世南传》)①,高宗、武后、中宗数朝,有意延续并扩大了这种围绕君主的文学创作活动的规模,使宫廷文学的内容完全转为颂美和娱情。其次,唐初频繁的政局变动迫使知识分子要么谄媚、依附于宫廷政治,要么完全避开政治,而以诗歌为名利工具以跻身仕途无疑是许多诗人骚客的不悔选择。

一、唐代诗歌革新运动

唐初著名的诗人,不少是由陈、隋入唐的,例如陈叔达、虞世南、欧

---

① 见《新唐书》卷102,中华书局1975年版,第3972页,下同。

阳询、李百药等。他们"承陈隋风流,浮靡相矜"①,用诗歌为统治者歌功颂德、点缀升平。这些人中间最为著名的是上官仪,他的诗以绮错婉媚为本,内容大多是歌咏宫廷生活,透露出一派浮华腐化的气息,当时多有仿效之人。继承这一诗风并享有盛名的人是沈佺期、宋之问。他们两人的诗作比起上官仪的而言,有了一些生活体验的基础,并且语言的提炼、气势的流畅,也有所变化。沈宋在追求诗歌形式技巧方面确实也有不小的贡献。他们总结了六朝以来声律方面的创作经验,确立了律诗的形式,这在中国诗史上是一件大事。《新唐书·宋之问传》云:"魏建安后迄江左,诗律屡变。至沈约、庾信以音韵相婉附,属对精密。及之问、沈佺期又加靡丽,回忌声病,约句准篇,如锦绣成文。学者宗之,号为沈宋。"②

　　在宫廷诗风浸淫之外,先后或同时,还陆续出现了一些有着创新精神的诗人。他们一方面多少受到了齐梁诗风(即宫廷诗风)的影响,另一方面又努力突破其束缚,打着"复古"的旗号批判、改造齐梁诗风,取得了一定的成绩。

　　较早旗帜鲜明地提出复古主张的诗人当属王勃等"初唐四杰",其中王勃立场最为激进,他不仅对齐梁诗风,甚至对"屈宋导浇源于前,枚马张淫风于后"(《全唐文》王勃《上吏部裴侍郎启》)③ 即屈骚以下的整个文人文学传统也痛加否定。四杰之诗突破了宫体诗的狭窄空间,大大拓展了诗歌题材,诸如离别、怀乡、边塞、市井生活、山川景物都成为他们歌咏的对象。诗中表现出积极进取的精神和抑郁不平的愤慨,显露了诗歌创作的健康方向。虽然他们的诗都没有彻底洗净齐梁以来诗风之余习,但是,诗中迥异于宫廷诗的"骨气"和"兴寄",可谓上承建

---

① 见《新唐书》卷 201,第 5738 页。
② 见《新唐书》卷 202,第 5715 页。
③ 见《全唐文》卷 108,上海古籍出版社 1990 年版,第 806 页,下同。

安风骨,下启盛唐之音。

继四杰之后,以更坚决的态度反对齐梁诗风,在理论和实践上都表现出鲜明的革新精神的诗人,是陈子昂。他的诗歌主张主要见于其《修竹篇序》中。在这篇文章中,他明确地反对"彩丽竞繁,而兴寄都绝"的齐梁诗风,高倡"汉魏风骨"和"风雅兴寄"。他以复古为革新,要求诗歌发扬批评现实的传统,要求诗歌具有鲜明的政治倾向。"风骨"的实质是诗歌有高尚丰沛的思想感情,有刚健充实的现实内容。陈子昂在看到东方虬的《咏孤桐篇》时非常兴奋,称赞说:"骨气端翔,音情顿挫,光英朗练,有金石声。""不图正始之音,复睹于兹,可使建安作者,相视而笑。"① 陈子昂的大部分诗歌创作都符合自己的文学主张,形式朴实无华,感情充实真切,贴近个人遭遇及社会生活,对引导唐诗朝健康的方向发展有着重大的功绩。卢藏用称赞他"卓立千古,横制颓波,天下歙然,质文一变"(《右拾遗陈子昂文集序》)。② 杜甫称赞他"有才继骚雅,哲匠不比肩"(《陈拾遗故宅》)。③ 韩愈称赞他"国朝盛文章,子昂始高蹈。"(《荐士》)④

陈子昂之后,李白继承了诗歌革新的主张,扫清了六朝华艳柔靡的诗风,以诗歌创作的理论和实践最终完成了诗的革新。他说:"自从建安来,绮丽不足珍。"(《古风》其一)⑤还说:"一曲斐然子,雕虫丧天真。"(《古风》其五)⑥ 他明确表示要把恢复诗歌的优良传统作为自己的历史使命:"大雅久不作,吾衰竟谁陈?"(《古风》其一)⑦ 他主张"清水出

---

① 见《陈子昂全集》。
② 见《全唐文》卷 238,第 1061 页。
③ 见《全唐诗·杜甫诗》卷 5,上海古籍出版社 1986 年版,第 524 页,下同。
④ 见《韩昌黎全集》卷 2,中国书店 1991 年版,第 40 页,下同。
⑤ 见《李太白全集》卷 2,中华书局 1977 年版,第 87 页,下同。
⑥ 《李太白全集》卷 2,第 89 页。
⑦ 《李太白全集》卷 2《古风》其一,第 87 页。

芙蓉,天然去雕饰"(《经乱离后天恩流夜郎忆旧游书怀赠江夏韦太守良宰》)① 的诗风。在具体的创作实践中,他对六朝文学采取了一种批判继承的态度,盛赞谢灵运"池塘生春草"、"山水含清辉"以及谢朓"澄江静如练"、"朔风吹飞雨"等清新自然而又富有创造性的诗句。他纠正了陈子昂矫枉过正的做法,使古典诗歌之内容和形式进一步得到完美的结合。他以复古而创新的诗歌革新运动中贯彻了"兴寄"之意和政治批判意识,把初盛唐知识分子的政治幻想和对个性自由的向往发挥到无以复加的地步。他将浪漫主义精神渗透于各种题材,其中理想主义、反抗精神和英雄性格得到全面的表现。由于他继往开来的创造精神,文学史上源远流长的积极浪漫主义诗歌传统得以发扬光大。

李白完成了唐诗革新的伟业,但复古以创新的道路并没有走到尽头。尽管李白也有些现实主义的诗歌,但他的最大成就和贡献还只是限于浪漫主义方面。在现实主义方面承前启后的诗人,是杜甫。杜甫继承了《诗经》和汉乐府的传统,同时批判地吸取了六朝以来在音韵格律、遣词造句等方面的艺术技巧,将现实主义推向了高峰。安史之乱的危机,使久已不是学术思想和政治思想之中心的儒家学说再次受到人们的关注。杜甫在求仕一再失败的刺激下,深刻感到儒家思想与社会现实的尖锐矛盾;从一度对"儒术"的实际效用产生强烈怀疑转而依据儒家思想对社会现实展开批评;在进行社会批评的同时,更体会到了"仁者爱人"之真实情感,对儒家学说的精神内涵产生了深刻的认同。于是,杜甫恢复了儒家学说批评和重建社会秩序的功能,同时也恢复了对于儒家伦理原则之内在道德追求的方向,其集中体现为"忠君爱国"之思想。为了全面地反映现实,杜甫掌握了当时所有的诗体,并创造性地发挥了各种诗体的功能。其"即事名篇"的新乐府诗,直接开导了中唐的新乐府运动。元稹在《唐故工部员外郎杜君墓系铭》中称赞说:"至

---

① 《李太白全集》卷 11,第 574 页。

于子美,盖所谓上薄风骚,下该沈宋,言夺苏李,气吞曹刘,掩颜谢之孤高,杂徐庾之流丽,尽得古今之体势,而兼昔人之所独专矣。"①

与杜甫恢复"忠君爱国"主题的同时,出现了表彰忠义、激励实行的激烈议论,明确提出道德重建的任务。同时期的元结、萧颖士以及元和时期的元稹、白居易从维护政统出发,继续发挥文学复古思想,以更激励的政治讽谕与儒学革新紧密地结合起来。这中间贡献和影响最大的诗人是白居易,他继承从《诗经》到杜甫的现实主义传统掀起了一个现实主义诗歌运动,即新乐府运动。新乐府运动的开启和形成,白居易先进的诗论起着直接的指导作用,这集中体现在全面、系统地宣传现实主义、批判形式主义的《与元九书》一文中。白居易首先以两个标准来分析和评价自秦至隋的诗歌演变——一是诗歌是否反映了社会民生问题,二是诗歌表现出了怎样的君臣关系,即对君主是溢美还是讽谕。按照这两个标准,白居易认为诗歌创作每况愈下,其表现即为"救失之道缺"和"谗成之风动"。对六朝以来那种脱离现实政治的"嘲风雪,弄花草"的东西作出彻底的否定之余,白居易提出了鲜明的诗歌主张。首先,他响亮地提出"文章合为时而著,歌诗合为事而作"的口号,认为诗歌应负起"补察时政"、"泄导人情"的政治使命,从而达到"救济人病,裨补时阙"、"上下交和、内外胥悦"(《与元九书》)② 的目的。而要实现这个目的,就必须关心政治,主动地从现实生活中汲取创作源泉。另外,白居易还强调内容与形式的统一,主张形式必须服从内容,为内容服务,所以他"非求宫律高,不务文字奇"(《寄唐生》)③,而力求做到语言的通俗平易、音节的和谐婉转。这对于"雕章镂句"的时代风尚以及"温柔敦厚"、"怨而不怒"的传统诗歌而言都是一个创新。白居易之外,元

---

① 见《全唐文》卷 654,第 2946 页。
② 见《白居易集》卷 45,中华书局 1979 年版,第 960—962 页。
③ 《白居易集》卷 1,第 15 页。

積、张籍、王建等人的新乐府和少数古题乐府也都体现了或符合这些理论精神。

二、唐代的诗人、诗歌流派

1. 六朝诗风的继承者：宫廷诗人

唐代的宫廷诗人主要代表是上官仪、沈佺期、宋之问等。

上官仪（608？——664年） 字游韶，陕州陕县（今河南陕县）人。《新唐书·艺文志》著录其作品集30卷，已佚。《全唐诗》存诗20首，他在太宗贞观时曾任弘文馆学士起居郎，得到太宗宠信。高宗时，为秘书少监，更受宠信，宫中每有宴会，他都得以参加并应诏赋诗。他的诗，十之八九都是奉和应诏之作。诗的风格是绮错婉媚，华丽精工。高宗龙朔二年（662年），上官仪迁西台侍郎同东西台三品。由于高居相位，他的诗歌广为流传，时人称之为"上官体"。上官仪写这种宫体诗，为了追求艺术形式之美，总结归纳了六朝以来诗中运用的一些写作技巧，提出所谓"六对"、"八对"的修辞方法，对律诗形式的发展起了一定的作用。

继上官仪之后，在武后的宫廷中两位在律诗形式上有重要贡献的诗人是沈佺期、宋之问。

沈佺期（650？—715？年） 字云卿，相州内黄（今属河南）人。高宗上元二年（675年）进士及第，由协律郎累升至通奉舍人。再转为考功员外郎，因为收受贿赂被弹劾入狱，后来没有查究而获释。中宗神龙元年（705年）与宋之问一同谄事权贵张易之，深受武则天恩宠，经常出入宫廷，写了不少奉和、应制诗。后来张易之被杀，沈佺期被流配之欢州。其后官授起居郎，加修文馆直学士，又历任中书舍人、太子詹事。开元初年卒。他擅长七言诗。原有集10卷，已散佚，明人辑有《沈佺期集》4卷流行于世。名作有《杂诗三首》及《独不见》（一作《古意呈乔补阙知之》)。

宋之问(656—712年) 字延清,汾州(今山西汾阳附近)人。弱冠之时即有名声。尤其擅长五言诗,当时没有超出其右者。也是高宗上元二年进士及第。刚开始与杨炯分直内教,不久官授洛州参军,转为上方监丞,左奉宸内供奉。不久与沈佺期一同依附张易之兄弟。张易之被杀之后,宋之问被贬泷州参军。后从官所逃还,藏匿于洛阳张仲之家中,后宋之问让其兄之子告发张仲之与王同皎等人谋杀武三思一事,于是被授鸿胪主簿,兼任修文馆直学士。景龙年中,迁升为夸功员外郎、知贡举。睿宗即位之后,因为宋之问曾经依附张易之、武三思,故将之流配至钦州。玄宗先天年中,赐死于流放地。宋之问两次被贬被流放,所作诗文,四处传布。其友人武平一为之编纂诗文集共10卷,《全唐诗》录存其诗3卷,其名作为《度大庾岭》、《题大庾岭北驿》、《渡汉江》等。

宫廷诗人,上述三人之外,有名的还有虞世南和"文章四友"即李峤、苏味道、崔融、杜审言。虞世南成名于上官仪之前,是唐初遗老诗人的代表。他在陈朝,就因为"文章婉缛","徐陵以为类己"而知名。在隋代他就写过《应诏嘲司花女》等宫体诗,入唐以后的作品几乎全部是奉和、应诏、侍宴之类作品。《唐音癸签》说:"太宗作诗,每使虞世南和;世南死,即灵座焚之。"[1] "文章四友"中,杜审言的成就较高。杜审言(645?—708年),字必简,河南巩县人,是杜甫的祖父。他也写了许多应制诗,但是身居宫廷的时间较短,在游宦中写了一些较有生活实感的好诗,如《登襄阳城》就写得气魄相当雄浑,《和晋陵陆丞〈早春游望〉》写得较为清新流丽。

2. 最初的革新者

唐代最初革新诗歌的代表人物主要是王绩、"初唐四杰"、陈子昂、

---

[1] 见胡震亨:《唐音癸签》卷27,上海古籍出版社1981年版,第281页。

张九龄。

王绩(585—644年)　字无功,自号东皋子,绛州龙门(今山西稷县)人。隋代大儒文中子王通之弟,隋末曾任秘书正字、六合县丞这类的小官。因仕途坎坷,故行为放旷,不喜礼教束缚、惟饮酒为乐,官家每日给酒三升,不够他饮用,只好又特供一斗,终日酩酊大醉,时人号之为"斗酒学士",后弃官归家,隐逸终老。存《东皋子集》3卷。

王绩早年有过一些事业抱负,但仕途失意之后便沉湎于饮酒,又自负才学,任性自由,行为放旷,在群雄逐鹿的隋唐之际,未能有积极的作为。两次入仕,均与世格格不入,终而归隐。在他身上,有一种似是而非的气息颇似道家思想,似乎鄙弃功名富贵,却又一再入仕,归田之后,还常以刘伶、阮籍、陶潜自比。生活、诗作处处模仿他们,赞美隐居和歌颂饮酒是诗中两个最常见的主题。道家"功成身退"之思想在他身上畸变而为此。其诗往往可见出他愤世嫉俗、不满现实、蔑视礼法之情感,又可见出其消沉与颓废。其诗不如阮籍诗之深刻尖锐,又缺乏陶潜诗之理想光芒。王绩的贡献主要在于,其诗没有沾染宫体诗的脂粉气,以朴素自然的语言表现自己的生活与感情,显得相当真切;他还是唐代山水田园诗的先驱人物;其诗歌对唐代五律的形成也有一定的贡献。

高宗至武后初年,出现了"以文章齐名天下"的"初唐四杰":王勃、杨炯、卢照邻、骆宾王。他们都"年少而才高,官小而名大,行为都相当浪漫,遭遇尤其悲惨"。[①]他们不凭借政治势力和出身门第,完全依靠自己的创作登上初唐诗坛,上承梁陈,下启沈、宋,在诗坛上占着重要的地位。他们同时又都努力摆脱齐梁诗风的影响,积极开拓诗歌的思想题材的领域,对诗的格律形式有所探索。

王勃(649—676年)　字子安,是王通之孙,王绩之侄孙。幼年聪慧异常,6岁能作文,14岁被作为神童推荐于朝廷,拜为散侍郎。后应沛

---

① 见闻一多:《唐诗杂论》,上海古籍出版社1998年版,第20页。

王李贤召,任府中侍读兼修撰。当时,诸王喜好斗鸡赌博,王勃写了一篇《檄英王鸡》,被高宗认为是挑拨诸王关系而被逐出英王府。后漫游蜀中,一度任虢州参军,因擅杀官奴犯了死罪,遇赦革职,其父也被牵连贬为交趾令。上元三年(676年),王勃往交趾探父,渡海时堕水惊悸而死。王勃著作甚多,今存《王子安集》16卷,是明清时人从一些类书和总集中辑出来的。此外尚有:《舟中纂序》5卷、《周易发挥》5卷、《次论语》10卷、《汉书指瑕》10卷、《大唐千岁历》若干卷等。王勃对绮错婉媚的上官体深为不满,早在龙朔初年,即指出当时的文坛流弊是"文场变体,争构纤微,竞为雕刻。糅之金玉龙凤,乱之朱紫青黄;影带以徇其功,假对以称其美;骨气都尽,刚健不闻",所以"思革其弊"①。王勃的诗作基本上实践了自己的理论主张。崔融评价其诗:"王勃文章宏逸,有绝尘之迹。"(见其本传)《送杜少府之任蜀州》脍炙人口,虽写离别,却是写得乐观开朗,没有那种常见的哀伤与悱恻,同时朴素无华,不堆砌词藻典故,只用质朴的语言抒写壮阔的胸襟,而质朴中又有警策,豪语中又有体贴。"海内存知己,天涯若比邻"两句,至今还常被人引用。

杨炯(650—693年) 华阴(今属陕西)人。年幼时"聪敏博学,善属文"。高宗显庆四年(659年),年十岁,举神童。次年,待制弘文馆。后应制举,授校书郎。33岁任太子李显府中的詹事司直,又被任命为弘文馆学士,垂拱二年被贬为梓州司法参军,后又任盈川县令,死于任上。原有文集30卷,后皆散佚,今存明万历间童佩辑《盈川集》十卷本。他的成就主要在五律方面。其为人"恃才简倨",嘲讽那些有名无实的朝官为"麒麟楦",故不容于时。《旧唐书》载他对"王杨卢骆"的称呼不满意说:"吾愧在卢前,耻居王后。"其名篇《从军行》可见出其建功立业之远大理想。

卢照邻(636? —695年) 字升之,自号幽忧子,幽州范阳(今北京大兴附近)人。自幼阅礼而闻诗。十多岁时学习文字训诂及经史,博学善文。永徽五年(654 年),授邓王府典签,写了一些精巧雅致的宫体诗,甚受爱重。后因有横事被拘,幸得友人救助出狱。乾封末(668 年)出为益州新都(今属四川)尉。蜀地险阻,官职低微,他深感孤苦凄凉,诗歌内容日渐充实。后因染风疾辞官居太白山中,服丹中毒,病势加重,足挛,一手又废。移居阳翟县茨山(今河南禹县)下,预为坟墓,偃卧其中。后因不堪病痛,自投颍水而死。他在《释疾文》中说:"先朝好吏,予方学于孔墨;今上好法,予晚受乎老庄。彼圆凿而方枘,吾知龃龉而不当"。① 其晚年作品由于处境恶化,风格变得格外严峻、凄苦,其诗文在反映个人遭际时,都流露出对现实愤慨不平的情绪。原有集 20 卷,又《幽忧子》3 卷,皆佚。明人张燮辑有《幽忧子》7 卷,今存诗 96 首,以七言歌行写得最好。《长安古意》为其名作,虽是一首宫体诗,却把宫体诗由宫廷带入市井,反映了长安之盛况,并以热烈的爱情追求,代替了对艳情的描写,其中"得成比目何辞死,愿作鸳鸯不羡仙"② 之句可谓写尽了爱之坚定与痴绝。

骆宾王(638—684 年) 字观光,婺州义乌(今浙江义乌)人。少善属文,7 岁时因随口吟成《咏鹅》一诗,被誉为神童。为人落魄无行,好与博徒交游。高宗永徽年间,任道王府属官。咸亨元年(670 年),随薛仁贵等出征边塞,此后在四川宦游多年,曾任武功主簿。仪凤三年(678 年),入朝为御史,因多次上疏讽谏武后,被弹劾入狱。出狱后,贬临海(今浙江天台)县丞。郁郁不得志,弃官而去。武后光宅元年(684 年),徐敬业起兵反武氏,骆宾王参与其谋,为书记,军中书檄文皆出其手。武后读檄文至之"一抔之土未干,六尺之孤安在?"大惊道:"宰相安得失

---

① 见《全唐文》卷 167,第 749 页。

② 见朱东润主编:《中国历代文学作品选》中编第一册,上海古籍出版社 1980 年版,第 9 页,下同。

此人!"(见其《新唐书》本传)兵败后,不知所终,武后素重其文,遣使求之,有兖州郗云卿集成十卷,今存。其五言律诗多有佳作,其中《在狱咏蝉》风骨凝练,格调悲切,可见其不媚世俗之情怀,享有盛名。

四杰的诗歌往往用乐府旧题,同时注意声律的使用。他们没有完全摆脱齐梁华丽的诗风,但又有自己的创造,表现出不同的特点,为律诗的形成开启了先声。明代陆时雍《诗镜总论》说:"王勃高华,杨炯雄厚,照邻清藻,宾王坦易。子安最其杰乎? 调入初唐,时带六朝锦色。"①

陈子昂(661—702 年)　字伯玉,梓州射洪(今四川射洪县)人。家世豪富,受其父亲影响,年轻时就具有豪侠性格和从事政治的热情。卢藏用的《陈子昂别传》云:"始以豪家子,驱侠使气,至年十七八未知书。尝从博徒入乡学,慨然立志,因谢绝门客,专精坟典。数年之间,经史百家,罔不该览。"② 他说自己研读经史的目的是"原其政理,察其兴亡"(《谏政理书》)。③ 24 岁中进士,为武则天所赏识,召见金华殿,擢为麟台正字。自此屡次上书指论政事,主张息兵、措刑、反贪暴、轻徭役,以安人保和,但"言多直切,书奏,辄罢之。"④ 后随乔知之征西北,长寿二年(693 年),入洛阳,升右拾遗。不久,为武三思等陷害,以逆党罪名下狱,出狱后,随武攸宜东征契丹,次年三月次渔阳,武攸宜不知军略,前锋大败,陈子昂一再进谏,请为前驱,不但不被采纳,反降职为署军曹。这时他写下著名的《登幽州台歌》、《蓟丘览古》等著名作品,痛感自己政治抱负和主张不能实现,回家后不久即辞官回乡。后在家乡为县令段简诬害,死于狱中,年仅 42 岁,今有《陈伯玉文集》10 卷传世,存诗 120

---

① 见丁福保辑:《历代诗话续编·诗镜总论》卷下,中华书局 1983 年版,第1411 页,下同。

② 见《全唐文》卷 238,第 1065 页。

③ 见《全唐文》卷 213,第 949 页。

④ 《陈子昂别传》,同上。

余首。

陈子昂的思想是很复杂的,他少时在家乡受过道教、佛教的影响,又好纵横任侠,具有豪爽浪漫、敢作敢为的性格,后来又转向老庄。但他18岁折节读书到辞官回家前,主要还是儒家兼善天下的精神主导着他的思想。从他向朝廷所上的一系列政论奏疏来看,其政治思想实质上是儒家王道仁政思想。他在《谏雅州讨生羌书》、《谏用刑书》、《谏政理书》中一再呼吁不可劳民伤财、滥杀无辜,对老百姓的生存造成危害,可见其洞察国家安危、关怀人民疾苦、敢于直言进谏的品质。

从陈子昂的生平及思想可以见出,他胸怀大志、才情四溢、富有积极进取的精神,但是他始终没有得到施展才能的机会。理想与现实的矛盾激起陈子昂深沉的不平。对理想的热切追求以及理想不能实现的愤慨不平,就是贯穿在他诗歌理论与创作中的精神和内容。

陈子昂在著名的《修竹篇序》里,曾经提出了诗歌革新的正面主张,反对齐梁以来"彩丽竞繁"的颓靡诗风的蔓延,主张恢复和发扬建安、正始的传统,重视"兴寄",做到"骨气端翔,音情顿挫,光英朗练,有金石声。"(同前)陈子昂的诗歌创作,鲜明有力地体现了他的革新主张。《新唐书》评论说:"唐兴,文章承徐、庾余风,天下祖尚,子昂始变雅正。"(见其本传)其代表作《感遇诗》三十首以及《登幽州台歌》、《蓟丘览古》,正是这种革新精神的具体表现。其中《感遇诗》直接启发了张九龄《感遇》和李白《古风》的创作。《登幽州台歌》:"前不见古人,后不见来者。念天地之悠悠,独怆然而涕下。"① 更是以古往今来仁人志士于困厄境遇中共同的愤慨不平之情感而震烁古今。

张九龄(678—740年)　字子寿,一名博物。韶州曲江(今广东韶关)人。他自幼聪颖,7岁能文。神功元年(697年)进士,授校书郎。曾任中书舍人、秘书少监、集贤院学士知院事职。张九龄不仅对国家大事

---

① 　见《全唐诗·陈子昂》卷2,第214页。

有独特见解,所呈密奏,多被采纳,且文思敏捷,冠绝一时。玄宗生日,大臣皆献宝镜,只有张九龄上事鉴十章,以申讽谏之旨,号为"千秋金镜录"。官至中书令和宰相。在相位期间,举贤授能,刚正不阿,为李林甫排挤,于开元二十五年(737年)罢相,贬为荆州刺史。后病死于家中,谥曰文献,有《曲江集》20卷传世。其早期律诗未脱台阁风习,晚年作品风格雅正素淡,洗尽铅华,与陈子昂诗歌革新精神一脉相承。其代表作《感遇诗》十二首与《杂诗》五首,以兴寄为主,托物言志,沉郁感人,其温雅蕴藉已出陈子昂之右。其《望月怀远》一诗中,"海上升明月,天涯共此时"① 兴起全诗,气势磅礴,盖天盖地,浑融高华,成为脍炙人口的千古名句。

3. 山水田园派诗人

唐代山水田园派诗人最著者有王维、孟浩然、储光义、常建、祖咏、柳宗元、刘长卿、韦应物。

王维(701—761年)　字摩诘,太原祁(今山西祁县)人。出身官僚之家。父早死,其母崔氏虔诚奉佛30余年,对他影响至深。少时即有才名,聪明俊秀,能诗善画,妙解音律。开元七年(719年)去京兆府,试解举头。他是开元、天宝时期诗人之代表。李白于天宝元年(742年)入长安,为翰林供奉,王维于开元九年(721年)进士及第,成名先于李白20余年,杜甫比李白、王维年辈略后,文学活动主要是肃宗、代宗两朝。可见王维实可谓为开元、天宝时期文坛之领袖。进士及第后即授大乐丞。不久因伶人舞黄狮子事贬济州司库参军。开元二十二年(734年)被宰相张九龄擢为右拾遗,二十五年为监察御史,奉使出塞,在凉州河西节度幕兼为判官。开元末为殿中侍御史,知南选,至襄阳,旋归。天宝元年(742年)为左补阙,迁库部郎中。遭母丧,哀毁骨立,几不胜

① 见《全唐诗·张九龄》卷2,第148页。

悲。开元二十八年至天宝三载,曾在终南山隐居过一段时间,接着又与
裴迪隐居蓝田辋川,弹琴赋诗啸咏终日,实则过着亦官亦隐的生活。其
母之丧,更增其人生无常之感,加之性本好佛,深研佛理,于是慨然有出
世之志。天宝十一载,做文部郎中,迁给事中。天宝十五年(756年),
安禄山出兵入长安,王维被执,拘于菩提寺,迎至洛阳,禁闭于普施寺
中,迫任伪职给事中。安禄山大宴凝碧池,诏梨园诸工合乐,王维赋诗
痛悼:"万户伤心生野烟,百寮何日更朝天。秋槐花叶落宫里,凝碧池头
奏管弦。"①　于此可见其胆其节。乱平,其弟缙以此诗为其洗雪,特宥
之,降职授太子中允。其后又历任官太子中庶子、中书舍人、给事中,乾
元二年(759年)转尚书右丞,世因称"王右丞"。晚年更笃志奉佛,居常
蔬食,不茹荤血,不衣文彩,惟焚香独坐,以禅诵为事。斋中无所有,惟
茶铛经案绳床而已。他多才多艺,音乐、绘画、诗歌,皆造上乘,诗歌七
古、五律俱佳,今存《王右丞集》20卷,附录2卷。诗风与孟浩然接近,
时称"王孟",然题材较孟丰富,体裁也较孟多样,禅味较孟浓厚,有唯美
之倾向。

　　以天宝初为界,王维的思想与创作可分为前后两期。前期,王维热
衷政治,试图在仕途有所作为,在政治上依靠张九龄,有《上张令公》、
《献始兴公》诗,后一首中有"所不卖公器,动为苍生谋"②　之句,于此可
见出其兼济天下之志。除政治感遇诗之外,其前期作品中游侠诗、边塞
诗成就也很高。这些作品或抨击权贵,反映社会腐化现象,抒发怀才不
遇的怨愤,如《不遇咏》、《济上四贤咏》、《洛阳女儿行》等;或表现豪侠性
格及戍边报国之气概,如《从军行》、《少年行》、《陇西行》、《燕支行》等;
或表现将士们爱国之热忱,传达有志之士受压抑之不平,如《陇头吟》、
《老将行》等。

---

① 见《全唐诗·王维》卷4,第299页。
② 见《全唐诗·王维》卷1,第285页。

　　王维后期的主要生活是啸傲山林和吃斋奉佛。在仕途上遭遇李林甫之排挤，目睹玄宗晚年之腐化政治后，王维走上洁身自好、亦官亦隐的生活道路；其母辞世之痛令其更加无心于无常之碌碌名利场；安史之乱及于此乱中自身之变故，使其"晚年惟好静，万事不关心"（《酬张少府》）①，成为禅宗南宗神会禅师之弟子，信奉禅理，学佛修道。如果说其早期诗歌风格雄浑高华，色调绚烂明朗，那么其晚期诗歌可以说是除风神恬淡，寄兴高远之外，更有一种韵味无穷，天然生成的气象。这种气象集中体现在他的山水田园诗中。因为王维习禅学佛多年，对佛法"禅定"、"止观"之法有所闻思，心境极为淡泊、虚静，不含任何杂念。"王维之禅理诗追求超越现实，同乐法悦，并入佛界""王维写其禅境，由脱俗而避世，由避世而爱自然，与自然合一"②。对自然山水的动人之处，往往有一种特别的会心。一草一木，一泉一石，触处皆是奇、触处皆见美。当他把这些形诸诗歌，就能表现出一种空灵清静的禅悦之境，其中不仅融化了诗人领悟到的禅理禅境，也揭示了客观世界的澄淡幽静之美。其《辛夷坞》、《鸟鸣涧》、《萍池》等等诗作，让人读了身世两忘，万念俱寂。《鹿柴》："空山不见人，但闻人语响。返景入深林，复照青苔上。"《鸟鸣涧》："人闲桂花落，夜静春山空。月出惊山鸟，时鸣春涧中。"《辛夷坞》："木末芙蓉花，山中发红萼。涧户寂无人，纷纷开且落。"③ 这类诗虽清幽寂静而又绝非一片死寂，于幽静恬美之境界中见出无限活泼的生机意趣。王维的山水田园诗是对陶渊明与谢灵运的创作传统的继承。王维的田园山水诗"多学陶谢之风格……其诗善用叠字，而使诗意入妙，音调谐和，读之铿锵，有澹淡远致之情，""复开唐田园山水诗之途径，独得神韵之佳趣，融释道之理于其中，

---

　　①　见《全唐诗·王维》卷2，第292页。

　　②　见柳晟俊：《唐诗论考·王维之田园山水诗》，人民文学出版社1994年版，第132页，下同。

　　③　见《全唐诗·王维》卷四，第298—299页。

另辟蹊径,自成一家之风。"① 王维山水田园诗巨大成就之取得,还因为他对绘画、音乐的极深之造诣。王维是南宋山水画的开派者,他往往善于发现与自己主观情感相契合的客观景物,抓住其特征,以画家所特具的艺术匠心把它们再现出来,形成一种意境,从而托物以寓情,立象以尽意。苏试在《书摩诘蓝田烟雨图》中说:"味摩诘之诗,诗中有画。"正道出了王维山水诗最突出的艺术特色。王维之诗除了具有一种构图美、色彩美之外,还具有一般山水画难以表现的动态美。这是由于他作为一名音乐家比一般诗人更能精确地感受到自然山水中的音响,音节之快慢、声调之高低,无不于其诗中成为构筑诗歌之动态美的工具。其诗《终南山》、《使至塞上》、《新晴野望》、《积雨辋川庄作》、《送梓州李使君》、《秋夜独望》、《山君秋暝》等诗作均是这类诗歌之典型。

王维还有一些思亲、别友、写情、怀乡题材的诗也写得很好。如《送元二使安西》、《相思》等。

孟浩然(689—740年) 名不详(一说名浩),以字行,襄阳(今湖北襄阳)人。40岁以前主要在家乡隐居,种菜养竹,闭门读书,为乡里救患释纷,曾一度隐居在鹿门山,并曾游历长江上下。40岁入长安应进士不第,曾于太学赋诗,以"微云澹河汉,疏雨滴梧桐"句为举座嗟伏,尤为张九龄、王维所称赏。一日王维私邀入内署,忽报玄宗临幸,他惊愕不知所措,于是匿居床下。王维不敢隐瞒,玄宗大悦说:"朕闻其人而未见也。何惧而匿床下?"诏浩然出,帝问其诗,浩然再拜,自诵所为。诵至"不才明主弃"之句,玄宗曰:"卿不求仕,而朕未尝弃卿。奈何诬我?"于是放还。此后漫游吴越,写了许多山水诗。山南采访使韩朝宗欲荐之于朝廷。正好有故人前来,剧饮甚欢,遽忘却朝宗之约。有人告以爽约,为之惋惜,他则说:"业已饮,遑恤也。"② 因而触怒朝宗。张九龄为

---

① 见柳晟俊:《唐诗论考·王维之田园山水诗》,第47—49页。
② 《新唐书》卷203《孟浩然传》,第5779—5780页。

荆州刺史,引为幕府,不久则罢归。王昌龄游襄阳,他病背疽方愈,相见甚欢,浪情宴谑,食鳝疾动,死。年52。今存王士源编录,又经韦滔整理之《孟浩然集》4卷,共收诗歌两百余首。

　　孟浩然一生几乎没有做官,以布衣终老,在人们心目中一直是个高人、隐士。李白就曾说他"红颜弃轩冕,白首卧松云。"① 实际上孟浩然对自己生活在盛世明时而不能施展抱负救民济世,始终是无比遗憾的。他的《田园作》说:"谁能为扬雄,一荐甘泉赋?"可见其求仕苦于无人推荐。他隐居家乡,即是为入仕做准备。在从长安求仕失意归来后很长一段时间里,他仍然是"魏阙心长在,金门诏不忘"(《自浔阳泛舟经明海作》)。在《家园卧疾毕太祝相寻》中说:"壮图竟未立,斑白恨吾衰。"② 这些都表现了他入仕之向往与怀才未展之遗憾。对功名绝望之后,他才走上了隐居的道路。他《留别王维》之中说:"寂寂竟何待,朝朝空自归。……只应守寂寞,还掩故园扉。"③ 正表现了这种不得已而退隐的心情。所以孟浩然虽然生活在盛唐,但他很少感受到盛唐时代蓬勃向上的精神,也很少体验到盛唐的沸腾生活,故他对社会现实缺少深广的认识,诗歌题材狭窄,形式则以五律居多,表现的往往是隐居生活中的闲情逸致和游山玩水时的情趣襟怀。其名作《过故人庄》即以朴素平淡的语言赞美深挚的故人情谊和淳朴的农村生活。他写得最多的是他隐居生活中高雅闲适的情调,这类诗往往融入游子漂泊之感。由于心情孤寂,山水也不免染上一层清冷的色彩,如《宿桐庐江寄广陵旧游》、《宿建德江》就是这类诗歌。当然,在长期的漫游途中,孟浩然也写了一些气象雄浑壮阔的山水之作,如《望洞庭湖赠张丞相》中"八月湖水平,涵虚混太清。气蒸云梦泽,波撼岳阳城"④ 就历来为人们所激赏。

---

① 李白:《赠孟浩然》,见《李太白全集》,第461页。
② 《全唐诗·孟浩然》卷1,第372页。
③ 同上书,第374页。
④ 同上。

苏试曾说过,孟浩然的诗,"韵高而才短,如造内法酒手,而无材料"①。但从艺术的完整、精美来说,却与王维相差无几,简直可以各标风韵。袁枚认为王孟之诗"从容和雅,如天衣之无缝,深入浅出,方臻此境"②。他的诗集里,还残留着从初唐向盛唐过渡的痕迹,有些诗受到宫体诗的影响。但总的来说,其诗歌语言比宫体诗纯净,格调也较宫体诗高昂,意境更为浑融完整。这些都是孟浩然对盛唐山水田园诗发展所做的贡献。

储光羲(706?—763?年) 兖州(今属山东)人。开元十四年(726年)进士,初官太祝,后转为监察史,他同王维是好友,在终南山有自己的别墅。安史之乱中被俘并接受伪职,事后贬死岭南。有《储光羲集》5卷,存诗二百余首,《全唐诗》编为4卷。其诗曾被认为得陶渊明诗之质朴,但究其实质,其田园诗中充斥的是士大夫闲适隐逸的情趣,亦时常有广置田产、多养子孙的庸俗意识。

常建(708?—765?年) 长安人,开元十五年(727年)进士,仕途坎坷,天宝年间授盱眙县尉,后辞职隐居终老。今存诗五十八首,《全唐诗》编为1卷。其边塞诗揭露唐王朝穷兵黩武给人民带来的痛苦,山水田园诗艺术成就较高,善于用光和影构造清冷幽静的境界。《题破山寺后禅院》是其名作,写得纯净恬悦,出神入化。殷璠说:"如'松际露微月,清光犹为君',又'山光悦鸟性,潭影空人心',此例十数句,并可称为警策。"③

祖咏(699?—746?年) 洛阳人。和王维友善,情趣相投。开元十三年(724年)进士,后移居汝水以北别墅,渔樵终老。他的山水诗具

---

① 清何文焕辑:《历代诗话·后山诗话》引,中华书局1981年版,第308页,下同。

② 袁枚:《随园诗话·论成功之作》,时代文艺出版社2001年版,第199页,下同。

③ 胡震亨:《唐音癸签》,第48页。

有语言简洁、含蕴深厚的特点。《终南积雪》为其名作,传诵较广。《全唐诗》录其诗十六首,编为1卷。

刘长卿(709—785年) 字文房,河南(今河北河间县)人。年轻时居于嵩山读书,后移居鄱阳。开元二十年(733年)进士及第。至德年中,官监察御史,以检校祠部员外郎出任转运使判官,知淮西、鄂岳转运留后。由于刚而犯上,为鄂岳观察使吴仲孺诬陷其犯赃,系姑苏狱。后贬潘州南巴尉(今广东茂名县东),会有为其辩诬者,减免罪罚,转任睦州司马(今浙江淳安县西),官终随州刺史(今湖北随县)。有《刘随州集》11卷传世。其五律之作较为有名,内容多抒孤寂之悲哀和对自然景物之欣赏。诗歌语言清秀淡雅而又流畅谐婉,造境幽远,含意委曲,抒情写景均能达到优美境界。如《逢雪宿芙蓉山主人》、《送灵澈上人》便是此类诗歌,其诗之境界闲适、清淡、与王孟相似,但其风格之意深而不露,韵神而高秀,又与王孟不同,有其独到之处。又因两次被贬,对社会现实有些认识,故也写了一些反映安史之乱后社会破败寥落的诗。

韦应物(737—789年) 京兆长安人(今陕西西安)。年轻时以三卫郎事玄宗,任侠使气,行为放浪。天宝之乱后失官,乃折节读书。建中三年拜兵部员外郎,居四年出为滁州刺史,贞元元年入为左司马郎中,二年又出任苏州刺史,世称韦苏州。不久罢职,闲居苏州永定寺,不久卒。今存《韦苏州集》10卷,附录1卷。其诗最工五言。

韦应物生活道路颇为曲折,少年狂放不检,中年之后思想性格有很大的变化,关心社会民生;后期品性高洁,少食寡欲,所在则焚香扫地而坐,与顾说、刘长卿、奉系、皎然为俦侣,以诗歌相酬唱。仕途之中努力做清廉正直之地方官,并对民生疾苦表示关怀,对奸邪官吏多所揭露讽刺,白居易称之为"才丽之外,颇近兴讽"。① 其山水田园诗很多,质量

---

① 《白居易集》卷45《与元九书》,第965页。

也很高。后人常把王、孟、韦、柳并称。其诗常以质朴平淡之笔写田家生活,故后人又以"陶韦"并称,但他的田园诗并不仅仅是寄托洁身自好、乐天知命的思想,而且流露出对农民疾苦的关怀,从而开启了伤时悯农的主题。其山水诗和其他诗中的景物描写到了很高的成就,取陶渊明的清姿,谢灵运、谢朓的秀美,于王维、孟浩然的浑融高华的盛唐气象之外,别创"高雅闲淡"之独特风格(白居易《与元九书》同前)。张戎于《岁寒堂诗话》中称其诗歌"韵高而气清"。① 其《寄全椒山中道士》、《淮上即事寄广陵亲故》、《淮上喜会梁川故人》、《滁州西涧》都为这种特色而享盛名。《滁州西涧》:"独怜幽草涧边生,上有黄鹂深树鸣。春潮带雨晚来急,野渡无人舟自横。"② 不仅刻画了一幅寂寞的荒野待渡图,更表现了诗人孤芳自赏的心境与高洁出世的品性。《岁寒堂诗话》卷上有一段总的评论来对比王维、孟浩然、刘长卿、韦应物等人的诗歌:"韦苏州律诗似古,刘随州古诗似律。……随州诗,韵度不能如韦苏州之高简,意味不能如王摩诘、孟浩然之胜绝,然其笔力豪赡,气格老成,则皆过之。"③ 认为他们几个人各有特色,然而源头是一个,都源于陶、谢。

柳宗元(773—819年) 字子厚,河东(今山西永济)人。贞元九年(793—819年)进士,十二年登博学宏词科。永贞元年(805年)顺宗即位,王叔文等执政。擢礼部员外郎。这时他与王叔文、刘禹锡等积极从事政治、经济、军事等各方面的革新,如罢宫市、免进奉、擢用忠良、贬谪赃官等,做了不少有利于人民的大事。王叔文执政不到7个月因为遭到宦官和旧官僚的联合反攻而失败。柳宗元被贬为永州司马。元和十年应诏回京,又外放为柳州刺史,在任颇多美政,为当地人民所称赞怀

---

① 见《历代诗话续编·岁寒堂诗话》卷上,第459页。
② 见《中国历代文学作品选》,第151页。
③ 《历代诗话续编·岁寒堂诗话》卷上,第460页。

念,世称"柳柳州"。元和十四年,死于柳州,年47岁。柳宗元文集,为其挚友刘禹锡所编,题《河东先生集》,存诗140余首,多为贬官之后所作。

柳宗元仕途坎坷,政治思想上提出以"生人之意"为动力的历史观,其时事诗表现对国家和人民命运的关怀,其抒情诗多抒发自己悲观抑郁和离乡去国的情思。柳宗元富于政治热情,热爱生活,但同时又是一个气质抑郁的人,逆境之中很难解脱,精神很痛苦,所以前人说:"柳州诗长于哀怨,得骚之余意。"[1] 其山水田园诗成就很高,情致深沉委婉,描绘细致简洁,历来文学家把他与陶渊明并称,沈德潜说柳诗得陶渊明之"峻洁",概括得很准确。同时,他还善于用简洁的语言勾勒出幽深高远的境界,使诗人自我形象与外在客观物象得到高度的融合,其《南涧中题》、《渔翁》、《江雪》即是此类诗之代表。《渔翁》:"渔翁夜傍西岩宿,晓汲清湘燃楚竹。烟销日出不见人,欸乃一声山水绿。回看天际下中流,岩上无心云相逐。"又《江雪》:"千山鸟飞绝,万径人踪灭。孤舟蓑笠翁,独钓寒江雪。"[2] 都借渔翁之形象及其生活、垂钓之环境来映衬了作者自身遗世独立的高雅情操。

4. 边塞诗派诗人

边塞诗人有高适、岑参、王冒龄、王之涣、李颀、崔颢、李益等。

高适(702—765年)　字达夫,渤海脩(今河北沧县)人。少时家道中落,不事生产,极为贫困。20岁西游长安,本想直取公卿,却失望而归。于是北上蓟门,漫游燕赵,想在边塞寻求报国立功的机会,也没有找到出路,期间写过一些边塞诗。此后寓居梁、宋一带,并漫游江苏、山东、河北等地,过了十几年混迹渔樵的贫困流浪生活。这一时期,他曾

---

① 沈德潜:《唐诗别裁集》卷4,上海古籍出版社1979年版,第127页,下同。
② 两诗均见《中国历代文学作品选》,第170页。

与李白、杜甫在齐、赵一带饮酒游猎,怀古赋诗。天宝八载,由宋州刺史张九皋推荐,举有道科,任封丘尉。他不甘于此"拜迎长官"、"鞭挞黎庶"①的小官,于是弃官客河西。天宝十二载,入河西节度使哥舒翰幕任掌书记。安禄山之乱发生,诏哥舒翰讨贼。任他为左拾遗,转监察御史,佐哥舒翰守潼关。潼关失守后,奔赴行在,见玄宗陈述军事,得到玄宗、肃宗的重视,迁侍御史,擢淮南节度使,彭、蜀二州刺史、西川节度使,最后任散骑常侍,封渤海县侯。今存《高常侍集》10卷。

高适进入仕途之前,早年有过很长一段沉沦贫困的生活体验,因而对下层人民的生活比较了解,从而写了不少反映民生疾苦的诗歌。高适同时又是一个"喜言王霸大略,务功名,尚节义"的诗人,晚年"逢时多难,以安危为己任"。②他写了不少抒发政治抱负,感叹怀才不遇、壮志难酬的作品,也写了大量关心现实、指陈时弊、表示对国事民生深为忧虑的诗歌。其最优秀的诗歌当属边塞诗。他在蓟门时期,对边塞士卒的生活有实际的观察,《蓟门行五首》中报国的热情和忧时的愤慨常常交织在一起,又《蓟中作》、《塞上》、《答侯少府》等诗中,他以敏锐的眼光分析边防问题,揭示边防政策中的弊病,对将帅进行讽刺,对士兵表示同情。其最著名的诗歌为《燕歌行》,这首诗以错综交织的诗笔,把荒凉绝漠的自然环境,如火如荼的战争气氛,士兵在战斗中复杂变化的内心活动融合在一起,形成了雄厚深广、悲壮淋漓的风格。

高适其他一些诗歌中,七言绝句也颇有特色,如《塞上听吹笛》、《别董大》,都为人称诵。但高适的作品中也有一些庸俗的成分。他在天宝后期写了一些歌颂权贵的诗歌,就是一个典型的例子。

高适诗歌体裁绝大部分是古诗,尤以七言歌行为佳。其诗风格悲

①　《封丘作》,见《全唐诗·高适》卷3,第501页。

②　《旧唐书》卷111《高适传》。

壮慷慨而又浑朴质实,严羽称其为"高达夫体"。徐献忠说:"常侍诗气骨琅然,词峰峻上,感赏之情,殆出常表。"① 都比较确切地说出了其诗之风。

岑参(715—769 年) 荆州江陵人(今湖北江陵)人,祖籍南阳(今河南南阳市)。出身于官僚家庭,曾祖父、伯祖父、伯父都官至宰相。父亲也两任刺史,但早死,故家道中落。自幼跟从兄长读书,遍览经史。20 岁至长安,献书求仕,但无结果。此后"蹉跎十年",往来两京之间,有时漫游交友,有时隐居读书。天宝三年(744 年)中进士,授兵曹参军。他对这个低微官职很不满意,天宝八年(749 年)至安西四镇节度使高仙芝幕府任掌书记,天宝十载回长安。天宝十三载又作安西北庭节度使封常清的判官,再度出塞。安史之乱后,至德二载(757 年)才回朝,因裴度、杜甫等人推荐,任右补阙。在任期间,屡次向皇帝上奏折,指责权奸。乾元二年(759 年),改任起居郎,旋出为虢州刺史。代宗时又一度任关西节度使判官,后出为嘉州刺史。56 岁时卒于成都。今存《岑嘉州诗》7 卷,记诗 403 首。

岑参一生三次出塞,当时最重要的东北、西部和北部边陲他都去过,在那里生活多年,因此他对于边塞生活是非常熟悉的。他的边塞诗,便是在这种生活中写出来。

岑参诗"体裁峻整,语多造奇"②,"岑参兄弟皆好奇"③,陈贻焮说岑参的诗歌"不仅语言奇特,意思也很奇特","语奇意奇又与他的性格'好奇'有关。好奇,不能理解为猎奇。爱好新奇事物,向往新的天地。"④ 岑参对新鲜事物充满一种强烈的好奇心,对那些与内地迥然不同的塞外奇丽的风光景物有一种浓厚的兴趣和特意的观察,善于以浓重的色

---

① 《唐音癸签》卷 5,第 48 页。
② 《唐音癸签》卷 5,第 48 页。
③ 杜甫:《渼陂行》,见《全唐诗·杜甫》卷 1,第 511 页。
④ 陈贻焮:《唐诗论丛》,湖南人民出版社 1980 年版,第 196 页。

彩描绘西北边疆的奇异景色,如《火山云歌送别》、《热海行送崔侍御还京》、《优钵罗花歌》等诗即是如此。其边塞诗另一主要内容是描写将士英勇报国不畏艰苦的精神,往往写得热情洋溢,充满乐观向上的昂扬气概,体现出一种典型的盛唐风貌。岑参也有少数诗歌对军中的苦乐不均及统治者的穷兵黩武等现象表示不满。

岑参的诗在当时享有很高的声誉,流传极广。其边塞诗融会了山水、游侠、赠答等各种诗体的艺术特色,形成奇伟宏丽、气势磅礴的风格,诗歌形式富于变化,音调悲壮洪亮,富于积极浪漫主义的精神。其最著名的诗歌《走马川行奉送封大夫出师西征》以及《白雪歌送武判官归京》就集中地体现了其诗的艺术特色。严羽说:"高岑之诗悲壮,读之使人感慨。"① 然而高岑又各有特点,元陈绎曾说:"高适诗尚质主理,岑诗尚巧主景。"② 这种评论是很中肯的。

王昌龄(698？—765？年) 字少伯,京兆(今陕西西安市一带)人,一说江宁(今江苏南京市附近)人。少时生活贫苦。开元十五年(727年)进士,补秘书省校书郎。开元二十二年(734年)中博学宏词科,超群绝伦,授汜水县尉,后贬为江宁丞,天宝间贬龙标尉,世称"王江宁"或"王龙标"。安史之乱起,还乡里,为亳州刺史间丘晓所杀。开元、天宝时,诗名极盛,有"诗家天子王江宁"③ 之称。《全唐诗》收其诗 4 卷,今存诗 180 余首,其评为"为文缜密而思清"。尤为擅长七言绝句,与李白联璧当世。其《出塞》一诗曾被推为唐人七绝的压卷之作:"秦时明月汉时关,万里长征人未还。但使龙城飞将在,不教胡马度阴山。"④ 七言绝句源于民歌,魏晋的《行者歌》、《豫州歌》都是句句用韵的七言小诗。宋朝汤惠休的《秋思引》是最早的文人七言小诗,第三句已不用韵。梁

---

① 严羽:《历代诗话·沧浪诗话·诗评》,第 698 页。
② 陈绎:《诗谱》,《唐音癸签》卷 5,第 48 页。
③ 《唐才子传校笺》卷 2,第 52 页。
④ 《中国历代文学作品选》,第 51 页。

陈北朝,作者渐多,萧纲的《夜望单飞雁》、魏收的《挟琴歌》、庾信的《代人伤往》都比较著名。隋无名氏《送别诗》平仄已暗合规格。初唐偶作之诗人颇多,但成就不高。盛唐作者辈出,乐府唱词,也主要用绝句。王昌龄对七绝用力最专,成就最高,后人称之为"七绝圣手"。

王昌龄的边塞诗,大部分是用乐府旧题来抒写战士爱国立功和思念家乡的心情。诗体即为七绝,从而易于入乐,这与高适、岑参多用七言古诗是不同的。其边塞诗名作,除了《出塞》外,还有《从军行》组诗,诗中多是刻画战士战斗的热情和胜利的信心。王昌龄的七绝中有不少是赠别诗、宫怨诗、闺怨诗,例如《送魏二》、《芙蓉楼送辛渐》、《西宫春怨》、《长信秋词》、《闺怨》便是其中的名篇。

王昌龄的七绝达到了很高的艺术水准。首先,他善于选用富于启发性的一刹那,描写这诗意最为丰富的一刹那,通过一刹那间外界事物的变化来反观人物细腻的内心,触景以生情,因景而融情,同时启发读者的联想。其次,他对于四句中每一句都精心地加以处理,不留一处闲笔。其起句高昂急骤,以雷鸣之声打开局面;而第三句更能就势一振、长驱直入,把思想感情继续深入一步,极尽婉转变化之能事,往往使人意料不及;而结句也是煞费苦心,有时很实在朴素,有时又故意荡开一笔,以含蓄取胜,博得余音袅袅之效。胡应麟在《诗薮》中比较李白与王昌龄之诗说:"李作故极自然,王亦和婉中混成,尽谢炉锤之迹。王作故极自在,李亦飘翔中闲雅,绝无矫造之风,故难优劣。"①

王之涣(688—742 年)　字季凌,晋阳(今山西太原附近)人,后徙绛州(今山西新绛县附近)。他为人慷慨,倜傥有大略。以门子调补衡水主簿,后罢去,复起为河北文安县县尉,天宝元年卒于官舍,年 55 岁。与王昌龄、高适、郑庐、崔辅国等互相唱和,名动当时。今仅存诗六首,收入《全唐诗》卷 253。其名作为《凉州词》、《登鹳雀楼》,诗思非常高

---

① 胡应麟:《诗薮》,上海中华书局 1959 年版。

远,意境雄浑壮阔,声调极好,情景俱佳。《凉州词》:"黄河远上白云间,一片孤城万仞山。羌笛何须怨杨柳,春风不度玉门关。"① 爽朗开阔,悲凉中含激昂,为人传诵。

李颀(690—751? 年)　东川(今云南会泽县附近)人,寄居颍阳(今河南许昌附近)开元二十三年(735 年)中进士,调新乡县尉。不久便辞官归隐,不复出仕。性格疏简,厌薄世务,慕神仙之事,期轻举之道,与王维、王昌龄、高适都有交往。《全唐诗》收其诗 3 卷。其诗题材和体制较广,但成就最高的是描写边塞战争之乐府歌词,今仅存 5 首,其中《古意》和《从军行》是其代表作。《古意》是结合游侠主题来写的,悲伤中不失豪迈,豪迈中略带悲凉。《古从军行》托古以讽今,思想深刻、感情沉痛、章法整饬、音韵婉转,与高适之风颇为近似。他的赠别诗数量最多,塑造人物很有特色,人物形象和性格非常鲜明,在赠别诗中别开生面。他还有两首写音乐的诗,为人所称道。诗中通过对大自然种种音响和形象的摹状来表达音乐给人的感受,想像奇特,比喻贴切,对后世白居易、韩愈、李贺等人描写音乐的诗篇有所启发和影响。

崔颢(? —754 年)　汴州(今河南开封附近)人。开元十一年进士,天宝中任仕勋员外郎。《旧唐书》本传说他"有俊才,无士行,好赌博饮酒。娶妻择有貌者,稍不惬意即去之,前后数四"。后来他入河东军幕,有过一段边塞生活,从此诗风大振。殷璠在《河岳英灵集》卷中说他"少年为诗,属意浮艳,名陷轻薄,晚节忽变常体,风骨凛然。一窥塞垣,为戎旅间语"。② 今存诗 42 首,《全唐诗》收其诗 1 卷。他的边塞诗,题材风格都颇有特色,其中《赠王威古》、《古游侠呈军中诸将》,都颇似曹植的《白马篇》、《名都篇》,着力于人物意气风度的描绘。其《雁门胡人歌》写得很是新鲜别致。其最有名的一首七律《黄鹤楼》抒写登临吊古、

---

① 《中国历代文学作品选》,第 45 页。
② 见《唐音癸签》卷 5,第 46 页。

怀土思乡的心情,颇为豪放不羁,诗的前三句连用三个"黄鹤"不拘于律诗常格,敢于创新,前人称之为"变律"。

王翰(687—726年) 字子羽,并州晋阳(今山西太原)人。少年豪健恃才,中进士后,仍然好赌博饮酒。有集十卷,已佚,今存诗1卷,收入《全唐诗》。其中《凉州词》二首最负盛名,其一:葡萄美酒夜光杯,欲饮琵琶马上催。醉卧沙场君莫笑,古来征战几人回。语似旷达,实则悲凉,成为千古之绝唱。

综观王昌龄、王之涣、王翰的诗歌,意象雄浑,格调悲凉,与岑参、高适的诗风相近,但其神韵比岑、高之作尤为过之。总之,这一派诗人的创作,是乐府诗歌的发展,影响所及,便促成了乐府的形成与兴盛。

李益(748—827年) 字君虞,陇西姑臧(今甘肃武威)人。大历四年进士,幽州节度使刘济辟为从事,居边塞10年,太和初官至礼部尚书。有《李益集》2卷,《全唐诗》编其诗为2卷。

李益自称"关西将家子"①,少年时即入军旅,不久,家乡沦入吐蕃,中年有长期边塞生活体验,并且他所从军的幽州河朔,中唐时代已经成为藩镇割据的地方,这里的士兵,迫于连年不断的内外战争,卫国立功的气概早已消失殆尽,对战争充满了厌倦。李益的边塞诗,主要抒写战士们久戍不归的怨望之情,"悲壮宛转,乐人谱入声歌……令人悽断".② 例如其代表作《夜上受降城闻笛》、《从军北征》、《暖川》等即是如此。他的这些诗里没有了盛唐边塞诗的那种乐观豪放的情调,取而代之的是凄凉感伤的幽怨。但他这些绝句在艺术上取得了很高的成就,其诗形象完整丰富,韵味含蓄深长,音韵和谐婉转,语言精炼自然,与王昌龄的风格较为接近,这也使得他成为中唐时期最为杰出的边塞诗人。他的诗歌对于边塞风光的描写,可谓壮美阔大,展现了边塞特有

---

① 李益:《边思》,《全唐诗·李益》卷2,第718页。
② 《唐音癸签》卷7引,第64页。

的风光物候、风俗人情。例如《盐州过胡儿饮马泉》、《五城道中》、《将赴朔方早发汉武泉》等即是其中的佳作。李益以七言绝句著称于世,沈德潜说:"七言绝句,中唐以李庶子、刘宾客为最,音节神韵,可追逐龙标、供奉。"① 此言诚为的论。

5. 浪漫主义巅峰诗人:李白

盛唐时期的诗歌,无论古体还是近体都达到了高峰,能体现其高峰成就的诗人即是李白和杜甫,其中李白偏重于古体,杜甫偏重于近体,在风格上,"杜诗思苦而语奇,李诗思疾而语豪,子美不能为太白之飘逸,太白不能为子美之沉郁"(《沧浪诗话》)。② 在李白的诗中浪漫主义精神和浪漫主义的表现手法达到了高度的统一。他生活的时代主要是开元、天宝的40多年,即盛唐时期,这是唐帝国空前繁荣强盛而又潜伏着滋长着各种社会矛盾和危机的时代。这一时代特点,结合他独特的生活经历和思想性格,使他的诗篇具有强烈的浪漫主义性格和鲜明的独创性。

李白(701—762年) 字太白,祖籍陇西成纪(今甘肃天水附近),先世于隋末因罪徙居中亚。他诞生于碎叶(前苏联托克乌克),5岁时随父迁居四川彰明县的青莲乡,因自号为青莲居士。幼时即分外聪颖,除儒家经典之外,还学习六甲,10岁读诗书观百家。年纪稍长,能作赋,长剑术,传说他曾经为打抱不平而手刃数人。用他自己的话说,他"五岁诵六甲,十岁观百家"(《上安州裴长史书》),"十五观奇书,作赋凌相如"(《赠张相镐》),又"十五游神仙,仙游未曾歇"(《感兴》其五),"十五好剑术"(《上韩荆州书》)。③ 他这一时期,曾和隐士东岩子学习道术,

---

① 见《唐诗别裁集》卷20,第665页。

② 见《历代诗话·沧浪诗话·诗评》,中华书局1981年版,第697页。

③ 《李太白全集》卷26,第1243页;卷11,第598页;卷24,第1104页;卷26,第1240页。

又结识了喜谈纵横术的名士赵蕤,并到蜀中名山峨眉山、戴天山等地游历。

开元十四年,李白26岁,为了实现其政治理想,"奋其智能,愿为辅弼,使寰区大定,海县清一"①,他"仗剑去国,辞亲远游"②,开始了一个新的漫游而兼求仕的时期。游踪所及,几遍半个中国。在漫游中,他有时采取类似纵横家游说的方式,希望凭自己的才华得到知名人物的推荐,如向韩朝宗诸人上书;有时又沿着当时已成风气的"终南捷径",希望通过隐居学道来树立声誉,直上青云,如他先后与元丹丘、孔巢父、道士吴筠隐居嵩山、徂徕山和剡中。

天宝元年,李白42岁,终因吴筠的推荐,唐玄宗下诏征赴长安。李白初到长安受到玄宗的礼遇,"置于金銮殿,出入翰林中,问以国政,潜草诏诰,人无知者"③。但李白只是以文学词章见重,供奉翰林并非实际官职,更无政治实权,他那"济苍生"、"安社稷"的抱负无法得以施展。尤其是开元末年以来,政治日趋腐化,政权把持在奸相李林甫等人手中。李白不肯投靠权贵,纵酒狂歌,桀骜不驯。因而,诽谤和冷遇接踵而至,"谗惑英主心,恩疏佞臣计。彷徨庭阙下,叹息光阴逝"④。他感到自己留在长安完全是多余的,便恳求还山,于天宝三载沉痛地离开了长安。

经过长安3年的政治生活,李白对现实的认识比较清醒了。总的看来,这一时期,他的创作具有更强的思想性和更深刻的政治内容。从天宝三载到天宝十四载,李白又流浪了12年,游踪及于汴梁、齐鲁、江浙、燕赵。李白离开长安不久便结识了杜甫,两人结下了深厚的友谊。天宝四载李白受道箓于齐州紫极宫,此后他更热衷于求仙访道。但是

---

① 李白:《代寿山答孟少府移文书》,《李太白全集》卷26,第1225页。
② 李白:《上安州裴长史书》,《李太白全集》卷26,第1244页。
③ 李阳冰:《草堂集序》,《李太白全集》卷31,附录一,第1446页。
④ 李白:《答高山人兼呈权顾二侯》,《李太白全集》卷19,第902页。

李白并没有忘怀于现实政治,这时期政治的腐败在他诗中得到曲折的反映,使他的诗歌带有更加深广的忧愤。

天宝十四年(755年)十一月爆发了"安史之乱"。李白由宣城奔亡剡中,后隐居庐山。次年冬,永王李璘以抗敌平乱为号召,由江陵率师东下,过庐山时,坚请李白参加幕府,李白出于报国安民的诚意,加入了李璘的幕府。不料李璘暗怀和他哥哥唐肃宗(李亨)争夺帝位的野心,不久即被消灭,李白也获罪而下浔阳狱,次年流放夜郎(今贵州铜梓一带)。乾元二年春,李白行至三峡遇赦放还,后往来于宣城、历阳等地。上元二年,李白61岁,听到李光弼率大军征讨史朝义的消息,他由当涂北上,请缨杀敌,但行至金陵,因病折回。宝应元年,李白到安徽当涂投靠族叔当涂县令李阳冰,十一月病逝,年61岁。李阳冰将他的作品编成《草堂集》10卷,可惜没有流传下来。现在所存李白的诗共约一千首。

李白一生经历曲折,受到多方面的影响,思想极为复杂。他一生主要生活在盛唐时代,其思想性格的形成和这个时期的社会环境有着密切的关系。极度强盛的唐帝国给了诗人以极大的鼓舞。富于建功立业的幻想,具有乐观进取的精神,心胸开阔、性格豪爽,甚至狂放不羁,是当时许多知识分子的共同特点,而李白则是最为典型的一个。他理想最高,傲岸不羁的精神最为突出,当时一些文人所具有的行侠使气、饮酒赌博、寻仙访道等习气他都具备。他既有儒家"济苍生,安社稷"、"安黎元"的思想,又深受道家思想影响,蔑视世间一切,崇尚绝对自由。同时,"以武犯禁"、"不爱其躯"、"羞伐其德"的游侠精神和纵横家策士的精神在他身上也颇有体现。总而言之,儒家为其树立了政治理想,道家则给了他不屈己、不干人、旷达不羁的傲岸作风与叛逆精神。在他诗中反复出现的"功成身退"是支配他一生的主要志向,他非常钦慕范蠡、鲁仲连、张良等历史人物。他说:"吾观自古贤达人,功成不退皆殒身。"①

---

① 李白:《行路难》其三,《李太白全集》卷3,第191页。

正惟如此,他只愿做帝王师友,不愿做其奴仆俳优。尽管他热切盼望能够从政而有所作为,但保持个人的人格独立永远是他的第一要着。一旦两者发生冲突,他必然选择前者,决不摧折。同时,他又始终保持着积极进取、执著追求的精神,无论碰到什么挫折,他都对前路充满强烈的希望。当然,在李白身上,也有着消极颓废的一面。他所要求的自由往往倾向于个人的自由,他这种自由往往只能在山林、仙境、醉乡中去寻找,所以在他的许多作品中总时不时流露出人生如梦、及时行乐、逃避现实、悲观厌世的思想。所以说李白是一个复杂的矛盾体,时代的繁荣强盛与危机重重在他身上体现为喷薄的理想、壮烈的豪气以及深沉的苦闷、透骨的忧伤。综而观之,李白虽然千百年来被人们称为超凡脱俗的"诗仙"、"谪仙",但他首先是一个热爱祖国、不忘人民、关怀现实的伟大诗人。他诗歌中所体现出来的政治上的远大抱负,对祖国人民的热爱,对权贵势力、对一切压迫和羁绊毫不调和的叛逆态度,正是其诗歌浪漫主义精神的主要表现。

李白的诗歌具有强烈艺术感染力,他说自己写诗是"兴酣落笔摇五岳,诗成啸傲凌沧州"[1],杜甫称赞他"笔落惊风雨,诗成泣鬼神"[2]。李白笔下的形象往往是个性化的,带有强烈的主观感情色彩。即使是叙事或写景的诗篇,也能使人感到有诗人自身的形象在其中跳跃,宛若回旋的狂飙,喷涌的火山,狂呼怒叱,纵横变幻。《蜀道难》便是其中的典型。李白诗歌的意象往往是超越现实的,他很少对生活过程做细致的如实的描绘,而是驰骋于无比广阔的想像空间之中,穿插以历史、神话、梦境、幻境和大自然的景物,捕捉许多表面上看来互相没有逻辑联系的意象,运用独特的匠心,构成一幅幅惊心动魄的图画,表现跌宕起伏的感情。《梦游天姥吟留别》、《梁甫吟》、《宣州谢朓楼饯别校书叔云》

---

[1] 李白:《江上吟》,《李太白全集》卷 7,第 374 页。
[2] 杜甫:《寄李白二十韵》,《李太白全集》卷 32,附录二,第 1487 页。

就是如此。李白的诗歌具有丰富奇特的想像力，这种想像是与大胆的夸张连在一起的。当现实生活中的事物不足以表现他所追求的境界和情感时，他就从神话和传说中吸取素材，借助丰富的想像、奇特的比喻和大胆的夸张想像等表现手法来宣泄感情、突出形象。为了畅快地抒情写意，李白诗歌往往脱去笔墨歧径，不受常规所限制。李白诗歌的语言清新、豪放，不拘于格律，不雕琢字句，一切都发于自然，可谓"清水出芙蓉，天然去雕饰"①。李白还很注意学习民歌的语言和当时的口语。

李白以其诗歌创作的理论和实践，扫清了六朝以来华艳柔靡的诗风，完成了陈子昂诗歌革新的伟业。他通过学习乐府民歌与建安以来优秀诗人的艺术技巧，使古典诗歌的内容和形式都得到创造性地发展。李白的咏怀古诗在体裁上与阮籍之《咏怀》、陈子昂之《感遇》一脉相承。但在风格上又与《楚辞》相似，如其驰骋想像、神游天际、纵览四海、囊括古今等景象，都有《离骚》、《远游》等作品的影响在。"李白诗祖风、骚，宗汉、魏，下至徐、庾、扬、王，亦时用之"②。不仅古诗，他的乐府，也具有同样的诗风，在体格、韵调诸方面明显承袭着"楚骚"，有一些乐府歌词，其源流所自，则是汉《铙歌》诸曲和《子夜歌》、《江南》诸作，无论题材、体裁、语言等，都有汉民间乐府之意境和韵味。他几乎袭用过所有的乐府古题，并达到情深词显的境界。他又常常另创新意，自立题目。李白的五七言绝句，也是富于民歌风味，又有其个性特点，大都语近情远，具有音外之音、味外之味。总而言之，李白诗歌体裁、风格是属于陈子昂、张九龄、岑参、高适一系的，承袭这一派系而来，并有所发展和创造。

---

① 《经乱离后天恩、流夜郎忆旧游书怀赠江夏韦太守良宰》，见《李太白全集》卷32。

② 《唐音癸签》卷6引，第53页。

李白对后世的影响极为深远。他的诗名在当时已广为传扬,其诗作"集无定卷,家家有之"。① 他那种追求理想、反抗权贵、要求自由的精神,高傲豪迈的性格,恣肆纵放、雄奇飘逸的诗风,以及诗歌"惊风雨"、"泣鬼神"的艺术魅力,不仅吸引和影响着当时的众多诗人,而且也给后代的诗人和词人们以强烈的鼓舞和启迪。李贺、苏轼、陆游、辛弃疾、高启、龚自珍等大家,无不从李白那里取得丰富的养料。李白思想中的消极因素如人生如梦、及时行乐等等,也往往被他们不同程度地接受。

6. 现实主义巅峰诗人:杜甫

杜甫是我国文学史上伟大的现实主义诗人。他的诗不仅有丰富的社会内容,鲜明的时代色彩和强烈的政治倾向,而且充溢着热爱祖国、热爱人民、不惜自我牺牲的崇高精神。钱穆就认为杜工部"每饭不忘君亲,念念在忠君爱国"。② 因而有唐以来,他的诗就被公认为"诗史"。

杜甫诗歌理论与创作,跟李白完全不同,这从其训子诗中可以得到说明,如《宗武生日》云:"诗是吾家事,人传世上情。熟精《文选》理,休觅彩衣轻。"又如《又示宗武》:"觅句新知律,摊书解满床……应须饱经术,已似爱文章。"他勉励宗武继承家学,并告诉其杜家之诗诀:首先必须"饱经术"以及通《文选》。他的《偶题》诗云:"法自儒家有",又说:"遣词必中律"(《桥陵诗三十韵》)。又如"陶冶性灵存底物? 新诗改罢自长吟"(《解闷十二首》其七)。③ 这都说明他下苦功锤炼诗句,使其诗句精确而洗练,并有丰富的内涵。

杜甫(712—770年) 字子美。祖籍襄阳,后迁居河南巩县。他出

---

① 刘全百:《唐故翰林学士李君碣记》,《李太白全集》卷31,附录:志,第1460页。

② 钱穆:《中国文学论丛·谈诗》,三联书店2002年版,第125页。

③ 《全唐诗·杜甫》卷16,第573页;卷15,第567、569页。

身于官僚家庭，祖父杜审言，修文馆学士，朝议大夫。杜甫生活在唐帝国由盛而衰的时期。他是在繁荣富庶的盛世里长大的，从小受着传统文化的熏陶，所以在政治上，他希望循着科举制度的道路登上卿相的高位，以实现其"致君尧舜上，再使风俗淳"① 的抱负。他少年早慧，7 岁即能作诗，9 岁能写大字，十四五岁时已能与当时文士相唱和，20 岁左右开始漫游，至晋地，下姑苏，渡浙江，览剡溪，历时四五年。

开元二十三年，杜甫 24 岁，从吴越归来，赴京兆，举进士不第，心情郁闷，便放荡于齐州、兖州、洛阳、长安等处，历与李白、高适、李邕等作诗酒之会。期间，李白在游侠、求仙中所表现的要求冲破束缚、向往自由的精神，很深地影响了杜甫。在与李白交往的日子里，杜甫也在诗里一再表示要厌世学仙。36 岁时，杜甫在长安应诏，但为宰相李林甫所排挤，便与其他诸文士同时退出朝廷。当时唐王朝已呈衰危之象，他40 岁时，玄宗令他待制集贤院。天宝十一年（752 年），奉诏试文章，幸被录取。天宝十四年（755 年），被任命为河西尉，辞不赴任，后改为右率府胄曹参军，然而生活仍然极为贫困，以至家庭生计都不能维持，同年七月至奉先省家。这一时期，杜甫写出了《自京赴奉先县咏怀五百字》。安史之乱爆发，杜甫于本年五月，从奉先到白水，投靠舅父崔少府。六月又从白水去鄜州，听说肃宗即位，立刻又从鄜州奔行在，遂陷于贼中。其《哀王孙》、《哀江头》、《春望》等即写于此时。至德二年（757年）四月，他逃脱出来，在凤翔谒见肃宗，官拜左拾遗。到官不久，即因房琯罢相，上疏营救房琯得罪肃宗，由崔光远、颜真卿等人极力辩护，才免治罪。八月奉诏回鄜州省亲。于战乱中逃奔回家，悲喜交集，因此有《北征》、《羌村》等作。当时官军虽已收复两京，而叛贼仍充斥中原，朝廷征调壮丁有增无减，《三吏》、《三别》之作因而产生。乾元二年（759年）十二月，他入蜀至成都，于西郊盖了一所草堂。广德二年（764 年）

---

① 杜甫：《奉赠韦左丞丈二十二韵》，《全唐诗·杜甫》卷 1，第 509 页。

严武推荐杜甫为节度参谋,检校工部员外郎,后人因称之为"杜工部"。杜甫在四川漂泊了八九年,后又在湖北、湖南漂泊了两三年,大历五年(770年)冬天,病死在由长沙到岳阳的一条破船上。元和八年(813年),他的孙子杜嗣业把停在岳阳的灵柩归葬偃师。诗人的遗体漂泊了43年。杜甫现共存诗一千四百余首,其中五律五百多首,七律一百多首,绝句两百多首,律体诗约占全部诗歌一半以上。

杜甫一生处于剧烈动荡的社会之中,而且始终穷苦不堪。但他对这种恶劣的环境从不屈服,而是自比稷契,要致君尧舜,表现出顽强的爱民救世精神。他以自己的儒学家世传统自励:"自先君恕、预以降,奉儒守官,未坠素业矣。"① 将儒家之贵德行、重名节之风范体现在自己的言行之中,并以儒家仁政爱民思想指导自己的诗歌创作,从而取得辉煌的成就。

杜甫在中国文学史上是一个承前启后的诗人。他继承了《诗经》和汉乐府的传统,同时也批判地汲取了六朝以来诗歌在音韵格律、遣词造句等方面的艺术技巧,将现实主义诗歌推向高峰。杜甫的现实主义精神,以及"即事名篇"的新乐府诗,直接开导了中唐的新乐府运动。杜甫以前诗人或借乐府旧题来写时事,如曹操的《蒿里行》、《薤露》;或全仿古意古题,如《乌生》咏乌、《鸡鸣曲》咏鸡。前者虽有现实意义,但文不对题。杜甫开始改变了这种情况,使诗题与内容一致。他自创了许多新题,如用《兵车行》,而不用《从军行》、《战城南》,用《丽人行》而不用《长安有狭邪行》,这为诗歌反映现实开辟了一条方便之路。

杜甫是伟大的现实主义诗人,他的主要作品贯穿着现实主义精神,主要表现在三个方面:第一,面对现实,讽谕时事。杜甫的创作活动,主要是在安史之乱前后。面对黑暗的现实、腐朽的政治、凋敝的社会,杜甫总是大胆地揭露矛盾、讽谕时事,表示自己的态度,指出解决问题的

---

① 杜甫:《进雕赋表》,《全唐文》卷360,第1614页。

途径。《自京赴奉先县咏怀五百字》中,杜甫突破了"达则兼善天下,穷则独善其身"的思想,不管穷达都要投身政治兼济天下。玄宗、肃宗、代宗三朝的社会面貌,齐赵陇蜀荆楚等地的风土人情,帝王将相、农夫渔夫等各阶层的生活状况,都在他的诗中有所反映。例如《兵车行》、《丽人行》、《前出塞》、《释闷》、《三吏》、《三别》等诗都是这类作品。第二,反映人民的生活及其疾苦。杜甫以前,只在《诗经》和汉乐府里对劳动人民的生活及其疾苦有所反映,文人笔下所讴歌的多半是王公贵族、官僚隐士。建安诗人受汉乐府的影响,较多地描写了人民生活,曹操的《苦寒行》、《蒿里行》提到百姓,王粲的《七哀》写了一个贫苦的妇人,陈琳的《饮马长城窟行》写役夫,曹植的《泰山梁甫行》写边海民,但都未能提供人民生活的广阔画面。陶渊明的田园诗真正写农民的地方也不多,这种情况直到盛唐都没有多大变化。只有在杜甫诗中,劳动人民的生活及其疾苦才开始占据重要的地位。农夫、士兵、船夫、渔夫、负薪的女子、无告的寡妇,他们的劳动、生活、痛苦以及精神面貌都是杜甫精雕细刻的对象。杜甫笔下的人民是勤劳、勇敢而善良的,他喜爱人民的淳朴和率真,同情他们的不幸和痛苦,探求其中的原因,揭露统治者的罪恶。《水会渡》、《负薪行》、《遭田父泥饮美严中丞》、《又呈吴郎》、《枯棕》、《遭遇》等诗歌就是这一类。第三,热爱生活,描写社会生活。杜甫一面注视着生活的阴暗面,另一方面,又最善于发现生活中光明的、美好的、善良的事物,用饱蘸热情的笔墨将它们描绘下来。杜甫的兴趣很广泛,他对音乐、书法、绘画、舞蹈都有很高的修养。他对大自然具有特殊的敏感和热爱。他对妻子、儿女的感情很深沉很执著。他非常珍视友谊。他关怀、交好自己的邻人。热爱生活是他热爱祖国热爱人民的思想的另一个方面。

杜甫的诗歌取得了极高的艺术成就。这首先表现在诗歌内容和形式的完美结合。其叙事诗往往通过典型事例的叙述来反映社会生活和历史事件,对现实进行高度的艺术概括。与此同时,杜甫也特别重视诗歌的形象性,把自己的主观爱憎融入到具体的客观描写中去,但有时为了减少作品的主观意味,保持事件的客观性和真实性,同时吸收了汉乐府的创作经验,有时纯用对话和人物的独白代替叙述描写,借助诗中人物对自己生活经历的诉说来反映人民普遍遭受的悲惨遭遇,极为真切感人。杜甫还特别善于对细节进行精心描绘,从而表现人物的内心活动和精神面貌,甚至通过细节以小见大、以近求远来表现重大社会问题,达到阔大深邃的境界。杜甫对诗歌语言做了呕心沥血的刻意追求,用他自己的话说是:"为人性僻耽佳句,语不惊人死不休。"① 杜甫的诗歌语言最终能够达到概括准确、凝练苍劲、通俗自然、丰富多彩的境界,也并非单纯靠苦思而来,善于从民间创作中吸取新鲜活泼的语言也是其中的重要原因之一。杜甫诗歌的艺术风格是"沉郁顿挫"。"沉郁"主要指的是情感的深厚、浓郁、忧愤、蕴藉;"顿挫"则是说语言的刚健、遒劲,音调的铿锵有力,章法的曲折变化等。其被誉为唐七律压卷之作的《登高》便充分地体现了这一特点:"风急天高猿啸哀,渚清沙白鸟飞回。无边落木萧萧下,不尽长江滚滚来。万里悲秋常作客,百年多病独登台。艰难苦恨繁霜鬓,潦倒新停浊酒杯。"总体上看,"沉郁顿挫"只是杜诗的主要风格,除此而外,杜诗还有豪放、平易、清丽、典雅等多种风格。杜甫的诗歌体裁多样,可谓博采众长,而达到众体皆备、各体皆工的境界。

7. 写实讽喻诗派

安史之乱后,唐代社会和文学都进入一个新的时期。严重的社会矛盾和社会危机,使得诗人们富于理想和朝气的浪漫激情为对现实的冷静观察和思考所取代,个人建功立业的豪情壮志为对国计民生的深重忧虑所取代。产生于安史之乱前后的诗歌写实和社会批判思潮,逐

---

① 　杜甫:《江上值水如海势聊短述》,《全唐诗·杜甫》卷11,第554页。

渐发展成影响巨大的诗歌流派——写实讽喻诗派。

　　写实讽喻诗派在创作上继承了《诗经》、汉乐府民歌和批判现实的思想传统,在理论上继承了《乐记》、《诗大序》为代表的儒家诗教观念。而杜甫的讽喻时政、反映社会生活和民生疾苦的诗歌直接启示了他们的创作。这一诗派的诗人,以元结、顾况、戴叔伦等为肇始者,张籍、王建、李绅、元稹等人为后继者,其中白居易是最为杰出的代表。他们都重视运用乐府诗的形式进行创作,都重视以时事和现实题材入诗,都重视客观写实和讽喻手法的运用,都重视诗歌的社会接受和直接效应,也都重视表达和语言的浅切通俗,都把艺术写实与政教功利的结合作为最高追求。

　　元结(719—772年)　字次山,河南人(今洛阳附近)人。少年时偲傥不羁,17岁始折节读书。早年入长安应试不第,曾经历过一段"耕艺山田""与丐者为友"的生活,天宝十二载中进士。安史之乱起,逃难入猗玗洞,率集邻里两百余家南奔襄阳。肃宗乾元二年,由苏源明推荐,召入长安,上《时议》三篇,陈述兵势,遂擢山南东道节度参谋,后拜道州刺史等职,减免租税、抚辑流亡,并多次上书,指责朝廷官吏,陈述民生疾苦,提出"救世劝俗"的政治主张。在文学上,他反对"拘限声病,喜尚形似"的淫靡诗风,而要求文学为政治服务。有《元次山集》10卷,拾遗1卷,《全唐诗》编其诗为2卷。

　　元结的诗几乎全部是古体。安史之乱前,有《系乐府》十二首,其中《贫妇词》、《去乡悲》、《农臣怨》都是具有人民性的好诗。安史之乱后,他的同情人民、批判现实的精神有了更深刻的发展,这一时期,《舂陵行》和《贼退示官吏》是其代表作。元结是和杜甫一道在盛唐末世开中唐风气的诗人,其所咏多为愁苦之音,反映出社会写实已开始成为这一时期失意的下层知识分子的创作倾向。其诗歌的艺术特点是语言朴质,接近散文,但因过于否定声律辞藻,诗的形象性不够,常常陷于枯燥的说教。

顾况(725?—815? 年)　字逋翁,苏州人。至德二载进士。德宗时官秘书郎。李泌做宰相时,迁著作郎,泌死,作《海鸥咏》诗嘲喻权贵,被贬为饶州司户参军。晚年隐居于茅山,自号华阳山人。有《华阳集》3卷,《全唐诗》录其诗为4卷。

顾况与元结同时而稍晚,也是一个关心人民痛苦的诗人,作诗能注意"声教"而不仅仅追求"文采之丽"。他根据《诗经》的讽喻精神写了《上古之什补亡训传十三章》,都是讽喻劝戒之作。这些诗形式上模拟《诗经》四言体,但能自立新题,描写时事。他效法《诗经》"小序"体例,取诗中首句一二字为题,并标明主题,开了白居易"首章标其目"的先例。他的诗不避方言土语,比元结的诗更为通俗。

戴叔伦(732—789年)　字幼公,润州金坛(今属江苏)人。有《戴叔伦集》2卷,《全唐诗》录其诗为2卷。安史之乱中携家南下逃难,后任抚州刺史、容管经略使。他的《除夜宿石头驿》表现了漂泊者的典型体验,为人传诵。新题乐府以《女耕田行》较有特色。《屯田词》反映了在蝗灾和官府压迫下屯田边民的痛苦,也很感人。

张籍(766?—830? 年)　字文昌,和州乌江(今安徽和县乌江镇)人。贞元十五年(799年)进士,韩愈荐为国子博士,后任水部员外郎,故称"张水部"。仕终国子司业,又称"张司业"。有《张司业集》8卷,存诗450多首,《全唐诗》录其诗为5卷。张籍与同时的王建同以乐府齐名,宋以后并称"张王乐府",它的出现,标志着写实讽喻诗派的正式形成。

张籍非常推崇杜甫,他的乐府诗广泛地表现下层劳动人民的生活,有不少血泪的控诉,又特别善于刻画人物的内心活动,《促促词》、《山头鹿》、《筑城词》便是如此,都是其代表作。他也有不少诗歌反映商农贫富不均的情况,或反映战乱中人民的灾难。张籍乐府诗的突出特点是"穷于用古,矫而用俗"①,善于用世俗俚浅小事为题写诗,从中发现和

---

①　胡震亨:《唐音癸签》卷7,第67页。

挖掘其蕴涵的社会意义,于艺术写实中自然体现讽喻意旨。他的乐府诗还善于提炼情节和语言,一方面精心选择和概括生活内容,另一方面在语言上追求言浅意深、言简意赅。张戎《岁寒堂诗话》说:"元白张籍王建乐府,专以道得人心中事为工。"又说他"思深而语精",都是中肯之论。[①]

王建(766?—830? 年)　字仲初,颍川(今河南许昌)人。出身贫寒,20岁左右与张籍相识,一起从师求学。曾从军塞上,为军幕散史。大历十年进士,曾任昭应县尉,后又任陕州司马,世称"王司马"有《王司马集》10卷,《全唐诗》录其诗为6卷。

王建和张籍是好友,他们的乐府诗无论在思想内容上还是在艺术风格上都颇为相似,号称"张王"。他的乐府诗比张籍的要多,反映的社会生活的面也很广,尤其善于刻画劳苦人民的内心,在表现民情和人民生活方面比张籍更为细致入微,语言上也显得更为通俗易懂,有的富有民歌谣谚的色彩。他还有《宫词》百首,在当时很有名。

张籍和王建是中唐写实讽喻诗派中除白居易之外成就最高的两个诗人,他们较为相似的艺术风格可谓自成一家,而且对后来的写实讽喻诗人产生了较好的影响,有些写法为后来者所效仿和继承。他们是比较自觉地接受古典诗歌的写实艺术传统而较少功利主义的儒家诗教观的两位诗人。

元稹(779—831年)　字微之,河南(今河南洛阳附近)人。他8岁丧父,家境贫寒,全靠母亲劳苦抚育,自言孩提时见到奸吏剥夺百姓,为之"心体悸震,若不可活,思欲发之"。[②] 仕途早期曾任右拾遗、监察御史等官职,屡次与权贵作斗争,屡次为权贵所迫害而遭贬,后转而结交大宦官魏弘简,长庆二年与裴度同时拜相,互不相容,不久俱被撤职,出

①　《历代诗话·岁寒堂诗话》卷上,第450页。
②　元稹:《叙诗寄乐天书》,《全唐书》卷653,第2939页。

为同州刺史,转越州、鄂州刺史,死于武昌节度使任所。生前曾自编《元氏长庆集》100卷,《全唐诗》收其诗为28卷。

元稹和白居易齐名,时称"元白",文学主张两人完全相同,强调即事名篇,反映现实,指摘时弊,反对"沿袭古题",主张"刺美见事"。但他仍有一部分乐府诗借用古题,不如白居易那样坚决彻底,旗帜鲜明。他的乐府诗反映现实的面相当广泛,或揭露官军的暴横,或同情农民的痛苦。其代表作《田家词》、《织妇词》、《估客乐》、《连昌宫词》。乐府诗之外,他的悼亡诗《遣悲怀》七律三首也很有名,感情真挚,将律诗口语化,而又能对仗工整,对律诗的通俗化有一定影响。

李绅(780?—846?年)　字公垂,无锡人,一说亳州人。因身材短小,故称"短李"。他是元稹、白居易的好友。自创新题始于白居易,但有意识地以"新题乐府"为标榜和传统的古题乐府区别开来的,李绅是第一人。他曾一口气写出《新题乐府》20首,当时元稹和了12首,白居易则扩充到50首,并改名《新乐府》。元、白大力创作新乐府诗歌并且有其系统理论,但最初带动他们的却是李绅。然而李绅二十首作品一字不传,现在所流传下来的只有妇孺皆知的《悯农》二首,是唐诗中不朽的珍品。这二首诗的诗题不类乐府,郭茂倩未将其收入《乐府诗集》的"新乐府辞"中,其实是地道的新乐府,而且是其中的杰作。

白居易(772—846年)　字乐天,晚居香山,自号香山居士,又曾任太子少傅,后人因称之为"白香山"、"白傅"或"白太傅"。祖籍太原,曾祖徙居下邽(今陕西渭南县)。从祖父开始又迁徙至新郑(今河南新郑县),他即生于此地。后又随父寓居徐州符离县(今安徽宿县符离集),期间因避战乱,过了一段颠沛流离的生活,这使他认识到社会的危机和人民的疾苦,也培养了他关注现实的生活态度和正直的性格。幼年聪慧,五六岁作诗,9岁解声韵,15岁以后,读书极为刻苦。20岁起,专为科举考试作准备,28岁登进士第。32岁时与元稹同授秘书省校书郎。宪宗元和元年,罢校书郎,写成《策林》75篇,对当时的政治、经济、军事、文化提出一系列进步的主张,其核心是儒家的以民为本的仁政思想。这年四月应试,以对策语直,入四等,授周至县尉。在那里写了《观刈麦》、《长恨歌》。元和二年白居易被擢为翰林学士,次年拜左拾遗。他对宪宗一再非次擢拔十分感激,打算极力报效,认真地履行其谏官之职,直言急谏,言人之所不敢言,从而引起了皇帝和当道者的憎恨。三年的谏官生活使白居易对于社会政治有了更广泛、深刻的认识。除了直言进谏以外,他还写了大量的诗歌,揭露社会的黑暗和政治的腐败,引起了强烈的反映,《秦中吟》、《新乐府》大都作于此时。元和六年,白居易丁母忧,三年之中,经常与农民来往,对他们的生活有了进一步的了解,写了《采地黄者》、《村居苦寒》、《新制布裘》等同情人民的诗歌,另一方面,他的政治热情也渐渐冷淡下来,"独善其身"的思想不断发展,写了《效陶潜体诗》16首以明志。三年服满,授太子左赞善大夫,次年,因上书请求急捕刺杀宰相武元衡之贼,宰相恶其非谏官而先言事,忌之者污蔑其母看花坠井死,而作《赏花》、《新井》诗,有伤名教,遂贬为江州司马。从此,白居易在政治斗争中采取消极的逃避态度,其诗风也发生了巨大的变化,由讽喻诗而变为闲适诗和感伤诗了,期间作《与元九书》、《琵琶行》。任满后,转忠州刺史,在忠州学习巴、渝一带民歌而作《竹枝词》四首。次年,白居易回到长安。长庆二年河北藩镇作乱,白居易上书不用,外调为杭州刺史,教民筑堤蓄水,修建水利工程,灌田千余亩。敬宗宝历元年改任苏州刺史,也深得人民的喜爱。此后20年,白居易在文宗、武宗朝历任秘书监、河南尹、太子少傅等职,以刑部尚书致仕。后隐居洛阳履道里,自号"醉吟先生"。又修香山寺,栖心释教,与香山僧如满结香火缘,白衣鸠杖,往来香山间,自号"香山居士",年75而卒。著有《白氏长庆集》71卷,存诗2806首。

白居易是唐代诗人中创作最多的一个,他曾把自己的作品分成四类:一是讽喻诗,二是闲适诗,三是感伤诗,四是杂律。这种分类没有统一的标准,但可以反映出他的创作思想。四类中,最有价值的是第一类讽喻诗,这些诗,是和他兼济天下的政治抱负一致的,同时也是对他现实主义诗歌理论的实践,其中最有代表意义的是《新乐府》50首和《秦中吟》10首,这些诗歌取材于现实生活,以"救济人病"为目的,以"惟歌生民病"[①]为主题,是白诗的精华。其讽喻诗异常关注的一个问题是当时的土地和赋税问题。中唐时期,均田制破坏了,租庸调法也被两税法所取代,土地兼并和苛捐杂税使农民纷纷破产,土地和赋税的问题,成为社会最严重的问题之一。这些内容,在杜甫诗歌中虽然也有反映,但并不突出,直到白居易才把它作为一个严重的社会问题集中地给予关注和表达,从而也在更大程度上揭露了封建统治阶级对劳动人民的剥削及其腐朽荒淫的本质。《观刈麦》、《采地黄者》、《杜陵叟》、《重赋》、《赠友诗》都是这类诗歌。唐代的社会弊政,除了"两税法"之外,还有名为购物而实为夺物的"宫市"。所谓宫市,即是宫廷派出宦官去购物,天子脚下的长安地区的人民因而遭殃。另外,"进奉"也是当时一大弊政。所谓进奉,就是地方官把额外榨取的财物即"羡余"拿去讨好皇帝,从而谋取高官。白居易的《卖炭翁》、《红线毯》、《歌舞》、《买花》、《轻肥》都是对这类弊政进行抨击的。白居易的讽喻诗的又一个特点在于爱国主义的宣扬和对侵略战争的反对,这与中唐时代国家的危难形势息息相关。《西凉伎》、《城盐州》、《缚戎人》便控诉了沦为失地的人民的痛苦生活。《新丰折臂翁》便是对统治者穷兵黩武的谴责。白居易的讽喻诗还极为关注当时的妇女问题,例如《上阳白发人》、《陵园妾》、《母别子》、《太行路》、《妇人苦》、《盐商妇》便表现了白居易对于妇女悲惨命运的深刻同情。讽喻诗之外,白居易的诗歌值得注意的还有两首长篇感伤诗:《长恨歌》、《琵琶行》。这两首诗叙事生动、描写细腻、声调优美,是不可多得的长篇叙事诗,其中名句"在天愿作比翼鸟,在地愿为连理枝"及"同是天涯沦落人,相逢何必曾相识",抒情伤感强烈,可谓尽人皆知。

---

①　白居易:《寄唐生》,《白居易集》卷1,中华书局1979年版,第15页。

　　白居易的思想带有浓烈的儒释道三家杂糅的色彩，但主导思想是儒家的"穷则独善其身，达则兼善天下"。他说："仆志在兼济，行在独善，奉而始终之则为道，言而发明之则为诗。谓之讽喻诗，兼济之志也；谓之闲适诗，独善之义也"。① 实际上，白居易"独善"与"兼善"思想的侧重是随着其仕途遭遇和政治环境的变化而变化的。贬官江州之前，仕途比较顺利，又正值元和年间政治较为振作，其"兼济"思想占主导地位。44 岁政治上受到打击之后，适值朝政日非，"独善"思想便处于上风。晚年的佛教信仰，使其闲适自得，乐天知命。

　　白居易诗歌的艺术成就突出表现在其诗歌语言上。"他的诗歌的语言是通俗易懂、明白晓畅的，但同时又经过千锤百炼，做了许多艺术加工的"②。意到笔随，善于运用警句统摄全篇，达到言浅意深，于平淡中见警奇的效果。刘熙载《艺概》中说："常语易，奇语难，此诗之初关也。奇语易，常语难，此诗之重关也。香山用常得奇，此境良非易到。"③ 白居易的抒情诗有一个鲜明的特点，那就是以叙事为主结合抒情，方式多样。或是寓感情于叙事之中，诗中没有专以抒情的句子，感情洋溢在叙事的字里行间；或是以第一人称的口吻替诗中人物抒情；或是叙事结束之后直抒胸臆以"卒章显志"。而叙事之时，脉络分明而又曲折生动，人物形象也往往刻画得富有典型意义，人物个性鲜明而突出。白居易的诗歌在艺术上也有其缺陷，一是理周词繁，语言不够简练，二是意切言激，语言不够含蓄。有些诗歌的语言浅显得过了分，不给读者留一点想像的余地创造的空间，显得太露、太详、太尽、太周，一览无余，略无余蕴，使人兴味索然。有时白居易为了"显志"，便添上冗长的一段议论，成了全诗的蛇足，给人一种枯燥的、板起面孔说教的

---

① 　白居易：《与元九书》，《白居易集》卷 45，第 964—965 页。

② 　顾肇仓、周汝昌：《白居易诗选·序》，人民文学出版社 1963 年版，第 17 页。

③ 　刘熙载：《艺概》，上海古籍出版社 1978 年版，第 65 页。

印象。

白居易是杜甫的有意识的继承者,也是杜甫之后杰出的现实主义诗人。他继承并发展了《诗经》和汉乐府的现实主义传统,沿着杜甫所开辟的道路进一步从文学理论和实践上掀起了现实主义的新高潮,即新乐府运动。他的现实主义的诗论和创作对这一运动起着指导和示范的作用。他的《与元九书》可以说是一篇最全面、最系统、最有力的宣传现实主义、批判形式主义的宣言。其诗歌创作的精神,自晚唐皮日休等经过宋代王禹偁、梅尧臣、张耒、陆游诸人以至晚清黄遵宪,一直有所继承。白居易的另一影响是形成一个"浅切派",亦即通俗诗派。由于语言的平易近人,他的诗流传到社会各阶层乃至海外,广为人民所接受,故张为称他为诗歌之"广大教化主"①。他的《长恨歌》、《琵琶行》流传更广,为后来的戏剧提供了创作的题材。

刘禹锡(772—842 年)　字梦得,洛阳(今河南洛阳)人,一说中山人。世受儒家教育。贞元九年(793 年)与柳宗元同榜中进士,又登博学宏词科,永贞元年参加王叔文集团革新,任屯田员外郎、判度支盐铁案。政治改革失败后被贬为朗州司马。在朗州 10 年,十分苦闷,恒以诗文自慰。元和九年(814 年)召回京师,再贬任连州、夔州、和州刺史,在外 20 余年。宝历二年(826 年)被召回朝,晚年任太子宾客,分司东都,加检校礼部尚书衔,世称"刘宾客"、"刘尚书"。期间与白居易友善,常有诗篇往来唱和,白居易赞其为"诗之豪者也",两人合称"刘白"。今存《刘梦得文集》30 卷,外集 10 卷。

刘禹锡具有朴素的唯物主义思想,曾作《天论》三篇,继柳宗元《天说》之后进一步阐发无神论思想,并继荀子"人定胜天"而提出"人天交相胜"的观点。这些,对他积极参加政治革新运动,在遭到贬谪之后仍然保持着乐观顽强的生活态度有着重要的作用。其对于宇宙生生不

---

①　《历代诗话续编·诗人主客图》,第 95 页。

息、新旧不断交替的客观规律的认识在不少诗歌中都有所表现,例如《秋词》、《杨柳枝词》、《酬乐天扬州初逢席上见赠》、《元和十年,自朗州至京,戏赠看花诸君子》、《重游玄都观绝句》等都是其中的名篇,名句如"沉舟侧畔千帆过,病树前头万木春"① 等所表现出来的奋发向上的满怀豪情是难能可贵的。《唐音癸签》说:"禹锡有诗豪之目。其诗气该今古,词总华实,运用似无甚过人,却都惬人意,语语可歌,真才情之最豪者。"②

　　刘禹锡的诗歌主要是贬谪期间的作品,抒发对自己身世遭遇的痛苦和愤懑,讽喻当时的当朝权贵,而又多采取咏物和咏史诗的形式。他咏物以表现对打击陷害革新派的黑暗势力的痛恨和轻蔑,他咏史以表现对历史兴亡的理性认识和对国家大事的深切关怀。《飞鸢操》、《秋萤引》、《聚蚊谣》、《西塞山怀古》、《金陵五题》、《乌衣巷》、《石头城》、《台城》等都是这类作品。刘禹锡在贬谪期间较多地接近人民和民间文艺,吸收其中的营养,丰富自己的诗歌创作,把民歌语言通俗明快、音节铿锵和谐、表达率真自然的特点和自己思想以及文学修养有机地融合一处。《刘梦得集》中现存的两卷乐府诗就是他努力学习民歌的成绩,集中《竹枝词》、《浪淘沙》、《杨柳枝》、《踏歌词》、《堤上行》等是代表作。

　　总而言之,刘禹锡的诗歌中,律诗、绝句的成就比较高,仿效民歌的乐府小章尤为著名。他的诗歌,既不像韩愈那样奇崛,也不像白居易那样浅显,可谓境界优美、骨力豪劲、精炼含蓄、韵律自然。诗中饱含哲理的特点对宋诗"理趣"的形成有很大的影响,苏轼、王安石、黄庭坚和江西诗派以及后来的徐渭、袁宏道等人都向他学习而有所心得。

　　皮日休(834?—883? 年)　字逸少,后改字袭美。襄阳(今湖北襄阳)人,少居鹿门山,家世务农,性嗜酒,癖好诗歌,号醉吟先生,自称醉

---

① 《全唐诗·刘禹锡》卷7,第899页。
② 《唐音癸签》卷7,第70页。

士。以文章自负,尤其擅长藏铭。中年漫游过不少地方,途中自编《皮子文薮》。懿宗咸通八年(867 年)中进士。次年游苏州,为刺史崔璞军事判官,与陆龟蒙唱和。后入朝为太常博士,复出为毗陵(江苏武进)副使。不久黄巢起义,皮日休参加了义军,僖宗广明元年(880 年)黄巢入长安称帝,皮日休为翰林学士。中和三年(883 年),黄巢兵败退出长安,他很可能就死于这一年。今存《皮子文薮》10 卷,诗 1 卷。

皮日休最推重李白、杜甫和白居易,其文学主张受白居易的影响尤深。他非常强调乐府诗的政治作用。他认为"诗之美也,闻之足以观乎功;诗之刺也,闻之足以戒乎政。"这些看法,是白居易现实主义诗歌理论的继续,和汉乐府民歌"缘事而发"的精神也可谓一脉相承,《文薮》的诗文便是这种文学主张的实践。他的代表作是《三羞诗》3 首和《正乐府》10 首,其中如《卒妻怨》、《橡媪叹》、《贪官怨》、《农父谣》、《哀陇民》等都反映了当时严重的社会问题。其他与陆龟蒙相互唱和的作品,把元和以来元稹、白居易之间的次韵酬唱之风推向繁盛,缺少现实性。

聂夷中(837—? 年)　字坦,河东(今山西永济)人。他出身贫寒,曾"奋身草泽,备尝辛楚"。36 岁中进士后,仕途一直不如意,最后才做了华阴县尉。这种生活经历,使他对农民的疾苦和贵族的奢华生活深有了解,因而其诗作的两大主题便或者是对于人民痛苦的同情,例如可以与李绅的《悯农诗》并传千古的《伤田家》、《田家》,即为"伤时悯俗之作"(同前),或者是对于贵族公子的讽刺,例如《公子家》、《公子行》就是其中代表。他写诗喜欢用接近口语的浅言俗语,就连七律也写得明白如话,其诗中名句"医得眼前疮,剜却心头肉"①　便可为证。有诗两卷,今已佚。《全唐诗》收其存诗 37 首。

杜荀鹤(846—904 年)　字彦之,自号九华山人,池州石埭人(今安徽石台)。他出身寒微,说自己是"江湖苦吟士,天地最穷人"。年轻时

---

① 《中国历代文学作品选》,第 252 页。

曾与朋友隐居在九华山读书，数次应考，都无果而归。后得朱温推荐，46岁时中进士，"洎朱温受禅，拜翰林学士，五日而卒"。[①] 自编其诗为《唐风集》3卷，今佚，《全唐诗》收其存诗37首。

杜荀鹤的文学主张和白居易很接近，他在《自叙》中说："诗旨未能忘救物，世情奈值不容真。"[②] 他生活在唐末乱世，历经人生挫折与磨难，目睹农民起义和兵祸匪乱，所以他的诗歌能鲜明地反映出当时乱世的特征，"殊多忧惋思虑之语"。《山中寡妇》、《乱后逢村叟》、《田翁》、《蚕妇》、《塞上伤战士》等都是成功的作品。

用近体律绝（尤其是七言律诗）来写民生疾苦，这是杜甫的创造，杜荀鹤是自觉的继承者。他专攻近体诗，所作三百多首诗，没有一篇古体，这其中，又以七律写得最多最好。他在这种短篇格律体制中概括生活，反映现实，不用典故，不追求藻饰，把律诗的声韵对偶和浅近通俗的语言结合起来，平易委婉，如话家常，"变俗为雅，极事物之情。"杜荀鹤虽然没有沿用乐府古体，也没有自创新题，但其创作精神和新乐府运动是一致的。

罗隐（833—909年） 字昭谏，新登（今浙江新登）人。咸通元年至京师，参加进士考试，7次不中。黄巢起义后，避乱归乡。晚年投奔吴越王钱镠，深受爱重，任钱塘令、谏议大夫等职。著有诗集《甲乙集》10卷，后集5卷。"诗文凡以讥刺为主，虽荒祠木偶，未能免者"。他善于用咏史和咏物诗的形式讽刺现实，辛辣有力。如《西施》、《小雪》、《蜂》即是此类。他有一些小诗即事抒感，构思新颖，如《感弄猴人赐朱绂》。

陆龟蒙（？—881？年） 字鲁望，吴郡（今江苏苏州）人，自号天随子、江湖散人、甫里先生。"幼精六籍，弱冠攻文"。[③] 举进士不第，隐居

---

① 孙光宪：《北梦琐言》，中华书局2002年版，第144页，下同。
② 《全唐诗·杜荀鹤》卷3，第1749页。
③ 《北梦琐言》，第136页。

松江甫里。著有《甫里先生集》、《笠泽丛书》。他的小诗讽刺政治弊端，非常尖刻，力量很强，如《筑城词》、《新沙》。此外，《村夜》、《刈祸》等诗，反映了农民起义之前广大人民的悲惨生活。

8. 大历十才子

大历年间（766—779 年）　经济一度繁荣，政治上呈现一些升平的迹象，于是一批诗人刻意模仿盛唐之音，后人称之为"大历十才子"。"大历十才子"的称号及人名，最早见于姚合的《极玄集》，根据《新唐书·卢纶传》，它包括：卢纶、吉中孚、韩翃、钱起、司空署、苗发、崔峒、耿湋、夏侯审、李端。他们的诗歌较少反映社会的动乱和人民的疾苦。他们往往依附权贵，以诗歌互相酬唱或呈赠达官贵人，多为应制之作。他们在艺术上有一定的修养，擅长五言律诗，追求声律和对仗的工整，崇尚齐梁的绮丽诗风，大都缺乏鲜明的艺术特色和艺术创造力，有形式主义的倾向。其中钱起、卢纶的一些小诗在艺术上有一定的成就。

钱起（722—780? 年）　字仲文，吴兴人，他的时代比其他 9 人要早，曾和王维、裴迪等人唱和。诗风也略似王维，以"体格清奇、理致清淡"[1] 为特色。他曾任尚书考功郎中，有《钱考功集》10 卷。代表作有《题玉山村叟屋壁》、《省试湘灵鼓瑟》、《登胜果寺南楼雨中望严协律》是其代表作。

卢纶（748—800 年）　字允言，河中蒲人，有《卢纶诗集》。在十才子中他的成就最高，其诗风比较雄壮。他的经历比较坎坷，诗歌题材比较广泛。其代表作是《和张仆射塞下曲》两首以及《逢病军人》，写得雄浑苍凉，别具一格，是边塞绝句中具有现实主义精神的作品。

---

① 《历代诗话·全唐诗话》卷 2 引，第 101 页。

9. 奇崛诗派

这一派的代表人物主要有韩愈、孟郊、贾岛、姚合、李贺等。

中唐诗坛上,与以白居易为代表的写实讽喻诗派并立而辉的有以韩愈为代表的奇崛诗派。贞元元和年间,韩愈和孟郊以艰险怪奇的诗风,开拓了诗歌创作的新路。他们的诗歌在内容上不再重视客观写实,而是注重表达个人的主观感受;在形式上不愿从俗趋易,而是追求出奇创新;创作态度上,不以美刺干世为目的,而是讲究表现个人才力、重视诗人之间的相互欣赏。追随和受到他们影响的还有李贺、贾岛等人。

韩愈(768—824年) 字退之,河阳(今河南孟县)人。3岁而孤,由嫂郑氏抚养成人。幼年即知读书,从独孤及、梁肃学习古文,刻苦自励,博闻强记,于是尽通诸子百家之说。25岁进士及第,29岁步入仕途,先后做过汴州观察推官、四门博士、监察御史等官。在任监察御史期间,因上书论宫市,贬为连州山阳令,任上于民有诸多善政。元和十二年,因从裴度平淮西吴元济有功,升为刑部侍郎。后二年,又因谏迎佛骨而触怒宪宗,贬为潮州刺史。任官潮州期间,颇多美政。穆宗即位后,诏回京师,任兵部侍郎,又转为吏部侍郎。有门人所编《昌黎先生集》41卷,宋人所编外集10卷。今存诗三百余首。

韩愈是中唐诗坛上能够别开生面、勇于创新的诗人,曾致力于诗歌之革新,以纠正大历十才子的平庸诗风。他肯定从《诗经》直到建安诗歌的现实主义传统,否定六朝之柔靡诗风,并推崇陈子昂、李白和杜甫的诗歌。从创作实践来看,他主要是继承了李白诗的自由豪放、纵横恣肆,同时,又吸收了杜甫的博大精深和"语不惊人死不休"的创作精神。

韩愈在贞元年间的诗歌,对现实有一定的关怀,抒发了自己"报国心皎洁,念时涕沾澜"①的积极用世的忧患心理。在形式上,带有明显

---

① 《韩昌黎全集》卷2,第45页。

的散文化的倾向。这些诗篇,受到了杜甫某些诗歌的影响,雄才博学、好发议论、格调拗折、造语生新,于叙事中融合抒情和议论,但爱国忧民的思想深度,艺术语言的朴素亲切,不及杜甫。元和以后,他的诗歌更加往着奇崛险怪的一路发展。搜罗奇字,光怪陆离,铺排夸张,争奇斗险。他的诗歌之特点主要表现在:创造新颖奇崛的艺术意境。其诗之结构、语言均力避陈俗,而最为注重的即是以奇崛的笔墨捕捉具有强烈视听效果的瞬时情景,描绘出具有震撼力的画面;讲究以文为诗的结构笔法。以文为诗,就是用他所提倡的古文写法来作诗,杂文的章法结构、句式、虚词乃至议论、铺叙手法全都用于诗歌;追求劲拔险拗的语言韵律。他的文字力求笔力之雄健,用韵之变化,但有时过分强调用怪字僻语、险韵拗调,使诗歌成为炫耀才力的手段。能够体现其诗的这类特点的作品主要有:《山石》、《南山诗》、《八月十五夜赠张功曹》、《谒衡岳庙遂宿岳寺题门楼》等。

　　韩愈的诗歌,不仅纠正了大历以来的平庸诗风,而且在中唐诗坛上开创了一个新的局面,把新的语言风格、章法技巧引入诗坛,扩大了诗的领域,对以后的诗人乃至宋代的梅尧臣、欧阳修、王安石、黄庭坚、陆游,清代的郑珍、黄遵宪都有不同程度的影响。

　　孟郊(751—814年)　字东野,湖州武康(今浙江德清)人。早年曾隐居嵩山少室,性耿介,不合流俗,韩愈一见辄以之为忘形之交,两相唱和。家贫,多次应试不第,46岁才中进士,50岁才做溧阳尉,后辞官,56岁河南水陆转运从事,试协律郎等小官,晚年还连丧三子,自己也是暴病而死。今存《孟东野诗集》10卷。

　　孟郊的诗,很受韩愈之称道,他也是韩愈诗歌主张的支持者,他同样对大历以来的流连光景、取悦统治者的平庸浮艳诗风深表不满,认为诗歌应该"下笔证兴亡,陈辞备风骨"①,标举"六义"、"风骨"的传统,强

----

① 　孟郊:《读张碧集》,《全唐诗·孟郊》卷9,第944页。

调诗歌的政治作用。他与贾岛都以苦吟而闻名，其诗用意深刻，造语奇警，但又不脱离生活实际感受，写得深细，于古拙中见出凝练，奇险中见出平易。韩愈认为他"才高而气清"。[①] 他一方面追随韩愈崇尚奇崛诗风，另一方面又能吸收乐府民歌的优点，运用晓畅的语言写诗，《游子吟》在其中最是引人注目。

孟郊的一生，拙于生事，一贫彻骨。他的不少诗歌即是描写个人的贫病饥寒，反映内心的愁苦哀痛，同时也写出了冷酷无情的世道人心。《答友人赠炭》、《秋夕贫居述怀》、《秋怀十五首》都是这方面的代表作。他的诗歌，有不少接触到当时的社会矛盾，描写民生疾苦和社会创痍，如《长安早春》、《贫女词》、《病客吟》、《感怀》、《杀气不在边》、《吊国殇》等，或者讽刺朱门贵族的骄奢淫逸的生活，或者同情妇女的劳苦呼号，或者忧虑时局的动荡不安。他的诗歌在文学史上颇有影响，唐末张为《诗人主客图》以孟郊为"清奇僻苦主"。[②] 北宋江西派诗歌瘦硬生新风格的形成，也受他一定的影响。

贾岛（779—843 年） 字阆仙，河北范阳（近北京附近）人，早年出家为僧，法名无本。元和年间，于京师以诗谒韩愈，深得韩愈赏识，遂还俗，屡试不中，因作诗讥讽权贵，为公卿所嫉恨，被称为"举场十恶"，后曾任长江主簿、普州司仓参军等低级官职。有《长江集》10 卷，《全唐诗》编其诗为 4 卷。

贾岛与孟郊相似，家境贫困，作诗也讲求奇险，以苦吟而名世。他的诗歌也深受韩愈的赏识，又与孟郊齐名，实际上他的诗歌无论思想内容还是艺术成就都远远不如孟郊。思想内容方面，他不像孟郊那样关心民生疾苦，几乎都是在个人生活以及与朋友酬唱的狭窄空间里作功夫；诗歌形式方面，选择了当时诗人们都不太注重的五律一心经营。总

---

① 韩愈:《韩昌黎全集》卷 15《与孟东野书》，第 231 页。
② 见《历代诗话·诗人主客图》，第 95 页。

体上而言,贾岛的诗歌往往只以只言片语取胜,缺乏整体的构思乃至成就。贾岛与孟郊各有特色,苏轼以"郊寒岛瘦"① 以概括之。比较而言,贾岛苦吟而得佳句,便拼凑而成文,以致有名句而无名篇。其中流传较广的有《寻隐者不遇》、《送无可上人》等。

姚合(775—885?年) 陕州(今河南陕县)人。元和十一年进士,授武功主簿,后官终秘书少监。他与贾岛情极交契,两人诗歌风格也极为相似,当时人称"姚贾"。他的诗歌风格是为"清俏",有贾岛之新奇而无其僻涩,有孟郊之清苦而无其险崛。特别善于描写自然景物和萧条官况,尤其善于表现不得志的小官的闲情野趣。后世之失意文人往往从姚合的诗歌之中找到适合自己需要的审美情趣。

李贺(790—816年) 字长吉,祖籍陇西(今属甘肃),河南福昌(今河南宜阳县)人,是唐宗室郑王之后裔,但已经没落。早孤,家庭极为贫穷。少年时以才能而出众。元和二年,移居洛阳,以诗谒见韩愈,深受器重。后入京应试,但因父讳而不得应试,故终身未登第。元和五年任奉礼郎,三年后辞去,后为生计所迫又再出依附他人,心中一直抑郁不平,年仅27岁即死去。今存《李长吉诗歌》4卷,外集1卷。

李贺是一个极富创造性的诗人,他继承了楚辞九歌、南朝乐府神弦歌的传统,并受到李白浪漫主义精神以及韩愈的"惟陈言之务去"② 精神的影响,结合齐梁宫体之浓艳和韩孟之险怪,可谓融合各家而自成一格,形成奇崛幽俏、浓丽凄清的风格。他的诗歌思想内容比较单薄,对社会生活没有深刻的体验。他以惊人的想像力,驱遣千奇百怪的形象,运用丰富鲜明的色彩以及富有象征性的语言来表现他哀愤孤激之思。其独特的艺术成就使他成为独树一帜的诗人。

李贺的创作态度极为勤奋刻苦。《新唐书》记载:"每日旦出,骑弱

---

① 苏轼:《祭柳子玉文》,《历代诗话·彦周诗话》,第384页。
② 韩愈:《韩昌黎全集》卷16《答李翊书》,第246页。

马，从小奚奴，背古锦囊，遇所得，即书投囊中……及暮归。非大醉、吊丧日，率如此。"[1] 他的诗歌的主要内容在于抒发其怀才不遇的悲愤以及自己执著的人生追求。其悲惨的身世遭遇使他的诗歌带上了一种幽冷凄婉的色彩；其追求理想而又无从实现的矛盾使他只能在幻想中才能得到自由。于是，对现实的绝望和对神仙世界的向往便成了他诗歌的两大主题。例如《南国十三首》、《致酒行》、《开愁歌》、《秋来》、《天上谣》、《梦天》等诗歌即是如此。此外，他还有一些数量虽然不多但内容广泛的政治时事诗，这些诗歌或者揭露统治者的残暴荒淫，或者描写人民的疾苦。如《公出无门》、《猛虎行》、《吕将军歌》、《苦昼短》、《感讽》（其一）、《老夫采玉歌》、《平城下》等。

李贺以"笔补造化天无功"（《高轩过》）的创造精神和瑰奇幽峭的风格对唐诗的发展作出了贡献，但他也有着"铺陈追逐，景象虽幽，怀抱不深，纷华散藻，易供掎扯"（《谈艺录》）[2] 的缺点。他的一些诗歌内容狭隘，情感悲伤，表达晦涩，词语过分雕饰，对后世产生了消极的影响。

10."夕阳"诗人

代表人物：杜牧、李商隐、温庭筠、韦庄、司空图。

晚唐之际，中央王朝宦官专权，朋党相互倾轧，藩镇势力日益强大，皇权衰微，阶级矛盾极为尖锐。这种社会状况在文学创作上得到了不同的反映。或者感叹身世悯时伤乱，或者寄托精神的没落空虚于对声色的沉迷之中，以其感伤情调和艺术风格独特的政治诗和抒情诗为诗国留下最后一道"夕阳无限好"[3] 的霞光。

---

① 《新唐书》卷 203《李贺传》。
② 钱钟书：《谈艺录》，中华书局 1984 年版，第 57 页。
③ 李商隐：《乐游原》，《全唐诗·李商隐》卷 1。

杜牧(803—853年) 字牧之,京兆万年(今陕西西安)人。出身于世家大族,是宰相杜佑之孙。少时即博览群书,以经邦济世之才自负。26岁中进士,因为秉性刚直有奇节,不顾细节小谨敢论列大事,指陈国家利病之所在,遂为人排挤,在江西等使幕做了10年幕僚,生活很不如意。36岁迁为京官,又受宰相李德裕排挤,出为黄州、池州等地刺史。一生宦途坎坷,怀抱不得舒展,抑郁苦闷无所宣泄,因而消极颓废寄情声色,流连于青楼楚馆之间,过着轻狂放荡的生活。后官至中书舍人。今存《樊川文集》20卷,外集1卷,别集1卷。

杜牧的诗歌创作摈弃了元、白之风,吸取了李、杜、韩、柳之写作技巧并使之更加细密化;同时有继承了梁、陈宫体诗之艳丽诗风,更加冷艳化,从而形成了自己融合纵横倜傥之气势与缠绵悱恻之情致于一体的独特风格。后人形容其诗歌圆快奋急,认为犹如铜丸走坂骏马注坡。人们往往把他与杜甫做对比,称其为"小杜"。其诗以七言律诗、绝句成就最高。七律往往不为声律所拘泥,而随意呵成,转掉自如,略无痕迹,气势豪宕,情韵悠长,拗折峭健而又风华流美,在晚唐"委靡"诗风之中,独树"拗峭"之格,自为翘楚。其绝句大都风格清新俊爽,蕴藉含蓄,情思悱恻,于豪宕艳丽之中透出一种潇洒之风韵。

杜牧的诗歌在内容上,首先是纵论时事,抒发自己的政治思想,对国家情势日蹙忧心如焚,有很深的救国安民之愿望。《感怀诗》、《郡斋独酌》、《雪中抒怀》、《早雁》、《皇风》等诗就是从各个不同角度来表达自己对国事民生的关心的。他还写了不少诗歌来表达对当时妇女命运的关注。他的一些小诗,从古代的息妫、绿珠等著名美人到当时的宫女、村姑,对各种女性被压迫的痛苦都能予以细致的体察,《金谷园》、《题村舍》、《秋夕》等都从不同身份、地位、环境而写出了她们各自的悲苦。他的咏史诗也写得精巧工细、意味深长。或寓议于叙、或叙议结合,以借古而讽今或抒发个人对社会人事的感慨,其中《过华清宫》、《赤壁》等便是脍炙人口的佳作。张戒说:"杜牧之华清宫三十韵,铿锵飞动,极叙事之工。"① 他还有一些抒情绝句,写得词采清丽,画面鲜明,风调悠扬,艺术上达到了很高的成就,如《江南春》、《泊秦淮》、《山行》等。

李商隐(813—858 年) 字义山,号玉溪生,有号樊南生,怀州河内(今河南沁阳)人。才华早现,16 岁即作古文《才论》、《圣论》。为应进士试,以文谒见令狐楚,深得其赏识,改从令狐楚学骈体文,并被引荐为其幕府巡官。受令狐楚影响极大。后又得其子令狐绹推荐而中进士。令狐楚死后,他入泾原节度使王茂元幕,并被招为女婿。当时朝廷内部牛、李两党党争激烈。令狐楚父子与王茂元分属牛、李二党。李商隐因此被指责为"背恩"、"无行",从此陷入党争之中,以致一生仕途坎坷,遭到排挤,在各藩镇幕府中过着清寒的幕僚生活,潦倒至死。今存《李义山诗集》6 卷,《李义山文集》5 卷。

李商隐是一个关心现实政治的诗人,他富有政治热情,有着"欲回天地入扁舟"② 的抱负,但终身得不到实现的机会,因此心情始终是抑郁苦闷的。他对当时的社会政治问题进行了直接的批判揭露,25 岁时写的《行次西郊一百韵》是继杜甫《奉先咏怀》、《北征》之后的又一具有"诗史"性质的长篇政治时事诗,反映了广阔的社会现实,提出了"仁政"的政治主张。26 岁写的《安定城楼》体现他对国运的深切关心以及在事业上的远大抱负。而《有感》二首、《重有感》是他在"甘露事变"之后以极大的勇气征讨宦官的檄文。《井络》、《韩碑》等诗反映了他对藩镇割据的批判。他的许多咏史诗,也是对政治问题曲折地发表意见,主要是讽刺历史上帝王们的荒淫奢侈,从而对于现实进行讽谏,或以古鉴今,或借古讽今,以小见大,意味深长。《吴宫》、《齐宫词》、《华清宫》、《马嵬》、《富平少侯》、《陈后宫》、《瑶池》、《贾生》等诗歌即是此类。随着对政治的失望,他关怀现实的诗篇减少了,而更多的是感叹个人的遭

---

① 《历代诗话续编·岁寒堂诗话》卷上,第 461 页。
② 李商隐:《安定城楼》,《全唐诗·李商隐》卷 2,第 1370 页。

遇、时运的衰微,《登乐游原》、《花下醉》、《宿骆氏亭寄怀崔雍崔衮》等诗即是这类末世哀音。他的作品中,最为人所称道的是他的爱情诗,这类诗歌或名《无题》,或取篇中两字为题,这些诗中有的是别有寄托,有的是悼亡之作,更多的是有本事背景的言情诗,以真实的爱情体验为基础,着力于情感心理的细腻刻画和意境的精心创造。诗中交织着爱情的希望、失望乃至绝望的种种复杂心情,可谓人类崇高美好情感的颂歌和悲歌,具有长久的艺术魅力。

李商隐是一个很有独创性的诗人,他的诗歌有着独特的表情方式和语言方式,有着独特的朦胧之美,可谓深情幽怨,意旨微茫,令人测之无端,玩之无尽,尤其其爱情诗和咏物诗更是如此。但有些诗也因为过于朦胧而显得晦涩生僻。他的古体诗继承前人的较广,《行次西郊一百韵》是学的杜甫,《海上谣》是学的李贺,七古《韩碑》是学的韩愈,风格不统一,不能融而化之,成就不高。他成就最高的是七律,一方面继承了杜甫锤炼谨严、沉郁顿挫的特色,又融合了齐梁诗歌的柔靡艳丽,以及李贺的浪漫幻想,形成了“绮密瑰妍”、“深情缅邈”①的独特风格。用典方面,学习了杜甫用典不肯从口出的技巧,借助恰当的历史类比,化深为浅,变难为易。他的爱情诗善于运用神话志怪故事,继承了李贺于神奇中见真实的写法。他的爱情诗歌对后人产生了很大的影响,宋朝西昆派诗人,直到清代黄景仁、龚自珍等,还有唐宋婉约派词人,以及元明清许多爱情戏曲的作家,都受到他的影响。

温庭筠(812—870 年)　本名岐,字飞卿,太原祁(今山西祁县)人。祖父是唐初宰相。才思敏捷,下笔万言,每入试,押官韵作赋,凡八叉手而八韵成,时号“温八叉”。他生于富贵之家,生活放荡不羁,“士行尘染,不修边幅,能逐弦吹之音,为侧艳之词”。②又恃才傲物,喜欢讥刺

---

① 　刘熙载:《艺概》,第 65 页。
② 　《旧唐书》卷 190 下《温庭筠传》。

权贵,得罪宰相令狐绹,时人讥之为"徒负不羁之才,罕有适时之用"①,屡次举进士不中,作过县尉、国子监助教等小官,仕途坎坷,终身潦倒。今存《温飞卿诗集》9卷。

温庭筠与李商隐齐名,时号"温李",但诗歌之成就远不如李商隐。他的诗歌大多是以浓艳之辞藻写奢靡之生活,或为歌儿舞女,或为艳情逸乐,在当时很有影响,实际上没有什么价值。这中间也有少数诗歌直接或间接地反映了社会现实的,如《烧歌》、《鸡鸣埭曲》等。他有一些诗歌,多为近体诗,较少辞藻,清新流畅,情感激切。或吊古感怀,如《过五丈原》、《过陈琳墓》等;或表现羁旅之愁,如《商山早行》、《利州南渡》;或描写边疆风貌,如《塞寒行》。总的来说,这类诗歌的艺术价值是比较高的。他在继承诗歌传统的过程当中,能做到遣词造句不蹈袭前人,于浓言艳语中显出工丽新奇的特点,同时又精通音乐,诗歌语言之中富于音韵之美,从而于律诗的创作中开启出词之一格来。

韦庄(836?—910年) 字端己,京兆杜陵人,是宰相韦见素之后。早年丧父,家庭贫寒,曾在江南一带漂泊,乾宁元年(894年)才中进士,后入蜀为王建掌书记。唐亡,王建建立前蜀,他任宰相。有《浣花集》10卷,补遗1卷,诗共319首。他最有名的诗是《秦妇吟》。僖宗广明元年(880年),他目睹了黄巢军入长安的情况,中和三年(883年)在洛阳写了此长达1600多字的诗歌,是现存最长的唐代叙事诗,其结构完整严密,语言生动流丽,和白居易的叙事诗有相似之处,标志着古代叙事诗艺术的发展,曾经广泛流传,韦庄因此有"秦妇吟秀才"之称。他的其他诗歌,大多数是追怀往日的承平之日的繁华生活,或抒发及时行乐的颓废之情,诗风有时近于轻浮,有形式主义的倾向。

司空图(837—908年) 字表圣,自号耐辱居士、知非子,河中(今山西永济)人。咸通十年(869年)进士,曾官至中书舍人。黄巢起义后,

---

① 《北梦琐言》,第90页。

隐居于中条山王官谷,成为著名的大庄园地主。朱温代唐后,绝食而死。有《司空表圣文集》10卷,今存《司空表圣诗集》5卷。他的诗歌,接近王维,主要写山水隐逸的闲情,内容比较单薄,有形式主义的倾向,有个别名句而无名篇。他主要以其诗论而著名于文坛。

三、唐代诗论

1.“兴象”说

诗歌理论上,“兴象”一说,是由殷璠提出来的。他认为南朝诗歌“理则不足,言常有余,都无兴象,但贵轻艳”,因而提出兴象,并于其作《河岳英灵集》中反复以“兴象”一词评诗,他认为陶翰的诗歌“既多兴象,复备风骨”,又认为孟浩然的诗歌“无论兴象,兼复故实”。他赞美王维的诗歌:“词秀调雅,意新理惬;在泉为珠,着壁成绘,一句一字,皆出常境”;他认为储光羲的诗歌:“趣远情深”;他评价常建的诗歌:“其旨远,其兴僻,佳句辄来,惟论意表”;他发现刘眘虚的诗歌:“情幽兴远,思苦语奇”。①

兴象的兴,即是诗人缘事、缘物而起的思想感情;兴象的象,即是外在客观的物象。思想感情因物而起,而又与物融合而为一体。情与景会,无迹可求,自然简洁,意味隽永。殷璠提出的“兴象”之说,是对盛唐诗人创造的情景交融的诗歌意境的理论总结,并对后世的诗歌理论产生了深远的影响。

2. 韵味说

最先比较明确地以味来论诗的诗人是南朝的钟嵘,他在《诗品序》

----

① 《唐音癸签》引,第 49、47、47、46、48、49 页。

中说,五言诗是"众作之有滋味者也",因为它们"指事造形,穷情写物,最为详切"。他认为因为春风秋月、暑雨祁寒或"楚臣去境,汉妾辞宫"等等而产生的深厚情思和"词采葱茜"、"巧构形似"相结合,有"味之者无极,闻之者动心"① 的艺术效果,从而给读者感官舒适的诗歌,就是有滋味的好诗。

晚唐的司空图把"辨味"作为诗歌创作和批评的主要原则,提出了"韵味说"。他的主张,主要在几封书信和其《诗品》中。《与李生论诗书》说:"而愚以为辩于味而后可以言诗也……近而不浮,远而不尽,然后可以言韵外之致耳。"② 这其中"韵外之致"的"韵"是指包括韵律在内的诗歌语言,"韵外之致"的"致"是指诗歌所具有的言外之意。他认为好诗的韵味外在于词采的装点,所谓"不著一字,尽得风流"。③ 另外,他提出"味外之旨",认为这是诗道之极,以"味外之旨"为至味。而只有具备了"近而不浮,远而不尽"的特点,才是有"味外之旨"的好诗。④ 他的《诗品》,便是其"韵味"说的发挥。他把诗歌的风格分为雄浑、冲淡、纤浓、豪放、含蓄、飘逸、悲慨等二十四类,每类各以十二句形象的韵语来形容其风格的面貌。在各类风格中,他极力强调远离现实生活体验的超脱意境。在对具体诗人的评论中,他特别称赞王维、韦应物的山水诗,另一方面他也热烈赞扬白居易、皮日休等现实主义诗人的理论和创作。

3. 意境说

最初提出"意境"一说的是王昌龄的《诗格》,他把"境"分为三种:物境、情境与意境。他认为作诗的前提即是"境"与"思"之交契融合:"思

---

① 《历代诗话·诗品·序》,第 3 页。
② 司空图:《与李生论诗》,见《全唐文》卷 807,第 3761 页。
③ 《历代诗话·二十四品·含蓄》,第 40 页。
④ 同上。

若不来,即须放情却宽之,令境生,然后以境照之,思则便来,来即作文,如其境思不来,不可作也。"他强调必须以外境物象来引逗、兴发、对应心灵思情,同时又反对心力的苦索与人为的安排:"诗有天然物色,以五彩比之而不及。由是言之,假物不如真象,假色不如天然。如此之例,皆为高手。中手依傍者,如'余霞散成绮,澄江静如练',此皆假物色以比象,力弱不堪也。"① 皎然在《诗式》中说:"取境之时,须至难至险,始见奇句","取境偏高,则一首举体偏高;取境偏逸,则一首举体便逸。"② 皎然的"取境",强调诗歌意境的创作离不开诗人自身的思想情感,诗中的景象是和诗人思想情感融合一处的意中之象。权德舆进一步明确指出了"意"与"境"的关系。他在《左武卫胄曹许君集序》中说:"凡所赋诗,皆意与境会,疏导情性,含写飞动,得之于静,故所趣皆远。"③ 刘禹锡说:"义得而言丧,故微而难能,境生于象外,故精而寡和。千里之缪,不容秋毫。"④ 在这里,他谈到"境"与"象"的区别,并提出了"境生于象外"(同前)的命题。晚唐时代,司空图提出了"思与境偕"的命题,以揭示人的生命情意与大自然物象生命之间的契合。例如《雄浑》中"大用外腓,真体内充,返虚入浑,积健为雄",又《豪放》中"由道返气,处得以狂","万象在旁"。⑤ 他还对诗歌意境的多层次性特点进行了揭示,从而把"意境说"往前推了一大步。他说:"象外之象,景外之景,岂容易可谈哉? 然题纪之作,目击可图,体势自别,不可废也。"⑥ 这里他提出了"象外之象,景外之景"的说法。其中第一个象和第一个景,即是"目击

---

①　王昌龄:《诗格》。

②　《历代诗话·诗式·取境》,第 31 页。

③　《全唐文》卷 419,第 2215 页。

④　刘禹锡:《董氏武陵集序》,《全唐文》卷 606,第 2708 页。

⑤　《全唐文》卷 807,第 3761 页;参见胡晓明撰:《中国诗学之精神·意境》,江西人民出版社 2001 年版,第 40 页。

⑥　司空图:《与极浦书》,《全唐文》卷 490,第 2215 页。

可图"之景象,是具体的,由形状、线条、色彩等构成,是清晰明确的画面。第二个象和第二个景,是在具体景象之外那些清晰明确的画面,而是较为飘忽、朦胧、悠远的形象,这些形象,不是直接描写出来的,而是通过诗歌的比喻、象征、暗示、烘托再加上读者的联想和想像而表现出的。司空图的这种理论,是总结了王维、孟浩然诗派艺术特点而提出的。例如,他认为王维的"江流天地外,山色有无中"、"白云回望合,青霭入看无"等都能够通过清晰明确的画面而暗示多层次的形象,即构成象外之象,景外之景。

4. 兴寄说

陈子昂在《与东方左史虬修竹篇序》中说:"仆尝暇时观齐梁间诗,彩丽竞繁,而兴寄都绝,每以永叹。思古人常恐逶迤颓靡,风雅不作,以耿耿也。"(同前)在这里,陈子昂第一次提出"兴寄"一说,认为诗歌要有所感发有所寄托,内容充实,而不能片面追求形式之美,其中"兴"就是兴起情感,"寄"就是寄托思想。在此理论之指导下,他批判齐梁以来的绮靡诗风。他的"兴寄"说,将诗歌的情感特性与托物以寓情的特点联系起来,既注重其感情特点又注重要寄托讽喻之义。权德舆在陈子昂之后,提出"风兴"之说:"建安之后,诗教日寝,重以齐梁之间,君臣相化,牵于景物,理不胜词;开元、天宝以来,稍革颓靡,存乎风兴"。① 高仲武提出"兴喻"、"讽兴"说:"众甫诗,婉媚绮错,巧用文字,工于兴喻。如'不随淮海变,空愧稻粱恩',尽陈、谢之源。又'自当舟楫路,应济往来人'得讽兴之要。"他的这种说法,可谓是承继陈子昂而来而又将其具体化了。

5. 讽喻说

"讽喻"一词,作为一种诗体,是从白居易开始的。白居易不仅

---

① 司空图:《与极浦书》,《全唐文》卷 490,第 2215 页。

是一名杰出诗人,而且是一位很有影响力的诗歌评论家。他的诗学中,讽喻诗论最具特色。其讽喻诗学思想主要表现在《策林》的部分章节以及《新乐府序》、《与元九书》等论著中,其中《与元九书》是代表作。

首先,白居易认为讽喻诗的艺术特点及其创作目的是:"首句标其目,卒彰显其志,《诗三百》之义也。其辞质而径,欲见之者易喻也;其言直而切,欲闻之者深诫也;其事核而实,使采之者传信也;其体顺而肆,可以播于乐章歌曲也。总而言之,为君、为臣、为民、为物、为事而作,不为文而作也。"① 在这里,白居易提出了其诗歌理论的两个要点:第一,诗歌应该为君、为臣、为民、为物、为事而作,不能为艺术而艺术。其中,"为君"指的是通过"讽"而使君"喻",即以诗歌教诲君王。而"为民、为物、为事",即是通过对社会民众生活、实事、世情的反映,使君王体察民情,即"唯歌生民病,愿得天子知"②,然后在此基础之上,使君王懂得民众苦之根源,从而改革政治,达到诗歌政教的目的。第二,讽喻诗应该写得质直、激切,所写之事必须确凿真实。白居易的这种主张,主要是针对以往诗歌中的"虚美"现象而发,他写诗歌不是为了赞美君王,而是为了规劝君王。

其次,白居易对诗歌的形式方面的要求也作了具体的阐述。他说:"感人心者,莫先乎情,莫始乎言,莫切乎声,莫深乎义。诗者,根情、苗言、华声、实义。"③ 他认为"情"是诗歌的首要特征,最重要的因素,只有先"感人心",然后才能"深乎义",由情感的共鸣而深入到领会其中的义理。但是,他在这里所说的情,与六朝诗人所说的情是不一样的。六朝诗人言情,主要是感物之情,他所强调的情主要是感事之情。他多次

---

① 白居易:《白居易集》卷45,第974页。
② 白居易:《白居易集》卷1《寄唐生》,第15页。
③ 白居易:《白居易集》卷45《与元九书》,第960页。

说到"事":"直歌其事"①;"一吟悲一事"②;"文章合为时而著,歌诗合为事而作"等。这"事",实际上也就是社会现实和人的命运。他重视对时事世情的描写,同时又认为"事物牵于外,情理动于中"。③"事剧者情易钟,感深者理难遣"。④于是,"事"与"情"实际上是可等同的。白居易认为讽喻诗,不仅是为了让君王了解时事世象,更希望通过这种描写能够打动君王,唤起君王的恕己及物之情。除了情感和义理,白居易认为诗歌还应重视词彩和音律。他对诗歌语言通俗性、音乐性的讲究,主要目的是为了扩大传播的范围,减少接受的难度。

白居易的诗论中还有一个重要的内容,即对秦汉至唐代的诗歌发展以及诗人、作品进行批评。他的两个评价标准是:一是看诗歌是否反映了社会民生问题,二是看诗歌表现了怎样的君臣关系,即对君王是讽喻还是溢美。按照这两个标准,他认为诗歌的创作每况愈下,其表现是"救失之道缺"和"谗成之风动"(《与元九书》同前)。⑤因为他的视角之独特,所以他对历代诗人的评价与通常的看法很不一样。

①　白居易:《白居易集》卷2《秦中吟·序》,第30页。
②　白居易:《白居易集》卷1《伤唐衢二首》,第16页。
③　白居易:《白居易集》卷45《与元九书》,第960页。
④　白居易:《白居易集》卷40《祭杨夫人文》,第893页。
⑤　白居易:《白居易集》卷45《与元九书》,第960页。

第九章　唐代诗学和文学(下)

一、文学革新运动

1. 对六朝骈文的批判

唐代文学革新运动的革新对象,主要是存在着许多问题和相当局限的六朝骈文。

六朝的文学有其杰出的贡献与独特的成就,但是同时出现了许多的不足。首先,六朝文学存在着一种回避社会现实的倾向。社会现实、民生疾苦等内容,在文学作品中很难见到。其次,文学创作中显示出一种个性弱化、人格委顿的现象。这与统治者的提倡不无关系。齐梁君王排斥"怨恩抑扬"之作而提倡写"流连哀思"之文,文风逐渐转向"圆熟温润",文人的个性和强烈的思想感情被拒之文外了。再次,六朝文学模仿雷同现象严重。这主要是因为题材脱离现实生活而变得极为狭窄,同时又不能充分表现作者的个性和情感,因而大多是为宴席送迎而写,不少作品还是由君王命题而创作的。这样,虽然六朝文人主观上也为图创新,但这种创新的天地太狭窄了。

有唐一代,政治对文学有着特殊的需要。唐王朝是一个在辽阔的土地上建立起来的帝国,"文化"的统一是一种迫切的需要。而最能满足封建社会政治需要的文体,正是骈文。因为政治的需要和科举考试的需要,唐代骈文在文坛上保持着优势,而且还作为实用文体在社会上扩大其影响。有唐一代,制诰等高层政治应用文皆用骈文,不能作骈文,就难于跻身政治上层。唐代科举兴盛时期,是以诗赋考核为主的,策论和经义倒在其次。具体在以诗赋取士时,所用的标准是"齐梁体格"。所试的律赋,与骈文的写作要求相似。因此,习古文者格外难于及第。

最早自觉地提倡改革文体文风的,是西魏的宇文泰和苏绰。其后,隋代李谔曾上书文帝改革文风,文帝将其奏颁示天下。隋唐之际,王通在《文中子》中痛斥六朝文不及理。初唐魏征反对"竞采浮艳之词","饰雕虫之小技"①。陈子昂提倡风雅兴寄,虽然主要是针对诗歌而言,但实际上也是针对"文章道弊五百年"发出的革新号召。盛唐至中唐前朝,文体和文风改革渐趋活跃,萧颖士、贾至、李华、元结、独孤及、梁肃、柳冕、梁肃、权德舆、欧阳儋、李观等相继进行古文的理论探讨和写作。这中间,天宝至大历年间的萧颖士等人的理论,对韩柳古文运动起了先导的作用,被视为中唐古文运动的先驱者。他们之后,韩愈和柳宗元先后于贞元中登上文坛。他们在继承和扬弃前人思想的基础上,全面提出了古文运动的理论主张,而成为这场革新运动的领导人。同时,刘禹锡、吕温、白居易、元稹、李翱、皇甫湜等人以大量的古文创作与韩柳一起迎来了古文运动的高潮。

2. 文以载道的思想

文学革新运动的先驱者萧颖士、李华、贾至等人与后来的韩愈、柳宗元等有诸多相同或相似之处,所以被称为中唐古文运动的先驱者。韩柳等人的思想和创作,是对他们的继承和发展。先驱者们明确提出"文以载道"的创作方向。其中柳冕的主张可为代表。他主张文道结合,反对"道不及文"、"文不知道",他说:"道不及文则德胜,文不知道则

---

① 见《全唐文》卷 145,第 629 页。

气衰。……兼之者为美矣！"① 但是他们所奉之道尤其显得驳杂。例如，这些人中间李华既奉儒，又信佛信道。他曾在荆溪湛然门下受业，被视为天台宗人。另独孤及是尊儒的，但与李华一样写过不少佛教徒的碑铭。他也崇奉道教，对道教有一定的研究。其次，文学新运动的先驱者很重视文学的教化作用，然而他们主张的主要是"上"对"下"之教，即以文章"致俗雍熙"或"训齐斯民"，其绝教者首先是"圣君"，而"斯民"即是受教者。柳冕即认为："风为尚，系在时王，不在人臣明矣。"② 由此，可以说他们的儒道是不醇的，他们所理解的儒家，实际上是汉代的外儒内法的儒学。再次，先驱者主张复古，他们以"古"为尺度，批评为魏晋以来的文学，将其描述为一种越来越糟的过程。但他们所复的古主要是两汉之古，他们心目中理想的文学是两汉的文学，而两汉之文都是"辅臣之文"，即朝廷应用文以及议政之文。"辅臣之文"当然不能像六朝宫廷文章及应酬之文那样华丽而空洞，也不能如先秦之文那样古朴无华，而是要求既"丽"又"雅"。

当然文学革新的领导者韩柳等人也不是完全只信奉儒家文化。韩愈虽然因为作了《谏迎佛骨表》一文而被视为所谓的"反佛斗士"，但他反对的主要只是一些导致社会政治、经济问题产生的过激的宗教行为。他与僧人道士也颇有交往，为此写过不少文章。柳宗元信佛多年，认为"浮图诚有不可斥者，往往与《易》、《论语》合"。但在对儒道的信奉上，韩愈、柳宗元等到人倡导的主要是先秦孟子的思想。孟子对孔子的"仁"学思想做了全面的继承和发挥。孟子言"仁"，包含较多的民主色彩，他主张"民为贵，社稷次之，君为轻"，并以"师道"作为对抗君权的精神力量，强调士人在权势面前应保持应有的道义尊严。韩柳同时对荀子的"礼"颇有微词，韩愈的道统传承诸祖中竟没有提及荀子："轲之死，

---

① 柳冕：《答荆南裴尚书论文书》，《全唐文》卷527，第23741页。
② 《谢杜相公论房杜二相书》，同上书。

不得其传焉。"① 柳宗元作《六逆论》以对"礼"进行直接批评。同时他们认为文学的教化对象不仅仅是"斯民",而是被社会中的所有人,包括"下"也包括"上"。这也是孟子思想中的一个重要内容。孟子引用子思之语:"以位,则子君也,我臣也,何敢与君友也;以德,则子事我者也。"② 在具体的文学创作中,韩柳等人更重视文学的"讽上"功能。韩柳等人所复之古,主要是先秦之"古"。韩柳推重先秦文学之原因,除了因为这一时期的优秀散文作品如《庄子》、《孟子》等不仅是六朝骈文所不能相比,而且也高于两汉的散文,更为深层次的思想原因是先秦文学具有一种自由精神。孟子、庄子等先秦思想家、文学家在批判、抨击社会现实时都没有顾忌,而到了汉代,由于中央集权的统治已经建立起来,文学中的这种精神渐趋消失。韩柳对司马迁都极为推重,这主要也是因为司马迁保持了先秦时期士人的思想自由的精神。

韩、柳等人作为文学革新运动的领导者,其理论主张是全面而又深刻的。首先,他们从当时政治和思想现状的需要,明确阐明"文以明道"的原则,作为古文运动的思想纲领。韩愈认为文与道是一致的,他的道是以"仁义"道德这核心内容的儒家道统。他的复古,首先是确定以孔孟思想为正宗的儒家道统在思想领域中的主导地位,从而改革中唐时期的社会弊政,挽救其严重的社会危机。孔子、孟子的政治理想是"尧舜之道"具体可包括这样一些内容:首先,是道德榜样,即君王必须以身作则成为社会之楷模;其次,是选贤任能;三是"君臣共理",君王与臣子共同治理天下;四是政治效果即"垂拱而治"。韩柳等人提倡孔孟思想主要有两个目的,一是"尊王",以期克服当时藩镇割据

---

① 韩愈:《韩昌黎全集》卷11《原道》,第174页。
② 孟子:《孟子·万章下》。见杨伯峻译注:《孟子译注》,中华书局1960年版,第248页。

之危险局面；二是"匡君"，发扬民主政治之精神，以期克服皇帝昏庸之可怕现实。① 这两者中间，后者是重点，因为孔孟思想中"尊王"必以"重道"为前提。而当两者发生矛盾时，必以"重道"为最终选择。韩柳等人倡导孔孟正宗儒学思想时，同时还打出反对佛老的旗号。但究而言之，韩柳之道，主要是反对汉儒之外儒内法的伪儒文化。韩柳"文以明道"的主张，在具体作文时，便是从内容对形式的决定作用提倡古文，反对骈文，强调散文的政治教化功用，重视散文的实际社会功能，对批判形式主义文风具有重要意义。其次，他们提出并实践了"不平则鸣"的创作口号。韩愈在《送孟东野序》中说"大凡物不得其平则鸣"②，"不平"指"郁于中"的"不得已"之情，是一种不平之气，主要是源于心中的理想境界与社会现实的强烈之对比。韩愈宗奉孔孟之"尧舜之道"的理想政治境界，并以此来衡量现实社会之政治现状，其中极为强烈之反差让韩愈心中充溢着不平之气，而"气盛言宜"，韩愈把不平之气化为批评现实的功用。因此，"不平则鸣"与"文以明道"是一种思想的两个方面，两者一气流通，"文以明道"是对诗文创作内容的要求，而"不平则鸣"则是进行诗文创作的心理动力。柳宗元认为"文之用，辞令褒贬，导物讽喻而已"③，主张以文来批评社会之政治现状，这与韩愈的态度是一致的。柳宗元被贬谪后作品中处处可见之悲愤与哀婉是"不平则鸣"的强烈表现。

韩柳的系统文学理论创作，使文学革新运动思想表现出如下的发展趋向：首先，从文学观念看，变封闭性的文学为开放性的文学。魏晋以来，文学逐渐自觉，与经、史分开，人们研究不同的特点，是不同文体的风格特点和写作要求逐步被明确，文学实践上出现了专门在声律上、

---

① 参见唐晓敏：《中唐文学思想研究·儒学与中唐文学革新运动》，北京师范大学出版社 2000 年版，第 31 页。

② 韩愈：《韩昌黎全集》卷 19《送孟东野序》，第 277 页。

③ 柳宗元：《大理评事扬君文集后序》，《全唐文·柳宗元》卷 577，第 2583 页。

艺术的技巧上下功夫的倾向。文学画地为牢、固步自封,不能广收并蓄。韩柳论文一直强调经、史、子、集的联系,文学必须从经、史、子中吸取营养。创作实践中,也着重融汇经、史、子、集的精华以创造新的散文。其次,在创作研究上,由六朝时期的侧重于艺术技巧转移到侧重作家的精神建设。六朝文论家大都是把文学与道德分离开来的,他们专心探索和研究文学的艺术技巧,并且在这方面取得了突出的成就,为中国古代文学未来的发展奠定了艺术技巧方面的坚实基础。在作家的精神建设方面,六朝文学评论家考虑得很少。中唐时期,作家的精神建设问题终于成为文论家所考虑的重要问题。韩愈的文论名篇《答李翊书》,其重点正是论述作家精神建设的重要性和途径。他认为作家必须有深厚的道德修养和文学修养才能有文学上的成就。他提出的"气盛言宜"① 和"言必己出"② 两个命题,都是讲的作者强烈的个性和充沛的情感的重要性。再次,在文学思想上强调由"依附"的文学变成"自立"的文学,强调作家的自立精神。六朝文学的一个显著特点在于它的依附性。除极少数人外,这一时期的文人都是政治中人,骈文大半属于朝廷文学,为朝廷政治服务,也有一部分用于文人之间的应酬。韩柳等人强调,不能把文学作为"器"来看待,不能把文学看做是一种工具,必须摆脱政治应用的束缚。最后,韩柳的古文创作尤其致力于文学的创新。韩愈在贞元十七年前后作的《答李翊书》就讲到自己的古文创作从一开始就是以"惟陈言之务去"为目标的。元和年间的《答刘正夫书》也是强调为文必须"能自树立",晚年的《南阳樊绍述墓志铭》一再强调"词必己出"。另一方面,韩愈的古文创作,确实充分实践了其古文理论。《旧唐书》本传评价韩愈,认为:"愈所为文,务返近体,抒意立言,自成一家之语。"他所创作的散文新体,坚决保持古文文风的纯洁性,而与骈体

---

① 韩愈:《韩昌黎全集》卷 26《答李翊书》,第 246 页。
② 韩愈:《韩昌黎全集》卷 14《南阳樊绍升墓志铭》,第 219 页。

文完全对立。柳宗元对六朝骈文则是批判地予以继承后再创新,使古文与骈文得以融合,从而达到文质彬彬的境界,这之中,"永州八记"堪为典范。

可以说,韩愈的古文首先坚持古文文风,以其独创性开辟出一个新的境界,柳宗元紧接着融合了两种文风而创造出另一个新的境界。他们两人先后交相辉映,古文运动在艺术上才终于取得了足以取代骈文的重大成功。

韩柳之后,李翱、皇甫湜、樊宗师等人以自己的创作继续推进古文运动,其中李翱继承而发展了韩愈的文中之道,皇甫湜的古文深得韩愈之"奇崛",樊宗师则以其"涩体"之文形成了古文运动的一股支流。他们之后,古文作家仍相继而起,著名的有杜牧、孙樵和皮日休。晚唐五代至宋初,古文运动渐趋衰落,只有小品文在显示着古文运动的业绩。宋朝欧阳修之后,古文运动又蓬蓬勃勃地开展起来,最终在文坛奠定了其不可动摇的地位。魏晋以来骈文取代散文统治文坛的局面终于结束了,文学革新运动取得了全面的胜利。

二、唐代文论

1. 文以明道说

"文以明道"在韩愈《争臣论》中的表达是"修其辞以明其道",这是其文论思想的核心。他的"道"指的是先秦儒家思想,具体而言,是先秦时期孔子和孟子的思想。这在他的《原道》一文中有明确的表述,他认为中国文化的道统正统是尧、舜、禹、汤、文、武、周公、孔子、孟子一系,孟子之后道统失传,荀子以及汉代的儒者如董仲舒等都不在道统之内。这种叙述,表明韩愈所尊奉的道便是先秦儒家思想,其主要内容是"仁义"。韩愈在《原道》中要求君主能让老百姓安居乐业,没有温饱之忧,这与孟子的"仁政"、"民本"思想正是一致的。在文与道的关系上，他提出"文以明道"的主张。之所以如此，原因是"未得位，则思修其辞，以明其道。"就是在现实生活中无法行道，才只能以"文"来"明道"。

古文运动的另一位干将柳宗元在《答韦中立论师道书》中也主张文以明道，但他的重点与韩愈有所差别。他首先强调要宗经，不提宗其道，而是说宗其质、恒、宜、断、动，这都侧重于写作特色和技巧。其次，他所说的道，是博取众家之长，既取孟、荀，亦取老、庄，既取子、史，也取诗、骚，而且他并不像韩愈那样抵制佛家，他不但信佛，而且时间很长，他认为"浮图诚有不可斥者，往往与《易》、《论语》合……虽圣人复生，不可得而斥也"。再次，他说："圣人之道，不穷异以为神，不引天以为高，利于人，备于事，如斯而已矣。"① 由此可知其道之核心在有益于时政、生民，有求实、通变而不死守经义的特点。

韩愈和柳宗元都强调文以明道，重视文章的思想内容，同时，他们也重视文章在语言形式上的追求。客观而言，唐代文人接受儒学，可以说是把儒学首先作为文学而接受的。他们自己首先是诗人和文学家，他们从小接触的便是文学，文学培养了他们敏锐的艺术感受力和丰富的想像力。韩愈说："古人虽已死，书上有其辞。开卷读且想，千转若相期。"② 儒家经典在他们看来，并不是枯燥的道理，而是活生生的心理现实，是一幅幅生动的画面和境界。韩愈的个人创作也雄辩地展现出，他的文因为道而深刻，道因为文而形象。在他的文章中，深刻的思想、真挚的情感和高超的艺术技巧达到了完美的统一。柳宗元也是同样极为重视"文"的文学性，他说，如果文章"阙其文采，固不足以竦动视听，夸示后学"，也就不能发挥"期以明道"③ 的作用。另外，他还认为学术

①　见《全唐文·柳宗元》卷 579，第 2592 页。

②　韩愈：《韩昌黎全集》卷二《出门》，第 44 页。

③　柳宗元：《大理评事扬君文集后序》，《全唐文·柳宗元》卷 579，第 2592 页。

性作品与艺术作品各有其不同特点,前者"高壮广厚"、"词正理备",后者"丽则清越"、"言畅意美"(同前)。从柳宗元的创作上来看,他的文章语言精确、描写细腻、写景状物形神兼备,主观感受渗入其中,重视人物形象的真实与精神实质。韩愈评论其文:"雄深雅健,似司马子张。"

2. 气盛言宜说

韩愈除了在"道"上继承了孟子的思想之外,而且还在孟子提倡"吾善养吾浩然之气"的基础之上提出了"气盛言宜"的主张。首先,他对自己的学生说,写文章必须养气,"无望其速成,无诱于势利,养其根而俟其实,加其膏而希其光。根之茂者其实遂,膏之沃者其光晔。仁义之人,其言蔼如也。"在"养气"说的基础上,他进而提出了"气盛言宜"说:"气,水也;言,浮物也;水大而物之浮者大小必浮。气之与言犹是也,气盛则言之短长与声之高下皆宜。"① 儒家传统的文艺观是"有德者必有言",强调内在的道德修养比外在的语言文章更为根本更为重要。韩愈继承并发展了这一思想,为了扭转当时的在创作上掉书袋、在形式上过于追求精巧密致的文风,所以强调文品与人品的内在联系,提出"气盛言宜"之说。

3. 不平则鸣说

韩愈在《送孟东野序》中说:"大凡物不得其平则鸣。……人之于言也亦然。有不得已者而后言。其歌也有思,其哭也有怀,凡出乎口而为声者,其皆有弗平者乎? 乐也者,郁于中而泄于外者也,择其善鸣者而假之鸣。……"韩愈写这篇文章,是在他刚刚度过了4年无聊的幕府生活之后,回到长安谋求调选而又迟迟得不到答复心情非常郁闷之时。他所送别的诗人孟郊也是科场、官场都不如意的。韩愈在此篇序言之

① 　韩愈:《韩昌黎全集》卷26《答李翊书》,第246页。

中表达自己不平之气的时候,也对文学与社会、时代的关系表明了自己的看法。

这段文字中,韩愈实际上讲了三种"不平"。一是"物"之不平,二是"人"之不平,三是"天"之不平,而"物"、"人"、"天"三者,从最广泛的意义上来讲,都可以说是"物"。因而,总而言之,"大凡物不得其平者则鸣"。具体而言,这三者之间的关系是,人的不平是借助于物而表现出来的,天的不平是借助于人而表现出来的。他把上古以来的许多思想家、文学家都称作"善鸣者",他们因"不得其平"而鸣。而韩愈也是心中充满了不平之气的,这种不平之气主要源于他心中的理想境界与现实之间的强烈反差。他通过学习古代文化典籍而了解"古道",在将先秦儒家的思想和人格精神内在化之后,以此"古道"来衡量现实的时候,便因为发现现实的社会状况处处与"古道"相违而产生无穷的不平之气。在具体创作之中,韩愈的这种不平之气必然形诸文字,从而使他提倡的古文运动,创造出了许多文道兼美气势如虹的业绩。即使是后来的柳宗元的山水游记,其中也浸透、含蕴着一种无法排遣的悲哀苦愁。这也使得他的游记散文,明秀之中隐含清冷,清冷之中杂以深沉的感慨,从而体现出他当时的实际心境。柳宗元的创作实践中反映出来的这种"不平则鸣"思想,正与韩愈理论上的号召遥相呼应。而强烈的社会性创作情绪,又使得他们的创作内容具有了鲜明的时代特征和现实意义。

三、唐代传奇

在唐代,中国古典小说得到了长足的发展,最大的成就就是出现了传奇这种新的文学体裁,传奇的繁荣,标志着中国古典小说的成熟。"传奇"这一名词,最早可见于宋朝陈师道《后山诗话》:"范文正公为《岳阳楼记》，用对语说时景，世以为奇。尹师鲁读之，曰：'传奇体耳！'"① 但此一名称，在不同时代，有其不同含义。南宋和金代也指诸宫调，元代也指杂剧，明清时指用南曲演唱的戏剧。传奇作为小说的文体名称，可能源自晚唐是裴铏写了一部小说集叫《传奇》。明代胡应麟在《少室山房笔丛》将小说分为六类，第二类就叫传奇。

1. 儒释道三教对传奇的影响

唐传奇是在六朝志怪小说的基础上发展起来的，然而已有许多变化。首先，它不再以鬼神怪异之事为主要内容，取而代之的是社会现实生活。其次，它不再是把怪异当作事实来写，而是有意识地进行创作。鲁迅《中国小说史略》云："小说亦如诗，至唐而一变……尤显者乃在是时则始有意为小说。"②

唐代传奇之所以繁荣，其主要原因在于：

第一，佛道的影响。儒家文化不语怪、力、乱、神，而在佛道典籍之中，不讳言及，六朝之时佛道盛行，唐代尤为兴盛，其典籍的内容对传奇影响极大。同时，传奇的结构形式也深受佛经影响。佛经之中，散文和韵文结合，散文用以叙述，韵文用以歌唱，两者一详一略，内容重叠，彼此配合，以使信众深入了解经意。传奇之中，传和歌结合，传用以叙事，歌用以抒情，两者内容也是相同的，这种将传文与诗歌结合起来描写一个故事的体制，很明显地是受到了佛经的影响。再者，佛道思想促成了传奇奇异而丰富的想像，佛经尤其是佛经变文中恢弘的想像，道教关于神仙世界的奇妙描绘，从而促成传奇以许多表面上脱离现实的奇幻境界来表达作者对社会现实的批判。

---

① 见《历代诗话·后山诗话》，第310页。
② 鲁迅：《中国小说史略·唐之传奇文》，人民文学出版社1981年版，第70页。

第二,科举应试方式的促成。唐代以文取士的科举考试中有一种风气,应试者为了获得考官的赏识,往往在考前向考官投送诗文卷轴,称为"行卷"、"温卷",以展露才华、自我表现。这中间就包括传奇小说。这种风气的盛行,使得大批具有高度文化素质和文学才华的知识分子进入传奇创作的队伍,从而极大地促进了传奇的发展。

第三,史、传、文的继承的作用。唐代不少传奇作家,同时也是历史学家,他们一方面撰修史书,一方面写作传奇,因而必然将史书的笔法带进传奇写作中来。传奇的叙述形式很多地方与史传相似,如文章开头介绍人物姓名籍贯,然后叙述生平事迹,最后进行评论甚至论赞。可见,传奇是古文家对史传文优秀传统的继承与发展。

2. 唐代传奇的发展阶段

唐传奇的发展大致可分为三个阶段。首先是初盛唐传奇的形成期,这一阶段是六朝志怪小说向传奇的过渡,其特点在于志怪的色彩很浓,思想价值不高,篇幅长,情节结构还比较粗糙,艺术上还不够成熟。这一时期,古文运动尚未大规模开始,文人主要是进行诗歌创作,传奇总体上数量不多质量也不高。隋末唐初人王度写的《古镜记》,是现存唐传奇中最早的一篇,其主要特点在于,仍然有六朝志怪余风,而文字大增华艳。小说围绕古镜之灵异这条主线,按时间顺序把十二段独立的故事贯穿成篇,个别细节之描写比较动人。无名氏所作的《补江总白猿传》稍后于《古镜记》,叙述委曲,着重写人物的活动,情节曲折集中,描写也更为生动。《游仙窟》以骈文写成,规模宏大,对话中多口语和俗语,第一人称展开故事叙述,已基本上脱离了志怪而走向现实生活。

第二阶段是中唐传奇发展的黄金时代。这时候,大批文人从事传奇创作,传奇数量空前增多,以爱情婚姻和政治时事为主要题材,反映现实生活,具有比较广泛的现实意义。其中足以代表这一高峰的作品有沈既济的《枕中记》、《任氏传》,白行简的《李娃传》、《三梦记》,元稹的

《莺莺传》,陈鸿的《长恨歌传》,蒋防的《霍小玉传》,李公佐的《南柯太守传》、《谢小娥传》、《冯媪传》、《古岳渎经》,沈亚之的《湘中怨解》、《异梦录》、《秦梦记》,李朝威的《柳毅传》,陈玄佑的《离魂记》,李景亮的《李章武传》等。

《枕中记》和《南柯太守传》都受了刘义庆《幽明录》中"焦湖庙祝"的启发借以描写唐代的官场之现实,揭露统治阶级内部丑恶的权力争斗、官场的险恶以及朝廷政治的种种弊端,认为功名富贵虚幻难恃,宣扬"人生如梦"的主题,赞扬佛道的出世思想。两篇传奇都能融合寓言和志怪的表现手法,具有讽刺文学的特色。《任氏传》、《柳毅传》、《霍小玉传》、《李娃传》、《莺莺传》等都以爱情为主题,在唐传奇中成就最高。这些作品大多是讴歌男女自由和忠贞不渝的爱情,对传统礼教和门阀制度予以批判,常常用写实手法来刻画人物性格,创造了一系列美丽的妇女形象。这些作品中的新的爱情标准、即"郎才女貌",相对于当时社会流行的"门当户对"的婚姻套索,无疑是一种进步。而比较多见的"大圆满"结局,也无疑是人们争取幸福爱情的美好愿望的反映。这中间,很特别的一篇是元稹的《莺莺传》,它是唯一一篇为负心男子辩护的作品,张生的"始乱终弃"被认为是"善补过者",这与作者自身的经历和思想不无关系。

第三阶段是晚唐传奇质量低落的时期。晚唐文人对传奇这种体裁非常重视,当时出现了大批传奇集,如牛僧孺的《玄怪录》,李复言的《续玄怪录》,牛肃的《纪闻》,薛用弱的《集异记》,袁郊的《甘泽谣》,裴铏的《传奇》,皇甫枚的《三水小牍》等。这一时期传奇的主要特点在于豪侠主题的盛行。晚唐藩镇割据混战,多招纳侠客死士作为党羽以牵制和威慑政敌,同时,神仙方术的盛行赋予这些剑侠以神秘的浪漫主义色彩。社会黑暗,走投无路的人民也容易对豪侠英杰产生幻想。这类作品的大量出现,一方面反映了人们要求还社会以正义的愿望,另一方面也宣扬了一种英雄个人主义的奋斗道路。其侠义内容相当复杂,有赴人之急、排忧解难的(如《昆仑奴》),有平息战祸、保其城池全其百姓性命的(如《红线》),有纯粹为了报个人私恩而充当藩镇斗争的工具的(如《聂隐娘》),也有歌叹不以贫富而改移的爱情的(如《无双传》、《崔书生》等),还有描写患难朋友的深厚情谊的(如《吴保安》)。其中侠士的精神往往渗透到了爱情、友情的领域。这些作品对一种超乎寻常的武功的宣扬,直接导致后来武侠小说的出现。总而言之,晚唐传奇数量虽然不少,但其思想价值和艺术成就都比不上中唐时期的作品。

唐传奇是唐代文学宝库中的一朵奇葩。宋朝人洪迈就认为唐传奇和与唐诗歌并为"一代之奇"。从唐传奇开始,小说就作为一种独立的文学体裁而发展,传奇之体也历代相承,到清代而出现了《聊斋志异》那样的伟大作品,并且出现了长篇文言小说。唐传奇的许多作品成为了后世通俗小说、戏曲、讲唱文学的重要题材来源,元杂剧《西厢记》、《倩女离魂》、《柳毅传书》,明传奇《邯郸记》、《南柯记》、《紫钗记》等一些话本、拟话本都取材于此。

参 考 书 目

《大正藏》

《道藏》

汤用彤:《隋唐佛教史稿》,中华书局 1982 年版

梁启超:《佛学研究十八篇》,上海古籍出版社 2001 年版

赜藏主:《古尊宿语录》,中华书局 1994 年版

矢吹庆辉:《三阶教之研究》,岩波书店 1927 年版

郭朋:《隋唐佛教》,齐鲁书社 1980 年版

《唐会要》,中华书局 1955 年版

《中国佛教思想资料选编》第二卷第一册,中华书局 1983 年版

《中国佛教思想资料选编》第二卷第二册,中华书局 1983 年版

《中国佛教思想资料选编》第二卷第三册,中华书局 1983 年版

《中国佛教思想资料选编》第二卷第四册,中华书局 1983 年版

赞宁:《宋高僧传》,中华书局 1987 年版

朱熹:《朱子语类》

程颢、程颐:《二程集》

印顺:《中国禅宗史》,上海书店 1992 年版

普济:《五灯会元》,中华书局 1984 年版

[日]本田成之:《中国经学史》,上海书店出版社 2000 年 7 月版

皮锡瑞:《经学历史》,中华书局 1959 年版

吴雁南等主编:《中国经学史》,福建人民出版社 2001 年 9 月版

《隋书》,中华书局 1977 年版

《旧唐书》，中华书局 1975 年版

《新唐书》，中华书局 1975 年版

《新五代史》，中华书 1974 年版

《旧五代史》，中华书局 1976 年版

任继愈主编：《中国哲学发展史》（隋唐卷），人民出版社 1994 年版

《十三经注疏》，中华书局影印本 1980 年版

中国孔子基金会编：《中国儒学百科全书》，中国大百科全书出版社 1997 年版

陆德明：《经典释文》，上海古籍出版社 1985 年版

洪修平、孙亦平：《惠能评传》，南京大学出版社 1998 年版

郭庆藩辑《庄子集释》，中华书局 1982 年版

《道藏要籍选刊》，上海古籍出版社 1989 年版

成玄英：《老子注》，台湾艺文印书馆 1965 年版

丘处机：《丘长春真人语录》，《道藏·正一部》。上海书店、天津古籍出版社、文物出版社 1988 年联合出版

普济：《五灯会元》，中华书局 1984 年版

王通：《文中子》，《百子全书》本，岳麓书社 1993 年版

刘禹锡：《刘宾客集》，上海古籍出版社 1993 年版

柳宗元：《柳河东集》，上海古籍出版社 1993 年版

韩愈：《韩昌黎文集》，古籍出版社 1957 年版

吴兢：《贞观政要》，上海古籍出版社 1984 年版

杜光庭：《道德真经广圣义》，《道藏要籍选刊》第二册，上海古籍出版社 1989 年版

杜光庭：《太上老君说常清静经注》，《道藏要籍选刊》第三册，上海古籍出版社 1989 年版

王志谨：《盘山语录》，《道藏要籍选刊》第三册，上海古籍出版社 1989 年版

董诰等编:《全唐文》,上海古籍出版社 1990 年版

《全唐诗》,上海古籍出版社 1986 年版

李白:《李太白全集》,中华书局 1977 年版

白居易:《白居易集》,中华书局 1979 年版

胡震亨:《唐音癸签》,上海古籍出版社 1981 年版

闻一多:《唐诗杂论》,上海古籍出版社 1998 年版

朱东润主编:《中国历代文学作品选》,上海古籍出版社 1980 年版

丁福保辑《历代诗话续编·诗镜总论》,中华书局 1983 年版

柳晟俊:《唐诗论考》,中国文学出版社 1994 年版

何文焕辑《历代诗话》,中华书局 1981 年版

袁枚:《随园诗话》,时代文艺出版社 2001 年版

沈德潜:《唐诗别裁集》,上海古籍出版社 1979 年版

陈贻焮:《唐诗论丛》,湖南人民出版社 1980 年版

胡应麟:《诗薮》,上海中华书局 1959 年版

钱穆:《中国文学论丛·谈诗》,三联书店 2002 年版

刘熙载:《艺概》,上海古籍出版社 1978 年版

孙光宪:《北梦琐言》,中华书局 2002 年版

钱钟书:《谈艺录》,中华书局 1984 年版

唐晓敏:《中唐文学思想研究》,北京师范大学出版社 2000 年版

鲁迅:《中国小说史略》,人民文学出版社 1981 年版

方立天:《中国佛教哲学要义》,2002 年版

任继愈:《中国佛教史》,中国社会科学出版社 1981 年版

杜继文:《佛教史》,1991 年版

张怀承:《无我与涅槃》,湖南大学出版社 1998 年版

赵吉惠等著:《中国儒学史》,中州古籍出版社 1991 年版

陶懋炳:《中国古代史学史略》,湖南人民出版社 1987 年版

瞿林东:《中国史学史纲》,北京出版社 2000 年版

张家璠等:《中国史学史简明教程》,广西师范大学出版社 1992 年版

王树民:《中国史学史纲要》,中华书局 1997 年版

白寿彝:《中国史学史论集》,中华书局 1999 年版

金毓黻:《中国史学史》,河北教育出版社 2002 年版

刘节:《中国史学史稿》,中州书画社 1982 年版

李宗侗:《中国史学史》,中国友谊出版公司 1984 年版

胡戟等:《二十世纪唐研究》,中国社会科学出版社 2002 年版

吴立民:《禅宗宗派源流》,中国社会科学出版社 1998 年版

任继愈:《中国道教史》,上海人民出版社 1990 年版

责任编辑:乔还田　陈鹏鸣

装帧设计:徐　晖

版式设计:卢永勤

图书在版编目(CIP)数据

中国学术通史(隋唐卷)/张立文主编　张怀承著．
-北京:人民出版社,2004.12
ISBN 7－01－004587－9

Ⅰ.中…　Ⅱ.张…　Ⅲ.学术思想-思想史-中国-隋唐时代
Ⅳ.B2

中国版本图书馆 CIP 数据核字(2004)第 106716 号

中国学术通史(隋唐卷)
ZHONGGUO　XUESHU　TONGSHI

张立文　主编

张怀承　著

人 民 出 版 社 出版发行
(100706　北京朝阳门内大街 166 号)

北京中科印刷有限公司印刷　新华书店经销

2004 年 12 月第 1 版　2004 年 12 月北京第 1 次印刷
开本:635 毫米×927 毫米 1/16　印张:25.75
字数:330 千字　印数:1－6,000 册

ISBN 7－01－004587－9　定价:54.00 元

邮购地址 100706　北京朝阳门内大街 166 号
人民东方图书销售中心　电话 (010)65250042　65289539